移動の文明誌

Civilization of Mobilities: In-between“Free”and“Unfree”

「自由」と「不自由」の狭間で

鈴木英明 編　Suzuki Hideaki

思文閣出版

Civilization of Mobilities: In-between “Free” and “Unfree”

Hideaki Suzuki, Editor

Shibunkaku Publishing Co., Ltd. 2025
ISBN 978-4-7842-2081-6

序章　移動を問い直す……鈴木英明　3

第一部　移動を生み出す力学

第一章　労働のイニシアチブと出稼ぎ移民――トランシルヴァニアの山村から……杉本　敦　19

第二章　ヨーロッパにおけるジプシー／ロマの移動とホーム
――フランスに暮らすロマ移民とマヌーシュを事例に……左地亮子　47

第三章　「移民の世紀」における西アフリカ
――ガンビアにおける落花生輸出と移住労働者の事例から……小林和夫　78

第四章　自由をまたぐ移動――西アフリカのソニンケの人びと……三島禎子　103

第五章　アフロユーラシアにおける牧畜民の移動――ソマリの事例を中心に……池谷和信　128

第二部　移動が生み出す関係性

第六章　近代華工の実践《プラクティス》を通した自由／不自由の再考……園田節子　159

第七章　故地と移動先とのせめぎあい……………………………………田中鉄也　203
――インドの商業集団マールワーリーとその自画像の諸相
第八章　海を渡るということ――一四世紀のイエメン・ラスール朝の裁判官と大宦官……馬場多聞　233
第九章　出土遺物からみる人とモノの移動――カフィル・カラ遺跡出土資料を中心に……寺村裕史　259
第一〇章　ユーラシア東方における外来人エリートの移動と「自由」………向　正樹　285
――唐代～モンゴル時代における陸・海ディアスポラの比較史

第三部　「移動の自由」再考

第一一章　「航行の自由」をめぐる抗争としてのジェンキンズの耳戦争……薩摩真介　331
第一二章　奴隷交易廃絶活動がもたらすもうひとつの自由／不自由…………鈴木英明　359
――一九世紀インド洋西海域における航海者と船籍問題
第一三章　移動は人を自由にするか……………………………………………新免光比呂　388
――「自然」を介した「自由」と「移動」の概念再考
終章　座談会……………………………………………………………………………423
あとがき
索引
執筆者紹介

移動の文明誌——「自由」と「不自由」の狭間で

序章　移動を問い直す

鈴木英明

一、はじめに

移動に関して進歩主義的な感覚のなかにいた私たち。より便利で、快適で、迅速、かつ安価な移動を追求してきた私たちは、加速度的にそれを手にしてきた。しかし、私たちは、新型コロナ・ウィルスの世界的な蔓延で、国境やはたまた県境ですら、それらを跨いだ移動の制限に直面する経験を数年にわたって経験した。二〇二四年現在、「移動制限」や「三密」といった言葉はだいぶ昔のことのようにも思える。世界各地の空港では連日、多くの観光客が再び往来を繰り返すようになった。日本も例外ではないのはいうまでもない。その一方で、ウクライナやパレスチナからのニュースでは、住み慣れた場所からまさに追い出されるようにして逃げ惑う人々を画面越しに直視している。日本国内においても、まさにいま、各地で被災した人々が住み慣れた場所を奪われ、窮屈な生活を余儀なくされている。このような移動を巡る急激な変化をこの数年で、私たちはそれぞれの生活のなかで経験してきた。二〇二〇年代前半とは、おそらく人類史上でも稀有なほどに人々の移動の感覚が揺さぶられている時期なのであろう。そうしたなかで、改めて、私たちにとって移動とは一体、何なのかが問い直されている。

もう少し言葉を足せば、多様な移動を自ら実践し、同時に他者のそれを目の当たりにし、移動という行為そのもの、同時に、進歩主義的な移動に対する感覚にも急ブレーキをかけられ、そしてそのブレーキが弱められ、急にまたアクセルを踏まれるような経験を比較的、短期間のうちにした私たちには、「移動とは○○である」といった本質論ではなく、むしろ、移動観や移動に関する感覚こそが現在、問い直されているのではないだろうか。本論文集は、図らずもそのような状況下で、国立民族学博物館の共同研究として足掛け四年半ほど展開された「移動概念の再構築――自由と不自由の相克に注目して」の成果である。

こうした問題意識を学問的な視座に位置づけようとする場合、まず思い起こされるのは社会学者ジョン・アーリらが展開するモビリティ論であろう[1]。移動という焦点から社会そのものを捉え直そうというわゆる移動論的転回は、コロナ禍の前後を経験すると、より説得力を持って迫って来るかのようである。現状では、特に観光などを題材にしてモビリティ論が展開されているが、移動論的転回はもちろん、そうした限定された分野だけに有効なのではなく、また、現代社会を照射するだけに特化したものでもない。現代に足場を置く私たちが過去に投げかける眼差しについても――より具体的には歴史学や考古学の議論においても――必ずしもアーリらの議論を踏まえているわけではないが、上に述べたような広い意味での移動論的転回を見出すことができる。たとえば、二〇〇〇年代以降の日本の歴史学研究における海域史研究の展開はその好例といえよう[2]。空間的な移動は人間において食などと同じほどに基本的な行為のひとつなのであり、自他の目まぐるしい移動を無視できないこんにちに生きるなかでは、現在を対象にするにせよ、過去を対象にするにせよ、可視的なものを対象にするにせよ、不可視的なものを対象にするにせよ、移動は多様な学問分野で重要な焦点のひとつとなっている。

移動観の転換点として私たちの現在地点を位置づけ、改めてその移動観を問い直そうとする場合、当然、私たち自身が経験する移動に基づくばかりでなく、私たちが観察することのできる過去、現在の他者の移動も総合し、それらを比較したり、繋ぎ合わせたりしながら、私たちの現在地点を捉え直したうえで、それは試みられるべきであろう。本書が目指すのは、人類学や歴史学、考古学といった人文社会学のそれぞれの知見から個人や人間集団の具体的な移動現象を分析・考察することを通して、移動という行為を考え直し、そこから移動に対して私たちが抱く移動観や移動に関する感覚を問い直すことである。『移動の文明誌』という主題を持つ本書が射程を定めるのはそこにある。

二、本書の具体的な問い

もう少し本書の問いを具体的に説明しよう。移動という行為は通勤や通学、スーパーへの買い物など、日常生活のなかにごくありふれる一方、旅行や遠足といった非日常的な移動も繰り返されている。非日常的な移動には人為的、非人為的な災害からの避難が含まれることも、もちろん忘れてはならない。もっとも、こうした説明があまりに定住民に寄ったものであるというのはいうまでもない。牧畜民やロマなどの移動を常態とする人々の移動からは、定住民とは異なる移動の原理や移動観を見出すことができる。このように、移動の類型化を試みれば、右に述べた以上に細分化は可能であるし、異なる角度からの類型化――徒歩なのか、乗用駄獣、車、鉄道、飛行機、船を用いるのかといった移動の手段を軸とするなど――も可能であろう。しかし、どのように移動を類型化するにせよ、移動者が移動を介して多様な関係性を取り結んでいるということは確かである。また、漂流などの例外を除けば、どのような移動であっても、そこには誰かの意志や目的が働いているということもいえそうである。

もちろん、ある人間の移動に影響を及ぼす意志や目的は、移動する人間に帰属する場合ばかりではない。強制移住は多くの場合、移動する人間ではなく、別の誰かの意思や目的に沿った移動のいち形態として理解される。とはいえ、ある移動の実現は——自発的とされる移動、そうではないとされる移動を問わず——、ある特定の誰かの意思や目的に貫かれたものではなく、多様な関係者の意思と目的のせめぎあい、それと同時に、移動が実行される空間の環境——モビリティ論で強調されるような鉄道や道路、携帯電話の基地局といった動かざるもの、それらによって形成されるシステム、あるいは自然生態環境、また情報そのものの移動など——にも大きく影響を受けている。それは、移動を常態とすることで、ある種「自由」にみえる移動民についても同じである。彼らとその移動を凝視すれば、彼らもまたさまざまな制約の下で移動をしている。移動とは無味乾燥な真空状態のなかで実現されるのではなく、個々の移動はそのようにして多種多様な要素が複雑に絡まりあった空間のなかで実現されている。換言すれば、個々の移動はそれぞれが有する固有の文脈のなかで実現されるのである。そうであるとすれば、多様な要素が複雑に絡まりあった空間とは、それぞれの移動が有する固有の文脈とは、一体、何だろう。ある具体的な移動はどのような力学のなかで発生するのだろうか。それを私たちはどのように読み取ることが可能なのだろうか。これが本書を貫く問題意識の一点目である。

もうひとつの問いは、端的にいえば、実践された／されている移動が移動者とその周囲にどのような関係性をもたらすのだろうか、というものである。新天地にたどり着いた人々は、たとえそこで孤独を感じているとしても、まったくの無人の空間に身を置く場合は少ないだろう。そこには何らかのもの（者、物）やこと（出来事や自然環境）があるのであり、そうした周囲と移動者は何らかの関係性を意識的、無意識的に築いている。では、そうした関係性とはいかなるもので、その新たな関係性のなかで、移動者やその周囲はどのように自らを捉え直すのであろうか。また、新天地に移動したとしても、故地との紐帯が切れる必然性はない。故地は実存の場所として、また、想像上の場所として移動者のなかで機能し続けることは、ディアスポラ集団に関する多くの研究が示すところである。したがって、この二つ目の問いについては、移動者が移動先で出会う人をはじめとするものやこととの関係性だけではなく、故地との関係性にも留意しなくてはならないだろう。また、移動先から故地に戻ってきたとしても、そこは移動前とまったく同じ時空間のなかにはないし、移動者は移動を経て新たな経験と属性をまとっている。同様に、移動者が故地で再会する人々もその間に新たな経験をしているはずである。このように、移動を経ることによって、移動者とその周囲には、新天地ではもちろん、故地においても、何らかの新たな関係性がもたらされているはずなのである。ある具体的な移動は、どのような新たな関係性を創り出すのだろうか。それを私たちはどのように読み解くことができるのだろうか。

本論文集は、移動を関係性の構築・再編の契機として捉え、具体的な移動をそれぞれの学問的手法と問題関心によって解剖し、移動を巡る関係性を見出していこうとする試みである。第一部には最初の問いを、第二部には二つ目の問いを主題とした論考を集めてある。しかし、それぞれの問い自体は独立したものではなく、連続したものであり、各章の議論も双方の問いを視野に収めている。

三、移動を巡る「自由」と「不自由」

具体的な移動を右に述べたように解剖していき、移動とは何かについて多角的に光を当てていくなかで、それぞれの移動に意識的、無意識的に私たちが付与している感覚や印象も問い直されていく。本書では、「自由」と「不自由」がその基軸となる。自由とは、私たちが生きる現代社会におけるもっとも中心的な概念のひとつであるということに多くの異論は寄せられないだろう。そして、ほとんどの人は「不自由」より「自由」を志向する。「自由」という概念が、哲学などの多様な学問分野で論じられてきたことに改めて多言を要する必要はないだろう。しかし、同時に、そうした場で論じられる「自由」概念が西洋に由来するものであり、それが地球規模で共有されるようになった、すなわち、現在、私たちが「自由」の普遍性を認めているのは、そのような歴史的経緯を背景にしていることも広く認められている。その普遍性ゆえに、「自由」は極めて融通無碍な概念として日常生活のなかに立ち現れる。私たち個人は、ことあるごとに、場面場面で「自由」や「不自由」を意識している。

日常生活で想起される「自由」(「不自由」)がいかなるものであれ、そこに極めて高い価値を私たちが認めているのは確かであるが、個々人のなかで想起される「自由」や「不自由」の具体的なあり様は多様である。また、個人でもどのような状況でそれらを想起するかによって「自由」(「不自由」)はその意味範囲を変化させる。また、特に日常的な場面においては、「自由」なるものが普遍的に至高の価値を持つという前提のもと、必ずしも学問の場で展開される厳密で精緻な議論に則っておらず、感情的、感覚的に正の価値を持つ概念として機能していることにも注意をする必要がある。その場合、往々にして、「自由」という概念は、正の価値を持つ他の感覚や感情と結びつきやすく、「不自由」はその逆の感覚や感情と結びつきやすい。本書全体で念頭に置かれる「自由」や「不自由」は、そのようないわば曖昧な「自由」であり「不自由」である。具体的な移動を事例とする各章から構成される本書を通して私たちの移動観を問い直そうとする場合、「自由」や「不自由」を厳密に定義づけ、そこに軸足を置いて議論するよりも、そのように捉えたほうがより実践的であると思われる。

本書の「自由」、「不自由」は言い換えるならば、自己以外の何らかのもの、何らかのこととの関係性のなかで想起される概念なのである。私たちが社会的な存在として、他のもの、こととの関係性を超越して存在できないのであれば、「自由」と「不自由」とを分断的な二項対立としてではなく、連続したものとして考えるべきだろう。すなわち、完全なる「自由」と「不自由」をフィクションとして、対極に置き、現実における個々人が想起する「自由」や「不自由」というのは、その両極端のあいだのどこかに位置していると考えるのである。これを移動に引き付けると次のように還元できるだろう。すなわち、ある人がどこか単一の場所にしか自己の身体を置けない環境にあるならば、移動はその場所において固定化された、あるいは、固定化されつつある関係性を断ち切る手段となりえる。その場合、移動先で元の場所における属性をすべて捨てることすら可能だろう。しかし、その移動者は移動先についた時点でその新天地におけるさまざまなものやことと関係性を結ぶことを余儀なくされる。また、その移動そのものも、ドラえもんの「どこでもドア」などの瞬間的空間移動装置を使わない限り、時間を要するのであり、その途中で遭遇するさまざまなものやこととの関係性のなかで実現されていく（もっとも、「どこでもドア」を使う場合も、それが使える何らかの関係性、また、移動先を定めるにあたっても、やはり何らかの関係性に由来する契機が存在することを念頭に置く必要があるだろう）。

そうした視座のもとでは、ある個人の意思や目的が十分に反映しているように思える――すなわち「自由」な――移動は、多様な条件や制約、そこに関わる多様な意思によって解体されていくだろう。つまり、その「自由」に思える移動は、その移動に降りかかる条件や制約がたまたまその移動者の意思や目的に与するように働いていた、あるいは、そのように観察者が理解したからこそ「自由」であるとみなされるに過ぎない。このように、「自由」や「不自由」といった感覚を関係性の絡まりあいのなかに投げ入れることで、関係性の構築・再構築の契機としての移動と連続することができるのである。それを、各章で繰り広げられる個々の移動を照射する共通の灯りとすることで、本書は一体性を保とうとしている。

本書には「放浪の民」という一般的なイメージの強いロマ、牧畜民、出稼ぎ労働者、奴隷、商人コミュニティや「商業の民」として語られる人々が具体的事例として取りあげられている。読者はおそらくこれらの人々の移動について、「自由」や「不自由」と結びついた大なり小なりのイメージをお持ちではないだろうか。本書が望むのは、彼らの具体的な移動を描く各章が既存のイメージに揺らぎを与えながら、読者に移動をめぐって創発される関係性の動態へ目を向けてもらうことである。

四、本書の構成

以上のような目的を持つ本書は、以下の三部から構成される。まず、第一部と第二部はすでに紹介したように、移動が形成される力学と移動が作り出す新たな関係性について、人類学、歴史学、地理学、考古学の視座から具体的な移動を題材に検討される。第三部では「移動の自由」を巡って、最初の二つの章でカリブ海とインド洋西海域の事例が扱われ、続いて、思想史的な立場からの論考が続く。また、終章として、執筆者全員による座談会を配置した。以下に各章の紹介を試みよう。

第一部には以下の五本の論文を配置した。第一章の杉本論文は、文化人類学的な立場から、ルーマニアからヨーロッパへの出稼ぎ移民を取り扱っている。一般に出稼ぎ移民に対しては、経済的な動機に目が行きがちであり、経済的な動機からやむなく移動を強いられる「カワイソウな」人びととして一面的に捉えられることも少なくない。しかし、南カルパチア山脈麓の山村での参与観察に基づき、かつ、農村社会における労働の社会主義時代から現在にいたる歴史的経緯を背景に杉本が描くイオン夫妻の事例からは、経済的な動機とは別の彼らの労働や生活におけるイニシアチブ獲得の側面が強く浮かび上がってくるし、「経済的な後進性」という言説そのものに対しても大きく再考を促される。

第二章の左地論文が取り扱うのは、ヨーロッパにおけるジプシー／ロマである。特に近代の国家・国民形成のなかで、彼らは「自由で根無し草のノマド」とみなされ、国家の管理下には収まらない「悪い」移動民とみなされてきた。ジプシー／ロマに対するそうした固定的で包括的な認識に対して、左地は文化人類学的参与観察からロマとマヌーシュという異なるジプシー／ロマの移動の実践を掬い上げ、その歴史的背景やそこに潜む生活戦略を明らかにする。そのうえで、彼らの特定の空間に束縛されない「ホーム」の在り方を提示する。それらは、定住社会に安住する私たちの多くの移動観、そして「ホーム」に対する認識をも大きく揺さぶるものである。

続く小林論文は、一九世紀から二〇世紀前半のいわゆる「移民の世紀」のガンビアにおける落花生生産と移民労働者に社会経済史的な観点から焦点を当てる。この「移民の世紀」については、ヨーロッパ人やアジア人の長距離移動に注目が集められてきたが、アフリカ大陸でも、大陸内の自由意思に基づく労働力移動が、特に奴隷貿易終了後に重要な産業として勃興する換金作物栽培に大きく貢献した。小林は、特に植民地資料で「奇妙な農民」と呼ばれる人びとの移動と労働を明らかにし、経済的動機やそれ以外の移動を促す要因を考察しながら、世界経済の構造変化も加味することで、彼らとその移動を「移民の世紀」全体の文脈に位置づけている。

第四章の三島論文で論じられるのは、西アフリカのソニンケである。彼らは歴史的には商業民として知られる一方、現在では労働移民であるとみなされることが多い。そうした他者からのソニンケ認識の歴史的変遷を繋ぎ合わせれば、彼らは商人から出稼ぎ移民へと転落した物悲しい存在となってしまう。これに対して、三島は文献や自らの参与観察を通して彼らの自己認識を探ろうと試みる。そこで、三島が見つけだしたのが「イバランキテ」であった。ソニンケ語には「自由」そのものを指すことばはないが、「イバランキテ」は何かの束縛からの自発的な解放を表現する語であり、三島はそこにソニンケの移動のエートスを見出すのである。

第五章の池谷論文は、アフロユーラシアの牧畜民の移動形態とその背景を地理学的な立ち位置から明らかにする。特に焦点を当てるのはアフリカ大陸、とりわけ牧畜民ソマリである。筆者自身の長期の参与観察と文献研究に基づき、近代から現代にいたるソマリの移動の歴史的変遷がまず明らかにされ、そこから導き出された時間・空間スケールで異なる移動の実像を他のアフリカ牧畜民と比較することで、牧畜民の移動の類型が浮かび上がってくる。地理学的な分析から見いだされる自然環境要因の制約のみならず、たとえば、ミルク販売の観察からは、現代的な牧畜民がいかに他者との関係性のなかで生きているのかが説得的に示されている。

第二部は次の五章からなる。第六章園田論文では、「移民の世紀」に南北アメリカ各地に渡っていった華工が移動先の社会でどのようにして「自由」を獲得していったのかが論じられる。華工が自由労働者であるのか、不自由労働者であるのかが政治の場で論じられたカリフォルニアにおけるいわゆる「中国人問題」を好例に、彼らは南北アメリカで人種化され周縁化された存在として位置づけられていく。そのような最下層民としての華工は、しかし、そのような居場所に甘んじることなく、自立を志向していく。園田は自立こそが彼らにとっての「自由」であったと論じ、彼らの力強い「自由」への足取りを丁寧に南北アメリカ各地の同時代文献から拾い上げていく。

移動はどのように移動者の自己表象を変えていくのだろうか。そのような問題について、ジャガト・セート一族を事例に取り組むのが第七章の田中論文である。この一族はインド北西部のラージプーターナー諸藩王国から北東部のベンガル地方などに進出したマールワーリーの第一世代とみなされ、事実、一八世紀には、ベンガル地方の金融・経済で支配的な地位を確立したが、一九世紀中葉には、他のベンガル商家のようにザミーンダール（大土地所有者）化していった。田中はこの一族と後続のマールワーリーの族譜や縁起譚の比較分析から、故地や移動先の場所が自己表象に与える影響や、移動や移動先での経験がいかに彼らの自画像の描き方に多様性を与えているのかを明らかにしていく。

第八章馬場論文は、社会史的な立場から、一四世紀前半のイエメン・ラスール朝ムジャーヒド治世下で活躍した裁判官と大宦官の生涯に光を当てる。双方ともに北東アフリカから紅海やアデン湾を越えてやって来た渡海者であり、故地とは異なる環境のもとで大きな権勢を誇るにいたったという共通項が見られる一方、前者は自らの意志で、後者は強制的に奴隷化・去勢されてやって来たという大きな相違がある。馬場は人名録や年代記を丹念に読み込み、双方の生涯を詳細に再構成する。そこで見えてくるのは、「選択された」「自由な」渡海と「強いられた」「不自由な」渡海とが、その後の人生の経路を束縛していない事実である。

本書の多くの章が移動者そのものに焦点を当てているなかで異彩を放つのが、考古学の立場に基づく第九章である。寺村は自身が二〇一三年から継続的に発掘を行っている古代シルクロードの都市遺跡カフィル・カラに定点観測地を定め、出土遺物や遺構そのものから人とモノの移動を論じる。封泥や金製装飾品、木彫板といったモノに関して、意匠など細部にわたる観察から、その背後にある商業ネットワークやシルクロードも超える広範な文化交流の存在を浮き彫りにしながらその移動を論じる一方、都市遺構からはイスラーム化にともなう強制移住の痕跡を掬い上げていく。このように、本章では、定点観測から移動のダイナミクスが論じられる。

第一〇章の向論文が焦点を当てるのは、唐代のソグド商人、宋代のペルシア系海商、モンゴル時代のインド洋と中央アジアに跨るムスリム商人、これら三つの交易ディアスポラである。それらはいずれも、広範囲な拡散を経験し、その拡散が商業的な紐帯を形成することで、それぞれの時代にユーラシア・インド洋規模で無視できない商業的存在感を誇った。向は各集団の拡散と商業的紐帯の形成・維持の背景を政治・経済・社会的観点から総合的に読み解いていく。翻って、本章は中国諸王朝がいかにしてそれらのディアスポラとの関係を築いていったのかを移動者に軸足を置きつつ、唐代からモンゴル時代にかけて大胆に把握する試みであるともいえよう。

第三部を構成するのは次の三論文である。第一一章は、政治的言説空間における「航行の自由」概念の展開を扱う。普遍的な価値を持つと考えられる「自由」は、さまざまに利用価値の高い概念でもある。イギリスとスペインのあいだでは、一七三〇年代末より、スペイン領カリブ海植民地近海での密貿易をひとつの焦点にジェンキンズの耳戦争が展開された。薩摩はその法思想史、経済史的な背景を紐解いたうえで、この概念がいかにしてイギリスの政治的言説において生起・展開していたのかを明らかにする。そこからは、「航行の自由」が政治的方便であると同時に、その有用性を信奉する人々の存在が示唆され、「自由」がいかに微妙な均衡の上に乗ったスリリングな概念であるかが示される。

第一二章の鈴木論文は政治権力による管理の埒外であったという意味で自由な航海空間としてあり続けたインド洋西海域が、一九世紀に展開される奴隷交易監視のなかで、政治権力の管理下に入っていき、そこでそれまでとは異なる「管理下での自由」が実現されていく様子を描く。特に焦点があてられるフランス船籍の活用は、航海者たちが自ら見つけ出していったものであった。それによって、彼らはイギリス帝国の監視活動からの自由を手に入れることができた。しかし、このフランス船籍による自由の獲得は確かに彼らの主体性ゆえであるが、その維持は彼らの手の及ばないところにあった。本章ではインド洋西海域における異なる自由の移行が論じられる。

「自由」という概念そのものは人類に普遍的なのではなく、西洋において発達し、地球規模に拡散していった歴史的経緯を持つということには多言を要しないだろう。第一三章の新免論文では西洋における「自由」概念と「移動」との接点が思想史的な立場から論じられる。古代ギリシアからキリスト教的「自由」を介して近代イギリスへつながる「自由」の思想史的系譜をたどるなかで、その接点として新免の見つけ出すのが「自然」概念である。これを介することで、「自由」と「移動」とが結ばれていく。さらに、新免はそこにバタイユの蕩尽論や福岡伸一の動的平衡論を照射することで、人間の主観的な意識を超えた移動の客観的意義を見出していく。

ところで、本書のもととなった共同研究では、専門とする時代や地域、さらには分野も異なる人文社会学の研究者が集い、研究会を重ねてきた。各章の著者は、それぞれの専門分野を軸にしながら、しかし、隣接する他の人文社会学の研究からの影響を受けながら、それぞれの章を執筆している。同じテーマに向き合いつつも、異なる時代と空間のマトリクスの上に立つ研究者の視座と論点が交錯するところが本書の醍醐味であろう。そこで、巻末には座談会の記録を掲載した。そこからは、今後、展開されうる移動研究の豊かな地平を眺めることができるはずである。

五、おわりに

以上、本書の経緯やその目的、具体的な問い、そして構成を記してきた。移動に関して目まぐるしい環境の変化を経験している私たちは、いま、移動観の転換期にいる。本書のもととなる共同研究が組織された折にはそれは思いもよらないことであったが、しかし、現実にはそのような転換期のなかで本書の執筆者は共同研究に参加してくれた。そうした環境下で、執筆者は自らの移動観と向き合いながら、研究対象の移動や移動観に向かってくれた。そのダイナミクスが読者に届けばと願っている。

また、編者としては、執筆者に原稿が出そろった点で他の章にも目を通してもらい、他の章と自らの章との接点を探してほしいとお願いした。執筆者たちはそれに応えてくれたので、章のあいだの相互参照が見えるだろう。そうしたところも手掛かりとしながら読み進めていただければ幸いである。

（1）たとえば、ジョン・アーリ『モビリティーズ――移動の社会学』吉原直樹・伊藤嘉高訳（作品社、二〇一五年）、また、アンソニー・エリオット、ジョン・アーリ『モバイル・ライブズ――「移動」が社会を変える』（ミネルヴァ書房、二〇一六年）、吉原直樹『モビリティーズ・スタディーズ――体系的理解のために』（ミネルヴァ書房、二〇二二年）を参照。

（2）日本における海域史研究の展開については、Hideaki Suzuki, "Kaiiki-Shi and World/Global History: A Japanese Perspective," in *Global History and New Polycentric Approaches: Europe, Asia and the Americas in a World Network System*, ed. by Manuel Perez Garcia and Lucio De Sousa (Cham: Palgrave, 2017), 119-33を参照。

第一部

移動を生み出す力学

第一章　労働のイニシアチブと出稼ぎ移民
――トランシルヴァニアの山村から

杉本　敦

一、はじめに

「私にとっておばあちゃんが全てです」。ルーマニア北東部の小さな村、コルネシュティの中学校。メリーサ・マケドンさん（一四）はか細い声でそう言った。祖母のエレナさん（六七）は「両親がいなくても、差別されないように育てたい」と語気を強めた。

このエピソードは、冷戦終結からこれまでを振り返り、現代を読み解く「「壁」と世界」と題した毎日新聞のシリーズのひとつで、ルーマニアから報告されたものである。少女が一歳の時、母親は建設作業員だった父親の給料が少ないことを理由にイタリアに向かった。しかし、母親はそのまま帰ってこず、酒に溺れた父親は別の女性と結婚し、少女は祖父母に預けられた。(1)

この少女に限ったことではなく、両親、あるいは片親が西欧に働きに出、祖父母や近しい親族に預けられたままになる子どもは珍しくない。国外への出稼ぎ者からの送金によって家計が維持される一方で、残された子どもの非行が社会問題となっているのである。

経済的な困窮を理由に出稼ぎに行かざるをえない人びとや残される人びとを悲劇的に語るというのは、なにも今に始まったことではない。筆者がルーマニアを研究対象に定める以前に出会ったルーマニア人女性のエピソードについても触れてみたい。

大学院入学後、東欧を研究対象に定めた筆者は、数週間をかけた旅に出た。いくつかの国を見て回ることで、今後の研究のあたりをつけようとしたのである。旅を終え、ウィーン国際空港で日本への乗り継ぎ便を待っていると、一人の若い女性が声をかけてきた。彼女はユリアナという名のルーマニア人で、同じ便で日本へ行くという。我々はカフェに入り、雑談をしながら時間をつぶすことにした。彼女は京都でダンサーをしており、今回は一時的な里帰りだったという。次第に打ち解けて話も弾みだした頃、ふと「ルーマニア人のこと、カワイソウと思っているでしょ」と問いかけられた(2)。老朽化したインフラ、社会主義時代の巨大な工場の廃墟、空の棚が目立つ店舗、道ばたに座り込んだ物乞いの老人。ルーマニアで印象に残ったのはこうした光景だったが、それについて彼女に話したわけでもなく、ルーマニアやそこで暮らす人々についての考えを述べたわけでもなかった。

彼女の意図がつかめず黙っていると、「答えなくていい。日本人がそう思っているの知ってるから」と告げられた。今にして思えば、筆者がというよりも、彼女の働き先において周りの日本人から同情的な目を向けられていたことを背景としていたのではないだろうか。一人故郷を離れ異国で働かねばならない彼女に対して、そして若い娘を送り出さざるをえない彼女の家族に対して、カワイソウという同情心が向けられていたのではないだろうか。彼女はそうした雰囲気を感じていたのかもしれないし、直接そのようにいわれたことがあったのかもしれない。

一九八九年、民主化の波が東欧に押し寄せ、ルーマニアではチャウシェスク大統領夫妻の処刑をもって社会主義政権が打倒された。それまで閉ざされていた西への国境が開放されたのである。チャウシェスク政権末期、ルーマニアは「鎖国状態」にあり、西側との交流が断絶していた。国民の移動という点に限っていえば、ソ連や東欧以外への旅行は厳しく制限されていた。欧米諸国へ出かけることができたのはごく少数のエリートに限られ、外交官にしても、家族を国内に残しておくことが義務づけられていたのである(3)。

民主革命後、救国戦線はパスポートの発行規制を撤廃し、自由な外国旅行を保障した。人権や自由の尊厳を掲げて社会主義政権を批判してきた西側諸国の主張の通り、国民は移動の自由を手に入れたのである。しかし、赤字財政と失業に苦しむEU加盟国は、東からの大量移民を懸念し、最長七年間の移民制限を導入したのである(4)。かつて自国政府によって自由な移動を妨げられたルーマニア人が、今度は西欧諸国のビザによって移動を制限されたのである。

このような状況下で、筆者が空港で出会ったユリアナのように、若い女性が日本に働きに出るということも珍しくなかった。新たな壁に阻まれた西欧ではなく、他の先進国へ女性が働きに出たということであるが、そうした移動もまた強いられたものであった可能性もある。冷戦の終焉により、旧ソ連やブルガリア、ルーマニアなどから先進国へ多くの女性・子どもが出て行くこととなったが、その背景には、国際的犯罪組織が関わるヒューマン・トラフィッキング（人身売買）と呼ばれる非合法の取引があった。彼女たちは、主に甘言と詐欺によって連れ出され、目的地で強制的・暴力的に性的労働に従事させられたのである(5)。

ルーマニア政府とEUとの長年の交渉を経て、ビザなし渡航が認められたのは二〇〇二年一月のことであった。パスポート、医療保険、滞在費などの条件を満たしたルーマニア人は、西欧へ自由に旅行できるようになった。彼らが親近感を抱くロマンス語系諸国であるイタリア、スペイン、フランスを中心に、チャウシェスク時代にはそこはかとなく遠く感じられた西欧の歴史的名所を訪れ、実際に自分の目で見学するという至上の喜びを満喫できるようになったのである。[6]

移動の「自由化」は、旅行者だけでなく、大量の労働移民を生み出した。冒頭に紹介した新聞記事の少女の母親も、そうしたルーマニア人の一人であったようだ。ルーマニア人の国外就労者は二〇〇七年のEU加盟後に急増し、現在では約三五〇万人、総人口の一七〜一八％に達するといわれる。[7] その大半が建設現場、工場、農場、ホテル、ケア労働などに従事し、数か月から数年の周期で本国と行き来するケースも多い。

冷戦時代には二極化された世界情勢のなかで、社会主義体制の崩壊後には保守政党の主導による移民制限のなかで、西欧への自由な移動を阻まれてきたルーマニア人にとって、条件付きとはいえ、旅行や労働を目的とする移動が可能となった現在は喜ばしい状況のはずである。しかしながら、そうした人びとや残される人びとが悲劇的に語られるのは、その移動がルーマニアの経済状態によって「強いられたもの」と考えられているからであろう。社会主義体制崩壊後の社会の再構築において、ＩＭＦは速やかな民営化を強く求めた。国営企業の解体と民営化、労働組合や農業協同組合の解体を進めるために、直接売買方式がとられ、外国投資家へも解放された。銀行や主要産業の株の相当部分が戦略的投資家に売却されたのである。ＥＵ加盟前後には、かつての西側諸国の企業や金融機関が進出することで、生産、雇用、貿易などの活性化が顕著となったものの、リーマンショック、ユーロ危機によりそれにも歯止めがかかった。

失業や低賃金といった雇用情勢の悪化が、西欧への労働移民を生み出し続けているわけだ。冒頭に取りあげた新聞記事に戻ってみよう。この村の中学校では半数近くの生徒の親が国外で働いているという。村の平均月給は約二五〇ユーロだが、西欧に行けば、収入はその二倍以上に及ぶ。[8] より良い暮らしをするために、人はより多くの収入を求める。そのために雇用条件の悪い場所から良い場所へ移動することは、当然のことのように思われる。自由な移動が保障されることはポジティヴに、反対に移動が制限されることはネガティヴに捉えられる。その一方で、生まれ育った場所の経済状態が悪いがゆえに移動するのであれば、それが制度的な自由を背景にしたものであっても、「強いられたこと」として悲劇的に語られる。

本章は、移動に関わる感覚やイメージについて問い直すという目的を持っている。具体的には、社会主義政権崩壊後のルーマニアにおいて、人びとがどのような状況下で出稼ぎを行うようになっていくのかを民族誌的なデータに基づいて考えてみたい。それを通して、経済的困窮や消費財への欲求のみが人びとを出稼ぎ、すなわち、より良い賃金収入へと導いていくのか、を考え直すつもりである。

二、半自給自足農家という「後進性」

貧困や低賃金、失業がルーマニアから西欧への出稼ぎを生み出すというのは、政治学や経済学で定番となった説明である。ＥＵ加盟国間の人、情報、商品、金融の自由な移動を保障するのがシェンゲン協定であるが、ブルガリアとともにルーマニアは長年、参加を延期されたままになっている。先に加盟したバルト三国、ハンガリーやチェコなどの中欧と比べても、ルーマニアの経済成長は遅く、そこから安価な労働力が大量に流れてこんでくることを警戒してのことであろう。国内における市場の発達と雇用の安定が見られない限り、ＥＵ市民と同じレベルでの移動の自由がルーマニア人に認められる可能性は低いのではないだろうか[9]。

ルーマニアの「後進性」を語る際、市場の未発達や政治の腐敗と合わせて問題視されるのが、農業経営体の大多数を占めてきた極めて零細な個人農である。ＥＵは、生産の半分以上を自家消費する経営体を「半自給自足農家」（semi-subsistence farm）と呼び、合理化や商業化のための支援が必要と考えてきた[10]。これらの農家は、労働力不足、設備不足、資本の不足による生産性の低さ、高齢化といった問題に加え、教育水準が低いため近代的な農業や農業以外の生産活動に必要な基礎的能力が欠如しており、結果として貧困化が進行しているとされる[11]。

ＥＵ加盟後、共通農業政策から多くの財政支援を受けたルーマニア政府は、ＥＵの農村開発計画に基づいて「二〇〇七〜二〇一三年農村・農業発展計画」を定め、小規模農家に対する措置を決定した。農村開発計画はさまざまな措置を備えており、加盟国政府や地方行政がどれをどのように利用するかを判断する。このような柔軟性から、当初は小規模農家支援への効果が期待されていた(12)。半自給自足農業から商業的農業への転換、農業の合理化による競争力強化などによって、ルーマニアの農業と農村の状況が改善されると考える研究者もいた(13)。

ヨーロッパの農業政策を研究するダヴィドワ（Sophia Davidova）は、この政策の結果、ルーマニアの半自給自足農家は消滅、転換、持続のどれかに行き着くと予測した。消滅は、農地の放棄、あるいは大規模な商業的農場による吸収を指す。転換が意味するのは、商業化による市場への統合、つまり自家消費ではなく販売のための生産への移行である。最後の持続は、非農業部門との組み合わせによる多角化、あるいは収入源のない次世代がやむなく引き継ぐという状況を指す(14)。

三つの方向のうち最も目立ったのが半自給自足農家の持続であり、ダヴィドワは、市場の未発達と雇用不足がそれを強いたのだと述べる。彼女は共同執筆論文で、ブルガリア、ハンガリー、ポーランド、ルーマニア、スロヴェニアといった新規加盟国の半自給自足農家を分析し、自家消費生産物を収入に加えることで貧困線を下回る世帯が減少することを示しているが、それもまた金銭収入がない場合の苦しい選択であると結論づけている(15)。この説明に従えば、農村の若年から中年にかけての層は仕方なく自給自足的な小規模農業に従事するが、それを望まない場合、西欧への出稼ぎを視野に入れるようになるのだろう。

細分化された農地と自給自足的な農家経営の多さというルーマニア農業の特徴は、一九九〇年代の脱集団化の結果というのが、一般的な理解である。社会主義政権崩壊後の民営化の過程で、新政府は集団農場を解体し「元の所有者」に返還することを原則とした。こうして零細な半自給自足農家、ＥＵがいうところの半自給自足農家が再編されたというのである。経済学では、これを大規模で商業的な集団農場から小規模で自給自足的な家族農業への「後進」と捉えることが多い[16]。

ここで問題なのは、社会主義体制における農業の合理化と商業化、その崩壊にともなうサブシステンス・エコノミー化という単純化された歴史認識である。この認識は、冷戦時代に培われたステレオタイプ的な社会主義イメージを背景とする。全体主義的な国家による一方的な管理、抑圧の下で国民は過酷な生活を強いられていた、といった類のイメージである[17]。農業に関しては、農業集団化にともなう生産手段の共同所有と中央計画経済による生産、流通、消費の管理を特徴とした大規模農場での合理的経営が語られる。そこには自家消費を目的とする農民はおらず、給与のために働く農業労働者がいるだけである。

二〇〇〇年代にＥＵに加盟したのは、かつて社会主義圏に属し、ソ連の衛星国と呼ばれた国々である。冷戦時代、ソ連やその影響下にあった社会主義諸国は、市場資本主義と異なるオルタナティヴな社会・経済の構築を目指す「第二世界」として位置づけられた。ただし、西側で行われた政治的非難や経済システムの分析は、「鉄のカーテン」の向こう側で実際に何が行われているのかをよく知らないまま行われていた[18]。その社会や経済に対しても、「ソ連型の社会主義」の言葉をもって同質的な世界が広がっているかのように理解されてきたのである。しかし、社会主義圏のいくつかの国で農村調査を行った人類学者たちの報告を踏まえれば、現実の社会主義経済にはかなりの多様性があり、より複合的だったことが分かる。

三、労働のイニシアチブをめぐって

（1）社会主義システムにおける「自律性」

第二次大戦直後のルーマニアは、農村人口が八〇％に及び、わずかな土地しか持たない、あるいはまったく土地を持たない小農・貧農が人口の三分の二を占めていた。共産党は、小規模で生産性の低い自給農業を合理的な近代農業へと転換、統合することを目標に、一九四九年に農業集団化政策の実施を決定した。トランシルヴァニア地方南部の平地の村で調査を行ったキデッケル（David A. Kideckel）は、農業集団化のプロセスを詳細に記述している[19]。それにそって見てみよう。

農業集団化の初期段階として政府は、生産ノルマを課すとともに「反富農運動」を展開した。小農や貧農を支持者として取り込み、大きな土地を所有する富農との階級闘争を組織しようとしたのである。そのために政府役人が小農や貧農を説得して回ったが、反富農運動が本格化することはなかった。富農たちは農村の経済や宗教的実践において重要な役割を果たしていたからである。例えば、富農は他の世帯の代親、具体的にはルーマニア正教会における名付け親を務め、洗礼式や結婚式といった儀礼のスポンサーでもあった。この関係は世代から世代へと受け継がれていくものであり、富者と貧者の間には密接な社会関係が存在した。そのため、小農や貧農の多くが富農を非難することをためらったのである。

一九五一年、こうした状況を受けた政府は農業組合を設立させることを優先し、加入者に税の引き下げや生産ノルマの低減といった特権を与えた。しかし、農業組合を集団農場の準備段階と警戒する人も多く、村の方針として抵抗する場合もあった。そこで政府役人は共産党員に圧力をかけて農業組合に加入させ、そこから村全体に広がることを期待した。やがて農業組合が結成されたが、新たに加入するのは初期メンバーの親族や隣人、友人に限られていた。その経済的特権から組合員と他の村人との間に対立が生じることも多く、組合のメンバー内で名付け親などの伝統的な社会関係が再構築された。ただし、統合した農場での共同労働や農業機械の使用が定着することはなく、世帯ごとの生産活動へと戻っていった。

農業組合は村々に普及していったが、実際にはほとんど機能していなかった。結局、政府は一九六一年に農業組合を解散し、農業集団化の再開を決定した。今度は、工場労働者、教師、事務員など国家に従事している家族のいる世帯とともに、村内で強い影響力を持つ富農が説得の対象となった。集団化を了承した村には、水道、電気、道路の舗装といったインフラが約束された。富農が集団農場に加わると、小農や貧農も次々に従った。集団農場への加入を拒否する者はどこの村にもいたが、さまざまな圧力を受けて考えを改めざるをえなくなるか、都市へと移住していった。

村々の農業集団化は急速に進み、一九六三年一二月、政府は農業集団化政策の完了を宣言した。農地全体の約一〇％が未集団化のまま残されていたが、それらは主に山間部に位置していた。平らな広い耕地が見当たらず、合理化・機械化に要する費用に対して生産性の向上が見込めないと判断したのである。それでも村共有の森林や牧草地は国有化され、各世帯に対しても生産ノルマが課された(20)。

それぞれの集団農場では、国あるいは県が生産目標を、農場の役員会が作業班の構成、労働の割当、スケジュールといった実施過程を決定した。しかし、中央から派遣された組合長による管理の徹底、作業班が世帯を分断し親族や隣人などの社会関係も考慮していなかったこと、伝統的な厩肥ではなく化学肥料の使用が規定されたこと、農業機械に対する抵抗感、そして総会において彼らの主張が認められないという状況に、組合メンバーたちは工場での労働へ流れていった。その結果、集団農場の労働者は高齢者や女性によって占められるようになり、生産力の低下を引き起こしていた(21)。

集団農場における労働力不足は国中で問題となり、政府は生産組織に関する新しい施策を導入した。一九七一年に実施された契約生産制度は、農業生産における世帯の重要性を見直し、集団農場をより柔軟性のあるものへと変えることを狙いとした。ひとつの世帯で、あるいは親族や隣人、友人で構成された作業班が集団農場と契約を結び、一定の割合の生産物を報酬として受け取る。組合員たちは、集団農場で自らが作った農作物を手に入れることができるようになったのである。この制度は効果を上げ、すべての年代、性別で集団農場の労働者が増加した。[22]

さらに組合員の農業生産を刺戟したのが、集団農場から割り当てられる個人用益地であった。個人用益地は集団農場で実際に働いた組合員に貸し出される農地で、世帯の生計維持において重要な役割を果たしていた。[23]個人用益地では、世帯が自由に生産活動を行うことができ、収穫物のすべてが彼らのものとなった。家畜の飼料、ジャガイモ、野菜、果物など、生活に必要な食料の四分の三をそこで賄っていた。[24]一九七〇年代、個人用益地は全農地の約八％を占めるに過ぎなかったが、穀物の一〇％、食肉の三分の一、ジャガイモと野菜の三六％、ミルクの三八％、卵の半分を生産していた。[25]

社会主義政権による中央計画経済の下では、市場での売買は制限され、生活必需品の慢性的な不足がみられた。一九六〇年代に国内の産業化が進むと、農村からも都市部の工場へ通勤する者が増えた。特に壮年の男性は、都市での賃金労働から帰宅したのちに自らの菜園や個人用益地で農作業に従事する「ペザント・ワーカー」（peasant worker）になっていた。[26]ペザント・ワーカーという戦略は、チャウシェスク時代のルーマニアにおいて有効だった。農村に留まることで安定して食料を手にし、金銭を消費財や娯楽、子弟の教育に回すことができたからである。

ただし、資源は偏在しており、必需品をいつでもすぐ入手できるわけではなかった。特に、チャウシェスクが累積債務返済のために国民生活を犠牲にして飢餓輸出を強行した一九八〇年代には、物不足は深刻なレベルに達した。都市と農村の親族間で必需品の交換が日常化していた。農村から都市へは食料、特に食肉が、都市から農村へは加工品が送られたのである。農家世帯が生産した食料は、親族、代親などの儀礼親族、隣人、友人といったネットワークを介して他の資源や一時的な労働力を得るための交換物として、またちょっとした頼みごとをするための「袖の下」としても用いられた。

菜園や個人用益地での自家消費のための農業生産や、食料を含めた生活必需品の交換は、公的に「セカンド・エコノミー」として認められ、ルーマニア中で広く見られた[27]。中央計画から外れた販路ではあったが、それを閉ざしてしまうと、都市住民向けの食料供給を脅かすことになったからである[28]。

互酬的なネットワークに沿ったセカンド・エコノミーが広く生存維持を保障したわけだが、それはただ規範に従うだけの道徳的な行動ではなかった。資源は偏在するだけでなく不安定で、同じ集団が常に同じものを入手できるとは限らなかったからである。ネットワークを通じた交換は、相手が自らの要求を満たせるかどうかが重要であった。親族や隣人であっても、その依頼や交換を拒否することがあり、伝統的な社会的紐帯が弱められる場合もあった[29]。特に正教会の名付け親の選択にそれが表れていた。名付け親と名付け子の関係は世代から世代へと継承されるものであったが、名付け親から十分な支援を得ることができないと判断すると、党幹部、政府役人、職場の上司を新しい名付け親にする者が増えたのである[30]。クリス・ハンとキース・ハートのいうところの「ホモ・ソヴィエティクス」(homo sovieticus)、つまり社会主義という特定の制限下において自己の利益を追求するホモ・エコノミクスが、日常生活において観察されたわけである[31]。ただし、親族関係が拘束力を保っている場合もあり、十分な見返りを得ることができなくても相手の要求に応じざるをえないこともあった[32]。

世帯による複雑な生存戦略は未集団化の山村でも同様であった。そうした地域では生産手段の私的所有が維持され、生産組織や生産過程に国家が介入することはなかった。ただし、契約生産制度への登録が義務づけられたことで、山村の農業生産も中央計画経済に取り込まれていた。集団農場をベースにした契約生産では一定の割合の農作物が報酬となったが、ここでは、一定の農作物を国家に供出して代金を受け取った。収入は農具の購入や修理、税金の支払い、儀礼での出費に充てられたが、消費財の購入を賄えるほどのものではなかった。交通網が整備され、都市部の工場に通勤できるようになると、男性の多くはペザント・ワーカーに転じた。兼業化が当たり前になったのである。金銭収入は、農業生産への投資ではなく、家屋の改築や新築、テレビやラジオ、車などの消費財、豪華な結婚式や葬式に費やされるのが常だった。集団農場よりも自律的な農業生産と賃金労働との組み合わせは社会主義経済下において有効で、平地の農村と比べて山村は豊かな生活を送ることができた(33)。

経済学や農業政策の分野では、半自給自足農家は脱集団化の過程で再編されたもので、現在のルーマニアの貧困や出稼ぎの理由となっていると考えられてきた。しかし、ここで見てきたように、こうした前提にはいくらかの修正が必要であろう。まず、社会主義経済といっても地域によってかなりのバリエーションがあり、ソ連型というモデルでひと括りにできるものではない。個人が経済的主導権を握る余地は西側で想像されていた以上に残されていた(34)。国家による一方的な管理、抑圧というのは全体の一部に過ぎず、クリード（Gerald W. Creed）の言葉を借りれば、民間レベルにおいて社会主義は「飼いならされていた」のである(35)。国家の側もまた、伝統社会の取り込みを積極的に行っており、社会主義と伝統社会の「複雑な入れ子構造」が見られた(36)。

ルーマニアの集団農場においては、契約生産制度や個人用益地というかたちで、世帯を基本的な単位とした小規模農業生産が行われてきた。作業班という公的な労働単位や経営体を単位とする統計に従えば、ルーマニアの脱集団化は大規模生産から小規模生産への「後退」が生じたかに見える。しかし、生産現場の実態を問い直してみれば、世帯やそれを取り巻く人びとによる生産活動、それも一部自家消費を目的とした生産活動という点で、社会主義時代とその後の時代に連続性が見えてくるのである(37)。

（2）EUによる規制の導入

集団農場において契約生産制度や個人用益地が導入された経緯からも明らかなように、ルーマニアの農村住民、特に男性たちがこだわったのは、農業の労働過程のイニシアチブと自らが生産した農作物の処分権であったと思われる。労働過程への介入を嫌うという姿は、のちの時代においても観察することができる。

筆者は、ルーマニアのEU加盟直後からトランシルヴァニア地方の一山村でフィールドワークを続けてきた。詳細は次節で述べるが、南カルパチア山脈の麓に位置するこの村は冷涼な気候を特徴とし、農耕に適さず、ヒツジやウシの移牧を伝統的な生業としてきた。ここでは、合理化や機械化にコストがかかりすぎることを理由に社会主義時代も農業集団化を見送られ、契約生産制度の下で伝統的な移牧が続けられてきた。所有する農地の大きさや家畜の頭数に従って一定の乳、羊毛、子ウシ、子ヒツジなどを供出することが求められたが、飼養する家畜の品種、生産スケジュール、生産に関わる道具や技術、生産現場の労働関係などに対する介入は行われなかった。一九六〇年代には村の男性の多くが工場労働に従事するようになるが、帰宅後には農作業を行っていた。ここでもペザント・ワーカーが見られたのである。一九九〇年代初頭には、彼らの勤めていた工場が閉鎖されたが、自給自足的な農業を拡大することで生活を安定させることができた。

EU加盟後、ルーマニア政府がEUの農村開発計画に基づいて「二〇〇七～二〇一三年農村・農業発展計画」を定めたことはすでに述べた。こうした施策が継続、拡大されていくなかで、二〇一〇年代の半ばには、筆者のフィールドにも政府のエージェントが訪れるようになっていた。ただし数年間にわたる営農計画書の作成、一定以上の営農規模を要件としていたため、支援の対象となる農家は限られていた。大多数の農家は、補助金は大きな農家の問題であって自分たちには関係ないと考えており、実際に彼らのもとにエージェントが説明に来るということもなかったようである。

数百頭のヒツジ、数十頭のウシを飼養するような大規模営農者は補助金の対象となる可能性があったが、彼らを困惑させたのは、EUの共通農業政策の有機畜産規則に基づいてつくられた申請条件だった。有機畜産規則は環境を考慮した持続可能な農業、動物福祉、食の安全に関する規定であり、農家はそれを満たすことによって一定の補助金を受け取ることができる。しかし、EUにおける共通ルールは西欧諸国の事情に合わせてつくられたものであり、ルーマニアを含めたEU新規加盟国にとっては「西欧基準」の押しつけに他ならなかったのである。筆者の調査地においても、「伝統」とされる農業様式のほとんどが基準を満たさないと判断されている。

環境保全という点でいえば、家畜の糞尿を利用した厩肥の使用は一切禁じられている。家畜の糞尿は環境汚染の要因として、自然界への排出が制限されるのである。そうなると、農家は有機肥料を購入して牧草地や菜園に撒かねばならなくなる。動物福祉の観点からは、畜群管理や移牧、屠畜に関わるさまざまな行為が禁止される。南カルパチアの移牧においては、春から秋にかけてヒツジの群れを山頂付近に広がる牧草地に留めておく。道中、牧夫たちは何日もかけてヒツジに道路を歩かせる。これは一年に五〇キロというヒツジの歩行制限に抵触しており、それを避けるには家畜運搬用のトラックを利用して群れを移動させねばならない。また、ヒツジの所有者を示すための耳への切り込みは禁止され、屠畜時には気絶処理が求められる。食の安全という点では、搾乳機を使い、搾った乳をそのまま冷蔵庫に貯蔵することが求められる。

これらは自分たちの労働過程に対する明らかな介入であり、大規模営農者の多くが拒否反応を示した。営農規模の大小に関わらず、彼らは自分たちの牧畜業を金銭投資をせずとも循環的に続けていくことができるものと捉えている。実際、この地域の移牧を活用した農家経営は、地域の自然環境や家畜の生態にマッチした持続可能なシステムとしての特徴を持っている(38)。近隣の国立大学に畜産学科ができるとなった際も、村の人びとは「家畜の飼い方なら自分たちが全部知っている。わざわざ大学に行く必要はない」と笑い話にしていたのだった。

EUがいうところの半自給自足農家は、雇用先のない人びとがやむをえず維持するものとされてきた。彼らは近代化、合理化のための資金や知識を欠いており、結果として貧困化が進行している。それから逃れる手段のひとつとして、西欧での出稼ぎを選択する。農村部のルーマニア人が外国での労働に従事する理由は、こうした流れで語られてきた。

しかし、社会主義時代の農村を扱った民族誌や筆者自身の調査の経験を通して見てみると、自給自足的な農業には望んで維持されてきた側面があったことが分かる。人びとはそこで労働のイニシアチブを握ることにこだわり、自家消費のための農業生産に高い価値を置いてきたのである。それにも関わらず、現在、多くの人びとが農業から離れて出稼ぎを選ぶのであれば、そこに何らかの変化が生じているからなのであろうか。例えばそれは、労働や消費に関する価値観の変化であり、それは特に若い世代に顕著なのだろうか。農家経営はそれを取り巻く人びととのさまざまな利害関係や義務のなかで営まれるが、そこに移動を生み出す何かがあるのだろうか。

次節では、筆者の調査地での事例を取りあげながら、こうした点について具体的に検討してみたい。

四、山村の出稼ぎ移民

（1）社会主義政権崩壊後の山村

前節でも簡単に触れたが、筆者が調査地としてきたのは、ルーマニアの国土の中央部分を東西に走る南カルパチア山脈の北麓に位置する人口三〇〇〇人弱の山村である。県都ブラショヴまではバスで一時間ほどかかる。社会主義時代には、その途中にある小都市Rや、北接する小都市Zにあった工場に村の男性のほとんどが通勤していた。社会主義政権崩壊の翌年にはこれらの工場は閉鎖されたが、男性たちは農家経営に注力することで生計を維持した。ルーマニアにおける集団農場の解体は「元の所有者」への返還という形をとったが、大きな圃場を作る際に昔の土地区分は分からなくなっていたし、書類自体が紛失していることもあった。そのため、農地の「返還」はなかなか進まなかった。それに比べて、農業集団化を見送られていた筆者の調査地の場合、土地を分筆する必要もなく、社会主義政権崩壊後の専業化の流れは非常にスムーズだった。
村の老人たちは、当時のことを思い出し、最も家畜を多く飼った時期だ、と語る。それまで兼業状態にあった男性たちが恒常的な労働力となることで、農業生産は増大した。菜園やジャガイモ畑を拡大し、草刈りの回数を増やすことでより多くのウシやヒツジを飼い、ブタの数も増やしたのである。政治的混乱やハイパーインフレーションのなかで自家消費生産の価値が高まっていたこともあるが、社会主義時代と異なり、生産物のすべてが自分たちのものとなったことも大きく、それによって彼らの農業に対するモチベーションが刺戟されていた。

村人たちは、自給自足的な小規模農家として専業化し、生産を最大化させることで政治経済の混乱期に対応したのだが、単一世帯での生存が困難な場合もあった。ルーマニア、特にトランシルヴァニア地方では、財産相続において女子を含めた均分相続が理念化されていた。ただし、過度の細分化によって各世帯の生存維持が脅かされることを避けるため、十分な大きさの土地がなければ特定の子弟のみに相続することが慣習化していた。この状況を変えたのが、社会主義時代の兼業化だった。賃金労働による収入を想定して、以前では生計を立てられないような小区画でも子弟に分筆したのである。彼らは、賃金労働を主体に、ブタと家禽を飼い、菜園で野菜やハーブ類を栽培した。金銭収入を失うことは彼らにとって死活問題であったが、都市に出て行っても仕事も住むところもなかった。そのため、飼養するブタや家禽の数を増やすとともに、近隣の比較的大きな農家に労働力を提供することで代わりに畜産物を得ていた。最大限にまで規模を拡大していた親や兄弟、隣人にとっても、彼らなしには経営を維持することはできなかった。

筆者が調査を行うトランシルヴァニアの山村は、農業集団化を見送られたがゆえに伝統的な移牧や生産の技術が残されたこと、家屋敷や農地からなる物理的な生産単位が継承されたこと、親族や隣人、友人との間で営まれる互酬的な労働関係が維持されたことなどを理由に、住民の最低限の生存を保障する仕組みが機能していた。社会主義政権崩壊期にあっても、比較的安定した状態にあったといえよう。

その後、ルーマニアが安定した経済成長を示し始めるのは、二〇〇〇年前後になってからである。ＥＵへの加盟交渉が始まり、外国からの直接投資が増えるなかでマクロ経済安定化と構造改革が推し進められたのである。都市部に雇用が生まれたことで、農村でも農業への関与を減らしていく人が増え始めた。それでもブタや家禽、菜園を保持し続けることで、生活の安定を図る世帯が多かった。

（2）イオン夫婦の出稼ぎ

筆者の調査地となったトランシルヴァニアの一山村は、社会主義政権崩壊期のルーマニアでは比較的安定しており、日本や他の先進国へ出稼ぎに行くという人はほとんどいなかったようである。この山村で暮らす人々やその親族が先進国、特に西欧のＥＵ加盟国で働くために移動するという行為が見られるようになったのは、やはり、二〇〇二年にビザなしでの渡航が可能になってからのことである。

この村から最も早い時期に西欧での出稼ぎに向かったのは、イオンとギョルギナの夫婦であった。イオンは、筆者が住み込んでいた農家の長男である（図1の▲）。長姉とは八歳、次姉とは四歳、妹とは九歳離れている。一九六九年生まれのイオンは、地元の高等学校を出た後、北接する都市にあった自転車やオートバイを製造する工場に勤めるようになった。父だけでなく多くの村民が働いていた工場である。工場は二四時間操業の三交代制で、彼らは朝六時から昼二時まで勤務した。仕事が終わるとバスで村に帰り、昼食をとる。その後は

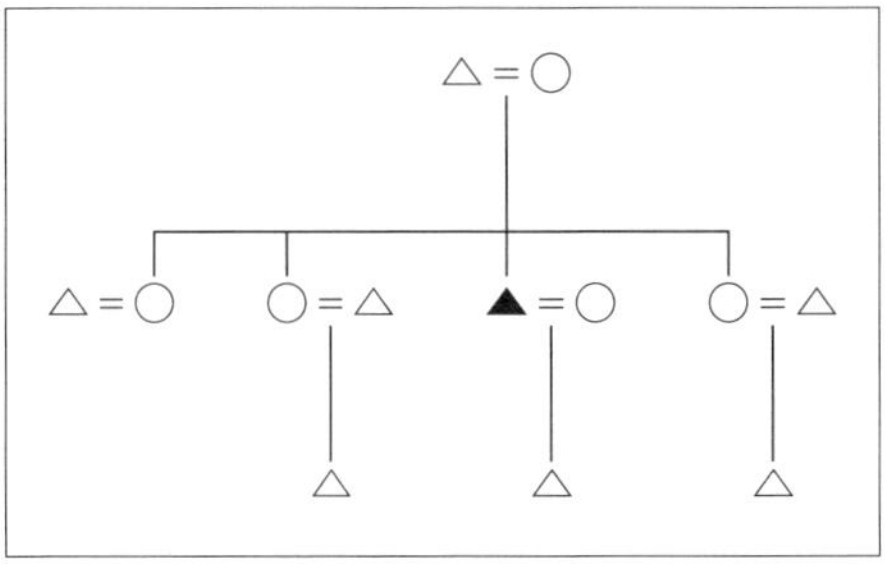

図1　イオンの系譜関係

家畜の世話をし、夏には草刈りや干草づくりに汗を流した。こうした農作業は子どもの頃から当たり前に手伝っていたものであり、特に苦でもなかったという。

そうした生活をしばらく続けた後、イオンは兵役についた。その間に民主革命が起こり大変な思いもしたが、彼は無事に戻ってくることができた。長姉はルーマニアの北東部の都市ヤシにある大学を出て、エンジニアとして他県で働いていた。彼が兵役につく直前に結婚した次姉には子どもが生まれ、夫とともに別世帯を営んでいた。生家から五〇〇メートルほど川下に父の生家があり、そこを相続した次姉は自給自足的な農家経営に従事していた。両親や幼い妹とともに暮らし始めたイオンは、フルタイムで農牧業に従事するようになった。一九九〇年代の半ばには、県都ブラショヴのレストランで下働きを始めた。自分で自由に使える金銭が欲しかったし、家から離れる時間も欲しかったからだという。農作業に関わることのできる時間は減ることになったが、夏場の草刈り、クリスマス前のブタの屠畜、イースター前の子ヒツジの屠畜といった力仕事において、彼は主要な立場にあり続けた。

一九九七年、イオンはレストランでウェイトレスをしていたギョルギナと結婚した。両親と妹は古い家屋で暮らし、その横の別棟でイオン夫婦が暮らすようになった。そして友人に譲ってもらった自動車で職場まで通った。彼らはレストランでの仕事に注力したが、草刈り、干草づくり、屠畜、食肉加工、乳加工、厩肥づくり、施肥といった一連の農作業に関わることを求められた。この頃になると、農作業に関わることができる時間が限られるようにもなっていたことから、イオンはある程度の合理化を行うべきだと考えるようになっていた。例えば、ヒツジを減らしてウシを増やせば、乳を出荷することで金銭収入を増やすことができる。多大な労力と時間を必要とする草刈りにしても、金銭で草刈り人を雇えば良い。しかし、農家経営のイニシアチブを握っているのは彼の父親であり、こうした意見が受け入れられることはなかった。経営をめぐる世代間の争いは、さまざまな業種、さまざまな場所で生じるものだが、イオンと父親の場合も例外ではなかった。

一方、都市で生まれ育ったギョルギナにとっては、農村での生活そのものがストレスでもあったようである。これまで触れたこともない道具を手にして、新たな仕事を身につけねばならないことは大きな負担であった。彼女のこうした考えは今も変わっていないようで、筆者のフィールドワーク中に次のようなやりとりがあった。

文化人類学のフィールドワークでは参与観察を重視している。彼らのさまざまな仕事を観察するにあたり、筆者自身も道具を手にし、やり方を教えてもらいながら実際に働いてみることを基本にしていた。しかし、労働力の不足しがちな高齢者の農家ではただ仕事を手伝うこともあった。そうした筆者に対し、「ここでの生活はあなたにとって罰？　それとも有益？」とギョルギナは問いかけてきた。「もちろん有益だ」と答えたが、彼女は首をかしげ「わざわざ日本からやって来て、金にならない仕事をするのは罰としか思えない」というのだった。

おそらく、新婚時代、レストランでの仕事と並行して、農村で慣れぬ農作業に従事せねばならなかった自身の立場も「罰」のように思っていたのではないだろうか。また、敷地内を歩き回る家畜や家禽、それらの出す糞尿や臭い、屠畜や食肉加工の際に残る血肉の臭いと汚れは、今でも耐えがたいものだと彼女は語る。イオンと父親との口論が増えていたこともあり、彼らは職場に近いブラショヴにアパートを借り、そこに生活の拠点を移すことにした。毎日の農作業や家畜の世話から解放されたが、そこから完全に切り離されたわけではなかった。

南カルパチア山麓の山村からブラショヴまで車で一時間弱の距離を置いたとはいえ、依然として彼らは親の農家経営の重要な労働力であった。草刈りと干草づくり、ブタや子ヒツジの屠畜といった大仕事は彼ら抜きにはこなすことができなかった。特に乾燥させた干草を畜舎の屋根裏に詰め込んだり、乾草堆にしたりする作業は一度に多くの労働力を必要とする。彼らの都合に合わせて作業日を決めるので、それを逃れることはできなかった。乳製品や食肉などを定期的に受け取っていたことも、彼らの立場を弱くしていた。特に、新鮮なウシの乳や鶏肉は、幼い息子のために欠かせなかった。ただし、これらのやりとりは労働力と畜産物を交換していたのではなく、親子間の義務として説明され、拘束力を持つものであった。

二〇〇二年、ＥＵ加盟国へのビザなし渡航が許可されたことを機に、彼らは西欧での労働を決めた。そこでの高収入が期待できることとともに、親の農家経営から距離を置きたかったからだという。言語の類似性や「ラテン」という民族性からルーマニア人はイタリア、スペイン、フランスに親近感を持つとされるが、働き先として最も人気があったのは経済の好調なドイツであった。彼らもまた、ドイツ南部の大都市ミュンヘンに向かった。兵役時代のイオンの友人がその街のレストランで働いていたからでもある。彼の紹介を受け、イオンは料理人として、ギョルギナはウェイトレスとして働き始めた。やがてギョルギナは、より安定的な給与を得られるという理由で自動車関連工場でも働き始め、レストランでは繁忙期にのみ働くようになった。

ドイツに働きに出るにあたり、イオンは次姉に幼い息子を預けている。両親との折り合いが良くなかったことと、次姉にも息子がいたことからの判断であった。ルーマニアに戻るのはクリスマスとイースターだけで、彼らは四年間、ドイツで働き続けた。ルーマニアがＥＵに加盟する前年、二〇〇六年に帰国したが、それは息子を村の小学校ではなく、ブラショヴの小学校に入れたかったからだという。大学に入ることを考えれば、その方が有利なのだという。帰国に際し、イオン夫婦はブラショヴにアパートを購入し、大がかりな改装を始めた。高級家具や最新の家電を揃え、ドイツの高級車を購入した。イオンは、ホテルのレストランで働き、現在はオーナーシェフという立場にまでなった。ギョルギナは定職を持たず、人手が足りないときには夫のレストランを手伝うこともあるが、家事と育児に専念するようになった。

（3）出稼ぎ後のイオン夫婦

イオンの両親は南カルパチアの山村で農家経営を続けていた。妹も結婚し、夫の家族と暮らすようになっていたため、そこで暮らすのは年老いた両親だけになっていた。恒常的な労働力と必要とする食料の減少に合わせて経営規模を縮小していたが、その当時で二頭のウシ、十数頭のヒツジ、家禽を飼養していた。飼料費が高騰したため、ブタはすべて手放していた。日常的に行う家畜の世話や牧草地の管理は、老親が二人でこなすが、草刈りと干草づくり、屠畜と食肉加工には多くの人手を必要とする。手伝いの主体は次姉夫婦とその息子、妹で、互酬的な労働交換のかたちで隣人や友人が参加することもあった。

次姉夫婦と妹の都合に合わせて作業日は決定されるが、イオン夫婦にも事前連絡がある。可能であれば手伝って欲しいと頼まれるのだ。しかし、帰国後の彼らがそれに応じたことは一度もないという。多忙なイオンは、仕事の都合がつかないのが常だが、たとえ時間がとれたとしても手伝う気はないと筆者に話したことがある。「自分も妻も農作業は好きではない。昔は必要だからやっていただけで、今はもうその必要はない。父にも金を渡している。それで十分だ」というのである。

しかし、イオンとギョルギナが老親の農作業を手伝わないことに、他のキョウダイは不満を抱いている。親を手助けすることは子の義務として説明されるが、財産相続の問題と結びつけて語られることも多い。特に土地を相続した子ども、あるいは相続する予定の子どもは、老親の世話をする義務を負うとされるのである。その負担は、相続する土地の割合によってキョウダイの間で分担されていく。イオンたちの場合、親の農家経営を継ぐ意志のある者がいないことから、土地は四人で均等に相続し、養老の義務も等しく負うことが暗黙の了解となっていた。ここでいう養老の義務は、農業の手伝いをも含む幅広いものである。

老親の農家での草刈りや干草づくりには筆者も何度か参加したが、キョウダイや配偶者から、なぜイオンとギヨルギナはいつもいないのか、と不満の声があがっていた。こうした不満は、イオン夫妻が親の土地の一部を分筆され、新しい家屋を建ててからはいっそう強くなった。

イオン夫婦は、ブラショヴのアパートを引き払ったわけではなく、仕事を引退した後に暮らす場所として、新居を建てた（図2）。彼ら自身は、家畜に関わる仕事を好んでいないが、村の環境については絶賛している。南カルパチアの山麓に位置する村は、夏でも三〇度を超えることのない避暑地であり、美しい山並みを遠くに見やることができる。都会の喧噪を離れ、美しい風景と澄んだ空気を満喫することができる。夜になれば、満天の星空を眺めることもできる。バカンスや老後を過ごす場所としてこの上ないというのである。

図2　イオン夫婦が建てた新居（筆者撮影）

この新居は、老後を楽しむための場所としてだけでなく、特にギョルギナにとっては友人との交遊の場でもある。彼女はしばしば、ブラショヴの友人を多数招いてパーティを開催するのだ。気心の知れた友人たちと食事や酒、美しい自然や澄んだ空気を楽しむのである。しかし、冬の農閑期であればともかく、干草づくりなどを手伝わずに交遊に時間を充てることは、キョウダイたちの反感を買うことになった。結局、彼女は農繁期に合わせて出稼ぎに行くことにした。場所は、かつて働いていたミュンヘンのレストランや工場である。そうすることで、村内の義務から逃れることができるし、金銭を得ることもできる。しかも、新居をペンションとして貸し出せば、さらなる収入を得ることもできるのである。

イオンとギョルギナは、親やキョウダイとの関係は、彼らが十分と考えるレベルで果たそうとするものの、村内の社会関係については関心がないようでもある。前述のように、ルーマニアの農村社会において、重要な役割を果たしてきたのが名付け親と呼ばれる存在である。名付け親となる夫婦は、新生児に洗礼を施し、霊的な親としてその後の人生の支援者となる。経済的な負担も大きく、結婚式などの儀礼のスポンサーにもなる。伝統的には富農が、社会主義時代には共産党幹部といった社会的地位と経済的豊かさを持つ人びとが、その任を果たしてきた。名付け親は、名付け子のみならず村の人びとから敬意を持って扱われ、正教徒として非常に望ましい立場だという。

イオンとギョルギナの夫婦は、早い時期から西欧に出稼ぎに出たことを機に経済的にも成功を収めている。イオンは料理人として数々の賞をとり、メディアに取りあげられることもある。彼らが新居を建てた頃から、村内のさまざまな人から名付け親の依頼を受けるようになった。結婚式や洗礼式のスポンサーを依頼されるのである。しかし、彼らがそうした依頼を承諾したことは一度もない。他の子どものために使うのであれば、自分の子どものために金銭を残しておきたいのだと彼らは説明する。先進国での出稼ぎは、出身地域での社会的上昇という結果を生み出すことが多い。そうした人びとは、富を顕示したり、社会的地位を得ることを重視するのだが、彼らの場合、そうした傾向が見られないことに特徴がある。

五、おわりに

本章の目的は、EU加盟以降増加し続けてきたルーマニアから西欧への出稼ぎ移民が、どのような要因から生み出されてきたのかを民族誌的なデータから考察することにあった。社会主義政権の崩壊以降、東欧の国々は国営企業の解体と民営化、市場経済の導入を速やかに進め、西欧的な近代社会へと再構築していくことが求められた。EUへの加盟は、そのひとつの証左であった。ブルガリアとともに二〇〇七年にEU加盟を果たしたものの、市場の未発達、政治の腐敗などルーマニアのキャッチアップの歩みは非常に遅いとされる。国内の貧困、低賃金、失業が、西欧への大量の出稼ぎ労働者を生み出している。特に農村では、金銭収入に繋がらない半自給自足農家にやむなく従事するか、出稼ぎをするしかない。労働を目的とする西欧への移動は制度的に認められた自由であるが、経済状況の悪さに「強いられた」移動としてネガティヴに語られることもあった。本章で試みたのは、「カワイソウなルーマニア人」というイメージの問い直しでもある。

政治学や経済学がいうところによれば、半自給自足農家という「貧困状態」を生み出したのは、集団農場という大規模生産からの「後退」であった。しかし、人類学者による民族誌を参照してみれば、ルーマニアの集団農場においては、生産者が労働過程においてイニシアチブを握ることと生産物の処分権を有することに重点が置かれていたことが分かる。国家による一方的な管理、抑圧によって国民は過酷な生活を強いられているというのは、ソ連型社会というイメージであって、実際の生産現場においては「自由」が認められていたのである。生産物の半分以上を自家消費する半自給自足農家という状態は、けっして「後退」などではなく、ルーマニアの農村住民がこだわり続けてきた部分でもあったのである。また、筆者の調査地のような未集団化の山村においては、自然環境とマッチした生産システムのなかで小規模農家の生存が保障されていた。金銭収入がないことを理由に貧困と断ずるような視点では、こうした生活の安定性を理解することはできない。

しかし、問題はこのような農村からでも西欧への出稼ぎ移民が生まれていることである。紙幅の都合から本編で触れることはできなかったが、出稼ぎ先で農場や工場、ケア労働などに従事する村人も少なくない。これを、農業労働におけるイニシアチブを切り売りし、低賃金の労働者に成り下がったと理解することもできよう。しかし、彼らの労働関係を詳しく見ていくと、そう単純な問題ではない。農家経営のイニシアチブは親世代が握っており、子ども世代は補佐的な立場に置かれることが多い。イニシアチブをめぐる親との対立、農作業自体に対するストレス、財産相続を絡めた親への協力の義務といった状況を見れば、農村においても彼らの「自由」は制限されている。西欧への出稼ぎは、もちろんより良い金銭収入を求めてのものでもあるが、そこから「解放」されるための選択でもあったのである。

国内での低賃金や失業は、確かにルーマニア人を西欧に移動しての労働へ誘う要因でもある。しかし、そこから戻れば、親の農家経営への従属的な関与を減らし、自らの仕事や生活空間でイニシアチブを握ることができる。西欧社会での「不自由」な賃労働に雇用されることで、家族への労働力提供の義務や農村コミュニティにおける富の分配から「自由」になっているともいえよう。かつて、筆者は、日本へ働きに来ていたユリアナからの問いかけに答えることができなかった。当時とは状況が異なるとはいえ、今ならば、ルーマニア人のしたたかさやしなやかさを伝えることができるのではないだろうか。

（1）「空洞化する国家（上）経済低迷のルーマニア、置き去りの子、数十万人　EU加盟、働き手国外流出」（『毎日新聞』二〇一九年五月一三日朝刊）。https://mainichi.jp/articles/20190513/ddm/007/030/089000c（二〇二四年三月一二日閲覧）

（2）杉本敦『旧東欧世界の民族誌――欧州統合時代に生きるトランシルヴァニア牧畜民』（東北大学出版会、二〇一八年）v～vi頁。

（3）六鹿茂夫「鎖国政策から開放政策へ――海外へと向かうルーマニア人」（六鹿茂夫編『ルーマニアを知るための六〇章』明石書店、二〇〇七年）二七六～七頁。

（4）羽場久美子『ヨーロッパの分断と統合――拡大ＥＵのナショナリズムと境界線　包摂か排除か』（中央公論新社、二〇一六年）一三一～二頁。

（5）羽場久美子「グローバリゼーションとトラフィッキング――実態と戦略」（『年報　政治学（特集：ジェンダーと政策決定）』二〇一〇―二、二〇一〇年）。

（6）六鹿「鎖国政策から開放政策へ」。

（7）ＡＲＣ国別情勢研究会『ＡＲＣレポート――ルーマニア（二〇二三／二四年版）』（ＡＲＣ国別情勢研究会、二〇二三年）一三一頁。

（8）「空洞化する国家（上）」。

（9）二〇二四年三月三一日、ルーマニアはブルガリアとともにシェンゲン協定に加盟した。ただし、不法移民の増加への懸念から、陸路での国境審査は続けられている。

（10）S. Davidova, A. Bailey, J. Dwyer, E. Erjavec, M. Gorton and K. Thomson, *Semi-Subsistence Farming: Value and Directions of Development.* (Study by the European Parliament's Committee on Agriculture and Rural Development, 2013). 豊嘉哲『欧州統合と共通農業政策』（葦書房、二〇一六年）。

（11）佐々木リディア「ルーマニアにおける農業と農村の挑戦――ＥＵ加盟との関連において」（小林浩二・呉羽正昭編『ＥＵ拡大と新しいヨーロッパ』原書房、二〇〇七年）六三～五頁。

（12）豊『欧州統合と共通農業政策』、七四～七七頁。

（13）佐々木「ルーマニアにおける農業と農村の挑戦」六五～八頁。

（14）Sophia Davidova, "Small and Semi-Subsistence Farms in the EU: Significance and Development Paths." *Euro Choices* (13) (2014), 5-9.

（15）L. Fredriksson, S. Davidova and A. Bailey, "Rural Livelihoods in the New EU Member States: Subsistence Production Versus Market Integration." (Paper prepared for Presentation at the 118th Seminar of the European Association of Agricultural Economists, Ljubljana, Slovenia, August 25-27, 2013)（https://ideas.repec.org/p/ags/eaa118/94902.html）

（16）Sophia Davidova, "Semi-Subsistence Farming: An Elusive Concept Posing Thorny Policy Questions." *Journal of Agricultural Economics* 62-3 (2011), 503-24; C. Hubbard, P. Mishev, N. Ivanova and L. Luca, "Semi-Subsistence Farming in Romania and Bulgaria: A Survival Strategy?" *Euro Choices* 13 (2014), 46-51.

（17）John W. Cole, "Problems of Socialism in Eastern Europe." *Dialectical Anthropology* 9-2 (1985), 232-56.

（18）クリス・ハン、キース・ハート『経済人類学――人間の経済に向けて』（水声社、二〇一七年）一七三～四頁。

（19）David A. Kideckel, "The Social Organization of Production on a Romanian Cooperative Farm." *Dialectical Anthropology* 1-2 (1976), 267-76; David A. Kideckel, "The Socialist Transformation of Agriculture in a Romanian Commune, 1945-62." *American Anthropologist* 9 (1982), 320-40; David A. Kideckel, *The Solitude of Collectivism: Romanian Villagers to the Revolution and Beyond*. (Ithaca, NY: Cornell University Press, 1993).

（20）Sam Beck, *Transylvania: The Politic Economy of a Frontier*. (Dissertation, Department of Anthropology, University of Massachusetts-Amherst, 1979); Steven G. Randall, "The Family Estate in an Upland Carpathian Village." *Dialectical Anthropology* 1-2 (1976), 277-85.

（21）Kideckel, *The Solitude of Collectivism*, 91, 108-10.

（22）Kideckel, *The Solitude of Collectivism*, 112-4.

（23）Kideckel, "The Social Organization of Production on a Romanian Cooperative Farm"; Kideckel, *The Solitude of Collectivism*; John W. Cole, "Familial Dynamics in a Romanian Worker Village." *Dialectical Anthropology* 1-2 (1976), 251-65. 新免光比呂「農村の宗教対立を通してみた転換期のルーマニア社会」（『国立民族学博物館研究報告』二四―一、一九九七年）二一一～二七頁。

（24）Kideckel, *The Solitude of Collectivism*, 58.

（25）Katherine Verdery, *Transylvanian Villagers: Three Centuries of Political, Economic and Ethnic Change*. (Berkley: University of California Press, 1983), 215.

（26）Beck, *Transylvania*; Cole, "Familial Dynamics in a Romanian Worker Village"; Kideckel, *The Solitude of Collectivism*; Gail Kligman, *The Wedding of the Dead: Ritual, Poetics and Popular Culture in Transylvania*. (Berkley: University of California Press, 1988).

（27）Cole, "Problems of Socialism in Eastern Europe"; Kideckel, *The Solitude of Collectivism*; Kligman, *The Wedding of the Dead*.

（28）ハン・ハート『経済人類学』、一七七頁。

（29）Kideckel, *The Solitude of Collectivism*, 166-8.

(30) Kideckel, *The Solitude of Collectivism*; Kligman, *The Wedding of the Dead*.

(31) ハン・ハート『経済人類学』、一七四〜五頁。

(32) Kideckel, *The Solitude of Collectivism*, 168.

(33) Beck, *Transylvania*, Randall, "The Family Estate in an Upland Carpathian Village."

(34) ハン・ハート『経済人類学』、一七七頁。

(35) Gerald W. Creed, *Domesticating Revolution: From Socialist Reform to Ambivalent Transition in a Bulgarian Village*. (University Park: Pennsylvania State University Press, 1998).

(36) 渡邊日日「移行期社会の解釈から諸概念の再構成へ――ユーラシア社会人類学的研究の観察」(『ロシア史研究』七〇、二〇〇二年）四五頁。

(37) このような連続性を社会主義時代以前から続くものとして一般化することは難しい。チャウシェスク政権時代に行われた民族誌的研究では、一九四七年の社会主義政権の成立以前を「伝統期」として本質化する傾向にあるが、一九二一年に実施された農地改革の前後で土地の所有と利用に大きな変化があったことが考えられる。ただし、筆者の調査地の場合、領主のいない自由村として、個々の農民が土地を所有してきた歴史がある。自家消費を目的とする生産活動という連続性を、より長いスパンで考えることができよう。詳細については拙著『旧東欧世界の民族誌』を参照されたい。

(38) 杉本『旧東欧世界の民族誌』。

第二章　ヨーロッパにおけるジプシー／ロマの移動とホーム
――フランスに暮らすロマ移民とマヌーシュを事例に

左地亮子

一、はじめに

ヨーロッパを中心とする世界諸地域に、約一〇〇〇万人から一二〇〇万人の「ジプシー」や「ロマ」と呼ばれる人々が暮らす。現在、世界のジプシー／ロマの大半が一般的な住宅に暮らし、一地域に定住する生活を営んでいるものの、彼らは長らく各地の農村や町を移動し、鍋や籠、ブリキ細工等の販売、馬の売買、家具や楽器の修理、音楽や曲芸や映画等の娯楽など、各種サービスを提供する商業ノマド（commercial nomads）(2)や逍遥ノマド（nomades péripatétiques）(3)として知られてきた。

農村・都市部の需要と供給のバランスが崩れているニッチにて商品やサービスを売るノマドとして、あるいは移民としてヨーロッパ諸地域を移動してきたジプシー／ロマの歴史は、繰り返される排斥や迫害に見舞われる過酷なものである。中世終期に彼らの祖先と思しき人々の到来が記録されて以降、ヨーロッパ各地でこの「非ヨーロッパ出自」の「移動する特異な人間集団」に対して、追放、逮捕・監禁、鞭打ちや烙印などの拷問、殺害・処刑、強制労働や奴隷化などの対応が繰り返されてきた。封建社会解体ののち、ヨーロッパ社会が中央集権的統治のもとで「国民」と「国家」を創りだしていった時代、領土内を移動する「ジプシー」を国家の「内なる他者」として警戒し、身分や移動を管理する、あるいは領土の外へと排斥する対応が強化される。そしてその抑圧と排除の動きは、第二次世界大戦期ナチ・ドイツによる大虐殺「ロマ・ホロコースト」へと繋がっていく。[4]

ジプシー／ロマは、「良い」移動と「悪い」移動、「良い」移動民と「悪い」移動民＝放浪者の恣意的な区別[5]にもとづく近代の国家・国民形成のなかでさまざまな抑圧を受けてきた。彼らの移動をめぐっては、現代にいたるまで常に次のような議論が登場する。ジプシー／ロマは「根無し草のノマド」として、生まれながらの「放浪気質」を備えている。いや、彼らは度重なる排斥と抑圧ゆえに、根付くことを許されなかった憐れむべき貧民・移民である。[6]「流浪の民」としての「ジプシー」は、多くの文学・芸術作品にインスピレーションを与えてきた一方で、他の西洋・非西洋の集団とは明確に区別されるべき移動を行う犯罪者集団や浮浪者としても捉えられてきた。[7]

本章の目的は、このようにジプシー／ロマの移動をめぐって繰り返されてきた、「選択された」「自由な」移動と「強いられた」「不自由な」移動の二項図式、そして、「移動（mobility）」と「根付き（rootedness）」を対置させ、移動するジプシー／ロマを根無し草と捉える思考を批判的に検討することにある。第三部に収められた薩摩、鈴木、新免の論考をはじめ、本書の各論考が指摘するように、移動をめぐる「自由」概念は特定の地域や時代のなかで形成され変化してきた。このような特殊性を帯びた移動の自由のありようや思考を、本章ではできるだけ当事者の視点にそって捉え直したい。そのために以下では、フランスで移動生活を行ってきたマヌーシュ（Manouches）と、一九九〇年代以降フランスをはじめとする西欧諸国に移住したルーマニアのロマ（Roma）という二つのジプシー下位集団の移動とホーム形成の様態に注目する（写真1、2）。

一般的に世界のジプシー／ロマは、ロマ、マヌーシュ／シンティ（Sinti）、ジタン（Gitans）／ヒターノ（Gita-

写真1　パリ郊外の空き地に住まうロマ移民（2000年、筆者撮影）

写真2　フランス南西部のマヌーシュ居住地（2014年、筆者撮影）

nos）という三つの下位集団に大別され、各集団は、東西ヨーロッパの異なる地域で生活を営んできた。一五世紀以降、ロマは中欧と東欧の諸地域に居住し、他方、マヌーシュ／シンティ、ジタン／ヒターノは、西欧諸地域（現在のドイツ・フランス・スペイン等）に長らく暮らしてきた集団である。

　地域や集団ごとに人々の生活様式や文化は多様性に富む。家具や楽器の修理、音楽や曲芸などの娯楽の提供、手作りの籠や椅子、針や糸、レース編みなどの日用小物を売りながら定住民の家を一軒一軒回り、食料や現金と交換する訪問販売。フランスのマヌーシュは、移動しながら定住民相手にさまざまな商品やサービスを提供するこれらの経済活動を行いながら、ドイツ語圏地域とフランスでノマディズム（nomadism）を維持してきた。

　今日、世界のジプシー／ロマのほとんどが定住生活を営むなか、フランスのマヌーシュは移動生活を続けている。一九六〇年代頃から急速に進行した都市化と高度経済成長の影響を受け、現在では、多くの人々が都市の周縁で定住性の高い生活を送るようになっているものの、彼らの多数は依然として「キャラヴァン」と呼ばれるキャンピングトレーラーに暮らし、季節的な移動生活を行う。

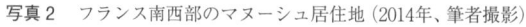

ルーマニアのロマもまた、鍛冶屋や大工や楽師など、農村社会にサービスを提供する特定の職人仕事に従事し、しばしば天幕を携えて地域内を移動して暮らしてきた人々である。だが、彼らは、一四世紀から一九世紀半ばにいたるまでの「ジプシー奴隷制」、および、第二次世界大戦後の社会主義体制（一九四八～一九八九年）のもとで一地域への定住を強いられてもきた。その結果、現在のルーマニアでも、ロマの大多数が家屋に居住する定住生活を営んでいる。ただし、ルーマニアをはじめとする東欧や中欧に暮らすロマは、一九世紀後半以降、西欧や南北アメリカなどの世界諸地域に居住域を広げてきた移民集団でもある。ロマの西欧諸国への移住（migration）の動きは、一九八九年に始まる中・東欧諸国の民主化とその後のEU加盟を受け、ますます活発化した。

現在、フランスのマヌーシュは、親族訪問や宗教実践を目的とした季節的な移動生活を行い、ルーマニアのロマは、経済的・社会的な苦境から抜け出すために西欧諸国に移住している。このように二集団は各々に異なる目的をもって異なる仕方で移動しているが、その実態が理解されないまま、ヨーロッパの政治や社会において彼らの移動は過度にロマン化、ないしは危険視されている。マヌーシュのノマディズムは、しばしば「自由で」「気ままな」移動生活として捉えられてきた。他方で、ルーマニアから西欧諸国に移住するロマは、「強いられた」「不自由な」移動を行う貧民として語られる反面、「流浪の民」のイメージのもとで、マヌーシュ同様にその移動が「移動の精神」などの言葉で非合理化されてきた。つまり、マヌーシュとロマはともにその移動の個別具体的な背景やホーム構築の様態が看過されたまま、ヨーロッパ多数派社会からの排除が正当化されてきた人々である。

以下ではこうした言説を問い直すべく、現代におけるジプシー／ロマの二種の移動――移住とノマディズム――を、「選択された」「自由な」移動と「強いられた」「不自由な」移動の対立図式を解きほぐしながら検討する。さらに、彼らが行う移動を、出身地や定住地の社会的・経済的条件からの一時的な解放を可能にし、複数の係留地と社会関係の繋がりのなかで居場所をつくりあげていく生活戦略として描き直すことで、ヨーロッパ社会

表1　インド諸語とロマニ語の共通語彙

英　語	サンスクリット語	ヒンディー語	ギリシア・ロマニ語	ウェールズ・ロマニ語	銅細工師ロマニ語	マヌーシュ・ロマニ語
big	vadra	barā	baró	bārō	baró	baro
brother	bhrātr	bhāī	pral, plal	phal	pral	pral
drink	píbati	pī-	pī-	pī-	pē-	pióva
father	tāta	tāt	dat,dad	dad	dad	dat
hair	vāla	bāl	bal	bal	bal	bal
head	śíras	sir	śeró,seró	śērό	śeró	šero
hot, warm	tapta	tattā	tattó	tatō	tatō	tato
I	máyā	main	mē	mē	mē	me
man	mānusa	mānusya	manúś	manúś	manúś	mors, rom
nose	nakka	nāk	nak	nakh	nakh	nak
see	drksati	dēkh-	dik-	dikh-	dikh-	dikóva
sun	gharmá(heat)	ghām(heat)	kam	kham	kham	kam
water	panīyá	pānī	paní	pānī	pai	pani
you	tuvám	tū	tu	tū	tu	tu

注：注(27)フレーザー『ジプシー』31頁、およびJoseph Valet, *Lexique Français-Manouche*（未公刊資料、2007）をもとに筆者作成。

において周縁的な位置に置かれてきた人々の移動のなかのホーム形成のありようを明らかにしたい。

二、ジプシー／ロマの移動の歴史

ジプシー／ロマの祖先は、一〇世紀頃までにインド北西部を出発し、バルカン半島を経由して中世終期にヨーロッパ各地に拡散していった人々だとされる。このインドとの繋がりは、一八世紀後半になって、世界のジプシー／ロマが話す言語「ロマニ（*Romani*）」「ロマネス（*Romanes*）」とインド諸語の基本語彙と文法構造の類似性が発見されたことをきっかけに指摘されるようになった（表1）。

ただし、インド起源に関しては反論が多い。たとえば、英国の人類学者オークリーやオランダの歴史学者ヴィレムスは、「ジプシー」はインドという単一の起源をもつのではなく、封建制度から資本主義への移行や戦争といったさまざまな社会的情勢の混乱のなかで生み出された移民や流民、そしてヨーロッパ土着の移動民からなる混成集団だと主張する(8)。この人々は、地域の定住民社会や農村経済にとって欠かせない経済活動を担ってきたにもかかわらず、決まった土地に住み、農業を営むか、雇用されて賃金労働に従事する「国民」のカテゴリーから排除され、異端者、よそ者、犯罪者といったスティグマを押し付けられてきた社会的孤立集団である。歴史学者の水谷驍は、このオークリーらの説を支持したうえで、「言語＝民族」という図式、つまり「ロマニ語のインド起源」から「ジプシーのインド起源」へと飛躍することに注意を促し、一見似ている外見や生業、そして移動する生活様式をもつさまざまな時代のさまざまな立場の人々が一括され、「ジプシー」と呼ばれてきたと指摘する。(9)

このようにインド起源が仮説の域を出ないのと同様に、インド出立の時期や理由も信頼のおける記録を欠くためよくわかっていない。他方で、ジプシー／ロマの祖先と思しき「浅黒い肌の」「異教の」民が東西ヨーロッパ諸地域に現れた時期に関しては、行政や市民の記録からたどることができ、おおむね見解は一致している。一〇六八年頃、バルカン半島アトス山の修道院で編纂されたジョージア語の聖人伝『アトス山の聖ゲオルギウスの生涯』のなかに、「呪術師および悪党として名高かったアヅィンガニという名のサマリア人」に関する報告があり、これがヨーロッパにおける「ジプシー」の最初の記録だと考えられている。「アヅィンガニ」というジョージア語は「不可触民」を意味するギリシャ語「アツィンガノイ」に由来するとされ、この語がフランス語の「ツィガン」やドイツ語の「ツィゴイナー」などの「ジプシー」を指す呼称の起源だとされる。(10)「ツィガニ」や「ツィゴイナー」や「チンガリ」等の名で呼ばれた集団に関する報告は、一五世紀以降、ヨーロッパ各地で相次ぐ（図1）。また同じ時期、「ジプシー」は、ヨーロッパの東方や異郷からやってきた民を表す「エジプト人」や「ボヘミア人」の名でも呼ばれていた。

このようにさまざまな起源神話とさまざまな名を与えられ、この人々は、東西ヨーロッパ各地域社会内を天幕を携えて移動しながら、定住民相手に日用品やサービスを提供する商業ノマドとして暮らしていた。

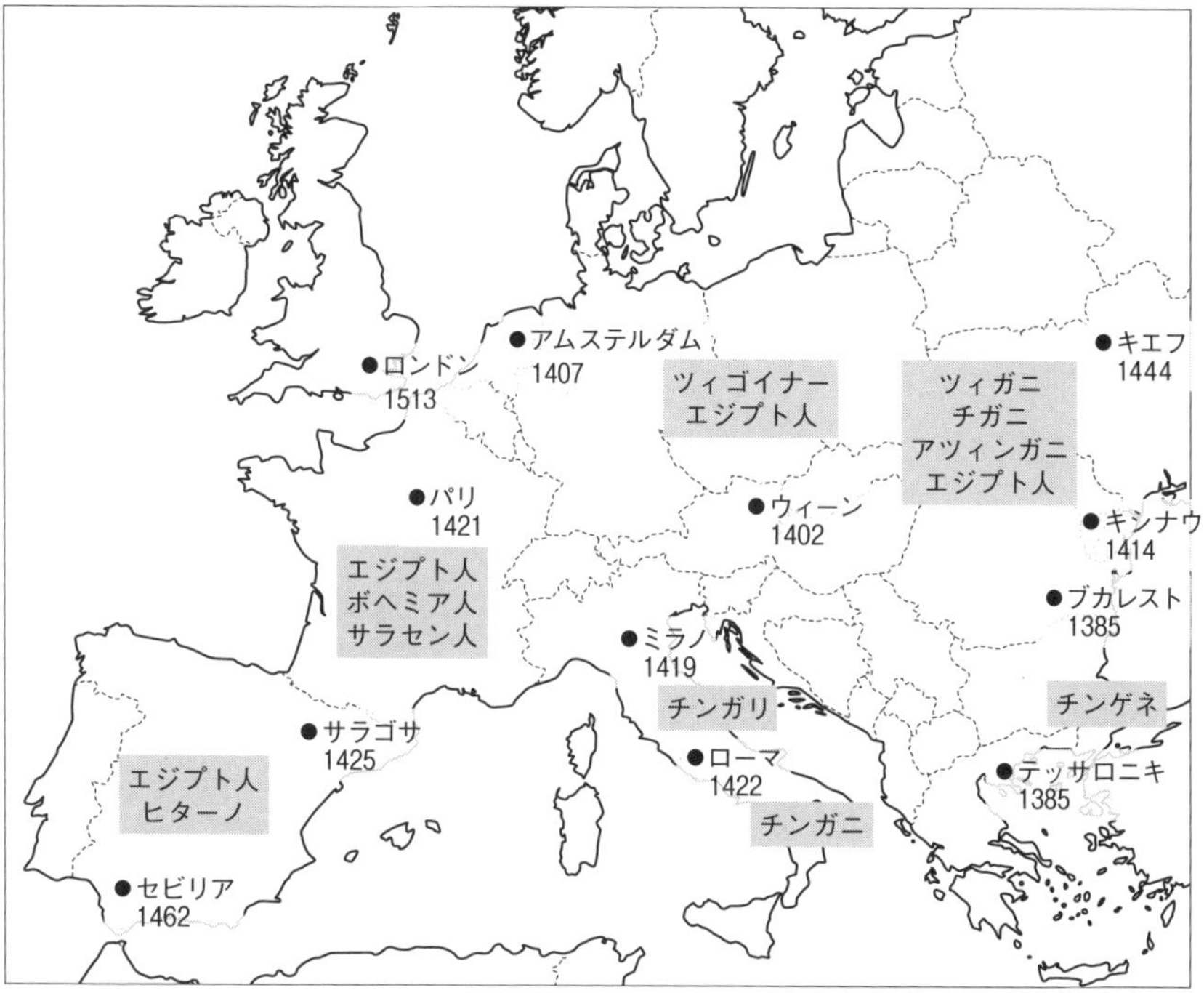

図１　ヨーロッパ諸地域における「ジプシー」に関する最初期の記録と呼称

注：Samuel Delépine, *Atlas des Tsiganes: les dessous de la question rom* (Paris: Éditions Autrement, 2012), 10-1と注(27)フレーザー『ジプシー』をもとに筆者作成。

世界的な規模でジプシー／ロマの移動に変化が見られたのは、「移民の世紀」とも呼ばれる一九世紀後半のことである。この時期、東欧のロマが世界各地に拡散し、西欧諸地域でもその登場が報告されるようになる。また、一八七〇年に勃発した普仏戦争の混乱を受けて、それまで長らくドイツ語圏地域で移動生活を営んできたマヌーシュが、フランス全土へ拡散していったとされる。東欧ロマの西方への移動は、現代まで絶えず続いている。一九八九年に始まる東欧旧社会主義諸国の民主化革命以後、暴力や差別の標的とされ、極度の貧困にあえいでいたロマは、移民として西欧諸国へ向かった。

　フランスのマヌーシュが数百年間もっぱら西欧地域内部でノマディズ

ムという地域的な移動を繰り返していたのに対し[11]、東欧ロマは西欧諸国、そしてアメリカ大陸にまで拡散する世界的な移住を活発化させた。二集団の移動には、このように移動のスケールの点で大きな違いがある一方、歴史を振り返ると共通性も浮かび上がる。まず、各々の集団は地域社会内部で移動しながらモノやサービスを定住民に提供する経済活動を目的としたノマディズムを行ってきたという点、そして戦争や政治体制の不安定化にともなう経済と社会の混乱に際して国境をまたぐ移住を行ってきたという点である。農業を中心としたヨーロッパ定住民社会のなかにあって必要不可欠な移動式サービスを提供しながらも、「内なる他者」として安定的な居場所を地域社会内部に確保することが困難であった彼らは、こうして移動という手段を用いて社会的・経済的な混乱を乗り越えようとしてきた。

三、フランスにおける「ロマ」と「移動生活者」

このような数百年にわたるヨーロッパでの移動の歴史を経て、現代のジプシー／ロマはいかなる目的で、いかに移動しているのか。本章で対象とするのは、ともにフランスに暮らすロマ移民とマヌーシュという二つのジプシー下位集団である。本節では個々の事例を検討するのに先立ち、フランスにおけるジプシー諸集団の分類と彼らの移動をめぐる言説の特徴を説明しておく。

東欧諸国において、「ジプシー」はもっぱら「ロマ」という下位集団を指すのに対し、一九世紀に始まるロマの世界的な拡散の結果、フランスでは、多様なルーツをもつ人々が「ジプシー（Tsiganes）」を構成する（図2）。まず、フランスに数世代にわたり暮らし、フランス国籍をもつジプシー、そして一九八九年以降にフランスに滞在する外国籍のロマ移民に分かれる。前者は、異なる時代に異なる経路をたどってフランスに定着した複数の下位集団から構成される。このフランス国籍のジプシーのなかで、移動の生活様式を営み、移動式住居（キャラ

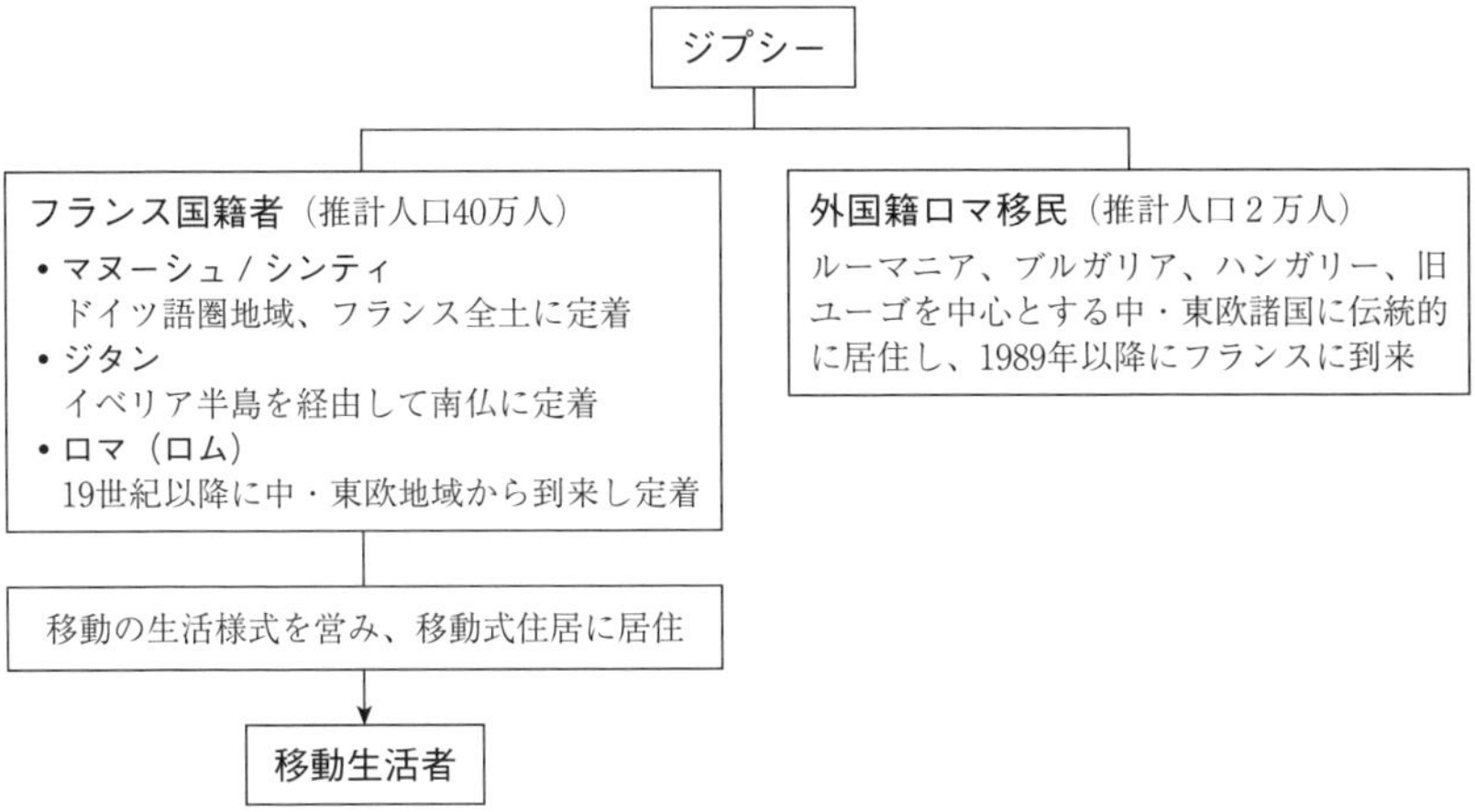

図２　フランスにおけるジプシー、ロマ、移動生活者（筆者作成）

ヴァン）に居住する人々が「移動生活者（gens du voyage）」という名で呼ばれる。「ノマド（Nomades）」という旧来の呼び名に代わり、一九六〇年代から使用され始めたこの名称は、「伝統的居住形態が移動式住居により構成される人々」と定義され[12]、その人口は二五万から四〇万人と推計されている。[13]「単一不可分の共和国」という原則のもと、フランスでは出自や民族による区別を市民のあいだに設けることが避けられるため、公的な場面では、インド起源の特定の民族を指す「ジプシー」ではなく、「移動生活者」という生活様式の違いにもとづいて人々を定義する名称が用いられる。「移動生活者」は、フランス国籍のジプシーを指す総称として使用される一方で、ドイツ語圏地域に古くから暮らし、しばしばマヌーシュと共住してきたヨーロッパ土着の移動民「イェニッシュ（Yéniches）」等、伝統的に移動生活を営んできた非ジプシーも含む名称である。

他方、フランスで「ロマ（Roms：ロム）」というと、近年、ルーマニアやブルガリア等からフランスに移住してきた外国籍のロマ移民（Roms migrants）を指すことが多い（一九世紀後半から二〇世紀中頃までにフランスに到来し、以後定着したフランス国籍のロマは、このカテゴリーには含まれない）。フランスには、約二万人のロマ移民が暮らすとされている。一部の欧米諸国や日本では、「ジプシー（Gypsies）」が差別的な意味を含む名称とされ、「ロマ（Roma）」が代わりに用いられているが、フランスでは、「ジプシー」と訳される「ツィガン（Tsiganes）」や「ジタン（Gitans）」は、一般社会に加え、当事者によっても総称として使用されている。その背景には、ロマという名称が中・東欧出自のジプシーの一部の人々が用いる自称であること、さらに近年では、「外国籍ロマ移民」を指す名称として、より限定的に使用されていることがある。したがって、フランス国籍のジプシーをロマと呼ぶことは外国籍移民との混同を招くとして避けられ、また当事者たちも同様の理由でロマと呼ばれることを好まない。

以下で詳述するように、「移動生活者」マヌーシュとロマ移民の移動の背景は大きく異なる。マヌーシュは、一九八〇年代ごろまで、フランス国内外の農村・都市で商品やサービスを売るために活発に移動してきた。産業構造の変化と都市化が進んだ現在、経済活動を目的とした移動は縮小傾向にあるが、彼らは親族との再会や宗教実践を目的とした季節的な移動生活を続けている(14)。ロマ移民も出身国では移動式の経済活動を続けてきた人々であるが、彼らのフランスへの移住は、経済的苦境からの脱出が主目的であり、東欧やバルカン諸国の社会情勢を起因とする。彼らは出身国ですでに定住生活を営んできたこともあり、移住先フランスでも移動生活を行うことはない。つまり、ロマは今や一般的な経済移民として捉える方が適切である。

このように現在のフランスでは、移動生活者とロマ移民という、国籍の違う二つのジプシー集団が居住し、その歴史や現在の生活状況も異なる。しかし、二〇世紀初頭から現代にいたるまでのフランスの政治や世論において、これらの人々は国籍の有無や移動の背景の異なりにもかかわらず、架空の民族表象のもとに一括され、排除を正当化されてきた(15)。ここでは一例として、二〇一〇年、当時のニコラ・サルコジ大統領政権下で実行された、強制送還をはじめとするロマ追放政策をあげておきたい。

二〇一〇年以降、立て続けにフランス政府は、国内に暮らすロマ移民をフランスから退去させ、本国に送り返す政策を実行していった。この一連の「ロマ追放政策」の発端となったのは、奇妙なことに、ロマ移民とは無関係の二つの射殺事件である。二〇一〇年七月一五日から一六日の夜にカジノ強盗の疑いで追われていた若者（アルジェリア系移民の息子と報道）[16]が警察との銃撃戦の末に射殺され、それを受けて、彼の仲間たちがフランス南東部の町グルノーブルで暴徒化した。また、その直後に、フランス北中部ロワール＝エ＝シェール県の村で、検問を突破しようとした車に憲兵が発砲し、被疑者でも銃器所持者でもない（車の助手席に乗っていた）一人の青年（ジタン、移動生活者共同体出身者と報道）[17]が射殺され、親族による暴動が発生した。これら二つの事件は立て続けに起き、警察組織による青年の射殺とその後の暴動という点では似通っているものの、内実は異なる。しかし、その後の一連の政治的発言を通して、それらは混同されていく。

まず、内務大臣が二つの射殺事件で死亡した人物がともに地域でよく知られた「非行青年」であったと言及し[18]、その翌日には、サルコジ大統領が「犯罪に対する容赦なき戦い」を宣言して、次のように述べた。「ロワール＝エ＝シェールで起きた出来事は、一部の移動生活者とロマの振る舞いがもたらす問題を際立たせた。この点に関して、七月二八日に会議を開く。（中略）非正規状況にあるあらゆる宿営地の排除が決定されるだろう[19]」。この発言は、新たな混同も生みだした。移動生活者の事件とは無関係のロマ移民の宿営地の話題が突如挿入され、カジノ強盗被疑者の事件とともに、治安を脅かす案件とされたからである。またその直後、政府報道官は「（大統領は）ある特定の共同体にスティグマを与えようとしてはいない。（中略）ロマであろうと移動生活者であろうと、時にフランス人であろうとも、共和国の法は守らねばならない[20]」と述べ、まるで移動生活者をフランス人ではないかのように表現した。そして結果的に、七月二八日には、移動生活者の収税管理強化と、ロマ移民宿営地の撤去計画が同時に発表された。

一連の政治的発言を通して、ロマ移民の存在は二つの射殺事件と結びつけられ、その一方で公営の集合宿営地が不足しているために、「非正規状況にある」土地にキャラヴァンをとめる移動生活者は、国内の治安を脅かすよそ者としてロマ移民と同一視された。以上の政府関係者の発言は、すぐさま研究者や活動家により批判されたが、八月一九日に最初のロマ追放が強行される。

このように、ロマ追放政策の一連のプロセスにおいて、ロマ移民とマヌーシュたち移動生活者は、国籍の有無や移動の背景の違いにもかかわらず、危険な移動民として同一視された。マヌーシュ等の移動生活者の生活様式は、射殺事件やロマ移民の宿営問題との繋がりを通して問題視され、他方で、ロマ移民の移住は通常の労働移民の移住とは区別され、強制送還という差別的対応が生じた。ロマ移民の宿営地撤去と強制送還は、二〇一二年のフランソワ・オランド社会党政権発足後も続き、同政権下で内務大臣を務めたマニュエル・ヴァルスはこの措置を次のように正当化した。「ロマ集団の問題を統合（insertion）によってのみ解決されると考えるのは幻想だ」、「これらの人々は、我々とは極めて異なる生活様式をもち、明らかに（地域住民と）対立している」、ゆえに「彼らの宿営地を段階的に解体し、（人々を）国境まで追い返す以外に解決策はない」[21]。

フランスの社会学者たちは、このようにロマ移民を「反社会的かつ文化的なノマド」として表象し、彼らの多数派社会への統合不可能性を主張する政治家の議論を、「自然と文化を混同させた人種主義」として批判している[22]。同様のロマ移民に対する偏見は、一般市民にも浸透している。フランスの人権諮問委員会（ＣＮＣＤＨ）の二〇一八年の報告書[23]によると、「ロマ移民はノマドである」という見解に対して、七〇％の回答者が「全面的に同意」あるいは「やや思う」と答え、「まったく思わない」、「あまり思わない」と答えた人は合計で一五％にとどまった。

このようにフランスでは、移動生活者とロマ移民は「流浪の民ジプシー」という架空の民族表象のもと同一視され、彼らの移動は非合理的で社会秩序を脅かすものとして語られてきた。だが、以下でルーマニアのロマとフランスのマヌーシュの移動の様態を見ていくと、こうした言説が実態から乖離した偏見であることがよくわかる。二集団の移住とノマディズムの実践は、ヨーロッパのマイノリティとして生きてきた人々に固有の歴史的・社会的背景をもち、移動を通して地域社会に根付き、ホームをつくりあげてきたこの人々にとって必要かつ合理的な生活戦略である。

四、ルーマニアのロマの移住と家

ルーマニアのロマの人口は、二〇一一年の政府の統計では約六二万人と報告されている（全人口の三・三％）。ただし、多くの人が差別を恐れてロマという帰属を申告しないため、実際の人口を一五〇万人から二〇〇万人と見積もる報告もある(24)。

ルーマニアのロマに関する最初期の記録は一四世紀に遡る。一三八五年に全ワラキア大公が修道院にあてて出した文書にて、「四〇家族のアツィンガニ」の寄進が言及されている。つまり当時、ロマは「奴隷」として扱われていた。奴隷は、現在のルーマニアの主要部分をなす二つの公国、ワラキアとモルドヴァでロマとイスラーム圏からやってきたタタールに強いられた身分で、タタール攻撃の際にロマはともに捕獲され、奴隷にされたという。そしてその後、ジプシー奴隷制は一五世紀までにルーマニア両公国の全域に広まり、さまざまな社会階級間の空隙を埋めたロマは、雑多な労役の提供者として、自由農民ないし農奴が中心を占めるルーマニアの社会構成の最下層に位置づけられるようになる(25)。

この奴隷制の時代、ロマは、宮廷、教会、修道院、封建領主（ボヤール）に隷属し、売買の対象とされ、移動や結婚の制約、税貢納の義務などの構造的差別を受けていた一方で、農民と領主のあいだにある経済的ニッチを埋める職能集団として活躍していた。ルーマニア・ロマの下位集団は、フロラーリ（花屋）、フィエラーリ（鉄加工）、カルダラーリ（金属加工、籠作り）、ラウターリ（楽師）、ウルサーリ（クマ使い）といったように、職業と結びつく集団名をもつ。中央・西ヨーロッパとは異なり、手工業がギルド化されていなかったルーマニア地域では、ロマは社会の底辺に追いやられながらも、熟練の職人や芸人として重宝され、職業によってはある程度（領内、領内近辺）の移動の自由も認められていたという。[26]

ジプシー奴隷制は、一八五六年（一八六四年に確定）に両公国が統一されたのちに撤廃される。そしてこの時代に、ルーマニア語の影響を受けた言葉を話すロマの世界的規模での（特に西欧、アメリカ大陸への）移動・拡散が始まっている。時期を同じくすることから、奴隷の身分から解放されたロマが大移動の主役ではないかとかねてより推測されてきたが、ワラキアとモルドヴァから流れてきた難民を含む、トランシルヴァニア、ハンガリー、バルカン半島などの地域に定住していたロマがこの移動の波をなしたという歴史家の見解がある。[27]

こうしてロマの大規模な移住が進む一方、資金も行く当てもない多くのロマはルーマニアにとどまった。二〇世紀初頭、彼らは、相変わらず社会の最下層に追いやられながら、鍛冶や蹄鉄師などの職人や楽師、あるいは小商人や農夫や日雇い労働者として地域の経済において重要な役割を担っていた。一部は定住し、ロマ集住地を形成した。第二次世界大戦後に社会主義体制が始まると、定住化政策が推進され、「定住ロマ」は集団農場や工場で働き始める。他方、地域社会内部で移動式経済に従事するロマも存在し続けた。これら「放浪ロマ」と呼ばれた人々も同化すべく家に居住することを求められたが、彼らは鍋窯製造やくず鉄回収等の経済活動を続け、地域内を移動していたとされる。つまり、彼らは家に住まいながらも、商業ノマドとして暮らしていた。

このような地域社会内部での移動経験が一九九〇年以降の国外移住の動きに繋がったと、パリ郊外モントルイユに暮らすルーマニア・ロマを調査したフランスの人類学者ベナロッシュ＝オルソーニは指摘する。[28]以下では、彼女が二〇一九年に発表した民族誌『二重家――ロマの移住をめぐる場所・ルート・モノ』を参照しながら、ルーマニア・ロマ移民の現代の移住の様態を説明する。

ベナロッシュ＝オルソーニが調査したロマ移民は、ルーマニア西部トランシルヴァニア地方出身者たちから構成され、彼らは一九九〇年の社会主義体制崩壊以降、経済的な糧を求めてドイツやベルギーなどの西欧諸都市に移住してきた。フランスのパリに隣接するモントルイユには、二〇〇〇年代初頭から住み始める。無人の住宅や建物を占拠することから始まった彼らのモントルイユでの初期の生活は、極めて不安定なものである。しかしその後、このロマ移民は、地元支援者の協力を得て就学と就業を進め、二〇〇八年には統合プログラムの対象者に選出され、空き家に暮らす不安定な生活から抜け出していった。ただし、マヌーシュ等移動生活者との混同のためか、市がロマ移民に提供したのはキャラヴァンだった。非ロマのルーマニア人等、他の移民と同じく、故郷では家に住まい、豊かな定住生活を目指し移住してきたロマにとって、キャラヴァンは希望とは程遠い不完全な住まいであった。そうした紆余曲折を経て、彼らがようやく社会住宅や民間の賃貸住宅に移り住むことができたのは、二〇一四年末のことである。

このように社会的・経済的資本を欠くロマのフランスでの生活は非常に不安定だが、ベナロッシュ＝オルソーニは、生活環境と社会的地位の上昇に向けたロマ移民のしたたかな生計戦略を報告している。市から与えられたのはほんの数平米しかないキャラヴァンであったが、ロマはその居住空間を必要に応じて修正していった。キャラヴァンのわきに置くための冷蔵庫、テーブルや椅子を探しに、彼らは日々路上へ向かう。路上のごみ捨て場に通い、食品や衣類や日用品や玩具を回収するのは主に女性の仕事で、そうした「都市の狩猟採集」により「家族をタダで食べさせることのできる女性の能力」は高く評価されるという(29)。

この他、ロマ移民は、物乞いや廃品・くず鉄回収、新聞や花の販売などの仕事で金を稼ぐ。興味深いのは、彼

表2　ルーマニアとフランス間のモノの移動

	ルーマニアの村へ	モントルイユへ
豊かさの感覚や西洋との結びつきを示すモノ	家具や電化製品、装飾品	
家族の結びつきを示すモノ	新品の洋服、化粧品、宝石	ルーマニアの食品、祝祭用の洋服
トランスナショナルな家庭のあり方を示すモノ	貨幣、路上で回収した衣類、食品の小包	ルーマニアの安価な薬品
ローカルな地域への愛着を示すモノ	造花・食器等の装飾品	ルーマニアの食品

注：注(28)Benarrosh-Orsoni, *La maison double*, 117の情報をもとに筆者作成。

らがこうして手にした金のほとんどをフランスでの衣食住にかかわる日常的な消費にあてず、故郷ルーマニアの不動産に投資する点だ。「わかるかい、僕たちルーマニア人はやるべきことを自分でやる。けれど僕たちはフランスでタダで暮らすんだ」。このようにあるロマはいう[30]。

二〇〇七年にルーマニアが欧州連合（EU）に加盟すると、ロマ移民は、フランスとルーマニアの二つの係留地間の移動を活発化させる。そしてその移動を通して、さまざまなモノをルーマニアとフランスのあいだで往来させる（表2）。

モントルイユのロマにとって、ルーマニアの村への帰郷は「西洋の」洗練されたあらゆるもので家を豊かにする機会であり、ルーマニアの家は家族のメンバーによって異国からもたらされた家具や装飾物で彩られるという[31]。また、ルーマニアへの一時帰国は、故郷の村に家を建てる計画を進める機会でもある。村に戻ってきた移民たちが「家を買わない」のであれば、その理由を正当化しなくてはならない。なぜなら、ロマにとって不動産取得は尊厳や評判にかかわるためだ。家の入手はカップルが結婚後に最初に取り組む仕事で、一人前の男と女の地位獲得を意味する[32]。そのためロマ移民は、住む予定がなくとも、ルーマニアの村に家を建てる。村に残された（しばしば建築中の）家は、その所有者である遠くフランスに暮らすロマ移民の経済的・社会的な上昇を反映し、彼らに故郷との繋がりを感知させる「我が家」となる[33]。

このようにベナロッシュ＝オルソーニは、ロマのフランス移住が、「行ったきりの移住」ではなく、ヒト・カネ・モノが往来する振り子運動を特徴とする点を指摘する。そしてこうした「巡回的な移動性（mobilité circulaire）」が、海外に大量の人を送り、海外から大量の資金やモノを輸入する現代ルーマニアの社会状況と一致するという(34)。

第一章杉本論文でも詳述されるように、社会主義時代の工場と集団農場が消え、雇用機会が減少するなか、ルーマニアではロマも非ロマも高い失業率に苦しみ、経済移住を進めていった(35)。つまり、ロマ移民は非ロマのルーマニア人と同じ理由で移住を行ってきたのであり、「生粋のノマド」としてロマの移住の独自性を過度に主張することは不適切である。ロマはまずもって経済移民である。もちろん出身国での差別はロマに固有の動機のひとつではあるが、経済的成功が一番の要因であり、しばしば彼らは帰郷の計画をもって移住する。この点を認識しないまま、ロマの特殊性を過度に強調することは、現代のポピュリズム政治下でのロマ排除に繋がると地理学者デレピーヌは指摘する(36)。

ただし、ロマの移住には非ロマには見られない独自性もある。まず、一般的な経済移民とは異なり、彼らの移住は、親族単位（拡大家族等の数世代からなる大家族単位）で行われ、フランスでの共住の単位もほとんどが親族や同じ村出身者である点だ(37)。ベナロッシュ＝オルソーニも、モントルイユのロマが親族ネットワークをたどり移住を行ってきたこと、またアパートから近親が暮らす不法占拠住宅に移り住んだ若夫婦の例を指摘し、移住先においても社会生活と経済活動を維持するために親族の繋がりが重視されると説明する(38)。もちろん、非ロマのルーマニア人の移住においても親族や友人関係のネットワークは重要性をもつ。だが、西欧諸国に暮らすルーマニア・ロマ移民の親族ネットワークに関する人類学的研究が明らかにするように(39)、ロマの移住を支える親族ネットワークは数百人、時に千を超える人々が血縁・姻戚関係により結びつく広く複雑なものであり、こうしたトランスナショナルな親族組織の再生産は、ロマが経験してきた歴史的な排除と差別と深くかかわっている[40]。

次に、「不動産へのオブセッション[41]」も看過できない。成功したロマ移民は、「ロマ御殿」とも呼ばれる、富を誇示する豪奢な家を町の中心部に建て[42]、ルーマニアの村での社会的地位の上昇を試みる。ベナロッシュ＝オルソーニの調査村では、御殿と呼ばれるような家が建てられているわけではないが、その比較的慎ましやかな家もまた社会的上昇とかかわる。加えて、ロマの移住と不動産の取得は次の意味ももつ。社会主義体制の強制的な定住化政策のもと、ロマは家を与えられたが、ロマの居住区は一般のルーマニア人居住区から外れた場所に隔離されることが多かった。ロマ移民を送り出すルーマニア五集落で調査を行った人類学者トマたちは、ロマにとって、隔離されていた悪名高い居住区を離れ、メインストリート沿いに家を建てることは、「ルーマニア人に近づくための社会的上昇」や「ボトムアップの脱居住隔離」を意味するという[43]。つまり、ロマ共同体内部で一人前の男女として認められるための社会的上昇のみならず、永年の差別と隔離を乗り越えて多数派社会に近づき、同等の地位を認めさせるための手段として、ロマは移住し、家を建てる。この点に、ロマの移住に固有の社会的・歴史的背景がある。

以上、ルーマニアのロマ移民の移住の特徴を見てきた。ここで、杉本論文が取りあげる農村のルーマニア人若者世代の移住との差異と繋がりが明らかになる。非ロマ・ルーマニア人の移住が農村での労働や共同体からの「解放」を導く選択であるのに対し、ロマの移住はルーマニアの多数派社会とロマ共同体に根付き直すための機会となる。その一方でロマ移民の移住もまた、「強いられた」移動として語られてきたルーマニアから西欧への移住のイメージを問い直す。彼らは、「フランスではタダで暮らし」、ルーマニアの家に投資し、故郷のロマ共同体と多数派社会での社会的な上昇を目指す。ベナロッシュ＝オルソーニはこのロマの移動の様態を指して、彼らはトランスナショナルな世帯とひとつの「二重家（maison double）」を構築すると指摘する。ロマ移民の家は、ルーマニアとフランスのどちらか一方で成立するのではなく、ヒトとモノとカネが二つの係留地のあいだを往来するプロセスのなかでかたちづくられる。こうしてロマ移民は、「ここに」いながら「あちらにも」いる、つまり、フランスに暮らしつつルーマニアの故郷と繋がることでひとつのホームをつくりあげる。

このようなロマ移民の移動を通した生活戦略とホーム構築の実践は、多数派社会に統合されることを拒み、非合理的な理由で移動を繰り返す「貧しいノマド」(44)というロマ移民に付与されてきたイメージを払拭する。ロマ移民の社会的・経済的周縁性は確かに彼らに移動を強いる条件である。だがロマは、彼らが頼ることのできる血縁・地縁ネットワークを活用し移住を行うことで、出身地での苦境から脱出し、社会的・経済的な成功を目指す。そして、ヒト・モノ・カネを巧みに往来させ、出身国と移住先の二つの係留地を結び合わせながら、「理想の我が家」をつくりだしていく。

五、フランスのマヌーシュの移動生活とキャラヴァン

ロマ移民の事例は、「選択された」「自由な」移動と「強いられた」「不自由な」移動の二項図式、そして、「移動」と「根付き」を対置させる思考を解体する。それでは、「移動の精神」により自由で気ままな移動を行うノマドとしてもっぱら語られてきたマヌーシュの場合、どのようにこの図式は覆されるのだろうか。

スペインの例を除くと、東欧諸国で行われたような「ジプシー」を強制的に定住させる政策がとられてこなかった西欧諸国では、「定住ジプシー」の比率は東欧と比べて低く、戦後も多くの「ジプシー」が家馬車やキャンピングトレーラーで移動生活を続けてきた。フランスのマヌーシュは、一五世紀以降、ドイツ語圏諸地域で移動式の経済活動を営んできたと考えられている。一九世紀後半、普仏戦争の混乱に際してフランス全土に拡散してからも、彼らは同様に、移動式の経済活動に従事しながら国内外を移動して暮らしてきた(45)。

だが、こうした移動生活は、第二次世界大戦後に衰退していく。戦後のフランスにおける産業構造の変化や都市化の影響を受け、マヌーシュの経済活動は大きくその内容を変えた。今日、筆者の主要調査地、フランス南西部ポー（Pau）地域のマヌーシュが従事する経済活動は、鉄・銅製品を回収し転売するスクラップ業、一般家庭や工場や企業を訪問し、建物のメンテナンス等を行うサービス業、定期市での衣料雑貨販売、ワイン用葡萄収穫を主とする季節的農作業などに限定されている。このなかで、広範囲の移動を必要とする経済活動は農作業のみである(46)。

このように商業ノマディズムが衰退し、さらに、都市化や国の政策の厳格化（非合法の宿営に対する罰則強化）が進むなか、マヌーシュの移動生活は縮小傾向にある。ただし、マヌーシュの多くは現在もキャラヴァンに暮らし、季節的な移動生活を続けている（図3）。

今日、マヌーシュがキャラヴァンで移動する理由は、冠婚葬祭等の行事に際したフランス各地に散在する親族との再会、および、キリスト教の宗教実践である。とくに、後者の移動は近年、活発化している。マヌーシュは伝統的にカトリックを信仰し、南仏の町サント＝マリー＝ドゥ＝ラ＝メールや国際的聖地として名高いルルドに毎年巡礼に出かけていた。こうしたカトリックの聖地巡礼に加え、現在では、二〇世紀初頭に米国で始まった聖霊運動、プロテスタント新派のペンテコステ派への改宗が移動生活者のもとで進んだことにより、移動式の宗教実践が活気を帯びている。「フランス・ジプシー福音宣教会（Mission Évangélique des Tziganes de France）――生と光（Vie et Lumière）」（以下、MET）に所属するペンテコステ派のマヌーシュ信徒は、春から秋にかけて牧師に率いられて、フランス各地をキャラヴァンで移動しながら信者集会（Mission）を開き、春と秋の二回、フランスの村で開かれるMET全国集会（Convention）にも参加する。この全国集会はフランス全土から何万人もの移動生活者と数千台のキャラヴァンを呼び寄せるため、毎年、開催地近隣住民から苦情が噴出し、地方自治体と

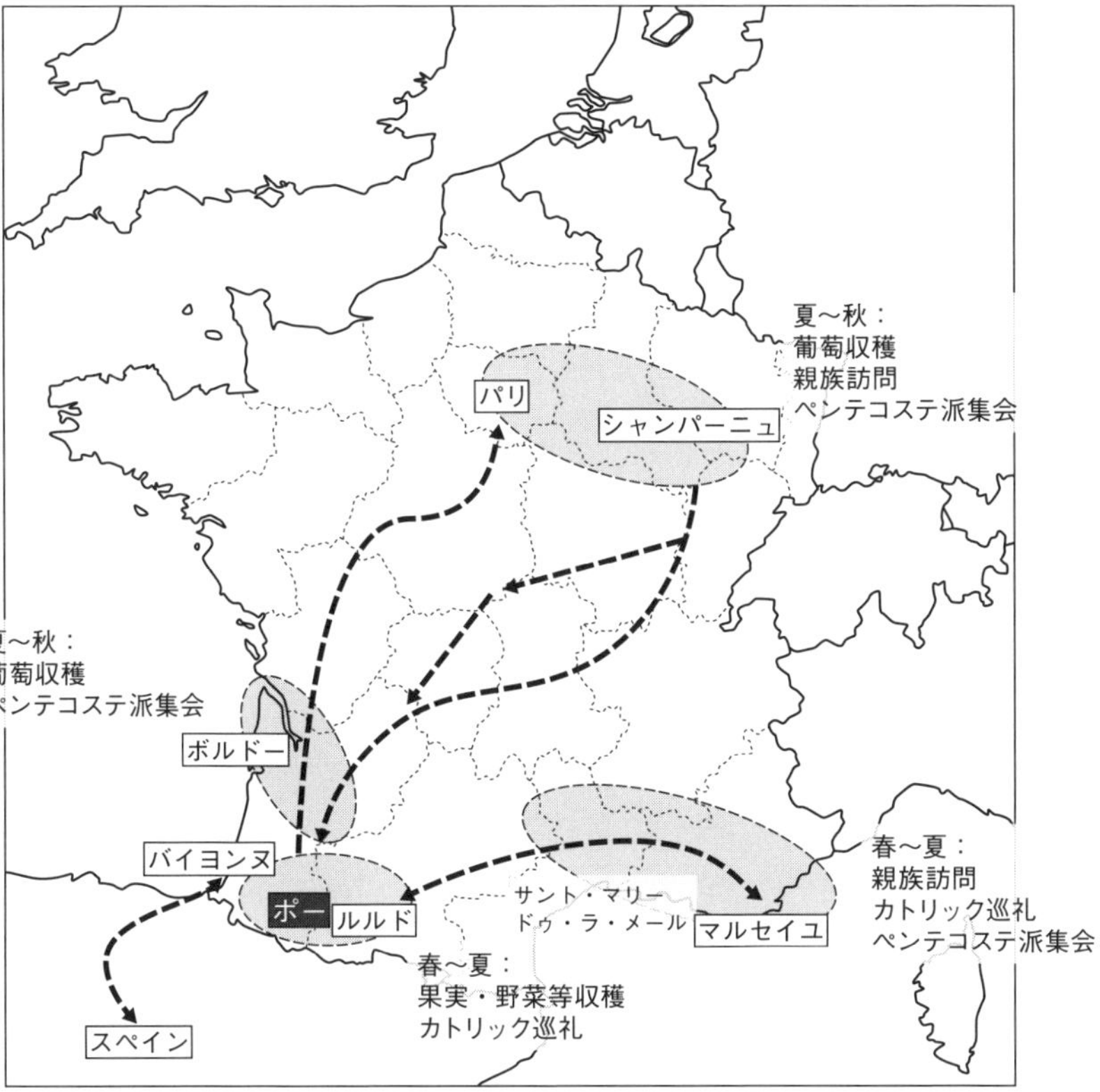

図3　ポー地域のマヌーシュの現在の移動生活（筆者作成）

政府のあいだで論争が起きている。

注意すべき点は、キリスト教の巡礼や信者集会は、宗教実践だけを目的とするのではなく、親族集結の機会でもあることだ。マヌーシュは、親族の連帯を最重要の社会的価値とし、親族集団成員の病や死や誕生や結婚などのさまざまな機会に遠方に暮らす親族との再会を繰り返す。

親族集結や宗教実践を目的とした移動生活は昔から行われてきたものだが、その重要性は近年ますます高まっている。ポー地域でも一九九〇年代から都市化が進み、マヌーシュは町周縁部の隔離された土地で大規模な集住を余儀なくされている。「移動生活者のゲットー」とも呼ばれる、慢性的に人口過密状態でトイレ・シャワー等の十分な居住設備を欠いた居住地に追いやられる状況下、マヌーシュは集住する親族や仲間との社会関係の軋みや閉塞感に直面してきた。季節的な移動生活は、こうしたストレスの多い大規模かつ恒久的な集住状況からマヌーシュを一時的に解放し、遠方に暮らす親族との関係を維持・再生産する機会をもたらす。独自の生活様式や被差別状況から主流社会への参入が進まないポーのマヌーシュにとって、遠方の親族との再会や信仰集会は、若者が同じマヌーシュ・移動生活者共同体のなかから配偶者を見つける重要な機会でもある。近隣に住むマヌーシュ間の結婚がもっとも一般的だが、幼いころから定期的に再会を繰り返す遠方の親族集団成員と結婚する若者は、今でも多い。

こうした目的をもった移動生活を行うがゆえに、マヌーシュはキャラヴァンを必要とする。ポー地域では過半数の家族が移動生活者専用の集合宿営地にキャラヴァンをとめて暮らしているが、近年では、一般的な家屋を賃貸・購入し、その横にキャラヴァンをとめて暮らす家族の数も増えている。ロマ移民がフランスで一般的な家屋や集合住宅に居住することを目指すのとは対照的に、マヌーシュは、キャラヴァンをとめることができない家や集合住宅に移り住むことを嫌がる。ロマ移民にとってフランスで与えられたキャラヴァンは「家未満」の不完全な住居であったが、マヌーシュにとって不完全なのは「動かない」家の方だといってよい。

マヌーシュにとっても、家は長期化した定住生活を安定させるものである。だが、家は移動生活のためにも必要とされる。合法・非合法を問わず宿営地を確保することが困難な現代において、キャラヴァンでの移動の出発点・帰着点として自由に扱える家や土地は、移動生活の必要不可欠な条件であるためだ[47]。家や土地を取得することにより、長年停止していたキャラヴァンでの移動生活を活発化させる家族も多い。むしろ、都市の空き地にキャラヴァンをとめ、いつ警察に追い立てられるかわからない不安定な生活環境にある家族の方が、他地域に出かけていくことを控える。移動生活に出かけ、占拠していた区画を留守にしてしまうと、他のキャラヴァン居住者に区画を奪われる可能性もある。他方、自分専用の家や土地は、「自由に出発し戻ってくる」ことのできる場所である。家に住むことは、一見すると「完全な定住化」を意味する。だが、マヌーシュは、家や土地の所有という定住民社会の制度を採りいれることで、移動のための必要最低条件を確保し、旅の実践を活発化させるのである。

共同体の維持・再生産にまつわる独自の機能を果たし、家の所有という新たな制度を採りいれながら組み立て直されるマヌーシュの移動は、「移動の精神」に促された気ままな旅とはほど遠い。マヌーシュは、定住地での集住や宿営地の確保にまつわる不自由に直面し、その不自由を乗り越え、定住地での人間関係の外に開かれた社会生活を展開すべく、家を確保し、移動生活を行う。その移動は、定住化にともない生じてきたさまざまな困難や不自由のなかで、彼ら自身の方法で生活空間と社会生活を再構成していくために必要不可欠で合理的な実践である。

六、おわりに

ここまでルーマニアのロマ移民とフランスのマヌーシュの移動と居住の様態について検討してきた。第五章の池谷論文が詳らかにするソマリの事例と同様に、ヨーロッパのジプシー／ロマの事例においても、移動の形態と要因は時間・空間軸に応じて異なる。中世終期にはじまるとされるジプシー／ロマのヨーロッパでの歴史を振り返ると、移民や商業ノマドとして、彼らが社会的混乱や排斥や迫害、そして経済活動を要因とした移住とノマディズムを東西ヨーロッパで繰り返してきたことがわかる。だが、現代では、ルーマニアのロマとフランスのマヌーシュは、異なる歴史的・社会的背景のもと、異なる目的をもって移住とノマディズムという二種の移動を行う。

西欧諸国にて繰り返されてきたロマ移民の排斥の背景には、ロマ移民を、「反社会的かつ文化的なノマド」として捉える固定観念が潜む。それゆえ、マヌーシュが行う親族ネットワークの維持や宗教実践を目的とした、つまり文化的に選択されたノマディズムと、ロマの社会的・経済的苦境からの脱出を目的とした、強いられた移住の差異を矮小化してはならない。だが同時に、「選択された」「自由な」移動と「強いられた」「不自由な」移動の区別、移動と根付きをめぐる区別のもとで、両者の移動を単純に対置させることは、ヨーロッパ多数派社会の内部で数々の不自由に直面しつつも、ホームと呼べるような自らが根付いて生きるための場を開拓してきたジプシー／ロマの主体的な生活戦略を看過することに繋がる。

ルーマニアのロマ移民の移動には確かに、経済的困窮、法的規制、社会的周縁化などの不自由がつきまとう。しかし、彼らの移住は、地域的な商業ノマディズムの歴史や血縁・地縁ネットワークといったロマ固有の歴史的・社会的背景を動力とし、ルーマニアの故郷での社会的上昇と結びつく。「不自由で憐れむべき移民」、あるいは「統合不可能で貧しいノマド」としてロマを捉える視点からは、フランスで困窮を強いられつつも、ルーマニアの出身村に投資（家の建築、装飾品・土産物の購入）し、移住先と出身地のあいだの往復を通して複数の地域に根を張りながら、「理想の我が家」をつくりあげるロマの活力に満ちた生き方は見えてこない。

他方、マヌーシュを「自由で根無し草のノマド」として捉える見方も、彼らの合理的な生活戦略を見落とす。彼らの現代的なノマディズムは、「自由な」移動では決してない。むしろ自由な移動がもはや許されない状況下で、マヌーシュは家を所有することで移動の自律性を確保しようとする。そして不自由で社会的なストレスに満ちた定住地での生活から一時的に解放されるため、また定住地の外に広がる親族ネットワークを維持し再生産するために移動生活を行う。

二つの集団の移動の様態の違いは、次のようにまとめることができる。まず、ルーマニアのロマが、経済的な豊かさと社会的地位の上昇を目的として国境を超える移住を行う一方で、フランスのマヌーシュは、生計を立てるための移動を縮小させ、代わりに移動式の宗教実践や親族や移動生活者仲間との関係性を維持し開拓することを目的とした地域的なノマディズムを行う。また、家やキャラヴァンという移動にかかわるモノとの関係、および多数派社会との関係という点でも両者の差異は明らかだ。ルーマニアの村に家を建て、ロマ・非ロマ社会での地位の向上を目指すロマ移民に対して、マヌーシュは家を移動のための拠点として扱うことで、キャラヴァンでの移動を活性化し、定住地や多数派社会において維持される人間関係の外側にある移動生活者共同体のネットワークを開拓していく。METの全国集会が一般住民に警戒され、社会問題化しているように、彼らが行う移動生活は多数派社会との距離を縮めるものではない。

このような差異を踏まえ、最後に二集団の移動の共通性も指摘したい。もっとも特徴的だといえるのは、彼らの移動が、ひとつの土地ではなく、血縁・地縁ネットワークが広がる複数の土地に根付くために行われている点である。ロマはルーマニアの故郷の村と移住先フランスの居住地のあいだを行き来することで、ひとつの「二重家」を構成していた。マヌーシュは、定着地と移動先の複数の土地のあいだを行き来しながら、ひとつの生活空間をつくりあげていた。ルーマニアとフランス、あるいは、定住と移動生活という二つの生活相、それぞれの異なる人間関係が相互に他方を活性化することで、ロマとマヌーシュの社会生活は維持されるといえよう。こうしてロマもマヌーシュも複数の土地、そしてそこでともに家やキャラヴァンを並べて住まう親族や仲間との社会関係を繋ぎ合わせ、ひとつのホームを構成している。

この点には、ロマとマヌーシュが移動を必要とする経済活動に従事してきたこと以外にも、故郷という安全地帯に根付くことの不自由を常に抱えてきた歴史が関係するはずだ。彼らは自らを「ルーマニア人」や「フランス人」として位置づけ、国民としての帰属を主張する。しかし、彼らはこれまでの歴史のなかで常に「二級市民」として扱われ、ルーマニア人やフランス人としてではなく、ロマやマヌーシュやノマドや移動生活者として差別的な対応を受けてきた。こうした母国にまつわる不自由のなかで、彼らは、ルーマニアの故郷や移住地フランスの家族や仲間、あるいはフランスに散在する親族といった顔の見える具体的な人間関係とその関係が維持・再生産される複数の係留地のあいだを移動し、複数の関係と場所の総体としてのホームをつくりあげる。

故郷の村や移住先の町、あるいは定住地といった「今ここ」の生活の不自由に触発され、ロマとマヌーシュは、自由の余地を生みだしていくための移動を行う。ひとつの土地との関係において捉えられてきたホームに対し、ジプシー／ロマの場合、常に再構成の過程にある諸関係の総体としてホームはある。こうした移動やホームのあり方を安定性や根付きを欠いたものと見なすことは不適切だ。定住地と移動の先々の土地、故郷と移住先の国にある複数の係留地と複数の社会関係と繋がることで、ロマとマヌーシュは社会生活や経済をより豊かなものに変えていこうとする。彼らは、「ここでだめなら、あちらではどうか」、「ここにいながら、あちらにもいる」といったように、生き残りのための複数の資源とテリトリーを保持し、ヨーロッパ地域社会のなかに自らのホームを形成してきた。このような複数的かつ動態的なホーム形成は、ヨーロッパの「内なる他者」や「流浪の民」として根付きを否定されてきた人々が自らの居場所をつくりあげる方法である。また、その移動のなかのホーム形成は、必ずしも「ジプシー」という民族性を条件としない、農業を中心とした定住民社会のなかに安定的な居場所をもつことが許されず、周縁的な位置にある集団の生き残り戦略であるということもできるだろう。

（1）「ジプシー」と「ロマ」という呼称を併記する理由については第三節で詳しく説明する。ここでは、自らをロマと呼ばないジプシー（マヌーシュやジタンやヒターノ）やインド起源にもとづく「ジプシー」の定義から外れるヨーロッパ土着の移動民が多く暮らすフランスとイギリスのような国では、「ジプシー、ロマ、移動生活者（Tsiganes, Roms et gens du voyage）」や「ジプシー、ロマ、トラベラーズ（Gypsies, Roma and Travellers：GRTコミュニティ）」といった、人々のルーツと文化の多様性を意識した表現が用いられている現状を指摘しておきたい。

（2）Tomas A. Acton, "The Social Construction of the Ethnic Identity of Commercial Nomadic Groups," in *Papers from the 4th and 5th Annual Meetings of the Gypsy Lore Society North American Chapter*, ed. Joanne Grumet (New York: Gypsy Lore Society, 1985), 14–24.

（3）Aparna Rao, "Des nomades méconnus. Pour une typologie des communautés péripatétiques," *L'Homme* 25-95 (1985), 97–120.

（4）ナチ政権下、ジプシー／ロマに対して行われた迫害は、「ポライモス（*Porajmos*：「食いつくす」の意）」というロマニ語でも呼ばれるが、「ロマ・ホロコースト（Roma Holocaust）」という名称の方が普及している。犠牲者は推定で五〇万人にも上り、彼らはユダヤ人とともに「人種」を理由に絶滅政策の対象者とされ、ナチ・ドイツ占領地やアウシュヴィッツ等の収容所で殺害された。

（5）Jan Lucassen and Leo Lucassen, "Migration, Migration History, History: Old Paradigms and New Perspectives," in *Migration, Migration History, History: Old Paradigms and New Perspectives*, eds. Jan Lucassen and Leo Lucassen

(Berlin: Peter Lang, 1997).

（6）同様の議論は、ジプシー／ロマに関する学術文献においても浮上してきた。たとえば、フランスの社会学者リエジョワはジプシーの移動の動機として、「移動の精神」をあげる。対して、ロマ活動家で言語学者のハンコックは、差別の歴史こそがロマに移動を強いてきたと主張する。Jean-Pierre Liégeois, *Roms en Europe* (Editions du Conseil de l'Europe, 2007). イアン・ハンコック『ジプシー差別の歴史と構造――パーリア・シンドローム』水谷驍訳（彩流社、二〇〇四年）。

（7）Leo Lucassen, "Eternal Vagrants? State Formation, Migration, and Travelling Groups in Western-Europe, 1350–1914," in *Migration, Migration History, History*, 225-6.

（8）ジュディス・オークリー『旅するジプシーの人類学』木内信敬訳（晶文社、一九八六年）。Wim Willems, *In Search of the True Gypsy: From Enlightenment to Final Solution* (London: Frank Cass, 1997).

（9）水谷驍『ジプシー史再考』（柘植書房新社、二〇一八年）一四四～六頁。

（10）水谷『ジプシー史再考』、六、四一～七頁。このなかで水谷は、「アツィンガノイ」を「鉄を加工する人」という意味の古代ギリシャ語「アシンカル」、あるいは九世紀のキリスト教異端派「アティンガノイ」に由来するとする説も提示している。

（11）ただし、マヌーシュの場合でも、商業ノマディズムのテリトリーを大きく変える大陸をまたぐ移住が行われていた。次のドエールの自伝では、二〇世紀初頭に、フランス生まれの多くのマヌーシュがスペイン、そしてさらには南米へと移住し、そこで商業ノマディズムを行っていた様子が記されている。Joseph Doerr, *Où vas-tu, Manouche?: vie et mœurs d'un peuple libre* (Bordeaux: Editions Wallada, 1982).

（12）「移動生活者の受け入れと居住に関する二〇〇〇年七月五日法」(Loi n°2000-614 du 5 juillet 2000 relative à l'accueil et à l'habitat des gens du voyage：通称「第二ベッソン法」）による定義。

（13）全人口の〇・五％程度。フランスでは民族・人種別の人口調査が実施されず、さらに「移動生活者」の定義も曖昧であることから、この人口は各種団体と研究者による推計であり、二〇〇〇年代初頭からほとんど変化していない。

（14）第五節でも説明するが、マヌーシュの移動生活に関する詳細な報告は次を参照されたい。左地亮子『現代フランスを生きるジプシー――旅に住まうマヌーシュと共同性の人類学』（世界思想社、二〇一七年）。

（15）以下の記述は、次の論文の一部をまとめ直したものである。左地亮子「「ジプシー」をめぐる政策の人類学試論——ノマド、移動生活者、ロマに対するフランスの法政策の分析を中心として」（『文化人類学研究』一七、二〇一六年）。

（16）*Le Monde*, «La jeunesse perdue de Karim Boudouda, enfant déscolarisé devenu caïd des cités», 24/07/2010.

（17）*Le Parisien*, «Obsèques du jeune homme tué par les gendarmes: pas d'incidents», 19/07/2010. *Le Monde*, «A Grenoble, des policiers ont de nouveau essuyé des tirs d'armes à feu», 19/07/2010.

（18）*Le Figaro*, «Hortefeux: Il n'y a pas d'avenir pour les délinquants», 20/07/2010.

（19）*Le Monde*, «Gens du voyage: les amalgames du gouvernement», 21/07/2010.

（20）*ibid*.

（21）*Le Figaro*, «Valls: "reconduire" les Roms à la frontière», 24/09/2013.

（22）Éric Fassin, Carine Fouteau, Serge Guichard, and Aurélie Windels, *Roms et riverains: Une politique municipale de la race* (Paris: La fabrique éditions, 2014).

（23）CNCDH (Commission nationale consultative des droits de l'homme), *La lutte contre le racisme, l'antisémitisme et la xénophobie* (Année 2018, version corrigée).

（24）European Commission, "Romania-national Roma strategic framework 2022-2027" (20 OCTOBER 2022, https://commission.europa.eu/strategy-and-policy/policies/justice-and-fundamental-rights/combatting-discrimination/roma-eu/roma-equality-inclusion-and-participation-eu-country/romania_en, 二〇二三年九月二八日最終閲覧) 22.

（25）デーヴィッド・クローウェ『ジプシーの歴史——東欧・ロシアのロマ民族』水谷驍訳（共同通信社、二〇〇一年）一七八頁。

（26）Viorel Achim, *The Roma in Romanian History* (Budapest: Central European University Press, 2004), Chapter 2. 岩谷彩子「皮膚的建築——情動の場としてのルーマニアのロマの家屋と音楽」（西井涼子・箭内匡編『アフェクトゥス（情動）——生の外側に触れる』京都大学学術出版会、二〇二〇年）二一八～九頁。

（27）Achim, *The Roma in Romanian History*, 124-7. アンガス・フレーザー『ジプシー——民族の歴史と文化』水谷驍訳（平凡社、二〇〇二年）三〇九～一〇頁。

(28) Norah Benarrosh-Orsoni, *La maison double: Lieux, routes et objets d'une migration rom* (Paris: Société d'Ethnologie, 2019), 15.

(29) *ibid.*: 49.

(30) *ibid.*: 47–8.

(31) *ibid.*: 107.

(32) *ibid.*: 172–80.

(33) *ibid.*: 218.

(34) *ibid.*: 16.

(35) Stefánia Toma, Cătălina Tesăr and László Fosztó, "Romanian Roma at Home: Mobility Patterns, Migration Experiences, Networks, and Remittances," in *Open Borders, Unlocked Cultures: Romanian Roma Migrants in Western Europe*, eds. Yaron Matras and Daniel Viktor Leggio (London and New York: Routledge, 2017), 57–82.

(36) Samuel Delépine, "Les «Roms migrants» en France: du fait migratoire à la construction d'un problème public," *Contemporary French civilization* 40–2 (July 2015), 199–213.

(37) Benarrosh-Orsoni, *La maison double*; Delépine, "Les «Roms migrants» en France."

(38) Benarrosh-Orsoni, *La maison double*, 31.

(39) Juan Francisco Gamella, Giuseppe Beluschi-Fabeni, Elisabeth Gómez Oehler and Vasile Muntean, "Founder Effects and Transnational Mutations: The Familial Structure of a Romani Diaspora," in *Open Borders, Unlocked Cultures*, 95–6.

(40) 他方でトマたちは、ロマであっても、非ロマのルーマニア人とともに集団農場や工場で労働し、同一地域で長らく共住するなかで、社会的・文化的に「ルーマニア人化」した集団の場合、移住のネットワークは超民族的で、非ロマ・ルーマニア人と変わらない方法で移住を行うと指摘する。また、このロマ集団の場合、移住後も民族混合居住区に暮らし、後述するロマの事例とは異なり、社会的上昇のための投資先は家ではなく子供の教育である。Toma, Tesăr and Fosztó, "Romanian Roma at Home." このように、ルーマニアのロマ諸集団間には、異なる移住と居住の様態が見られること、そしてその違いを生み出すのは多数派社会との関係（統合の度合い）であることを強調しておきたい。

(41) Benarrosh-Orsoni, *La maison double*, 153.
(42) ロマ御殿については、岩谷「皮膚的建築」も参照されたい。
(43) Toma, Tesăr and Fosztó, "Romanian Roma at Home," 73-7.
(44) Delépine, "Les «Roms migrants» en France."
(45) 二〇世紀前半の移動生活については、マヌーシュの自伝に詳しい。Doerr, *Où vas-tu, Manouche?*
(46) 旧来の経済活動が衰退する一方、独自の生活様式や被差別状況から社会的参入が進まないため、年間を通して給与取得者として働く人は少ない。現在、現金収入が乏しい状況でマヌーシュ家族の暮らしを支えるのは、失業手当をはじめとする社会保障給付である。
(47) 以下の家とキャラヴァンという二種の住居を併用した現代的なノマディズムについては、左地『現代フランスを生きるジプシー』第三章に詳しい。

〔付記〕　本章のもととなるフランスでの調査研究は、ＪＳＰＳ科研費20K13288と19K02051の助成を受けたものである。

第三章　「移民の世紀」における西アフリカ
――ガンビアにおける落花生輸出と移住労働者の事例から

小林和夫

一、はじめに

世界史における一九世紀から二〇世紀前半は、「移民の世紀」として知られている。研究者によってこの時代の起点と終点にかんする認識は多少異なるが、時代の特徴として、ヨーロッパから南北アメリカ方面に大量の移民が送り出されただけでなく、それに匹敵する規模で、熱帯のプランテーションや鉱山へ向かったアジア人移民（とくに華僑と印僑）の急増が目立ったことがあげられる。両者の移動は、欧米諸国の工業化を契機とする国際労働市場の成立によって引き起こされたが、移動先での賃金水準には大きな格差があった(1)。

アダム・マキオンの試算によれば、一八四六年から一九四〇年までの主要な長距離移動の規模は、ヨーロッパから南北アメリカ方面への移民が五五〇〇～五八〇〇万人、インドや華南から東南アジアやインド洋周辺、南太平洋への移民が四八〇〇～五二〇〇万人、さらに東北アジアやロシアから満洲、シベリア、中央アジアや日本への移民が四六〇〇～五一〇〇万人に達していた(2)。一方で、杉原薫は、移民の受け入れ側の統計に基づき、送り出し国別で移民数を示している。そこでは、同期間にヨーロッパを離れた移民は約五三〇〇万人（うち約七割が北米に、約二割が南米に向かった）、インドと中国からの移民は約四六〇〇万人といった具合に、マキオンよりもやや低めの規模が示されている。(3)

ヨーロッパから大西洋を渡った移民の大部分は、個人の自発的意思に基づいて移動し、交通革命に象徴される移動環境の変化は、国際的な労働力移動と情報伝達の迅速化を促した。インド人移民と中国人移民については、一九世紀半ばでは、カリブ海諸島や南米の奴隷制廃止にともなう年季契約移民が目立ったが、同世紀末には大西洋世界への移動は縮小して、その代わりにセイロン、ビルマ、マラヤのように、比較的短距離で移動可能な地域への出稼ぎ型移民が急増した。また、年季契約移民の歴史的性格については、かつては奴隷制の再来とみなされることがあったが、その後の修正説では、アジアの移民のなかに、雇用や生活水準の向上を求める自発的な性格がみられたことが評価されるようになっている。(4)ここでは、ヨーロッパからの移民にしても、アジアからの移民にしても、生活水準の向上をもたらす新たな経済機会が彼らの移動を促していた側面に注目したい。また、インド人移民と中国人移民の移動の特徴として、高い帰国率に示される環流型であったことも押さえておきたい。(5)

いま述べたように、「移民の世紀」を取りあげた研究では、ヨーロッパ人やアジア人の長距離移動（大陸間移動、国際移動、国内の長距離移動など）に大きな関心が払われている。その一方で、同時期にアフリカ大陸内部でみられた労働力の移動については、その規模を統計的に示すことが難しいためか、同時代の一局面として、まだ適切に位置づけられていないように思われる。(6)実際に、一九世紀のアフリカ沿岸部、とくにアフリカ大西洋岸では、欧米諸国の奴隷貿易廃止と工業化にともなって、輸出の中心が黒人奴隷から換金作物へと移行した。その変化は、地域の人びとに新たな経済機会――所得拡大の機会――をもたらし、それに応じた労働力移動を誘発した。その結果、アフリカの人びとの移動は、一六世紀から続いた大西洋奴隷貿易の時代にみられたようなアフリカ大陸外への（強制）移動ではなく、アフリカ大陸内部における自由意志に基づく移動が卓越するようになった。(7)その特徴を踏まえて、本章は、一九世紀から二〇世紀前半のガンビアにおける落花生の輸出生産の事例を取りあげながら、「移民の世紀」の枠組みにアフリカ大陸内部の労働力移動を位置づけることを試みる。また、一九世紀前半から半ばの社会経済的状況が、一九世紀後半以降の植民地時代の基礎になった点にも言及する。

以下では、まず、大西洋奴隷貿易という大陸間移動の背景を説明した上で、一九世紀に欧米諸国の奴隷貿易廃止と工業化を背景として、西アフリカで奴隷輸出が衰退した一方で、換金作物の輸出生産が拡大した状況を概観する。次に、ガンビア川流域における落花生生産・輸出と労働力移動を論じて、移動を生み出す背景に言及する。最後に、ガンビアを含めた同時代のアフリカ大陸内部でみられた労働力移動を、先ほど述べたヨーロッパやアジアからの労働力移動と比較して、同時代の世界史的文脈への位置づけを試みる。

二、一九世紀の西アフリカ貿易の変化

(1) 大西洋奴隷貿易

大西洋奴隷貿易は、一六世紀から一九世紀にかけて、南北アメリカ大陸とカリブ海域における労働力需要に応じて、アフリカの黒人が、おもにヨーロッパ諸国の船舶に積み込まれて、強制的に移動させられた現象であった。大西洋奴隷貿易のオンライン・データベース Slave Voyages によれば、その規模は、少なくとも一二五〇万人に上ると推計されており、その三分の二は男性であった。一八世紀には、六五〇万人近くの黒人が、アフリカ大陸から大西洋を超えて「新大陸」へと強制的に連れ去られた。そのほとんどは、カリブ海域（とくにイギリス領ジャマイカとバルバドス、フランス領サン・ドマングなど）やポルトガル領ブラジルなどに送られて、おもに砂糖プランテーションで奴隷として労働に従事させられることになった(8)。

ヨーロッパ人がアフリカの黒人に注目した理由としては、アフリカの黒人が熱帯の疫病に対して部分的に免疫

を保持していたこと、他地域から労働力を確保する場合と比べて輸送コストが低かったこと、黒人奴隷の価格などがあげられる。[9]最後の点については、サハラ以南アフリカの大部分でみられた農業生産性の低さに起因していた。これは、土地は豊富にある一方で、土壌が貧しく、規模の経済を実現することが難しかった、という同地域の要素賦存条件に基づいたものである。すなわち、低い農業生産性は労働力の価値を限定し、奴隷の価格にも影響をおよぼしていたのである。[10]

もっとも、西アフリカ各地では、人口（労働力）が稀少であったため、大西洋奴隷貿易が始まる前からさまざまな場面で補完的な労働力として奴隷が用いられていた。[11]一六世紀以降に「新大陸」での労働力需要が高まると、アフリカの奴隷商は、地域内市場での奴隷販売とヨーロッパ商人への奴隷販売の利益を比較し、後者の利益が大きい場合に奴隷を輸出したのであった。このような地域内部の論理は、「新大陸」における労働力需要と同様に、大西洋奴隷貿易（近世の大西洋世界における労働力移動）の展開を理解する上で無視することはできない。[12]

その一方で、アフリカ大西洋岸にやってくるヨーロッパ商人は、アフリカの地理的特徴にかんする知識を十分に備えていたわけではなく、さまざまな疫病に対する耐性も持っていなかった。そのような状況下で奴隷や他の商品を入手できるか否かは、沿岸部に現れる現地商人との取引にかかっていた。アフリカの商人もまた、大西洋貿易に利益を見出しており、彼らや地域の消費者が求める商品が持ち込まれていない場合には取引が成立しなかった。[13]

そのため、ヨーロッパから持ち込まれる商品の組み合わせは、しばしば各地の消費者の嗜好を反映していた。西アフリカへの輸入品のなかで繊維製品の比重は抜きん出ており、一八世紀の対英輸入貿易では全期間を通じて、総輸入額の六～七割を繊維製品が占めていた。一八世紀第2四半期以降に限れば、輸入された繊維製品のなかでもインド綿布の占める割合が最も大きかった。同様の傾向は、フランスやオランダからの輸入貿易でもみられた。

西アフリカに輸入されたインド綿布の種類は多岐に渡り、名称だけでも四〇種類を超えていたことが知られている[14]。

以上のように、西アフリカの要素賦存条件や奴隷商の判断といったローカルな条件と、「新大陸」における労働力需要をはじめ、インド綿布など西アフリカの消費者の嗜好に見合った商品の供給といったグローバルな動きとの相互作用のなかで、大西洋奴隷貿易は展開していた。しかし、一八世紀後半に啓蒙思想やクエイカー教徒などの活動を通じて、アメリカ合衆国や北西ヨーロッパ諸国で奴隷貿易と奴隷制の廃止運動（アボリショニズム）が台頭し、一八世紀末から欧米諸国で奴隷貿易と奴隷制が漸次的に廃止されていった[15]。その影響により、一九世紀の西アフリカからの奴隷輸出人数は大きく減少した。このようにして、西アフリカの人びとの移動の主軸は、大陸外部への移動から、大陸内部での移動へと変化することになった。

（2）換金作物貿易の成長

その一方で、一八世紀半ばにイギリスで産業革命（工業化）が始まり、その後、合衆国や大陸ヨーロッパ諸国にも工業化が拡がると、欧米の工業国で工業原料に対する需要が高まった。その状況に呼応して、西アフリカからも一次産品が多く輸出されるようになった。一九世紀前半の主要な輸出商品は、ビアフラ湾を中心に輸出されたパームオイル（一九世紀半ば以降は、パーム核も加わる）や、セネガル川流域のアラビアゴムなどであった。そして一八四〇年頃にガンビア川流域から落花生が輸出されるようになり、一九世紀後半には、セネガルとガンビア両地域（以下、セネガンビア）の主要輸出品へと成長した。工業国、とりわけイギリスにおいて、パームオイルは、鉄道や機械に用いる油、石鹼や蠟燭製造の原料として、アラビアゴムは繊維製品を染色・捺染する際の媒染剤として、また、落花生も石鹼製造の原料として用いられた[16]。

当時、ヨーロッパ商人の間では、換金作物貿易は「合法的貿易」（legitimate commerce）と呼ばれていた。この用語は、奴隷貿易が非合法化された一方で、奴隷以外の商品取引は、ヨーロッパでは「合法」であったことを反映している。しかし、西アフリカでも奴隷貿易や奴隷制が非合法化されたわけではない。むしろ、大西洋奴隷貿易の衰退にともない、西アフリカ沿岸部での奴隷価格が下落した結果、奴隷は西アフリカ内部で換金作物の生産や運搬に従事させられるようになった。彼らは、「新大陸」に輸出されなくなった代わりに、地域経済に吸収されたのである。そのため、西アフリカにおける奴隷の移動の主軸は、大陸間から地域内部（大陸内部）へと変化し、地域内部の奴隷貿易が拡大したのである。[17]

これまでの研究では、大西洋奴隷貿易と換金作物貿易の連続性と変化が明らかにされてきた。紙幅の都合上、その詳細をここで繰り返す余裕はないが、それらに加えて貿易の担い手の変化は言及しておく必要があるだろう。大西洋奴隷貿易の時代には、奴隷取引の担い手は、富裕な商人や地域の支配層など一部の人びとに限られていた。しかし、パームオイルや落花生は参入障壁が低く、あまり資本を持たない農民でも参加することができたため、多くの小規模生産者が換金作物貿易に関与するようになった。彼らは、たとえ少量であっても換金作物を輸出用に栽培して販売することで、イギリス綿布や宝貝などの輸入品を対価として獲得することができた（図1）。[18] 一八一七年から一八五〇年にかけて、イギリスの工業化にともなって、西アフリ

図1 ガンビアに輸入されたイギリス綿布（マンチェスター製品）

出所：Gambia National Museum 所蔵（筆者撮影）

カにおけるイギリスの繊維製品の価格はほぼ七五％低下したため、[19]ガンビアの生産者にもアクセスしやすくなった。その一方で、新たな所得獲得の機会は、内陸部から沿岸部へと一時的に移住して換金作物を栽培する人びと（出稼ぎ労働者）の到来を招くことにもなった。これは、欧米諸国の工業化による波及的効果ともいえる現象で、本章の冒頭で述べた「移民の世紀」におけるアジアの人びとの移動と共通している点である。そこで次節では、ガンビアにおける落花生生産と労働者の移動を事例として、移動を生み出した背景について具体的に論じる。

三、ガンビアにおける落花生栽培・輸出と労働者移動

（1）落花生栽培と輸出

落花生（arachis hypogaea）は、南米（ブラジル）原産である。いわゆる「コロンブスの交換」の一部として、一六世紀にポルトガル人によってブラジルからアフリカにもたらされたが、具体的な年月や導入地点は未詳である。落花生の栽培は、稲作ほど労働集約的なものではなかった。イギリスが、ガンビア川下流域にバサースト（現在のバンジュル）を建設した一八一六年の時点では、すでに栽培されていたが、輸出用ではなかった。この河川流域では、落花生は、食料難の時の対策として栽培されたほか、壮健な馬を育てるための餌としても用いられていた。ここで注目すべきは、ガンビアの先住民のイニシアティヴによって、落花生が栽培されていた点である。実際に、彼らの生産活動は、イギリス人の管理のおよばないところで始まり、展開していたのだった。[20]

ガンビアの貿易データは、一八二八年以降であれば、「ブルー・ブック」（Blue Book）と呼ばれるイギリスの植民地統計から得られる。それによれば、一八三〇年までの輸出は、蜜蠟、獣皮、金、アラビアゴム、象牙などで構成されており、そのなかでも蜜蠟は九割を占めた。[21]落花生の輸出データは、一八二九年から記録が残されている。最初の数年間は、研究目的や市場販売の可能性を探る期間だったようだ。一八二九年には、四ブッシェル

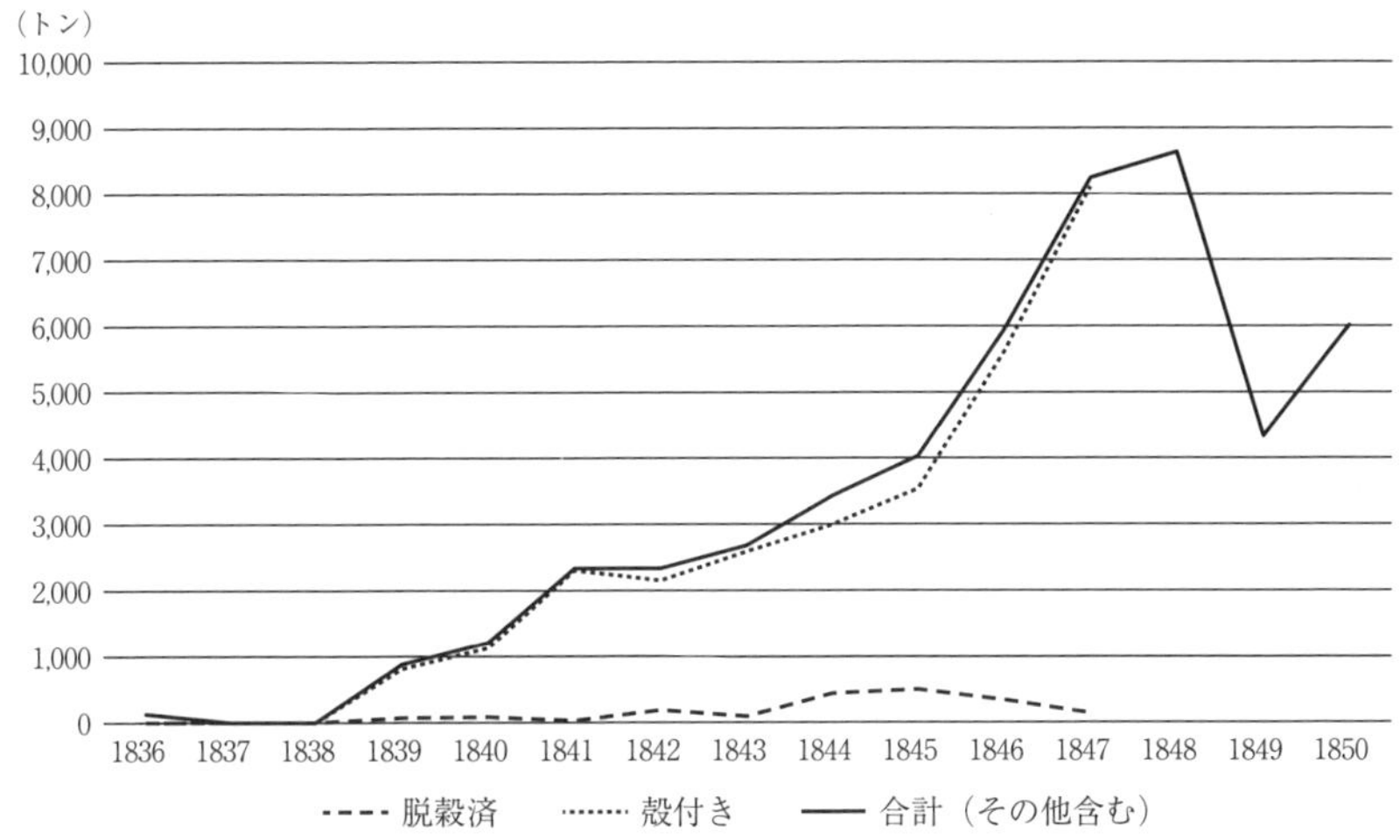

図2　ガンビアの落花生輸出量（1836-1850年）
注：1848年以降は、落花生輸出の全体量のみを示している。
出所：注(14)小林『奴隷貿易をこえて』82頁。

（約一四五リットル、価値にして一ポンド相当）の落花生が英領カリブ海植民地に輸出され、その翌年と翌々年にも少量の落花生が英領カリブ海植民地に運ばれた[22]。一八三四年には、かご二一三杯分（価値にして二三ポンド相当）の落花生がガンビアから輸出されたが、イギリスが占めた割合は一〇％に過ぎず、大半は「外国」（foreign destinations）――イギリス本国、英領植民地、アメリカ合衆国以外の目的地――に運ばれていた[23]。西アフリカ貿易に関与したイギリス企業フォスター・アンド・スミス社は、一八三四年にガンビアから落花生のサンプルをロンドンに持ち帰り、イギリス市場での販売可能性を探り、翌年落花生を脱穀する工場をロンドンに建設した[24]。

図2が示すように、一八三〇年代半ばから一八四〇年代は、ガンビアの落花生輸出における最初の成長期であった。一八三六年の輸出量は、一二九トンであったが、一八四〇年には一二一〇トンへと一〇倍近く増加した。輸出された落花生のほとんどは殻付きであった。総輸出額に占める割合は、一八三六年では一％に

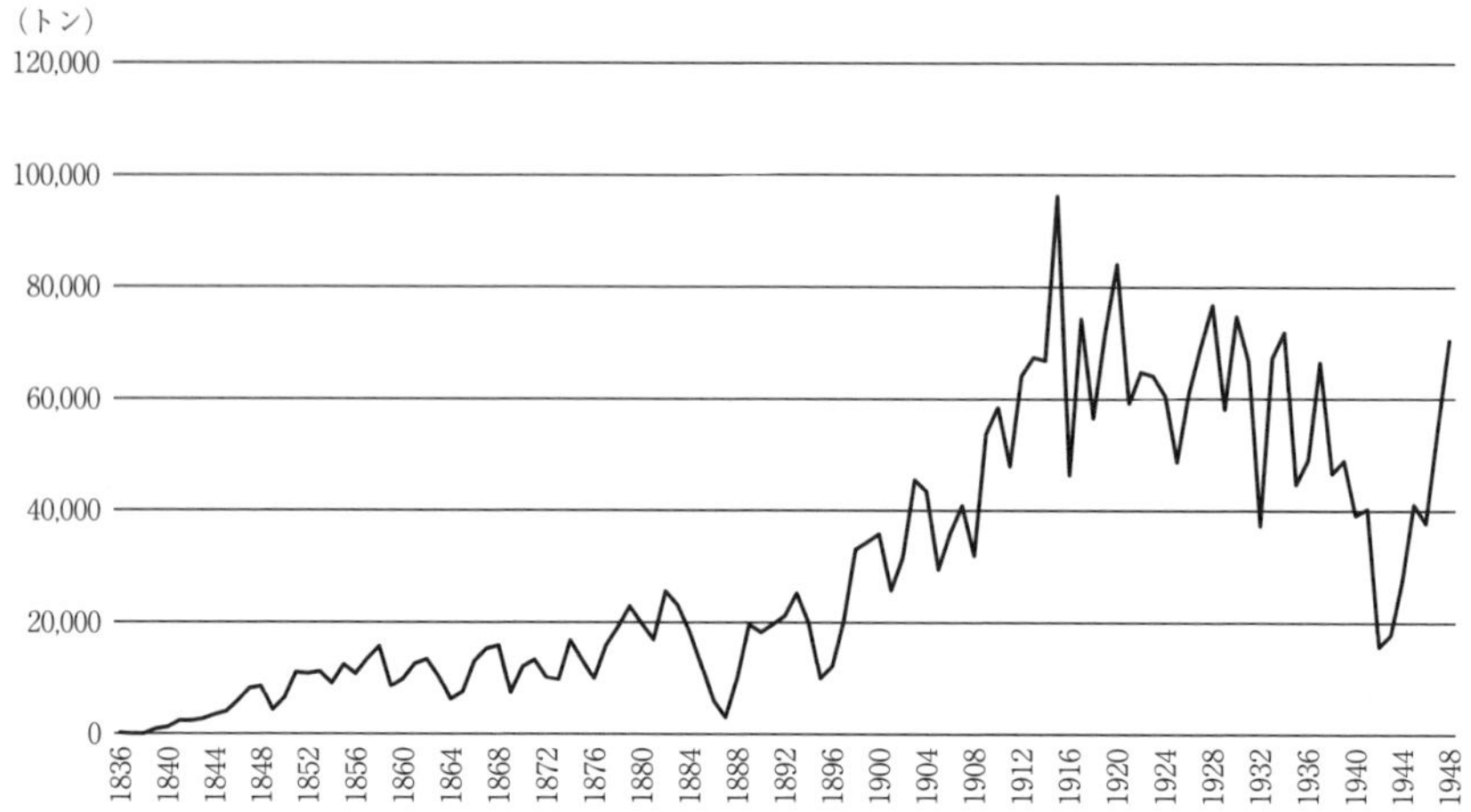

図３　ガンビアの落花生輸出量（1836-1948年）

出所：1836-1850年は、図１と同じ。1851-1936年は、注(35)Swindell and Jeng, *Migrants, Credit and Climate*, 23, 101, 149, and 201.

過ぎなかったが、一八四〇年には一二％へと拡大し、そして一八四七年には五五％と半数以上を占めるようになった。この期間を通じて、落花生はガンビアの主力輸出品になったのである。[25]

一九世紀後半の落花生輸出は、一連のソニンケ―マラブー戦争（ジハード）の時期と重なるが、多少の変動をともないながらも増加傾向が続き、一八八〇年代半ばのベルリン会議の時期に一時的に大きく減少したものの、一九一三年には九万六一五一トンの落花生を輸出して、ピークを迎えた。一九二〇年代は約七万一〇〇〇トン／年、一九三〇年代は約六万二〇〇〇トン／年の落花生が輸出された（図３）。第二次世界大戦期に輸出量は急激に下がった。だが、その後すぐに回復し、独立（一九六五年）前後から一九七〇年代半ばにかけての輸出量は一二万トン前後に達した。[26]

輸出に占める割合を見ても、一九世紀後半以降、落花生は、ガンビアの輸出の中心を占め続けていた。一八五七年では、輸出の八七％を落花生が占めていたが、この年のガンビアでは、食料の輸入が始まった。落花生の輸出向け生産が拡大する一方で、食料生産は犠牲になり、他地域からの輸入に依存するようになったのである。[27]

輸出先については、一八三七年から一八四〇年まではアメリカ合衆国が最大の市場であった。ジョージ・ブルックスは、西アフリカにおけるイギリスの航海法廃止や、イギリス製品と外国製品に対する輸入税の均等化――シエラレオネ（一八三四年）とガンビア（一八三五年）に適用された――が、ニューイングランドやニューヨークなどの北米商人の西アフリカ貿易への参入を促したことを指摘している。だが一八四二年に、合衆国南部の生産者を外国産落花生との競争から保護するために導入された関税は、合衆国への落花生輸出の中断をもたらした。その後、ガンビア産落花生のおもな輸出先は、フランス（とくにマルセイユ）へと移行した。マルセイユでは、石鹸業者が落花生の油をオリーブオイルと混ぜることで、青紫色の石鹸にした。この石鹸は、パームオイルから製造した黄色い石鹸を好まないフランスの消費者を惹きつけた。マルセイユの落花生輸入量は、一八四一年では一トンに過ぎなかったが、一八四五年には二〇五トンへと増加した。実際、一八四〇年代後半に西アフリカからフランスへと輸出した落花生の九五％は、マルセイユに向かっていた。一八五四年の輸入量は五五〇〇トンに達していた。[28]

（2）落花生栽培と移住労働者

いま見てきたように、一九世紀から第一次世界大戦直前にかけて、ガンビアの落花生輸出は拡大した。たとえば、ガンビア川下流域のニウミ地方では、海外における落花生需要に反応して、農民だけではなく、鍛冶屋、革細工師、吟遊詩人、聖職者などまで、落花生を栽培するようになった。彼らは、落花生を販売することで輸入品を購入した。[29]しかし、ガンビアの落花生輸出の増加は、沿岸部に定住していた自由労働者に焦点を当てるだけでは、充分に理解することができない。ガンビアでは、熱帯アフリカの他地域と同様に、土地の規模に比べて労働力は稀少で、生産の制約になっていた。そのため、奴隷や移住（季節）労働者などが落花生の輸出拡大において大きな役割を果たすことになった[30]。本項では、移住労働者に焦点を当てよう。彼らの貢献は大きく、一八五〇年頃にガンビア川流域から輸出された落花生の少なくとも三分の一は、彼らが生産したものであった[31]。同様に、一九四六年に英領西アフリカの植物油と油糧種子の生産・輸送の調査をした報告書でも、ガンビアの落花生輸出の三分の一は、移住労働者によって生産されていたことが記されている[32]。

ガンビア沿岸部でみられた移住労働者とは何者だろうか。彼らは、雨季が始まる頃（三〜四月）に内陸から沿岸部にやってくるため、マンディンカ語でサマ・マニラ（Sama manila）と呼ばれた。文字通りに直訳すると、「雨（もしくは夏）、外国に」となる。つまり、雨季（四〜一〇月）に故地を離れる人びとである[33]。その一方で、沿岸部にいたイギリス人植民地行政官の間では、このように外部からやってきた彼らを「奇妙な農民」（strange farmers）と呼んでいた[34]。ガンビアに隣接するセネガルでは、彼らはナヴェタン（navétanes）と呼ばれていた。この呼称には、二つの起源が考えられている。ひとつは、ウォロフ語で雨季を意味するナウェ（nawet）の派生語で、雨季を過ごす者を意味するナウェターン（nawetaan）に由来するというものである。もうひとつは、フランス語で定期往復便を意味するナヴェト（navette）に由来するというものである。いずれも、マンディンカ語の名称と同様に、雨季に内陸部から沿岸部にやってきて、収穫を終えると故地へ還る出稼ぎ労働者の移動を示している[35]。

同様の移動は、少なくとも、大西洋奴隷貿易の最盛期にあたる一八世紀後半にはみられた。ヨーロッパの船舶の到来が少ない、したがって、奴隷に対する需要が低く、奴隷の価値も低かった乾季に沿岸部へ奴隷を運んできた現地商人のなかには、奴隷の価格が上昇するまでの間、沿岸部で土地を借りて、奴隷に市場向けの作物を作らせる者もいた。また、ヨーロッパ商人の運ぶ商品を獲得するために、セネガル川上流やガンビア川上流からガンビア川河口部にやって来て、ヨーロッパ人が大西洋を渡るために必要とする食料を作る者もいた。彼らは、食料を輸入品と交換して、内陸の故地へ持ち帰った。このような人びとは、一九世紀のガンビアでみられた移住労働者の「遠い起源」とみなされている[36]。

一九世紀のガンビア沿岸部に現れたおもな出稼ぎ集団は、マンディンカやソニンケなどである。マンディンカ系の移民は、ニジェール川上流域からやってきて、ガンビアの受入先の地ではティリブンカ（Tillibunka）やティリボ（Tillibo）と呼ばれた。他方でソニンケは、セラウーリーズ（SeraWoollies）、セラフリス（Serahulis）、サラコレ（Sarakolle）といった呼称で知られ、一八六〇年頃には落花生栽培の中核を担っていた。彼らはおもに二〇代と三〇代の成人男性であったが、そのような年齢層の男性は大西洋奴隷貿易の時代に多く連れ去られていたことを踏まえると、大西洋奴隷貿易の衰退が移住労働者の落花生栽培を可能にしていたともいえよう[37]。

移住労働者は、雨季が始まる時期に沿岸部に現れ、受入先の地主を探した。あるガンビア人の首長は、「良い奇妙な農民は、「ネット」の花が咲く頃にやってきて、彼の地主の畑の手入れを手伝っていた」と述べている[38]。彼らは、地主と口頭で契約を交わした。その内容は、通常であれば、次のようなものだった。

地主は、彼らに食事（賄い）、下宿先の小屋、落花生農場を提供した。もし敷地内に彼らが住む小屋がない場合、彼らは自力か、地主の助けを借りて小屋を建てることが認められていた。彼らは、地主と彼の家族とともに、共用のボウルから食事をした。移住者の落花生畑が住居から離れた場所にあれば、地主の妻が昼食をカラバッシュに入れて移住者のもとへ運んだ。食事に対する返礼として、移住者は薪を提供していた。また、必要であれば、地主は移住者に鍬を前貸しすることもあった。その場合、費用は落花生の販売後に支払われた。同様の条件で、蚊屋が提供されることもあった。地主からの提供への見返りとして、移住労働者は、週二～四日、地主の農地で働き、メイズやミレットなど早生の穀物の栽培を手伝った。そして、一二月末までに彼らは落花生の販売まで終えて、故地へ還った。その利益がよければ、その翌年の雨季が始まる前に再び沿岸部の受入先に姿を現した。そのような場合、同一の受入先と故地の間の往来を二～三年続けることが多かった[39]。

移住労働者と地主の契約内容は、時期や場所によって異なった。たとえば、地主の農地での労働についていえば、一九〇八年から一九一〇年にかけて週二日に減少した場所があった。ただし、それが地主の意思によるものなのか、移住労働者の意思によるものなのか、はたまた植民地行政の判断なのかはわからない。また、それが植民地全体におよぶ現象だったのかも不明である[40]。

移住労働者と受入先の地主との間で交わされる契約は、小作制度（シェアクロップ制度）と比較されることがある。ティジャン・サッラーは、小作制度の契約では、アウトプット（生産高）とその共有が焦点になるのに対して、移住労働者の契約ではインプット（労働力の投入）が焦点になっている、とした上で、後者は労働力が希少という地域事情を反映したものだと指摘している。この契約は、移住労働者と地主の双方に利点があった。すなわち、地主にとっては、賃金を支払うことなく、補完的な労働力を自らの農場に投入することが可能になる一方、移住労働者にとっては、落花生農場の規模と質によるとはいえ、自身の生産物を栽培することができ、収穫期の終わりには、与えられた農地に見合った見返りを受け取ることができた、という点である[41]。

他方で、ドナルド・ライトは、ガンビア国立文書館に所蔵されている一八九四～一九二〇年の年次報告書（CSO 9/134）に基づいて、移住労働者が生産高の一〇分の一かそれ以上を地主に納めたことを指摘している。その前後の時期で契約内容がどの程度同じであったのかは、さらなる検討が必要であろうが、彼らの契約と小作制度の契約との違いは、サッラーが述べるほど明瞭ではないように思われる[42]。

では、移住労働者がやってきたことで、落花生の輸出量にどのような変化がみられたのだろうか。図4は、二〇世紀前半のガンビアにおける両者の動向を示している。ガンビアの移住労働者研究の先駆者のひとりであるレ

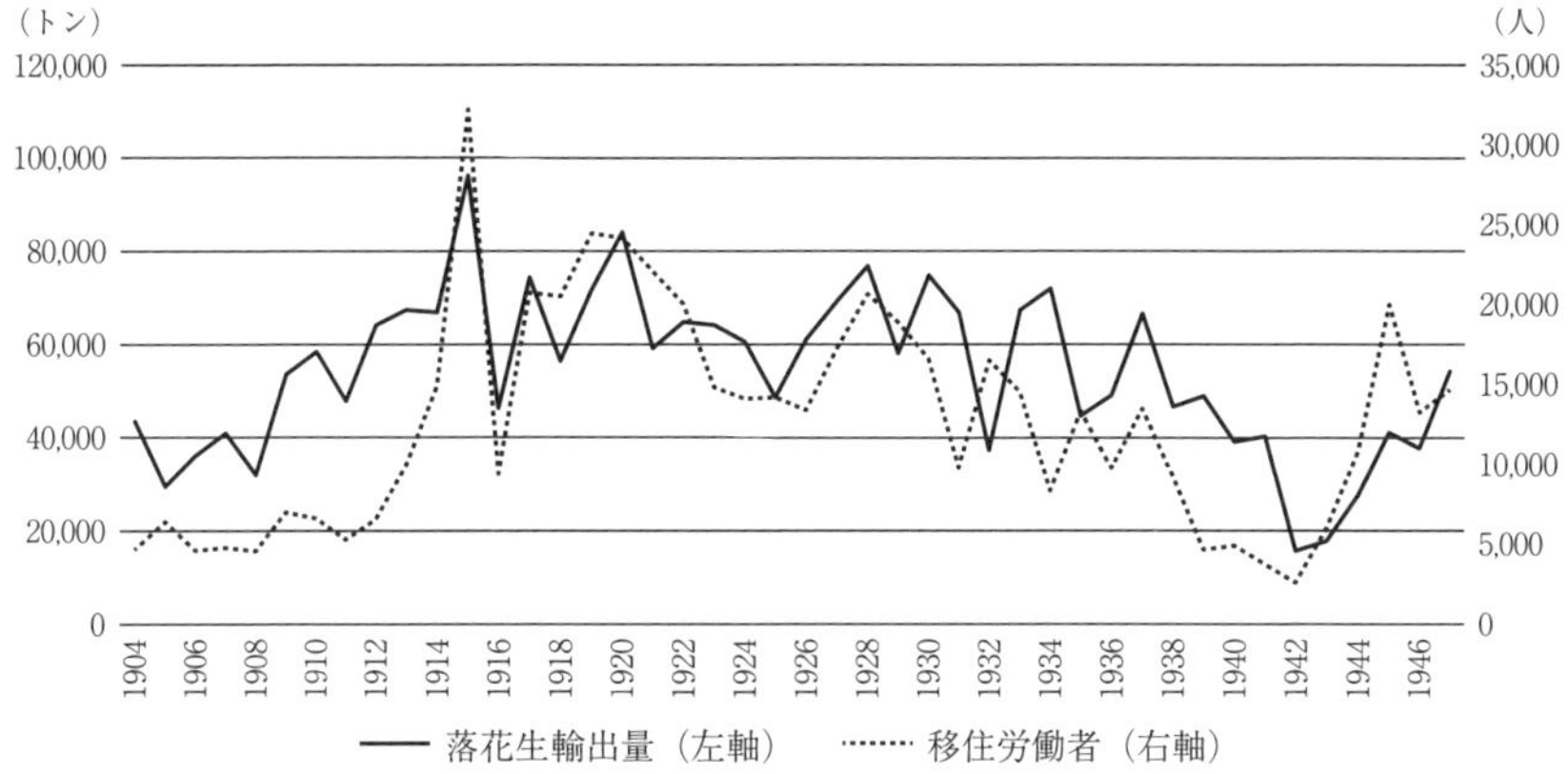

図4　落花生輸出量と移住労働者（1904-1946年）

出所：1904から1934年（1928年は除く）：注(35)Swindell and Jeng, *Migrants, Credit and Climate*, 168.
1928年と1935-1947年：注(26)Jarrett, “The Strange Farmers of the Gambia,” 651.

ジナルド・ジャレットは、一九三五〜一九三七年の両者の数値を比べた上で、「明らかな関係はない」と主張している。[43]しかし、図4の大半の期間で、落花生の輸出量と移住労働者の人数に同様の変化を観察できることを踏まえれば、上記の三年間のみに焦点を絞った主張は、恣意的な印象すら受ける。

ジャレットの意見とは対照的に、ケネス・スウィンデルとアリュウ・ジェンは、一九一二〜一九二三年の数値に基づいて、両者の間に正の相関関係を見出している。さらに彼らは、移住労働者の増加にともなう落花生の生産増加とガンビアの土地利用の関係について、既存の耕地の集約化だけでなく、これまで未使用か長期の休閑地も活用したことで実現したことを指摘した。[44]さらに近年では、サッラーは、生産した落花生が輸出される時期が翌年の最初の数か月であった点に注目して、ある年における移住労働者の人数と翌年における落花生の輸出量の関係を比べるべきだと指摘した。その上で、一九一二〜一九四八年のデータと線形回帰モデルを用いて分析した結果、両者の関係は統計的に有意であることを示した。[45]

なお、図4では、第二次世界大戦後に移住労働者の人数が再び増加している様子が観察できる。一九六五年の独立後も移住労働者に対する需要は続き、一九六九～一九七〇年には、一万八〇〇〇人の移住労働者が、一万～一万五〇〇〇トンの落花生を生産した。その後も、移住労働者と落花生の輸出規模は増減がみられたものの、一九七四～一九七五年の個票調査では、三万三〇〇〇人の移住労働者（そのうち八〇〇〇人がガンビア人で、残りの四分の三はセネガル、マリ、ギニアの出身者）がいたと推定されている(46)。

以上で見てきたように、植民地化以前の一九世紀前半から植民地時代を通じて、ガンビアでは、海外の需要に応じて、落花生の輸出生産が拡大し、それがもたらした所得獲得の機会は、内陸部からの労働力移住を引き起こすことになったのである。

四、移動を生み出した背景

ガンビアとその周辺地域でみられた季節移住者は、同時代の西アフリカの他地域や東アフリカでもみられた主要な労働力移動のひとつであった（図5）。自発的意思に基づく彼らの移動パターンは、故地と受入先を往復する還流型であった。それは、奴隷貿易によって故地から受入先へと一方向的に強制移住させられた移動と対照的であった(47)。

それでは、ガンビアとその周辺地域で移動を生み出した背景とは、いったい何だろうか。すでに述べたように、おもな背景は、欧米諸国の工業化に誘発されて拡大した落花生に対する需要が、落花生の生産者に新たな所得獲得の機会をもたらしたことに求められる。つまり、経済的動機である。内陸部の若者は、父親の農地で働いていた場合にほとんど報酬はもらえなかった。だが、雨季に沿岸部へ移住して落花生を栽培し、収穫物をヨーロッパ商人に販売することで、イギリス綿布、金属製品や装飾品、さらに武器などを獲得することができた。輸入品は、移住労働者の故地では彼らの社会的地位を高めただけではなく、負債の返済、あるいは、婚資の準備や都市部で

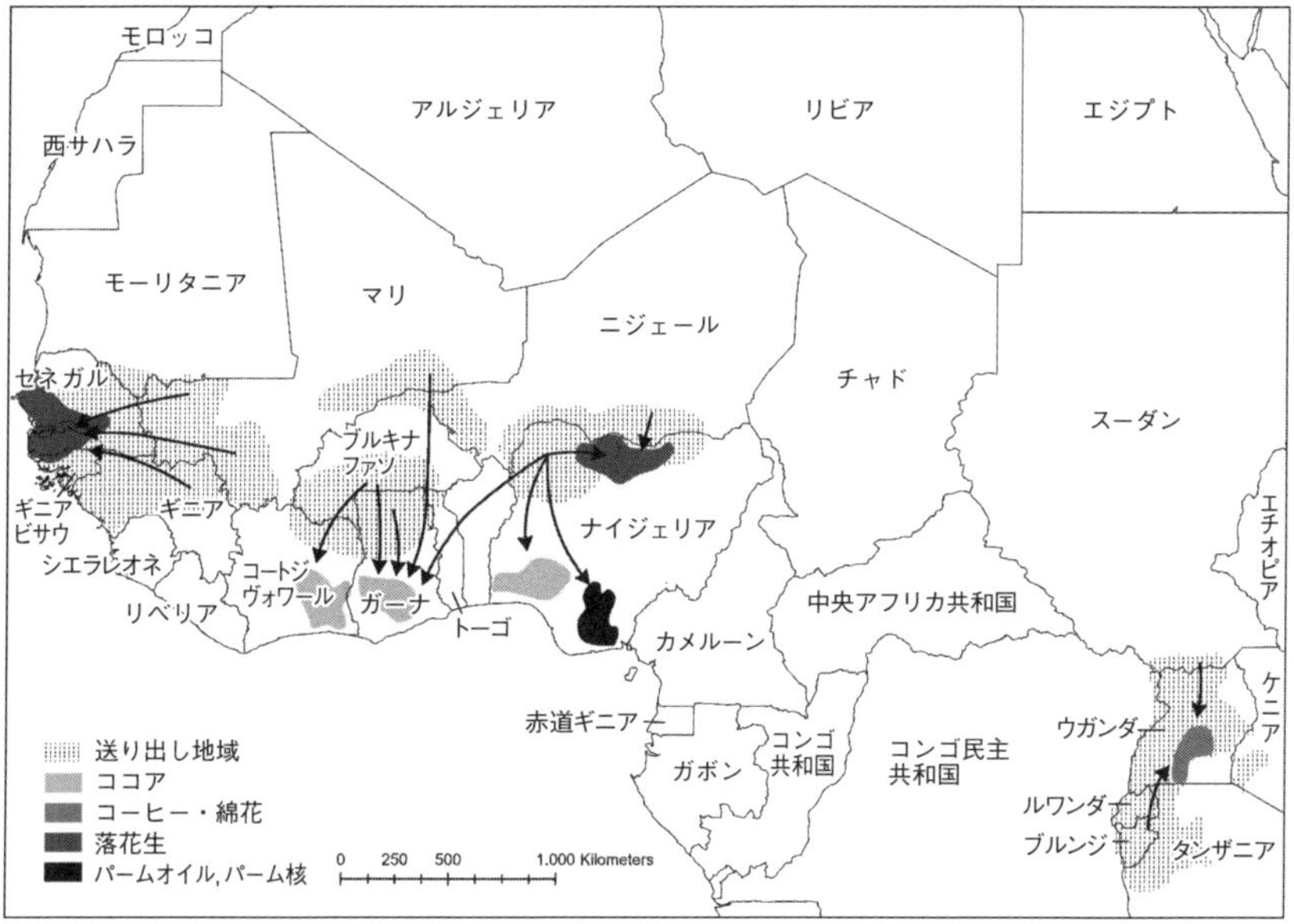

図５　換金作物生産と労働者の移動（20世紀初め）

出所：注(49)de Haas and Travieso, "Cash-crop Migration Systems in East and West Africa," 233. に加筆。

原注：図中の矢印はおおよその位置を示している。それぞれの位置を明確にする目的で、現在の国境線を引いた地図を用いている。

ビジネスを立ち上げるための蓄財などにも寄与した[48]。

経済的動機に関連して、沿岸部では内陸部よりも賃金が高かったこともあげられよう。先行研究は、少なくとも一九世紀後半から一九三〇年代にかけて、とくに一九二〇年代に、セネガンビアの沿岸部の賃金が内陸部より高かったことを明らかにしている。このような賃金格差は、移動のプル要因といえる[49]。さらに重要な点として、農閑期から雨季の始めに飢餓のリスクを軽減する「合理的な戦略」として、内陸部の故地から沿岸部への移動が生じたことも考えられる。すなわち、食料不足が最も深刻になる雨季の始めに、沿岸部で高い賃金を期待できるのであれば、世帯構成員を送り出すことで食料の消費量を抑え、移住先の沿岸部では輸入米を消費して飢えを回避することができる、というものである[50]。その意味では、新たな所得獲得の機会に加えて、季節的な飢餓のリスクを回避する手段として彼らは移動したともいえるだろう[51]。

ガンビアの移住労働者の移動が経済的動機に基づいていたことは、管見の限りでは、異論が出ていないように思われるが、それ以外の動機は考えられるのだろうか。たとえば、J・H・パルマーは、一九四〇年代半ばの状況を踏まえて、家族との紐帯や日常の（見返りの少ない）ルーティン作業から解放されたいという若者にみられる心理的動機や旅行熱については、少しも重要ではないと述べている[52]。この点にかんして、サッラーは、経済的動機が支配的だったことを前提としつつも、上記の心理的動機を完全に無視することはできないと述べている[53]。ただし、サッラーの意見には、史料的根拠による裏付けがないため、さらなる検証が待たれる。

五、おわりに

本章では、「移民の世紀」と呼ばれる時代における西アフリカの労働力移動の位置づけをめぐって、ガンビアの落花生の輸出生産と移住労働者の事例を取りあげてきた。西アフリカの人びとの移動については、大西洋奴隷貿易の衰退と欧米諸国の工業化によってアフリカ大陸以外への移動ではなく、内陸部から沿岸部へ移動して換金作物生産に従事する人びとが増加した。欧米諸国における工業化にともなう一次産品の需要増加と連動して、かつ自発的意思に基づく移動であった点では、アジアからの労働者移動と共通した同時代の現象だった。

ガンビアにおける落花生輸出は、植民地行政の管轄下で始まったのではなく、工業国の需要に現地の農民が反応して展開したところに特徴があった。そして、輸出の拡大は、内陸部の農民が自発的意思に基づいて沿岸部へ移動して、落花生を栽培したことに大きく支えられていた。植民地時代において、落花生の輸出税は政府の歳入にとって大きな割合を占め、植民地経済は落花生輸出に依存するようになる。それは他方で、食料生産を犠牲にしたため、海外からの輸入米に依存する状況を招いた。落花生は、独立後のガンビア経済でも重要な位置を占め、移住労働者はその生産を支えたのであった。

ガンビアの移住労働者の例は、同時代の西アフリカの他地域や東アフリカでも生じていた主要な労働力移動のひとつである。サハラ以南アフリカ内部における労働力移動の規模について全貌を明らかにすることは容易ではなく、ヨーロッパやアジアからの労働力移動の規模ほどではなかったとしても、「移民の世紀」を特徴づける現象のひとつとして積極的に位置づけてもよいのではないだろうか。それは、近代世界史におけるアフリカの位置づけにもかかわってくるはずである。

（1）William Arthur Lewis, *The Evolution of the International Economic Order* (Princeton, NJ: Princeton University Press, 1978), Chapter 3; Wang Gungwu, ed., *Global History and Migrations* (Boulder, CO: Westview Press, 1997); Adam McKeown, "Global Migration, 1846-1940," *Journal of World History* 15-2 (2004), 155-89; Adam McKeown, *Melancholy Order: Asian Migration and the Globalization of Borders* (New York: Columbia University Press, 2008), 43-65; Jan Lucassen, Leo Lucassen, and Patrick Manning, eds., *Migration History in World History* (Leiden and Boston, 2011); 杉原薫『アジア間貿易の形成と構造』（ミネルヴァ書房、一九九六年）第九章・第十章。杉原薫『世界史のなかの東アジアの奇跡』（名古屋大学出版会、二〇二〇年）第五章。杉原薫編『岩波講座　世界歴史　一九　移動と移民――地域を結ぶダイナミズム』（岩波書店、一九九九年）。貴堂嘉之「移民の世紀」（木畑洋一・安村直己編『岩波講座　世界歴史　一六　国民国家と帝国　19世紀』岩波書店、二〇二三年）。

（2）McKeown, "Global Migration," 156.

（3）杉原『世界史のなかの東アジアの奇跡』二七九～八三頁。

（4）杉原『世界史のなかの東アジアの奇跡』二七九～三一一頁。インド人年季契約移民と奴隷制との共通点を強調したものとして、Hugh Tinker, *A New System of Slavery: The Export of Indian Labour Overseas, 1830-1920* (London and

New York: Oxford University Press, 1974)。その歴史的性格の変化については、脇村孝平「インド人年季契約制は奴隷制の再来であったのか」(『岩波講座　世界歴史　一九』) 一四三〜六九頁をみよ。

(5) 一八九一年から一九三八年にかけて、インド人移民の帰国率は八五%、中国人移民の場合は八一%であった。杉原『世界史のなかの東アジアの奇跡』三〇一頁。

(6) (近代) 世界史におけるアフリカ大陸 (サハラ以南アフリカ) の人びとの移動を概観した代表的な文献として、以下があげられる。Philip D. Curtin, "Africa and Global Patterns of Migration," in *Global History and Migrations*, 63–94; Aribidesi Usman and Toyin Falola, "Migrations in African History: An Introduction," in *Movements, Borders, and Identities in Africa*, eds. Toyin Falola and Aribidesi Usman (Rochester, NY: University of Rochester Press, 2009), 1–34; Dennis Cordell, "Interdependence and Convergence: Migration, Men, Women, and Work in Sub-Saharan Africa, 1800–1975," in *Proletarian and Gendered Mass Migrations: A Global Perspective on Continuities and Discontinuities from the 19th to the 21th Centuries*, eds. Dirk Hoerder and Amarjit Kaur (Leiden: Brill, 2013), 175–216; Michiel de Haas and Ewout Frankema, "The Age of Intra-African Migration: A Synthesis," in *Migration in Africa: Shifting Patterns of Mobility from the 19th to the 21st Century*, eds. Michiel de Haas and Ewout Frankema (London and New York: Routledge, 2022), 7–10.

(7) de Haas and Frankema, "The Age of Intra-Asian Migration." ド・ハースとフランケマによれば、一九六〇年以降は、アフリカ大陸の外に向かう移民が再び大きく増加するようになった。

(8) Slave Voyages (https://www.slavevoyages.org/) を参照 (最終アクセス：二〇二四年一〇月二〇日)。

(9) Patrick Manning, *Slavery and African Life: Occidental, Oriental, and African Slave Trades* (Cambridge: Cambridge University Press, 1990), 21.

(10) Gareth Austin, "Resources, Techniques, and Strategies South of the Sahara: Revising the Factor Endowments Perspective on African Economic Development, 1500–2000," *Economic History Review* 61-3 (2008), 587–624; Klas Rönnbäck and Dimitrios Theodoridis, "African Agricultural Productivity and the Transatlantic Slave Trade: Evidence from Senegambia in the Nineteenth Century," *Economic History Review* 72-1 (2019), 209–32.

（11）　アフリカ大陸内部の奴隷は、「新大陸」の奴隷制経済における奴隷とは特徴を異にしていた点については、以下の文献を参照されたい。Paul Lovejoy, *Transformations in Slavery: A History of Slavery in Africa* (Third Edition, Cambridge: Cambridge University Press, 2012), Chapter 1; Gwyn Campbell, "Introduction: Slavery and Other Forms of Unfree Labour in the Indian Ocean World," in *The Structure of Slavery in Indian Africa and Asia*, ed. Gwyn Campbell (London: Frank Cass, 2004), vii–xxxii.　本章が主な対象とする植民地化以前の時代から植民地時代の西アフリカ経済については、小林和夫「植民地時代までの西アフリカ経済」（脇村孝平編『近現代熱帯アジアの経済発展——人口・環境・資源』ミネルヴァ書房、二〇二四年）も合わせて参照されたい。

（12）　A. G. Hopkins, *An Economic History of West Africa* (London: Longman, 1973), 105; Stefano Fenoaltea, "Europe in the African Mirror: The Slave Trade and the Rise of Feudalism," *Rivista di Storia Economica* 15–2 (1999), 123–66.

（13）　David Northrup, "West Africans and the Atlantic, 1550–1800," in *Black Experience and the Empire*, eds. Philip D. Morgan and Sean Hawkins (Oxford: Oxford University Press, 2006), 38–9; John Thornton, *Africa and Africans in the Making of the Atlantic World, 1400–1800* (Second Edition, Cambridge: Cambridge University Press, 1998).

（14）　David Richardson, "West African Consumption Patterns and Their Influence on the Eighteenth-Century English Slave Trade," in *The Uncommon Market: Essays in the Economic History of the Atlantic Slave Trade*, eds. Henry A. Gemery and Jan S. Hogendorn (New York: Academic Press, 1979), 303–30; Marion Johnson, *Anglo-African Trade in the Eighteenth Century: English Statistics on African Trade 1699–1808* (Leiden: Centre for the History of European Expansion, 1990); Stanley B. Alpern, "What Africans Got for Their Slaves: A Master List of European Trade Goods," *History in Africa* 22 (1995), 5–43; Jean Tarrade, *Le commerce colonial de la France à la fin de l'Ancien Régime: L'évolution du régime de «l'Exclusif» de 1763 à 1789*, Vol. 1 (Paris: Presses Universitaires de France, 1972), 125–6; Johannes Menne Postma, *The Dutch in the Atlantic Slave Trade 1600–1815* (Cambridge: Cambridge University Press, 1990), 103–5.　イギリス、フランス、オランダなど北西ヨーロッパ諸国の場合、各国の東インド会社がインドで綿布を調達してから本国に輸入した。そして、オークションを通じて奴隷商を含むさまざまな商人に同商品を販売した後、奴隷商が西アフリカへインド綿布を再輸出していた。小林和夫『奴隷貿易をこえて——西アフリカ・インド綿布・

世界経済』（名古屋大学出版会、二〇二一年）第四章。

（15）鈴木英明『解放しない人びと、解放されない人びと——奴隷廃止の世界史』（東京大学出版会、二〇二〇年）第二章・第三章。ただし、共和国時代のフランスで、一七九四年に奴隷制が廃止された後、一八〇二年にナポレオンが奴隷制を復活させたように、廃止後に一時的な揺り戻しを経験した国もある。なお、ナポレオン失脚後のフランスでは、一八一八年に奴隷貿易が、一八四八年には奴隷制が廃止された。平野千果子『フランス植民地主義の歴史——奴隷制廃止から植民地帝国の崩壊まで』（人文書院、二〇〇〇年）第一章・浜忠雄『カリブからの問い——ハイチ革命と近代世界』（岩波書店、二〇〇三年）。

（16）Allan McPhee, *The Economic Revolution in British West Africa* (Second Edition, London: Frank Cass, 1971); Hopkins, *An Economic History of West Africa*, Chapter 4; Robin Law, ed., *From Slave Trade to “Legitimate” Commerce: The Commercial Transition in Nineteenth-Century West Africa* (Cambridge: Cambridge University Press, 1995); Robin Law, Suzanne Schwarz and Silke Strickrodt, eds., *Commercial Agriculture, the Slave Trade & Slavery in Atlantic Africa* (Woodbridge: Boydell and Brewer, 2013).

（17）Lovejoy, *Transformations in Slavery*, 144. 西アフリカ沿岸部における奴隷価格の変化については、次の論文を参照。Paul Lovejoy and David Richardson, “British Abolition and its Impact on Slave Prices along the Atlantic coast of Africa, 1783-1850,” *Journal of Economic History* 55-1 (1995), 98-119. なお、一九世紀には、大西洋奴隷貿易が衰退した一方で、サハラ砂漠の奴隷貿易は最も活発に展開したのちに衰退した。Mohamed Saleh and Sarah Wahby, “Boom and Bust: The Trans-Saharan Slave Trade in the 19th Century,” in *Migration in Africa*, 56-74.

（18）たとえば、Martin Lynn, *Commerce and Economic Change in West Africa: Palm Oil Trade in the Nineteenth Century* (Cambridge University Press, 1997); 小林『奴隷貿易をこえて』第四章・終章。

（19）J・F・マンロー（北川勝彦訳）『アフリカ経済史1800～1960』（ミネルヴァ書房、一九八七年）四〇頁。

（20）Thomas Edward Bowdich and Sarah Bowdich Lee, *Excursions in Madeira and Porto Santo, during the Autumn of 1823, While on His Third Voyage to Africa* (London, 1825), 256; George E. Brooks, “Peanuts and Colonialism: Consequences of the Commercialization of Peanuts in West Africa, 1830-70,” *Journal of African History* 16-1 (1975), 31; J.

M. Gray, *A History of the Gambia* (New Edition, London: Frank Cass, 1966), 15, 380; Kenneth Swindell, "Serawoollies, Tillibunkas and Strange Farmers: The Development of Migrant Groundnut Farming along the Gambia River, 1848–95," *Journal of African History* 21-1 (1980), 103.

（21） Gray, *A History of the Gambia*, 379.

（22） The National Archives (Kew, the United Kingdom. 以後、「TNA」と記す), CO 90/3-7: Gambia Blue Book, 1829–1834. 英領カリブ海植民地には、熱帯農業研究所があった。ガンビア産の落花生は、この施設に送られていた。Donald R. Wright, *The World and a Very Small Place in Africa: A History of Globalization in Niumi, The Gambia* (Fourth Edition, London and New York, 2018), 130.

（23） TNA, CO 90/8: Gambia Blue Book, 1834.

（24） Gray, *A History of the Gambia*, 381; Brooks, "Peanuts," 32-5.

（25） TNA, CO 90/10, 14, and 21: Gambia Blue Books, 1836, 1837, and 1847.

（26） H. Reginald Jarrett, "The Strange Farmers of the Gambia," *Geographical Review* 39-4 (1949), 650; A. F. Robertson, *The Dynamics of Productive Relationships: African Share Contracts in Comparative Perspective* (Cambridge: Cambridge University Press, 1987), 209. ソニンケ－マラブー戦争については、Wright, *The World and a Very Small Place in Africa*, 134-5を参照。この一連の戦争を通じて奴隷人口は劇的に増え、その多くは落花生農場の労働力となった。Martin Klein, *Slavery and Colonial Rule in French West Africa* (Cambridge: Cambridge University Press, 1998), 68-9. この戦争に先行した西アフリカのジハードの起源と展開を概観するには、次の文献を参照。Paul E. Lovejoy, *Jihad in West Africa during the Age of Revolutions* (Athens, OH: Ohio University Press, 2016).

（27） Robertson, *The Dynamics of Productive Relationship*, 210; Assan Sarr, "Gender, Spirituality, and Economic Change in Rural Gambia: Agricultural Production in the Lower Gambia Region, c. 1830s-1940s," *African Economic History* 45-2 (2017), 1-26.

（28） Xavier Daumalin, "Commercial Presence, Colonial Penetration: Marseille Traders in West Africa in the Nineteenth Century," in *From Slave Trade to Empire: Europe and the Colonization of Black Africa 1780s–1880s*, ed. Olivier

Pétré-Grenouilleau (New York: Routledge, 2004), 213; Martin A. Klein, *Islam and Imperialism in Senegal: Sine-Saloum, 1847–1914* (Stanford, CA: Stanford University Press, 1968), 36–7.

(29) Wright, *The World and a Very Small Place in Africa*, 142.

(30) 熱帯アフリカの要素賦存条件については、次を参照。John Tosh, "The Cash-Crop Revolution in Tropical Africa: An Agricultural Reappraisal," *African Affairs* 79-314 (1980), 79–94. ガンビアの落花生栽培における奴隷の貢献については、次を参照。Assan Sarr, *Islam, Power, and Dependency in the Gambia River Basin: The Politics of Land Control, 1790–1940* (Rochester, NY: University of Rochester Press, 2016).

(31) ガンビア総督リチャード・グレイヴス・マクドネルの書簡による。TNA, CO 87/53: A dispatch from Governor Richard Graves MacDonnel to the Right Hon. Sir John S. Pakington, Bart., Government House, Bathurst, 12 July 1852; 小林『奴隷貿易をこえて』八五頁。

(32) もう三分の一は地元の農民によって作られ、残りは近隣のフランス領で生産されたものであった。Colonial Office, *Report of the Mission Appointed to Enquire into the Production and Transport of Vegetable Oils and Oil Seeds Produced in the West African Colonies* (London: His Majesty's Stationery Office, 1947), 22. 移住労働者の重要性は、一九世紀の東南アジアやアフリカにおける国際貿易と経済発展の関係を論じた、ラ・ミントの「余剰のはけ口」論（vent-for-surplus theory）を修正することにもつながる。この理論の前提のひとつとして、ミントは人口変化が生じないことをあげているが、ガンビアの事例は、移住労働者による季節的な人口増加が輸出貿易の成長を支えたことを示している。Hla Myint, "The 'Classical Theory' of International Trade and the Underdeveloped Countries," *Economic Journal* 68-270 (1958), 317–37（「国際貿易の「古典派」理論と低開発諸国」『低開発国の経済理論』渡辺利夫・小島真・高梨和紘・高橋宏訳、東洋経済新報社、一九七三年、一三〇～六〇頁）.

(33) J. H. Palmer, "Notes on Strange Farmers," Sessional Paper No. 15, 1946, Bathurst, 1.

(34) ガンビアで上級農務官を務めたJ・H・パルマーは、一九四六年の時点では、「奇妙な農民」は公的な名称になっていたことを指摘している。Palmer, "Notes on Strange Farmers," 1. 次も参照。Philippe David, *Les Navétanes: Histoire des migrants saisonniers de l'arachide en Sénégambie des origines à nos jours* (Dakar and Abidjan: Nouvelles Éditions

Africaines, 1980), 13.

（35） François Manchuelle, *Willing Migrants: Soninke Labor Diasporas, 1848–1960* (Athens, OH: Ohio University Press, 1997), 53; Kenneth Swindell and Alieu Jeng, *Migrants, Credit and Climate: The Gambian Groundnut Trade, 1834–1934* (Leiden and Boston, MA: Brill, 2006), 57.

（36） Philip D. Curtin, *Economic Change in Precolonial Africa: Senegambia in the Era of the Slave Trade*, Vol. 1 (Madison, WI: University of Wisconsin Press, 1975), 171; Wright, *The World and a Very Small Place in Africa*, 132.

（37） Swindell and Jeng, *Migrants, Credit and Climate*, 47–9. ソニンケについては、本論集に所収されている三島論文も参照されたい。

（38） ネットは、アフリカイナゴマメ（Parkia filicoidea）のこと。Palmer, "Notes on Strange Farmers," 2.

（39） Jarrett, "The Strange Farmers of the Gambia," 654–5; Swindell and Jeng, *Migrants, Credits and Climate*, 46–7, 56–7. レジナルド・ジャレットは、早生の穀物を栽培した理由として、乾季の終わりから早生の穀物の収穫期（八月末）まで「空腹の季節」になったことをあげている。

（40） Palmer, "Notes on Strange Farmers," 4–5; Swindell and Jeng, *Migrants, Credit and Climate*, 171.

（41） Tijan M. Sallah, "'Strange Farmers' and the Development of The Gambia's Peanut Trade," *African Economic History* 47–2 (2019), 120.

（42） Wright, *The World and a Very Small Place in Africa*, 133.

（43） Jarrett, "The Strange Farmers of the Gambia," 652.

（44） この点は、エステル・ボーズラップが提示した人口圧と農業集約化の関係をめぐる議論にも寄与しうる。ガンビアの場合、パーマネントの人口増加ではなく、移住労働者の流入による季節的な人口増加によって、農業の集約化と耕地拡大が発生した点が特徴であった。Swindell and Jeng, *Migrants, Credit and Climate*, 169–71; Ester Boserup, *The Conditions of Agricultural Growth: The Economics of Agrarian Change under Population Pressure* (London: George Allen and Unwin, 1965).

（45） Sallah, "'Strange Farmers,'" 124–7.

（46）　Sallah, "'Strange Farmers,'" 132; Kenneth Swindell, "Seasonal Agricultural Circulation: The Strange Farmers of The Gambia," in *Circulation in Third World Countries*, eds. R. Mansell Prothero and Murray Chapman (London and New York: Routledge, 2011, original in 1985), 181.

（47）　Gareth Austin, "Migration in the Contexts of Slaving and States in 19th-Century West Africa," in *Migration in Africa*, 47.

（48）　Palmer, "Notes on Strange Farmers," 2; Manchuelle, *Willing Migrants*, 172.　なお、農民が銃器や火薬といった武器を入手すると、ソニンケの支配者への抵抗に用いるようになり、地域の政治力学を大きく変えた。Martin A. Klein, "Social and Economic Factors in the Muslim Revolution in Senegambia," *Journal of African History* 13-3 (1972), 419-41.

（49）　Manchuelle, *Willing Migrants*, Chapter 3; Michiel de Haas and Emiliano Travieso, "Cash-crop Migration Systems in East and West Africa: Rise, Endurance, Decline," in *Migration in Africa*, 238.

（50）　de Haas and Travieso, "Cash-crop Migration Systems," 241.

（51）　なお、ジャレットの研究では、彼らが内陸部の故地で落花生を栽培して沿岸部に輸送しなかったのか、という問いに対して、高い輸送コストや鉄道ネットワークの未整備などを理由として否定している。彼の見積もりでは、ひと月で一〇〇トンの生産物を一〇〇マイル運ぶ場合、二〇〇〇人の荷運び人（ポーター）が必要になったが、そのコストは人口稀少なセネガンビアでは非現実的なほど高額になったため、生産物を運ぶよりも人が移動した方が安上がりであったという。Jarrett, "The Strange Farmers of the Gambia," 654. しかし、そのような問いでは、いま述べた食料事情と季節的な飢餓のリスクといった生存基盤にかかわる視点が抜け落ちているように思われる。

（52）　Palmer, "Notes on Strange Farmers," 2.

（53）　Sallah, "'Strange Farmers'", 123-4.

第四章　自由をまたぐ移動——西アフリカのソニンケの人びと

三島禎子

一、はじめに

西アフリカを故地としながら世界各地へ移動する人びとがいる。民族集団としてはソニンケと自称する人びとである。今日、経済の先進地域では、かれらは労働移民、一般的には出稼ぎ労働者として認識されている。しかし、古来、故地から離れたり、故地への帰還を繰り返したりしながら生計を立ててきたソニンケの人びとは、さまざまな顔をもつ集団として知られていた。歴史に残るかぎり(1)では八世紀から一六世紀ころにはサハラ交易(2)を担う大商人、一九世紀まで続いた大西洋奴隷貿易ではヨーロッパの奴隷商人に奴隷を供給したり、奴隷船に積み込む食糧を生産し販売する多角的企業家、植民地時代にはフランスの商館に出入りする認可商人、フランス船に乗り込む水兵、あるいは他地域の植民地に働きに行く労働者、フランス兵として世界大戦に参戦する兵士であったりした。(3)

ソニンケに対して労働移民という呼称が一般化したのは、旧宗主国のフランスが第二次世界大戦後の経済復興のために、アフリカからの労働者を本土に大量に受け入れて以来である。(4)そのなかでもソニンケは多数派であり、のちに受入国フランスの移民問題を代表するかのように「ソニンケ問題」[5]が浮上した。一方で筆者は、単純労働に従事する労働移民としてではなく、生活用品などの買い付けに東アジア諸国へ移動するソニンケ商人を一九九〇年代後半から注目していた[6]。

ここで二つの問題が生まれてくる。ひとつは、このように歴史的かつ地理的な広がりをもって移動する人びとをどう名付けたらよいのかという点である。たとえば、同じ商業にたずさわっていても、自らが経営者となる大商人と管理される認可商人ではまったく印象が異なる。他方、労働移民と多角的企業家では、前者は賃金労働で後者は自立自営という正反対の経済的性格をもつ。集団に呼び名を与えることで本来さまざまな顔をもつ個人や集団の性格を限定してしまい、移動の本質を隠蔽しかねない。

二つ目はなぜ移動するのかという問いである。移動の要因は千差万別であり、誰がどのような立場で説明するかによって移動現象の色合いが変わってくる。移動のメカニズムとして世界の経済構造や移動する人びとの経済事情が際立って取りあげられる一方、移動する人びとを特定の集団として捉えると、文化的背景や社会的要因が絡み合っていることに気が付く。また個人に注目すると、当事者の動機といった問題がある。個人的な動機を集団の動機として解釈できるかどうかも検討する必要があるだろう。

世界には人の数だけ移動のかたちがあるといってもよい。われわれはさまざまな事例に遭遇するが、呼称や動機を例にとってみても定型化した移動のかたちが偏った理解を導き出してしまうことがある。はたして対象そのもの、または空間や時間といった限定要因を越えて移動現象について議論することはできるのか、われわれは「自由」という概念を切り口に考えてみることにした。

本章ではこのような問題を意識しつつ、さまざまな顔をもちながらも「離散と回帰」[7]を繰り返すソニンケの人びとを事例に、かれらの求める「自由」という動機に注目していきたい。「自由」の内と外には何があるのか、言い換えれば移動することで何を求めて何を得ることができるのかという問いに答えることで、移動現象を理解する新たな切り口を探りたい。

まず集団を表す呼称がどのような問題点をはらんでいるのか、そして移動現象への異なるアプローチとその限界について整理したうえで、ソニンケに対して与えられてきたさまざまな呼称と、それに対応する移動の動態を描き出す。さらに「自由」という動機が語られる背景とその実態について、移動を軸にしながら考察する。

二、問題の所在

従来、ソニンケを形容し分類してきた呼称は、その多くが経済活動に由来するものであった。移動が経済活動と一体となっているので当然ではあるが、呼称によってイメージされる経済活動の範囲はおのずから限定されてしまった。(8) たとえば労働移民という呼称からは、一般的には世界の貧しい地域から豊かな地域へ移動して賃金労働に従事する人びとを連想する。しかし、ソニンケの人びとは今日、ある地域では労働移民と呼ばれながらも、別のところでは他の経済活動や社会生活を営んでいる。かれらはまず農民であり、商人でもあり、または世襲的に受け継いだ身分をもっていたりする。あるいは一人の男性が人生のなかでさまざまな経済活動に従事することもある。もっと広く捉えれば、集団全体なかで多様な経済活動を異なる時代と地域で展開してきたともいえる。

呼び名によって集団の性格が限定されてしまうのは、経済面だけではない。社会や文化的側面も同じ問題をはらんでいる。たとえば、共通の祖先をもち同じ文化や言語、習慣、歴史的神話を共有する民族という分類がきわめてあいまいなものであることは、今日の諸学問分野において論じられている。(9) 国籍や宗教にしても、個人や集団のアイデンティティの一部を構成する要素にすぎない。移民という分類もまた、語義的には流動する人びとを意味するが、政治的には受け入れ国家の移民政策によって社会的地位が限定されてしまうのである。

このように固定化された集団の性格は、集団の一部の様相がさもその全体像であるかのような印象を作り出してしまう。曲解を避けるために中立的な視点が求められるとはいえ、われわれが囚われやすいのは支配する側、あるいは優位な立場の視点である。今日の移動現象に関しては、先進資本主義諸国や移民受入国の政府や同じ側に立った研究者の言動がそれにあたる。移動する人びとへのまなざしは、ほとんどこれらによって方向性が決まってしまうといってもよい。それに対して、当事者の視点が重要なのはいうまでもないが、かれらが政治や研究レベルで発言する機会はほとんどないため、それらを「翻訳」する代弁者が必要である。対象社会の代弁者であろうとする文化人類学では社会や文化を観察して記述するが、やはり観察者の主観やそれがどのような制約下において形成されているといった問題からは逃れられない(10)。

実際には観察者の立場や主観に由来する制約を除外して対象を理解することは難しいが、この論考ではこのような反省的姿勢を保ちつつ、当事者の視点に限りなく近づくことを試みる。それは、既存の呼称による先入観にとらわれず、彼ら自身による認識を元にしながら、これまで表れてこなかった対象の実体を多角的に描き出すことにほかならない。

そのために本章では、対象とする集団にたいして「ソニンケ」という民族名称を下記のような限定付きで使用する。かれらは「西アフリカに出自をもち、離散と帰還を繰り返しながら経済活動を営むソニンケと自称する人びと」である。しかしソニンケ民族全体を意味しているわけではなく、論考を進めるうえでの便宜的な名称である。このようにできるだけ従来の先入観をそぎ落とすことによって、異なる名称でよばれてきた人びとの実体が浮かび上がってくるにちがいない。

次に、移動現象への異なるアプローチはそれぞれ異なる次元を対象にしていることを指摘しておこう。つまり観点の違いによって説明も変わり、説明次第では同一の現象が異なって見えることがあるということだ。

グローバル社会においては、災害や迫害などによる難民、あるいは旅や留学、赴任などの海外体験を別として、いわゆる労働移民に関しては、地球上の異なる地域間の経済的な格差によって生まれるという新古典派経済学によるプッシュプル要因による説明が主流を占めてきた[11]。すなわちこの場合における移動は経済的な事情をもつ人びとの集団に限定された現象として捉えられた。さらに移民を送り出す側と受け入れる国の諸事情が焦点になり、エマニュエル・トッド[12]の表現を借りれば、移民は国家へ同化する、もしくは国家から隔離される存在として政治的な場で論じられてきた。

移動はまた特定の民族に特有な営みとして、商業民や流浪民[13]などが取りあげられその文化的背景が強調された。たとえば人の移動のなかに生活の営みがあるイスラーム世界[14]の特殊性から移動を文化として理解しようとする姿勢がある。このような視座からは移動現象は特別な文化的な背景をもつ人びとに生じると説明される。

一方で社会学や文化人類学では、移動する人への視線が欠けていることへの反省[15]から移動する人を移動現象の主体として捉え、移民のネットワーク[16]やトランスナショナルなコミュニティに注目した[17]。それによって従来の送出国と受入国という分類には入らなかった国家をまたぐ移民コミュニティに焦点があてられた。今日、これを広義のディアスポラ[18]・コミュニティとして多角的なアプローチが展開している。

他方、移動をある種の越境と捉える視座もある。フレデリック・バースのバウンダリー論[19]を踏まえると、越境は物理的な移動のみならず帰属社会や文化、あるいは個人のなかの障壁などを越える行為でもある。すなわち移動現象は空間的移動だけを意味するのではなく、象徴的な境界をまたぐ行為でもあるという認識を加えることができる。

他の地域や共同体の外からやってきた人を「よそ者[20]」とする概念が一九世紀から二〇世紀のヨーロッパ社会で生まれ、今日のグローバル社会においてもその存在が注目されている。日本の民俗学でも折口信夫や柳田国男をはじめとして小松和彦ら[21]につながる研究において、異界や共同体の外部からやってくる存在を「異人」とみなした。このような認識は、移動現象への矮小化したアプローチをより普遍的な分類へと回帰させてくれるが、内と外という二分法に収束している点はいなめない。

これら既存のアプローチを振り返ってみると、移動現象への理解はマクロからミクロな視点に移り変わっているといえよう。地球全体の経済バランスから地域の事情、そして移動集団の文化的背景、次に送り出し社会と受入れ社会という区分から双方にまたがるコミュニティ、それらに加えて移動する人自身へと対象の幅が広がってきた。あるいは移動する人自身が現象理解を発信する事例も現れている[22]。このような変化に合わせて、移動する人の属性と移動という行為についても多義的かつ普遍的なアプローチ[23]が求められるのである。

本章では、一九世紀以後、西欧的認識から記述されてきたソニンケの人びとを形容する呼称の変遷をたどり、他者認識と自己認識のずれを明らかにする。そこから移動する人の属性を相対化することを試みる。またなぜ移動するのかという問いには、身体が別の場所へ移るような他者から観察可能な物理的な移動と、不可視的な移動を区別する。後者は帰属する集団や社会の境界を越え、その規範から離れるという意味での象徴的な移動である。移動におけるこの二つの位相は、移動する人にとっては同じものである。

しかしながら、移動の要因は実のところ両義的である。すなわち特徴的な要因があるからといって必然的に移動が生じるとはいえない。しかし、移動が出現しているところにはある要因が存在する。たとえば、すでに述べたようにプッシュプル要因のひとつとして経済格差が説明要因とされるが、貧困の度合いが大きければ移動さえもできないという指摘もある[24]。また移動しているからその人たちは貧困であろうという思い込みがある一方で、貧困という尺度が相対的であるとはいえ、思いもよらぬ別の理由によって移動しているという場合もある。すなわちどちらから見ても必要不十分な説明にはならないのである。

そこで当事者の動機というものが射程に入ってくる。もっとも動機そのものも同様の問題を抱えているうえ、そもそも動機を他者が理解することはたんなる印象論に終始する恐れがある。つまりなぜ移動するのかという問いに答えることは、すでに述べてきたように学問分野によって異なり、また観察者の主観の問題からもあいまいなものである。よりミクロな次元で個人的な動機を探っても、それを集団の移動現象に結び付けることは拡大解釈をまねきかねない。そこでわれわれが試みるのは、「自由」を動機のひとつと捉え、それを軸にして移動現象の隠れた側面を描くことである。

三、ソニンケにとっての「自由」

一般的な自由とは、心のままに従うこと、または何者からも支配や束縛を受けないことと理解されているが、その概念は時代や社会によって一様というわけではない[25]。自由の思想史については第一三章の新免論文において整理されているとおりだが、移動現象のなかの自由は個人の意識と状態の問題だけにとどまらないことを指摘しておきたい。たとえば、自由を求めて移動する人が、移動先の国家が制限を設けた「自由」の枠に収まらないと不自由になる。つまり、滞在許可証によって移動先における担保付きの行動の自由が保障されても、滞在許可証の期限がすぎると不法移民という不自由な存在になってしまうのである。移動する人にとって自由が自主的であるとしたら、不自由は社会の圧力や制度などと関連する。それについては第一一章の薩摩論文で言及される制度上の自由／不自由の概念が参考になるが、本章で対象とするのは、個人の意識と状態の自由である。厳密にいえば、移動を生み出すエネルギーとして自由というベクトルをみてゆきたい。

ソニンケ社会には自由ということばはないが、もっとも近いのはイバランキテ（ibarankite）という表現である。語義的には自分自身を有する、動かすことができる状態を示し、転じて命令や強制労働、奴隷状態から解放され自分のために働くことができる状態を意味する。ソニンケの人びとは、自立した商人であるとき「私は自由だ」という。筆者が世界各地で出会ったソニンケたちはおしなべてこのように語った。その対極にあるのは「束縛されて賃金を得る労働者」の身分である。自由の希求は、移動して商業を営むことを理想とする生き方のエネルギーとなっているのである。[26]

イバランキテという思いが生まれる背景には、社会における不平等が関係していると思われる。そのひとつがコメ（奴隷／旧捕虜、kome）とそうではない人びとを区別する社会身分である。コメは農耕や交易、召使などで労働力を提供する立場にあり、他人の支配下にあるという点でイバランキテの対極にあった。コメ以外の身分を「自由人」と分類する研究もあるが、すでに述べたようにソニンケ社会には「自由」ということばはなく、「自由人」という分類もない。それに相当するのは、首長、戦士、イスラーム導師の家系を含むホレ（hoore）と職人階級のニャカマラ（nyakamala）である。仏領西アフリカでは二〇世紀初頭に奴隷が解放されたが、社会身分は世襲制で歴然と今日まで続いている。つまり、「私は自由だ」という表現は社会身分を意味するものではないが、身分の違いによるなんらかの不平等から脱出したいという願いを示していると考えられる。[27][28][29]

不平等は年齢による序列によっても形成される。年少者は年長者に従わなければならず、複数の世帯からなる大家族では最年長者の家長が絶対的な権力をもつ。コメが労働力を提供するように、家族のなかでは年少者が同じ立場に立たされる。年少者は自分の畑を持つことができず、移動の可否は家長の決定に従い、そのための援助を受ける代わりに家族への仕送りの義務を負う。労働の対価を自分で享受できるまでには歳を重ねなければならない。こういった束縛からの解放が、自分のために働くことを意味するイバランキテということばに表れていると思われる。[30]

四、移動する人から労働移民へ

サハラ交易でアラブ世界に知られたガーナ王国の交易都市は、「黒人世界における最大の商業都市[31]」と評され、アラビア語の地理書や旅行記に登場する。ソニンケの人びとは、王国で産出する金をアラブ商人がもたらす岩塩、馬、武器、衣服、装身具と交換し富を得たといわれる。今日、彼らが自らを「根っからの商人」と語るのは、ガーナ王国の繁栄を民族の神話として共有しているがための自負心の表れであろう。同様に「アフリカのユダヤ人」と自称するソニンケは、ユダヤ人と同じように自分たちが商業に長けた民族であるという。

一八世紀に西アフリカを探検したスコットランドのマンゴ・パーク（Mungo Park）をはじめ、二〇世紀初頭にはフランス人のルネ・カイエ（René Caillé）などが、ソニンケが商業に長けた人びとであると指摘している[32]。また植民地官僚でもあり民族学者としても知られたモーリス・ドラフォス[33]は、ソニンケを「元来、移動性が高い人びと、旅人、移住者、知らぬうちに定住する人」と書き記している。

西欧人が往々にしてソニンケに見出したこのような資質について疑問視する見方もある。ソニンケの村々は西欧人がセネガル河を伝ってくる探検ルート上にあり、フランスによる植民地支配においても水運を利用した内陸への侵出の拠点となる場所にあった。そのため、ソニンケはフランス人との接触をきっかけに時代の機運に乗じただけで、商業への傾倒や高い移動性は必ずしも民族の特性によるものではなく、ほかにもそのような集団はあったはずだという[34]。この主張の妥当性[35]はともかく、議論の俎上にあがること自体に、ソニンケが外部との接触をもち可視性の高い存在であったことを物語っている。この議論は、のちのソニンケに対する研究でかならず取りあげられる論点であり、われわれがこれから見てゆく呼称の問題とも関連する。

一五世紀以降の西欧人の侵出によって交易の重心はサハラ砂漠から大西洋へ移り、ソニンケの人びとは経済活動の転換を迫られた。それに加えて奴隷制度の廃止や植民地政府への抵抗運動などにより、ソニンケ社会はかつてほど豊かではなくなった。なぜなら人びとは奴隷という財を失い、戦乱で疲弊し、通貨の導入によって市場を管理されるようになったからである。また植民地政府が徴収する税の支払いも負担になったという(36)。多くの研究者がこの言説を素朴に信じ込み、ソニンケに対する評価は一変していった。

本章では呼称について他者認識と自己認識のずれを検証するつもりだが、文字をもたないソニンケ自身による記録はなく、前者に依拠するしか方法はない。すなわち過去の研究だけがその手掛かりではあるが、二〇世紀後半以後の研究においては、ソニンケは自らの労働を売る労働移民という位置づけが通説になっている。ではどのように検証したらよいのだろうか。

その方法として、研究者らによって与えられた呼称を文字通りに受け取らず、その実態を別の角度から探ることは可能だろう。また、今日のソニンケへの直接のインタビューも参考にすることができる。まず、長きにわたって自他ともに認めた「商人」とはいったい誰であったのかという点からはじめてみよう。

まず明らかなのは、ソニンケ商人は遠隔地交易に従事した男性であるという点である。しかしすべての男性ではない。移動する自由を享受できたのはおもにマラブとよばれるイスラームの導師であった。かれらは同じホレに属する首長や戦士の依頼を受けて出発した。またホレの家長自身は移動しなかったが、息子たちや奴隷であるコメを送り出した(37)。マラブが自由に移動することができたのは、イスラームで認められている宗教的な実践であるだけでなく、西アフリカには宗教と交易の有機的なネットワークが形成されていたからである(38)。宗教都市は交易の拠点でもあり、マラブは紹介された別のマラブを頼りに移動することができた。マラブは宗教家ゆえに農耕やその他の世俗的な営みには従事しないが、ホレの息子たちやコメは農民でもあった。また息子たちは若者でもあり、社会や家族のなかでは年少者という立場にあった。さらに正確を期せば、コメの多くはソニンケの出自をもたない人びとである。このように遠隔地交易の時代、誰もが移動して商いを営むことができたというわけではなかったが、その社会的属性は多様であったといえよう。

西欧人によるアフリカ侵出がはじまると、セネガル河上流域を取り巻く経済状況は一変し、ソニンケの経済活動も多角的になっていった[39]。大きな変化は一九世紀前半まで続いた大西洋奴隷貿易である。サハラ交易とサハラ以南の地域をつなぐ中継交易[40]をおもな経済活動としていたソニンケの人びとは、遠隔地貿易による利益を奴隷の入手にあて、奴隷を労働力として農産物や綿布などの交易品を生産していた。それに対して、西欧人との取引では奴隷が最大の商品となるとともに、奴隷船に供給する食糧の生産規模も拡大していった。次に訪れた変化は、奴隷貿易の廃止、それに次ぐ植民地政府によるアフリカ社会内部の奴隷制廃止、そして植民地支配における輸出作物の導入であった。

これらの変化の過程で、誰が移動したのかについてみてゆこう。奴隷貿易においては、ソニンケ社会でコメとみなされていた男性や女性であった。かれらは前述にあるとおり、異民族の出自をもっていた。かれらは帰属するホレのもとで働く農業労働者であり、家事労働者、あるいは交易品の生産をおこなう職人でもあった。奴隷船が必要とする食糧生産においては、ホレの人びとは停泊地により近いガンビア河流域[41]へ移動し、ここでもコメの労働力を頼りに農業生産をおこなった。ホレは農場経営と商いを展開する資本家であり、コメは農業労働者という経済活動上の分類をすることができる。

さて、次なる契機はさらに大きな変化をソニンケ社会内部にもたらした。ウィーン会議ののちイギリスによる圧力のもとフランス領アフリカでは一八一五年に対外的な奴隷貿易が禁止された[42]。一九〇五年、植民地政府によってアフリカ諸社会内部の奴隷制も解体されると、名目上[43]、奴隷身分は消滅した。それはすなわち、かれらが売買の対象ではなくなり、自分たちの意思とは無関係に移動することはなくなったことを意味する。それは同時にかれら自身に経済活動の自由がもたらされたことをも意味した。

そうしたなかで、輸出作物（主に落花生）の販売と間接的生産を手掛けた資本家は奴隷以外の新たな労働力を投入する必要に迫られた。そのすき間に入り込んできたのが、ホレやニャカマラ[44]（職能集団）、グリオ（伝統楽師）の青年たちであった。かれらの移動はナヴェタン（navétane）[45]と呼ばれる季節労働者を生み出した。しかしかれらの属性を詳細にみると、まず社会のなかで年少者に分類される青年であり、同時に特定の社会身分に帰属する存在であることがわかる。またより広くみると、居住地ではナヴェタンの誰もが農業に従事する農民である。ここであまり知られていないのは、ナヴェタンはたんなる農業労働者ではなかったことである。かれらは移動する際に、交易品を携え、移動先では家内労働にも従事した[46]。

一九九〇年代後半から二〇〇〇年代初頭にかけて東アジアや中東でおこなった筆者の聞き取りによっても、中国からさまざまな生活用品の輸入にたずさわっていたあるマリ人男性は、まず故郷を出発して、知人を頼りながら移動し、旅の途中で家事労働や農業労働に携わりながら現金を稼ぎ、それを元手に商品を買い付け、利潤を増やしながら商いの規模を拡大していった。そしてタイや香港を経て中国の広州へ移動した。このようにさまざまな経験を経る一人の人生に、賃金労働者と商人が重なり合っている移動現象は、一九世紀から二〇世紀においてかつてみられた形態と類似している。

西欧からの視線では、ソニンケが商人から労働者へ移り変わっていった要因としてラップト（laptot）という存在が注目された。ラップトは一九世紀の植民地時代にフランス商船に乗り込み、私設軍隊に従事する船員であった。また一八七六年にフランスがブラザビル（現在のコンゴ共和国の首都）に侵攻したときにも兵士として登用された。ソニンケ社会における軍事は、宗教家、首長と並んでホレに分類された戦士軍団の役割であったため、実際のところラップトはソニンケ自身からは賃金労働というよりもむしろ特権的営みとみなされた。高報酬を蓄積して奴隷を入手することも可能であり、フランス商館に出入りする認可商人という特権的な地位を獲得する者もいた。ラップトは戦士という社会身分をもち、対外的には賃金労働者であったが、その状態は多くのソニンケにとっては認可商人になる一過程とみなされた(47)。

労働移民のイメージは、植民地間の契約労働の導入によってさらに一般化した。仏領コンゴやその他のフランス植民地における鉱山採掘や、道路や鉄道の建設、または農業プランテーションでの労働は、今日では契約労働という名の強制労働(48)だといわれているが、ソニンケは率先してこれらを利用して、経済の活性地へ移動した。そのことを如実に表すのは、仏領コンゴでの契約労働に応募したセネガル河上流域のソニンケのほとんどがイスラームの導師マラブであったという点である(49)。宗教家は本来、労働には従事しないのが建前である。しかしすでに述べたように、かれらはイスラームのネットワークのなかで信仰と商いのために移動した。すなわち契約労働者としての移動は、賃金労働に眼目があったというより、移動する自由を享受していた立場から優先的におこなわれたと考えることができる。契約労働者と呼ばれたソニンケの実態は、マラブの身分をもつ男性であった。

植民地支配は賃金労働という新たな経済機会を生み出した。これまでみてきたように移動する人はさまざまな属性をもっていたにも関わらず、自らの労働を売って賃金を得るという営みばかりに視線が注がれ、ソニンケの商人という顔が隠蔽されてしまったかのようである。他方、移動する自由は、西欧人の侵出とともに宗教家だけの特権ではなくなり、自らの意思とは関係なく移動に同行していた旧コメやホレの青年にも広がった。

この変化の動きは、第二次世界大戦後にフランスが本国の復興と経済発展のために大量の労働移民を旧植民地から導入したことでさらに大きくなった。当初、パスポートも身分証明書も必要なかったフランスへの国際移動は、実質的にあらゆる社会身分と年齢層のソニンケが移動する機会を創出したのである。セネガル河上流域のソニンケの村々では、就業年齢にあるあらゆる身分の男性の多くが不在となった(50)。

この現象は今日も続いている。ただしフランスが一九七六年の「帰国奨励政策」以後も移民の家族合流を認めていたために、男性移民の家族が渡航したり、フランス国内で移民二世、三世が誕生したりしたことで、移動は男性だけでなく女性や子供にも広がった。この傾向は近年さらに増加し、移動はより長期間にわたる一時的な定住に変化するなかで、民族意識とソニンケ社会内部のより細分化された属性は移民という名のもとに相対的なものになる可能性がある(51)。他方、受入国側からの視線は、労働移民という身分だけでなく、たとえば子供であれば就学児童、女性であれば家事従事者、就業できなければ失業者などと市民社会のなかの属性を重ね持つようになる。

フランスでは労働移民に分類されるソニンケ男性に注目してみると、個人の人生や家族の歴史からは、これまでみてきたように賃金労働がすべてでないことがわかる。移動という営みのなかに、賃金労働を利用することで可能になったそれ以外の経済活動があり、商人であることもその例外ではない。

東アジアへの移動は一九七〇年代からはじまり、一九九〇年代にはタイのバンコクにソニンケの一〇〇〇人規模のコミュニティが現れ、二〇〇〇年以降はバンコクや香港、その他のアジアの主要都市から広州へ拠点を移したソニンケたちは、アジアとアフリカを結ぶ貿易に従事した。かれらの経済活動は個人による行商レベルの輸出入からコンテナ単位の貿易におよぶ。アフリカから来る商人をアジアの工場や卸問屋に仲介する業務や、輸出入や滞在許可などの手続き代行、梱包や輸送など貿易に関わる多岐にわたる仕事を網羅している(52)。

また植民地時代に契約労働者として渡った旧コンゴや旧ザイールなどでは、あらたな経済活動の場としてソニンケのネットワークが広がっている。筆者の調査では、二〇一三年当時、旧コンゴのポワント・ノワールの市場周辺の商店のほとんどがソニンケによって経営されていた。個人商店だけでなく卸し業もあるほか、港湾施設に出入りする輸出代行者もいる。なかには現地の政治家にコネクションをもつ人もいた。かつて契約労働者の多くがマラブであったのに対し、今日ではソニンケ社会のあらゆる社会身分の人が滞在している。

以上のことからわかるように、移動するソニンケに対する呼称には世界の先進地域の視線から位置づけた経済的属性が影響している。一方で個人の経済経験からみると社会身分に代表される社会的属性の差異が浮かび上がってきた。

五、なぜ移動するのか？

この問いに答えるのは実際のところ困難である。経済的要因があることも事実ならば、文化的背景も無視できない。たしかに西アフリカを取り巻く経済状況の変化は、ソニンケの経済活動に大きな変化をもたらした。そうした変化を、歴史家フランソワ・マンシュエルは植民地行政文書を読み解くことから、ソニンケが相対的に豊かであったこと、それゆえ自らの労働を売るいわゆる労働移民とはいえないことを論じ、ソニンケを「自発的移民[53]」と名付けた。これは、両者のいわば折衷案を提示したことになるだろう。筆者も、移動する人びとが受入れ国では必然的に移民としてあつかわれるが、経済的には必ずしも受入れ国の経済に従属した存在ではないことを表すために、「独立移民[54]」と名付けたことがある。また移動は「離散と回帰[55]」を繰り返すソニンケ社会の文化そのものに基づいていると結論づけたこともある。しかしいずれも、経済的要因だけで説明されることへの反論のみに終始していた。結局のところ、見解は学問分野によっても異なるだけでなく、観察者の立場にも左右されるうえ、過去にさかのぼって当事者に尋ねることもできない。

しかしながら、少なくともここまでの考察では移動する人の社会的属性に注目することで、ソニンケ社会を取り巻く社会経済の変化とともに、誰が移動したのかが明らかになった。西欧の価値観に囚われた視線からは、ソニンケが経済的に没落し大商人から労働移民になったことばかりが強調されてきた。一方、社会的属性に注目すると、移動する人の実態が明らかになり、限定された身分の特権的な営みであった移動は、時代の変化とともにあらゆる身分の人びとに開かれたものになっていったことがわかる。

すなわち、なぜ移動するのかへの答えは、まず移動する権利と自由の有無、すなわち社会身分が関係していたといえよう。遠隔地交易ではホレの依頼を受けてイスラームの導師（マラブ）だけが、ホレの青年やコメが随行するかたちで、移動することができた。マラブにとって移動はイスラームの信仰に基づいたものであり、交易の利益を享受することもできた。一方、青年や奴隷たちは移動する権利を与えられたが、社会的には変わらぬ束縛の立場にあった。マラブが植民地間の契約労働に率先して出かけたのは、本来は労働に従事しない宗教家の立場からは相容れない行為にみえるが、それよりも特権的に移動できる立場が優先された。マラブの次に移動したのは、戦士の身分だった。ラップトとしての移動は水兵という労働の内実よりも、水兵という立場と戦士の身分の親和性が移動の権利と自由につながった。

移動がどんな社会身分の者にも可能になったのは、奴隷解放のあとである。その時代の経済状況がナヴェタンという落花生栽培地への季節労働者（第三章小林論文）を生み出し、そこへホレの青年や職人、グリオ、コメなどあらゆる社会身分の者たちが移動した。それに輪をかけたのが、フランスへの労働移動である。その変化は身分別の家族形態にも表れている。一九九三年の筆者の調査[56]によると、ホレに対してその他の身分では家族の規模が大きく移出者の割合も多いという結果が出ている。それはすなわち、移民を送り出すためには余剰の資金あるいは労働力が必要であり、それが家族成員の数の増加となって表れたと考えることができる。そして二〇世紀末からアジアへの移動が活発化し、ここへも一旗揚げようとするあらゆる人が参入した。

そうしたとき、移動にはイバランキテという動機が言説となった。何らかの束縛から解放され、自分のために働き、その対価を享受するという営みが、ソニンケ男性の希求として語られるようになったのである。これを経済的動機と捉えるか、あるいは文化的動機と捉えるかは、観察者の立場による。しかし文化的動機から理解しようとするときに、これを民族全体の傾向として語るのは無理がある。なぜなら個々人にとってイバランキテの状態は異なるからである。むしろ異なる次元のイバランキテが作り出す社会的動態として捉えることで、なぜ移動するのかという問いへの答えがみえてくるのではないかと思われる。

人びとが束縛から解放されたいという思いは、家族や社会における立場からの一種の脱出である。また自分のために働きたいという思いは、富を自由に使いたいという願いに通ずる。たしかに他人のために労働を提供する義務から解放されたとき、誰もが富を獲得した。家族の生活は向上し、充分な食事と衣服、快適な住まいは、ときには富を見せびらかす行為にもなった。同時に、海外在住のソニンケは村ごとに互助会を組織し、モスクや学校、診療所などの共同施設に出資している。移民はこの互助会を無視することはできない(57)。世界のどこにいても出資金の義務がついてまわり、年少者は出資金以外に年長者への「負債」(58)の返済や家族の扶養が優先される。結局のところ、移動が実現したとき、自分のために働くことは可能になったが、その対価をすべて自分の自由にすることはできない。だからこそ人びとはより豊かになりたいと思うのだろう。それがまた移動のエネルギーになってゆく。

一方、社会的な側面に注目すると、ほとんど変化がないといってもよい。カトリン・キミナルが指摘するように、村の社会構造はそっくりフランスへ平行移動しており(59)、人びとは社会の習慣や規範から離れることはない。すなわち、移動は社会身分や年齢の差異に関わらず一般化したが、それによって社会的な束縛が消滅したわけではない。

このようなあり方は、第一三章で論じられている古代ギリシャの「ポリス的自由」に相当する。つまり自由は義務に基づいており、それによってポリスの秩序が保たれていた。ソニンケ社会に重ねてみれば、自由の享受は限定的な富の獲得にとどまり、社会身分に基づいた義務を負うということである。それが、ソニンカラ（Soninkara）ということばに表れる「ソニンケ共同体」の連帯と結束を作り出している。ソニンカラは領土や文化、言語を共有する集合体を意味し、個別の集団だけでなく、国や地域をまたぐ各集団のつながりも持っている。どこにいてもソニンケ社会の規範を守ることが、共同体の一員としての自覚と誇りでもある。

結局のところ、移動はさまざまな束縛状態からの解放というエネルギーが具現化した状態であると考えることができる。しかしそのエネルギーによって現実的な解放はもたらされず、むしろそれによって共同体の境界は強化され、人びとの意識は物理的な移動と同様に「離散と回帰」を繰り返すのである。

六、おわりに

本章は、移動する人、移動空間、時代、さらには学問分野や観察者などの限定要因を越えて移動現象を理解する試みとして、「自由」概念を切り口にした。それらの限定要因が作り出してきたイメージを他者認識と自己認識の差異から明らかにするために、移動するソニンケの人びとに対する呼称の問題を取りあげた。労働移民に代表される他者からの呼称は経済的背景から与えられているのに対し、自己認識は社会的背景に基づいている。厳密にいえば筆者が「翻訳」した自己認識ではあるが、個人の社会的属性が明らかになることで、移動する人の異なる顔がみえてきた。

古来、限定された社会身分だけに認められていた移動は、経済と社会の変化にともなってあらゆる身分と年齢層に広がった。そこには、ソニンケ語でイバランキテと表現される自由への希求があり、何らかの束縛からの解放や自分が働いた対価を得ることが移動のエネルギーとなった。

ソニンケにとって、ある状態を変えるためのエネルギーがイバランキテであり、移動はその手段であった。移動の前後、その過程においてかならずしも自由が得られるわけではない。移動先の移民政策に左右されたり、思うように就職がかなわなかったり、異文化のなかで理不尽な扱いを受けたり、さまざまな不自由を強いられる場合が多い。また共同体のなかでは、依然として何らかの束縛の状態が続いている。しかし、実際に地理的に移動するとともに、年齢や身分などの社会的な壁を越えようとする象徴的な移動が、「自由をまたぐ」行為につながる。それが個人の生きる原動力になり、異なる次元のイバランキテが作り出す社会的動態として、ソニンケという名のもとにソニンカラ共同体の存続を可能にしているのである。

（1）アラブ人の地理学者や歴史学者による記録が残されている。邦文の歴史解説書としては宮本正興・松田素二編『新書アフリカ史』（講談社、一九九七年）一二一～四〇頁、一八〇～二〇九頁。福井勝義・赤阪賢・大塚和夫『世界の歴史二四――アフリカの民族と社会』（中央公論社、一九九九年）一七八～八八頁を参照のこと。

（2）ソニンケの人びとは西アフリカ最古のガーナ王国を建国し、王国は領土内で産出する金の交易で栄えた。

（3）François Manchuelle, *Les diasporas des travailleurs soninké (1848-1960): Migrants volontaires*, (traduction de R. Masseaut), (Paris: Karthala, 2004). 三島禎子「民族の離散と回帰」（小倉充夫・駒井洋編『ブラック・ディアスポラ』明石書店、二〇一一年）一〇五～三〇頁。

（4）三島禎子「ソニンケにとってのディアスポラ――アジアへの移動と経済活動の実態」（『国立民族学博物館研究報告』二七―一、二〇〇二年）一二一～五七頁。

（5）フランス本土への移民のなかで多数を占めるソニンケは、生活習慣や言語などの違いから受入れ社会での文化的摩擦を生み、滞在許可証の期限が切れ不法滞在となる人も少なくない。トッドはそういった諸問題を「ソニンケ問題」と称した。エマニュエル・トッド『移民の運命――同化か隔離か』石崎晴己・東松秀雄訳（藤原書店、一九九九年）。

（6）三島「ソニンケにとってのディアスポラ」、三島禎子「ソニンケ商人の歴史――砂漠を越え海を渡る人びと」（池谷和信・佐藤廉也・武内進一編『新世界地理　アフリカⅠ』朝倉書店、二〇〇七年）二八六～三〇〇頁。

（7）「離散と回帰」はソニンケの移動現象を表すために用いたことばである。物理的な場所としての故地からの離散と回帰、同時に場所には限定されない文化への回帰を意味する。三島「民族の離散と回帰」。

（8）坂井信三『イスラームと商業の歴史人類学――西アフリカの交易と知識のネットワーク』（世界思想社、二〇〇三年）では、イスラームと交易を媒介として移動する商人のネットワークが西アフリカの文化と経済の共通世界を作ったことが論じられている。

（9）バリバールとウォーラーステインの往復論文集に代表されるように、平和を脅かす今日の諸問題は国民や民族などの既成概念による社会の分断に起因されるとする考え方がある。スチュアートもまた民族や人種は作られた概念であり、それらが政治や社会、文化などに大きな影響を与えたことを論じた。エティエンヌ・バリバール、イマニュエル・ウォーラーステイン『人種・国民・階級――「民族」という曖昧なアイデンティティ』若森章孝・岡田光正・須田文明・奥西達也訳（大村書店、一九九七年）。ヘンリ・スチュアート『民族幻想論――あいまいな民族 つくられた人種』（解放出版社、二〇〇二年）。

（10）クリフォードとマーカスは、文化を記述し、他者をどう表象するかという問題を提起した。ジェームズ・クリフォード／ジョージ・E・マーカス『文化を書く』春日直樹他訳（紀伊國屋書店、一九九六年、英語版初版一九八六年）。

（11）国際関係学の分野では、国際移動はかならずしも貧しさが引き起こすものではないという見方もある。国際移動に関しては、渡航費の捻出や情報の獲得、また渡航先でのネットワークの有無などの影響が大きく、プッシュプル要因だけでは説明できないからである。小井土彰宏「国際移民システムの形成と送り出し社会への影響――越境的なネットワークとメキシコの地域発展」（小倉充夫編『国際移動論――移民・移動の国際社会学』三嶺書房、一九九七年）三三～六五頁。同様に、小倉はウォーラーステインの世界システム論に依拠して、世界の構造的な経済格差や社会変動に注目した。小倉「国際移動の展開と理論」（『国際移動論』）三三～六五頁。

（12）トッド『移民の運命』。

（13）紀元前に東地中海沿岸に拠点をもちながら海上交易で活躍したフェニキア人、紀元後の中央アジアで東西交易に従事したソグド人などをはじめ、今日では華僑やユダヤ人商人、移動民としてはロマの人びとなどが知られている。

（14）片倉もとこ『イスラームの世界観――「移動文化」を考える』（岩波書店、二〇〇八年、日本経済新聞社、一九九五年初版）。

(15) カースルズとミラーは、エージェンシーという用語を用いて移動する人びとを移動現象の主体としてとらえ、世界的な構造のみに焦点をあててきた経済学や国際関係学のアプローチを批判した。人の国際移動を学際的かつ包括的に論じている。ステファン・カースルズ／マーク・J・ミラー『国際移民の時代（第四版）』関根政美・関根薫監訳（名古屋大学出版会、二〇一一年、一九九六年初版）。

(16) 移民ネットワークが作り出す移民送出のメカニズムを解明しようとする移民システム論については、樋口の包括的かつ批判的論説が参考になる。樋口直人「国際移民の組織的基盤――移住システム論の意義と課題」（『ソシオロジ』四七―二（一四五号）、二〇〇二年）五五～七一頁。

(17) 文化人類学におけるトランスナショナリズム研究の理論的変遷と枠組みを理解するには、以下を参照。上杉富之「人類学におけるトランスナショナリズム研究――研究の成立と展開及び転換」（『日本常民文化紀要』二四、二〇〇四年）八四～一二六頁。

(18) ディアスポラは語義的にはギリシャ語の「撒き散らされたもの」を意味し、歴史的にはユダヤ人、ギリシャ人、アルメニア人などの民族離散に対して使われたが、今日では「故地を離れて暮らす人や集団、またはその行為」を指すようになった。異なるディアスポラの分類やディアスポラ研究の展望などについて詳しくは下記を参照。ロビン・コーエン『グローバル・ディアスポラ』駒井洋・角谷多佳子訳（明石書店、二〇〇一年）。

(19) 民族境界論またはエスニック・バウンダリー論は、民族に固有の意識は他集団との差異すなわち境界を意識することで生まれるとする理論。Fredrik Barth, *Ethnic groups and boundaries. The social organization of culture difference*, (Oslo: Universitetsforlaget, 1969, Reissued Long Grove, IL: Waveland Press, 1998)。邦訳はフレデリック・バルト「エスニック集団の境界――論文集『エスニック集団と境界』のための序文」（内藤暁子・行木敬訳、青柳まちこ編・監訳『「エスニック」とは何か――エスニシティ基本論文選』新曜社、一九九六年）二三～七一頁。

(20) ジンメルやシュッツによる概念。邦文では下記の解説が詳しい。徳田剛『よそ者／ストレンジャーの社会学』（晃洋書房、二〇二〇年）。

(21) 小松和彦『異人論――民俗社会の心性』（筑摩書房、一九九五年）。

(22) 自らを「ストレンジャー」として研究者自身が自己のライフヒストリーを記述する方法論が生まれてきた。リー・ペレス・ファビオ『ストレンジャーの人類学――移動の中に生きる人々のライフストーリー』(明石書店、二〇二〇年)。

(23) 他方、クリフォードは誰もが移動のなかに生きている状態を「旅のなかに住まう」と表現し、文化人類学や社会学に大きな批判を投げかけた。ジェームズ・クリフォード『ルーツ――20世紀後期の旅と翻訳』毛利嘉孝他訳(月曜社、二〇〇二年)五〇頁。人とモノ、システムなどに注目した社会学におけるモビリティ研究では、移動こそが社会の根幹をなす現象であるとして、異なった場所へ移動する物理的側面に加えて、ネットワーク上や社会的移動、あるいは移動する手段を射程にした。アーリはこのような考え方を「移動論的転回」と名付け、新たな社会科学のあり方を提唱した。ジョン・アーリ『モビリティーズ――移動の社会学』吉原直樹・伊藤嘉高訳(作品社、二〇一五年)。

(24) 注(11)を参照のこと。

(25) 中川は文化人類学で議論し得る「自由」について、(1) 束縛からの自由、(2) モノや人との結びつきから生まれる自由、(3) モノや人への依存を忘れて意識される自由、(4) 依存関係と義務から維持される自由に分類している。中川理「自由」(春日直樹・竹沢尚一郎編『文化人類学のエッセンス――世界をみる/変える』有斐閣、二〇二一年)一七九〜九七頁。

(26) イスラームの最大にして最後の預言者ムハンマドの人生を理想とするという言説もある。

(27) ソニンケが統治した西アフリカ最古の王国として知られるガーナ王国(三世紀〜一三世紀)の時代から、奴隷は存在したといわれる。戦争捕虜や買い取られた他民族の出自をもつ人、または負債やなんらかの事情で奴隷にならざるを得なかった共同体内部の人などである。奴隷は主人により衣食住を保証され、主人の権威の象徴でもあり、必ずしも虐げられた存在ではなかった。

(28) ポレとウインターによるソニンケ社会についての古典的な民族誌によると、社会身分は「自由人」と「奴隷」に区別されるとある。西欧の研究者にはこういった先入観がしばしばみられる。古代ギリシャにおける奴隷制が念頭にあるからだと思われる。Eric Pollet et Grace Winter, *La Société Soninké (Dyahunu, Mali)*, (Bruxelles: Editions de l'université de Bruxelles, 1971).

(29) 今日でも異なる身分間のコミュニケーションには儀礼的な「冗談関係」があり、安定した社会関係が維持されている一方で、身分を越えた婚姻関係は避けられ、共同体内部での発言権にも差異がある。
(30) 直系・傍系の世帯を含む大家族は同じ屋敷地に住み、生計を共にする。移動中の人も含めると、一〇〇人を超える大家族もみられる。三島禎子「ソニンケ社会における家族の連帯と規模——出稼ぎをめぐって」(『国立民族学博物館研究報告』二一—一、一九九六年) 七七〜一一八頁。
(31) Pollet et Winter, *La société Soninké*, 26.
(32) Pollet et Winter, *La société Soninké*, 111-2.
(33) ドラフォスはアラビア語文献から西スーダン（ガーナ、マリ、ソンガイ王国が栄えた今日の西アフリカ地域）の歴史を再構築しようと試みた。Maurice Delafosse, *Haut-Sénégal-Niger (Soudan Français)*, 3 vols., (Paris: larose, 1912).
(34) Pollet et Winter, *La société Soninké*, 112-3.
(35) それらを実際に検証した研究は歴史家マンシュエル以外にはない。かれは、諸植民地時代の行政文書からソニンケの経済状況を明らかにし、貧しいゆえの労働移動という説に異論を唱えた。Manchuelle, *Les diasporas des travailleurs soninké*.
(36) Pollet et Winter, *La société Soninké*, 112-3, 120-6.
(37) Pollet et Winter, *La société Soninké*, 118.
(38) 坂井『イスラームと商業の歴史人類学』。
(39) 西アフリカ一帯で大きな経済的基盤をもっていたソニンケの経済活動の変化についての詳細は以下を参照。三島「ソニンケ商人の歴史」。
(40) ソニンケの居住地はサハラ砂漠の南端のサヘル地帯にあり、サハラ砂漠の南北をつなぎ、地政学的にも生態学的にも異なる地域の産品を入手することができた。南の森林地帯から産出されるコラの実は嗜好品として高い価値があった。
(41) 筆者はガンビア河流域に移動した人びととその家族、共同体を一九八〇年代に確認している。同地域は前植民地時代には森林地帯との交易の拠点でもあり、奴隷貿易船の係留地に近く、気候条件にも恵まれ奴隷船へ供給する食糧生産に向いていた。三島「民族の離散と回帰」。
(42) しかし非合法な貿易は続き、奴隷制そのものが廃止されるのは一八四八年である。

(43)　現実的には奴隷の解放は意図したようには進まなかったといわれる。奴隷身分は帰属するホレの人びとから衣食住を保証されていたので、解放されても自立して食べてゆく目途の立たなかった人びとは、もとの場所に戻る例が少なくなかった。
(44)　鍛冶屋、皮革職人、織物師など。
(45)　ナヴェタンの経済的役割と移動についての詳細は第三章小林論文を参照。
(46)　Manchuelle, *Les diasporas des travailleurs soninké*, 83-91.
(47)　Manchuelle, *Les diasporas des travailleurs soninké*, 91-7.
(48)　ウォルター・ロドネー『世界資本主義とアフリカ――ヨーロッパはいかにアフリカを低開発化したか』北沢正雄訳（柘植書房、一九七八年）二〇一～五頁。
(49)　Manchuelle, *Les diasporas des travailleurs soninké*, 162-70.
(50)　筆者の調査では、一五歳以上の男性の四三％、三五～四〇歳では七八％が移動中である。そのうちの約六三％がフランスに滞在している。三島「ソニンケ社会における家族の連帯と規模」。
(51)　一九九一年に出版されたキミナルの著作によると、フランスのソニンケ移民コミュニティは村の社会構造がそのまま平行移動し、社会身分や性別、年齢による区別のうえに相互補助が成り立っているという。その後、劇的な変化があったことは筆者の調査からも観察されていないが、世代による変化は多少なりともある。Catherine Quiminal, *Gens d'ici, gens d'ailleurs*, (Paris: Christian Bourgois Editeur, 1991).
(52)　詳細は三島「ソニンケにとってのディアスポラ」を参照。
(53)　Manchuelle, *Les diasporas des travailleurs soninké*.
(54)　三島禎子「国際移動と地域開発――ソニンケ移民に関する移動の主体性についての考察」（加納弘勝・小倉充夫編『変貌する「第三世界」と国際社会』東京大学出版会、二〇〇二年）一九五～二二二頁。
(55)　三島「民族の離散と回帰」。
(56)　セネガルのソニンケ居住地における村落調査。出稼ぎ労働と家族形態および規模については下記を参照。三島「ソニンケ社会における家族の連帯と規模」、九六～七頁。

(57) 互助会は共同貯金を積立て、村への出資のほか、個人には海外生活中に事故や死亡に見舞われたときに必要な経費や、故郷の家族の冠婚葬祭費などを援助している。

(58) 厳密な意味での負債ではないが、自分が年長者の世話になり、移動への援助を受けたことなどに対する負い目は、自分が負った以上のものを返すという思いにつながっている。

(59) Quiminal, *Gens d'ici, gens d'ailleurs.*

第五章　アフロユーラシアにおける牧畜民の移動
――ソマリの事例を中心に

池谷和信

一、はじめに――牧畜の人類史

私たち人類ホモ・サピエンスは、約三〇万年前にアフリカ大陸で誕生し、狩猟や採集を主な生業にするノマド（遊動民）であったといわれる[1]。そして、約一〇万年前に気候変動などの影響を受けてアフリカを出てユーラシア大陸に拡散した。その後は、一部の人々はヨーロッパや南アジア、東南アジアを経てオーストラリアにも到達している。また、中央アジア、シベリアに移動した集団は、当時、陸地であったベーリング海峡を通過して南北アメリカに拡散することに成功した。そして、およそ一万三〇〇〇年前には、西アジアにくらす人類による定住化が進行して、狩猟や採集を生業にするノマドから定住狩猟採集社会が成立した。一万年前に農耕や家畜飼育が開始されたのは、まさに定住化が起きたあとの時代であるといわれている。その後、農耕民や牧畜民が誕生する。とりわけ後者は、さらに定住化が進行して農耕社会および都市社会が成立するとともに、その周囲に牧畜に特化した社会が生まれたとされる。当初から、牧畜民はミルクや肉を他の社会に供給してきたのである。

一方で、近現代に知られる牧畜民の大部分は、アフロユーラシアの乾燥地や寒冷地に暮らしてきた（図1参照）。

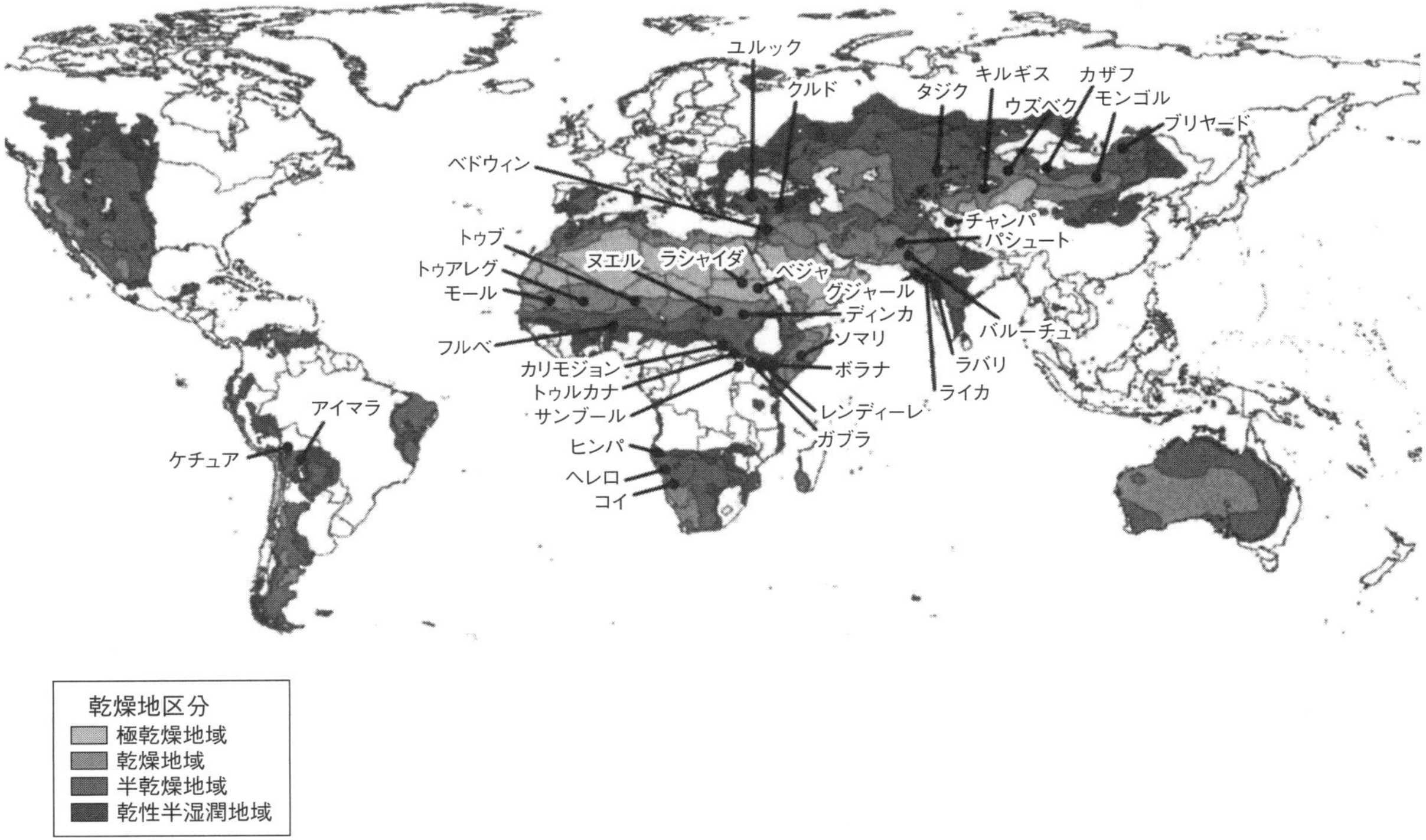

図1　アフロユーラシアの乾燥地・寒冷地と牧畜民の分布

出典：池谷和信「変わりつつある牧畜民の暮らしと資源利用」（篠田雅人ほか編『乾燥地の資源とその利用・保全』古今書院、2010年）。

主に中央アジアのモンゴルやカザフやキルギス、インド北東部のラバリやライカ、西アジアのベドウィン、北東アフリカや西アフリカの内陸部、ナミビアの海岸部、そしてシベリアのチュクチやネネツなどの多数の牧畜民があげられる。このうちシベリア、モンゴル、アフリカなどでは、グローバル化が浸透した現代社会において定住化は進んでいるが、今なお家畜とともに移動を維持している社会もみられる。

人類は、約一万年前にどのように野生動物の家畜化に成功し、家畜を生活の糧にする牧畜民が、生まれてきたのであろうか(2)。牧畜は、農耕には適さないとされるツンドラや高山や砂漠にも展開できる活動であり、地球のなかでの人類の居住域（エクメーネ）を拡大することに大きな役割を果たしてきた。しかし現代は、市場経済のグローバル化や民主化が進むと同時に、ますます人々が都市に向かう時代になっている。このため、二一世紀のあいだに、牧畜民は消えてしまう可能性もある。

これまで、牧畜民といえば、アフリカのマサイやモンゴルの人々がよく知られてきた。彼らは家畜とともに自然に依存した暮らしをして、旱魃や砂漠化に悩む人々といった新聞報道も少なくない。そのような世界の動向のなかで、彼らは外部社会からどのような影響を受けているのか、またどのように主体的な対応をしているのであろうか。

本章では、地理学および隣接分野のなかでの牧畜民研究の動向を簡単に示した後に、筆者のフィールドワークに基づいて牧畜民の移動形態の多様性を把握することがねらいである。本章では、世界的な視野からみて移動生活が現在でも維持されているアフリカの牧畜民ソマリの事例を中心にして、彼ら彼女らの移動形態の実際を把握し、移動の制約要因と促進要因を分析する。同時に、ソマリ以外のアフリカ牧畜民の移動と比較することから、ソマリの移動に関する特徴を明らかにする。そして、これらをとおして人類の移動概念について再検討を試みる。

かつて筆者は、ケニア北東州ガリッサ県に調査地を設けて、一九九一年五月、一〇月、一九九二年一月、二月、三月と通算五回、のべ一か月にわたりソマリ人のリネージ（同じ出自を持つ親族集団）のひとつであるアブダラー（Abdalla）のキャンプに住み込み、人と家畜との関係の観察と聞き取りをおこなった。また、その後、ケニアのコースト州タナリバー県における、ソマリのアブダラーとアブドワク（Abdwak）の混合キャンプにてラクダ牧畜に関する現地調査をおこなった。これは、一九九六年六月、二〇〇〇年二月と九月、二〇〇三年二～三月は約一か月間、二〇一〇年三月、二〇一四年一月の計六回にわたる。しかし、二〇一五年四月二日に、ソマリア南部を中心に活動するイスラーム勢力のアル・シャバブ（Al-Shabaab）によってケニアのガリッサ大学襲撃事件が生じ、一四七人が殺害された。対象地域の治安状況が悪化したため、その後の現地調査をおこなっていない。

乾燥地域の降雨は、一般に年変動がはげしい点が特性としてあげられる。一九八三年から一九八七年までのガリッサタウンでの年降水量は、一一七・一ミリ、六一八・三ミリ、一五一・〇ミリ、二二六・九ミリ、一七七・七ミリと、年による変化が大きい[3]。そして一九九一年の年降水量は、三一一・四ミリを示す。また各月別の降水量では、四月が最大で一二月が次につづき、一九九一年では三月や七月も多い。一九九一年の最高気温は二月に三九・三度、最低気温は六月に二〇・三度となっている。

年別降雨量の変化では、一九九〇年から一九九五年では、三〇〇～五〇〇ミリで安定しているのに対して、一九九六年に一三三ミリと急減して、一九九七年は八五八ミリと急増して、一九九八年には六三〇ミリ、一九九九年は三〇〇ミリ以下になっている。また、月別降水量をみると、一九九七年一一月から翌年二月までは集中的に降雨がみられたこと、一九九九年および二〇〇〇年の一二月と一月を除いて降雨が少ないことなどがわかる。

二、アフロユーラシアの移動牧畜

ここではまず、牧畜民の移動に焦点を当てた研究の展開を紹介する。

移動の容易な家畜は、地中海地域においては特徴的な富の形式なので、家畜はしたがって彼らに好都合なものを山地と平地とに交互に見出すことになる。（中略）まず手始めに近接の地へ、四季の順序にしたがって、高地から平原へそしてまたその逆に、畜群は移って行ったのである。山々から海岸へ、平野への移動によって、季節的移動牧畜の体制が成立した。

これは、一九二二年に、フランスの地理学者ヴィダル・ドゥ・ラ・ブラーシュが地中海地域の一部の生活を示したものであり、人類の生活様式論のなかで牧畜の発展過程を考察していて、興味深い内容である[(4)]。

牧畜を対象にした地理学の研究は、隣接する文化人類学・民族学などと密接な関係を持ちながら長い歴史を持つ。まず、ヨーロッパの牧畜は、アルプスでのウシの牧畜とバルカン半島やアペニン山脈やピレネー山脈のヒツジの移牧とに分けられている。前者では、夏の高山での放牧地と冬の山麓での舎飼いのように高度による家畜の移動が注目され、後者では、季節に応じて村の領域を越えて数百キロを移動して暮らす生活が紹介された。

図2は、ドイツの地理学者によって作成された一九〇〇年頃のアフロユーラシアの乾燥帯における移動牧畜の分布を示す[(5)]。まず、移動牧畜は定住地のない遊牧か定住地からの季節移動かに分けられる。遊牧は、東アフリカからサハラ以南の西アフリカ、およびインド北西部に広がる。これに対して、季節移動は北アフリカ、西アジア、中央アジア、モンゴルというような地域で、その移動の面積は大きい。また、移動方向をみると、遊牧では水平移動であり、垂直移動の遊牧はみられない。これに対して季節移動の方は、モンゴル高原のような水平とヒマラヤ山脈のような垂直の二つのタイプに分けられる。さらに、家畜種をみると、ヤクとヒツジ、ヒトコブラクダとフタコブラクダとウマにヤギのように、その組み合わせに移動牧畜の地域性が見出せる。また、遊牧民の移動に関しては、西アジアと北アフリカのそれを対象にした包括的な研究が知られている[(6)]。

その一方でわが国でも、戦前から牧畜への関心はあった。一九四〇年代には、生態学者今西錦司が、モンゴル

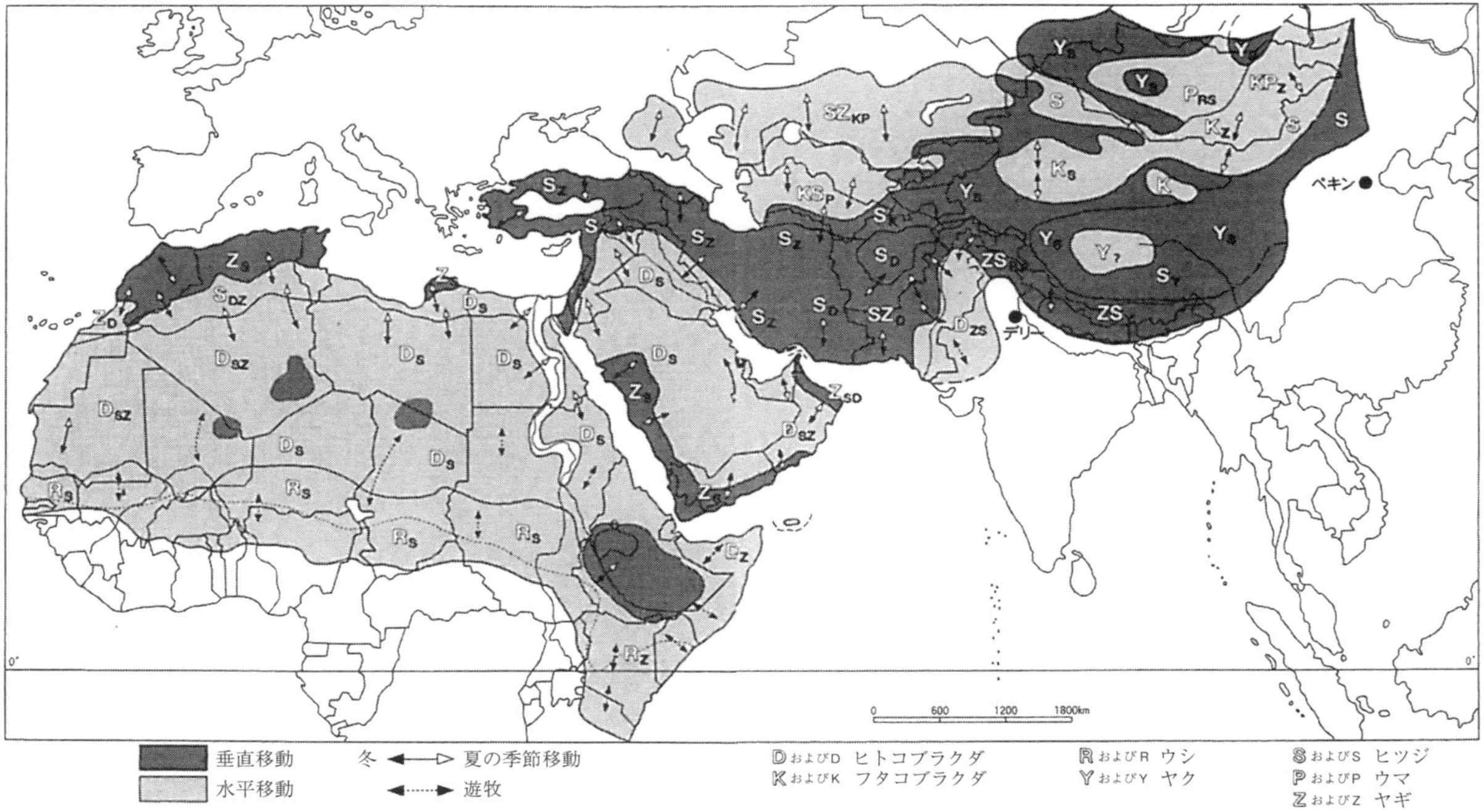

図2　1900年頃のアフロユーラシアの移動牧畜

出典：注(22)池谷和信『現代の牧畜民』。

牧畜民をフィールドにして人間生態学的研究をおこなっている。その成果は、季節キャンプの移動はあるものの遊牧の特徴をよく示すものになっている。また、動物の群れに人が追随して、群れのまま人が動物の管理を始めたという今西の遊牧論は、よく知られている。[7]その後、梅棹忠夫は、同様にモンゴル研究をふまえて、ツンドラからタイガに広がるトナカイ牧畜、ステップのウマとヒツジ牧畜、砂漠のラクダ牧畜、サバンナのウシ牧畜という、遊牧民が主に飼養する家畜で四分類して、世界の遊牧民の地域性を示した。[8]これは、わが国では最初の世界的視野での展望であるが、そこにはヒマラヤのヤクの牧畜やアンデス高地のリャマやアルパカの牧畜は含まれていなかった。

戦後、日本の地理学では、経済地理学・文化地理学の対象として広く牧畜が注目されてきた。スイス・アルプスの移牧やアフリカの牧畜など、海外での研究が実施されている。また、エミール・ヴェルトやグリッグなどの翻訳本の刊行に示されるように、アルプスの移牧経済と遊牧民社会、世界農業のなかでの遊牧や地中海農業のなかでの牧畜の記述がみられ、近隣分野を含めて牧畜への関心が増していく。

一九五〇年代になると、日本人による海外調査が始まる。当時の社会主義国での現地調査は不可能であったために、フィールドの中心は意外にもアフリカに展開していった。一九七〇年代から現在にいたるまで、タンザニア、ケニア、エチオピアを中心にして数多くの研究が蓄積されてきた。ダドーガ、レンディーレ、[9]トゥルカナ、サンブール、ボディ[10]などの牧畜民は、日本の研究者のあいだではよく知られた民族名である。

一方で、ヨーロッパ、南アジア、西アジア、アンデス高地などの牧畜民については、アフリカのそれのように集団でおこなわれることはなく、個人研究をベースにして地道な努力が続けられてきた。具体的には、フィンランドのサーミやイタリアやスイスの山地住民、ヒマラヤ地域のチベット人やシェルパ、アラビア半島のベドウィン、トルコのユルック、アフガニスタンのパシュート、ペルーのアイマラなどがあげられる。

しかし、一九九〇年代に入り牧畜民研究に大きな変化があった。ロシアやモンゴルなどの旧社会主義国での調査が可能になったことで、対象地域が拡大したのである。現在では、数多くの研究者がモンゴルはもちろん、ツァータン、ネネツ、エヴェン、チュクチ、コリヤーク、カザフなどをフィールドに新たな知見を提示している。[11]そこでは、社会主義時代の社会変容をふまえて、ポスト社会主義時代における牧畜の状況が把握されている。さらに、熱帯の牧畜にはみられない冬の放牧地や採草地の問題、雪害の問題など、興味深いテーマが追求されている点も指摘できる。

以上のように、牧畜民の移動研究は地理学の分野を中心にしてヨーロッパを対象にした移牧研究の歴史が古く、日本では戦前のモンゴル牧畜民研究のなかで、戦後は東アフリカの牧畜民研究のなかでおこなわれてきた。また、欧米の地理学ではアフロユーラシア全体の移動牧畜の地域性を論じてきたが、日本では個別社会の事例研究がほとんどであるという特性を持っている。

三、ソマリの牧畜

ここでは、本章が焦点を当てる北東アフリカのソマリ牧畜民についての研究動向の詳細を示す。ソマリ社会は、ソマリア北部（旧イギリス領）の牧畜民をフィールドにしたＩ・Ｍ・ルイスの社会人類学的研究によって、分節リネージ体系を持つ父系出自集団を基礎として組織化された社会をもち、年齢体系がみられない社会構造であることが知られている。[12]その後、ダッレオは、一八九二年から一九四八年までのソマリの交易を中心とする地域経済の変遷を報告している。[13]さらに、一九五〇年代を中心にすえてソマリア国内でのラクダ牧畜が商品経済に組み込まれてゆく過程を捉えた社会経済史的研究、[14]ラクダの群れの管理技術と方法の研究、[15]あるいは現在のラクダ生産を中心とする牧畜経済と流通の研究[16]が進められた。そして、ソマリアとケニアやエチオピアとの国境を超える家畜流通の研究も知られている[17]。

一方で、ケニアの北東州に暮らすソマリを対象としたものは、N・H・メリーマンが旱魃の影響を受けてガリッサタウンに移住したソマリの女性の行商や世帯内の労働分業を取りあげ[18]、J・L・メリーマンが内戦や干魃によるソマリへの経済的影響などを扱う研究をおこなっている[19]。さらに近年では、ガリッサ県の北西部に暮らすソマリ（とくにアウリハン）を対象にした近現代史の研究がみられる[20]。

以上のことからソマリ社会の研究は、ソマリア国が崩壊する一九九一年以前にはソマリア国内での牧畜経済と流通などを対象にしたフィールドワークによる研究はみられたものの、詳細な移動形態や移動要因を論じたものはみられない。一九九一年以降はケニア北東州で細々と調査がおこなわれてきた程度にすぎない。そのため、現地調査に基づくソマリ社会や文化の研究を実施することは困難で、その状況は今も続いている。

四、三つの時間スケールで異なるソマリの移動

ソマリは、世界で最大頭数のラクダが飼養されているソマリアを中心として、それに隣接するジブチ、エチオピア東部、ケニア北東部に居住する人々であり、彼らの多くは、ラクダ遊牧民として知られてきた。現在、ソマリアは無政府状態になっており、エチオピア東部やケニア北東部においては難民の流入や民族間紛争が続き、これらの地域での治安はよくない状況にある。

現在の人口は数百万人とされ、その大部分はイスラーム教徒である。彼らは、イサック、ダロッド、ハウィヤ、デゴディアなどの氏族から構成される。ラクダ（ヒトコブラクダ）やウシなどを飼養する牧畜専業者、牧畜のほかに川沿いでの農耕を営む人々もいて、家畜の売買や家畜や物資の運搬業に従事する人も多い。とりわけラクダは、ソマリにとっては乳や肉や運搬用として利用され、文化的に最も重要な家畜である。一九世紀には、運搬用のラ

クダを使って、ソマリ商人による海岸部から内陸部への交易ネットワークが成立していたといわれる。

ここで、ソマリの歴史について紹介する。ソマリは、一〇～一一世紀にアラビア半島からアフリカの角に移動してきたといわれる。東部にはダロッド一族（Darod clan-family）、西部にはイサック一族（Isaaq）の集団が土着化していく。しかしながら、一二世紀になると、両者が隣人のガッラ（Galla）の地域に拡大し、多くの移動があった。その要因としては、干魃などの気候状態の変化に応じて新たな放牧地を求めての移動であった可能性がある。その後、ソマリは海岸沿いに位置するシェベレ川の谷へ移動する。[21] 一八九〇～一九〇〇年には、エチオピアのオガデン地方からのソマリの移動がみられた。これは、民族内の紛争とアビシニアの軍事的圧力に影響されたものとみられている。

このように北東アフリカの近現代史のなかで、歴史的にソマリの社会には変わる部分と移動パターンなど変わらない部分とを見いだせる。一九世紀までは象牙の取引が生業の中心であったものが二〇世紀に入って家畜や皮の商業生産に変わり、近年ではアラブ諸国向けのラクダ生産になっている。[22] ただ、調査地のケニアのガリッサ地区では、日常のミルク生産が経済基盤となっていて、中東向けの雄ラクダの販売は一時期に行なわれていたにすぎない。

（1）一九〇〇年前後、数十年間にわたるソマリの移動

図3は、現在のエチオピアのオガデン州からソマリア南部を経てケニア北東州にいたる一九〇〇年頃のオガデンソマリの移動ルートを示す。移動の途中では、複数の集団が複数のルートを選んで移動しているのがわかる。ただ、この居住地の移動に要した時間は不明瞭である。

これは、エチオピア帝国によってオガデン地方を追い立てられたダロードというクランの集団が、ソマリアの

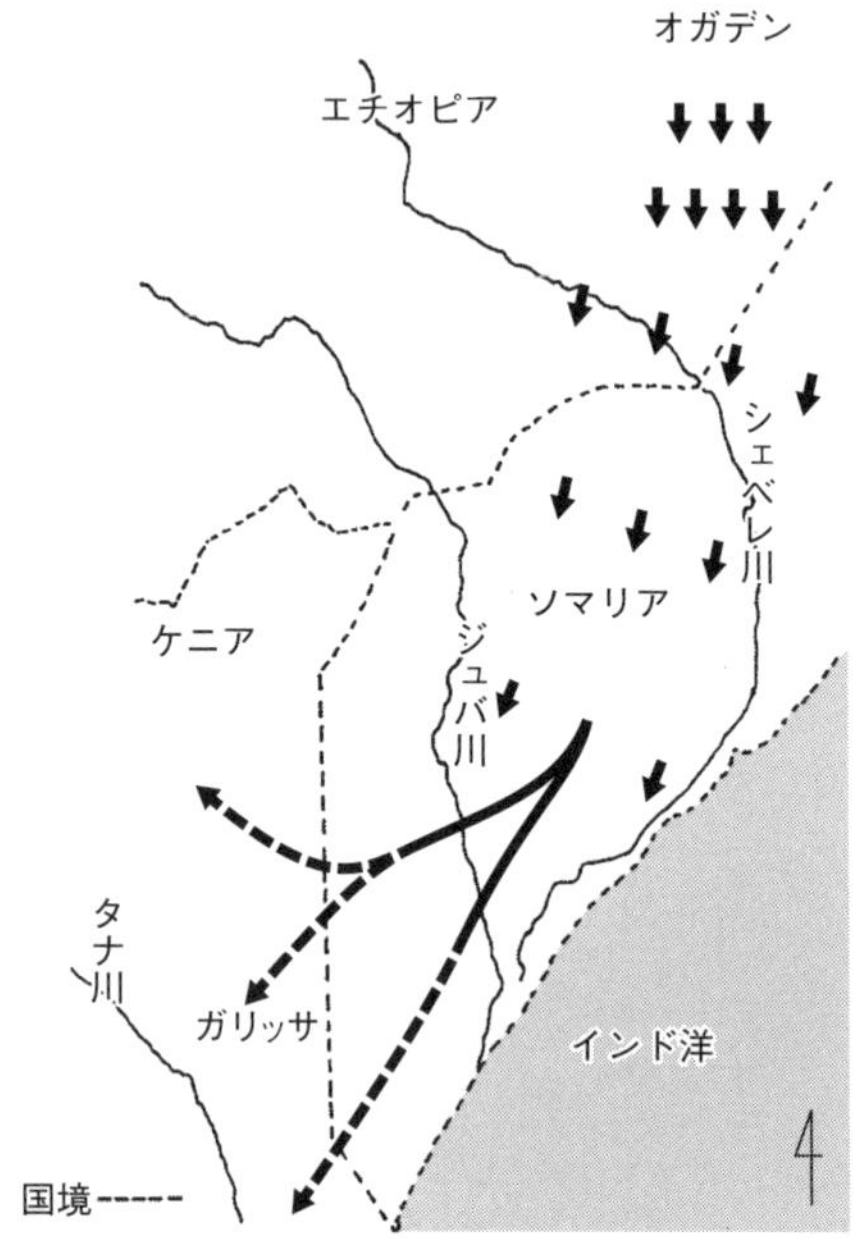

図3　1900年頃のオガデンソマリの移動パターン（筆者作成）

南部に移動したことを示している。[23]彼らは一九〇〇年前後にメネリク二世によるエチオピア帝国の成立の際に、オガデン地域において家畜を奪われたり戦争捕虜になったりして大きな打撃を受けている。一九世紀の末には、ジュバ川を渡ってその西側をボラナから奪うことに成功した。一部のクランは、さらに移動を続け、タナ川まで到達したといわれる[24]（図3参照）。

したがって、ケニア北東部の住民の大部分を占めるソマリは、エチオピア東部のオガデン地域からソマリア南部を通過してケニア北東部に移住してきた人々である。[25]北東州内には、デゴディア（Degodia）、アウリハン（Auli-han）、アブドワク（Abdwak）、アブダラー（Abdallah）などのソマリの各リネージがおおよそ住み分けながら分布し、さらに、宗教心が強いといわれるアシュラフ（Ashraf）が各リネージのなかに点在する。また、北東州のソマリは、北から南にかけて、ガレー（Gur-reh）、ボラン（Boran）、オルマ（Orma）など、同じクシ系の言語を話す民族集団においてウシを中心に飼養する牧畜民の居住域に接して分布している。

（2）一九八〇年代のソマリアにおけるキャンプの季節移動

これまでの研究で、ソマリのラクダとウシの移動牧畜については、一九八〇年代の移動形態が全国的な視野か

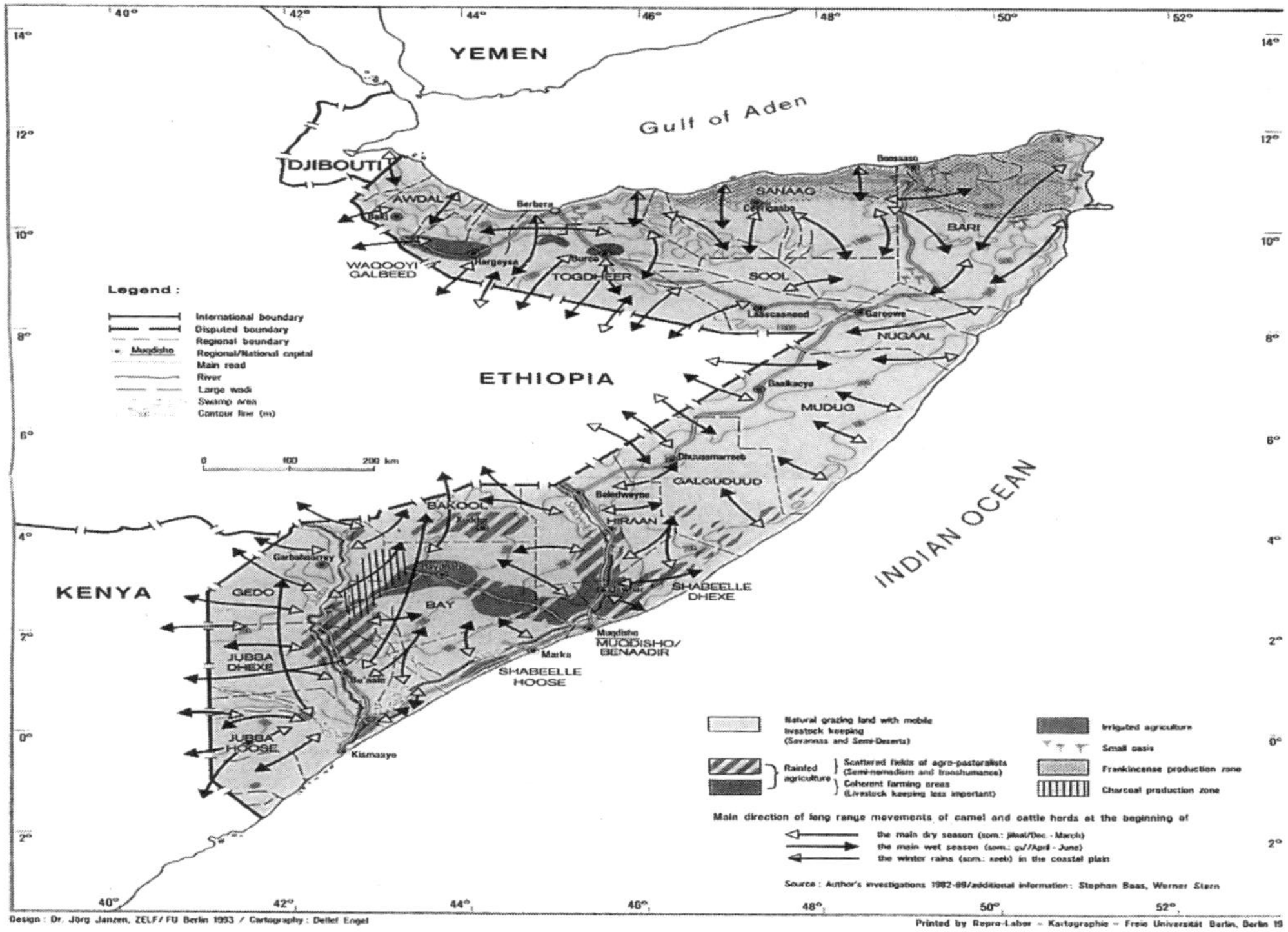

図4　1980年代のソマリアの農業的土地利用

矢印は、家畜飼養をともなうキャンプの移動を示す。

出典：Baumann M, J. Janzen, H. J. Schwartz eds., *Pastoral Production in Central Somalia,* GTZ-GmbH, 1993.

ら示されている（図4参照）。これらは共通して本拠地のある移牧（トランスヒューマンス）という移動牧畜の形になっている。具体的には、これらが三つのタイプに分かれる。ひとつ目は、乾季（一二～三月）の移動である。二つ目は、雨季（四～六月）の移動である。最後は、北部ソマリアに限定されるが海岸部への雨季の移動である。

また、移動地に注目してみると、ソマリアからジプチ、エチオピア、ケニアなどへ、国境を越えての移動が普通にみられた。さらに、キャンプ移動の方向であるが、乾季にはキスマヨに近いジュバ川やモガディシュオに近いシェベレ川沿いに移動しているのが特徴的である。しかしながら、年間をとおしての詳細な移動の形についてはこれまで明らかにされてこなかった。

（3）ケニア北東州およびタナリバー州の地域特性

ここではまず、ソマリの移動牧畜が展開される地域の紹介をする。ケニアの北東州は平坦地がつづき、高さ数メートルから二メートルの灌木に広く覆われている。州の西端のタナ川沿いには、幅四～五キロにわたって樹高一〇～一五メートルの河辺林が発達しており、そこにはキリン、シマウマ、ダチョウなどの野生動物が生息している。キリンとラクダがアカシアの葉を食用にして共存する地域としては、世界的にも珍しい所である。調査地は、ケニアで最大の川であるタナ川沿いで、その近くには河辺林が広がり、背後は灌木地帯となっている。二〇〇〇年九月の乾期の調査によると、ラクダは主として四種類の低木や灌木の葉を採食していたことが確認されている。

北東州の州都ガリッサ県の西側と海岸州タナリバー県との境界を流れるタナ川沿いには、従来ガリッサタウンやブラ（Bura）村の他には商品用のバナナを生産するバンツー系のポコモ（Pokomo）の農村を例外として、定住集落は存在しなかった。一九八〇年頃になるとケニア政府による定住化政策が浸透して、小学校や診療所が一九八二年にコロコラ（Korokora）村とナニギ（Nanigi）村、一九八八年にクムゼ（Kamuthe）村の三村落に建設された（図5参照）。現在これらの村は、遊動生活をしていたソマリの一部が道路の両側に家を建設して定住した結果、集村の景観を呈するようになった。その一方でタナ川の右岸にあたる土地は、ソマリの地域認識では、牧畜民オルマのテリトリーとなっている。

一九七九年のセンサスによると、北東州ガリッサ地区には一二万八〇〇〇人が四万四〇〇〇のエリアに生活しており、人口密度はエリアあたり約三人である(26)。その後一九八八年の人口総数は約二二万人、人口密度はエリアあたり約五人となるなど、およそ一〇年の間に大幅に増加している(27)。このうち牧畜民は約八万人を占め、全就業

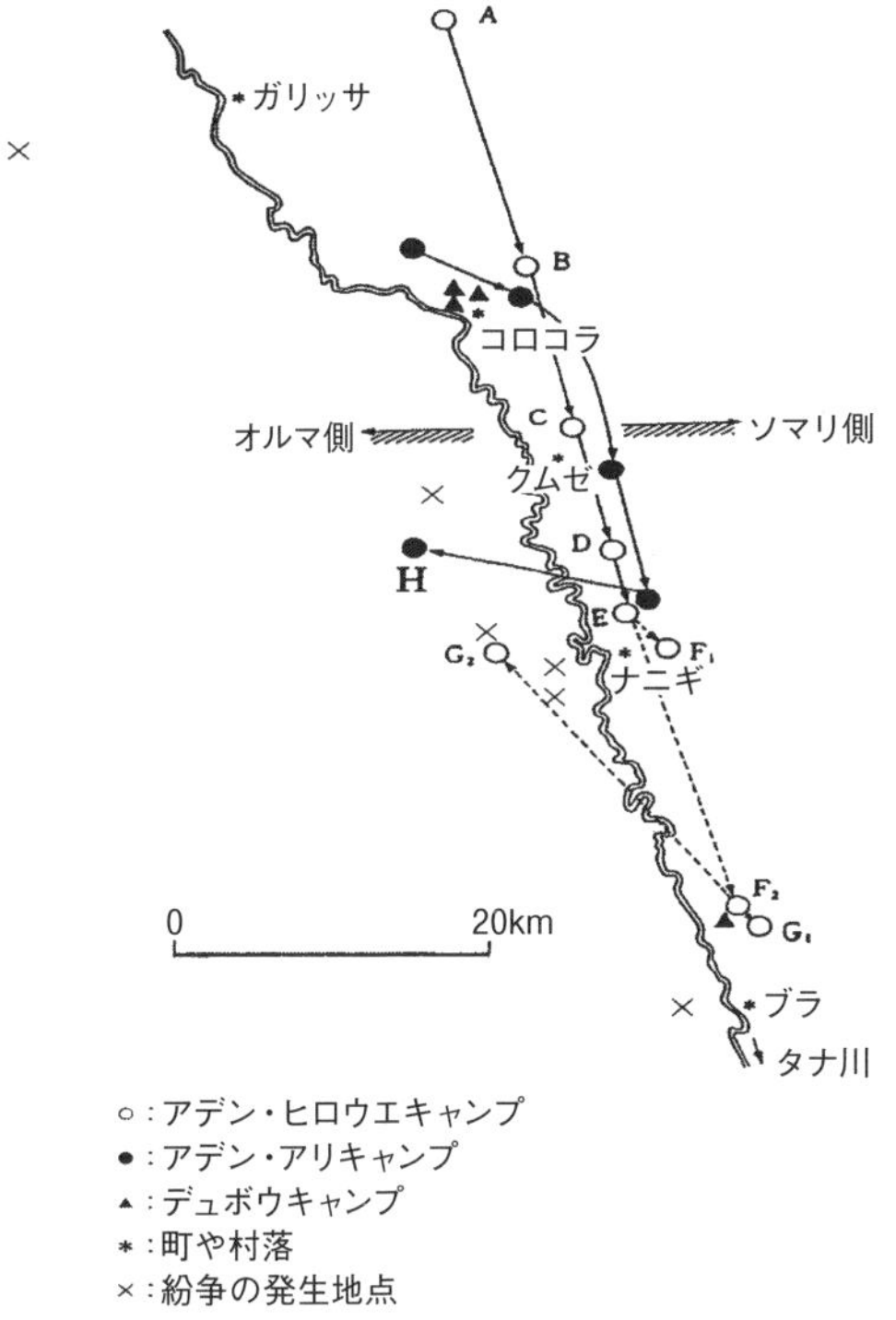

図５　３つのキャンプの移動ルートと紛争の発生地点（1991年５月〜1992年３月）

出典：池谷和信「商品経済化にともなうソマリのラクダ遊牧と紛争」（『沙漠研究』３-２、1993年）に加筆。

者の八一％が移動牧畜に従事している。

ガリッサ地区内での地域的差異をみると、南部はアブダラーのウシ飼養、北部はアウリハンのラクダ飼養、タウンの近郊の中央部ではアブドワクのウシとラクダの混合飼養が卓越するといわれている(28)。しかし筆者が主な対象にしたアブダラーは、当地域の中央部でラクダの飼養を中心として生活する。これは、メリーマン夫妻によって一九八〇年代に指摘された中央部の地域特性に適合しないので、近年の諸変化によって分布状況に変化が生じたのか否かの検討が必要とされる。

(4) 一九九一年（五〜一〇月）のキャンプの移動——集団の分裂と融合

図5は、遊動するソマリの三世帯、三つのキャンプの移動の形を示す。一九九一年に筆者によって移動形態を調査した三世帯である。彼らの移動を跡づけると、各世帯が同じように移動しているのではなく、一九八〇年代初頭にケニア政府やNGOによって建設された小学校や診療所のある定住集落の周辺部を短距離移動するデュボウ（Dubou）キャンプ、ガリッサタウンからブラ集落までの約八〇キロの範囲のなかで長距離移動をするアデン・ヒロウエ（Aden Hiloue）キャンプ、そして約三〇キロほどの中距離移動をしたアデン・アリ（Aden Ali）キャンプとに分けられることが明らかになった（図5参照）。

移動ルートをみると、キャンプの位置がタナ川から離れることはなく、ガリッサやナニギやブラに乳を供給する集乳圏内におさまっていることが明らかになった。図5のAでは人工溜池、Bではタナ川の支流となるワジの川底を数メートルにわたって掘る井戸、CからFではタナ川の水というように、各時期で異なる水源が利用されていたが、移動のルートは水源の位置とともにミルクの販売先となる村や町に近接している必要性にも規定されていたと考えられる。またアデン・アリキャンプの事例のように、すべての人々が家畜とともにタナ川の対岸へ移動するものと、アデン・ヒロウエキャンプの事例のようにウシキャンプと一部の青年のみが対岸へ移動するもの、デュボウキャンプのようにタナ川の右岸へ移動しないものの三つのタイプがみられる（図5）。

短距離移動するデュボウキャンプは、年長者が足を痛めているので移動がしにくいこと、コロコラ村にて女性がミルクの仲買に従事するために集落の近くにいる必要があることによって、定住村落の周辺部を移動していた。その一方で、長距離移動をするアデン・ヒロウエキャンプでは、A地点からB地点への移動は、水源としていた人工溜池の水の枯渇によっていた。DからEそしてF1へはラクダの放牧地を求めて移動している。しかし、F2からG1への数十メートルの距離の移動要因は明らかではない。アデン・アリキャンプでは、三月初めにラクダの放牧地が少なくなりタナ川の右岸へ移動している。

人の移動の際には、人間集団とラクダ、ウシ、ヤギ・ヒツジの三つの家畜キャンプとの組み合わせが、時に分離したりあるいは集合したりする状況が常にみられる。例えばアデン・ヒロウエキャンプをみると、AからBへは数頭の泌乳ラクダと駄用ラクダ以外のすべてのラクダを独立したキャンプに移動させておいた後に、人々は合流する。その後、BからEまでは人と家畜が合流していたが、一九九二年一月にウシキャンプのみが別れる。そして同年二月にEからF1、EからF2へとキャンプの成員を二つの集団に分け、家畜群もラクダキャンプとウシ、ヤギ・ヒツジキャンプとに分離して移動する。さらに、同年三月F2においてウシキャンプのみが再び分裂するが、他民族からの略奪の被害を受けやすいということでG1へひきかえす。

一方、デュボウキャンプでは、販売用のミルクをとる泌乳ラクダを村の近くの集落（コロコラ村）におく一方で、ラクダ群の放牧地となるブラ村落の近くにラクダ・ヤギキャンプをつくった。その際には、ラクダ群内の血縁関係が考慮されている。すなわち、二頭の荷ラクダを含む一〇頭のラクダは集落で飼養され、その他の三二頭のラクダはラクダ・ヤギキャンプにおかれた。

ラクダの血縁関係をみると、各々の組の成員は、祖先に当たるメスラクダの名前で呼ばれている。また各組には必ず一～三頭の乳用ラクダを含んでいる。種オスは、一頭いるだけである。ソマリは、キャンプの移動の際にラクダの血縁関係を考慮して、二つの群れに乳用ラクダが含まれるようにしてラクダの群れを分裂させている。

たまたま一九九二年一月に、アデン氏を中心とする一家族の大部分の人と家畜が、枯れ川の近くに集まったときがある。そこには一五人の人が住む五軒の家屋と木の柵でできた五か所の家畜囲いがつくられた。彼らの家は、細木で骨格をつくり、タナ川沿いに自生するヤシの葉や草で屋根がおおわれている。

ここで彼らの生活を一日単位でながめてみよう。このキャンプは、先の動きの一月の時点（D地点）のものである。彼らは六時ごろ起床して家畜の乳しぼりをしたあとに、しぼり立てのミルクと砂糖をたっぷり入れて煮こんだ紅茶を飲む。七時ごろにウシやヤギ・ヒツジ、八時ごろにラクダをそれぞれが各々の家畜の食性に応じて別々の方向で放牧させる。コヤギを除いてすべての家畜がいなくなったキャンプは、急に静まりかえる。

アデン氏の妹は、ほとんど毎朝、もっとも近くの村や町でミルクを販売する。彼女は、五〇〇ミリリットル入りのボトル八、九本分のミルクがはいった容器を運搬する。ガリッサの町から南東へ三五キロ離れたクムゼ村の場合、一回のミルク販売にて四〇～四五ケニアシリング（一八〇～二〇三円）の現金を獲得している。そして得られた現金は、トウモロコシの粉（二キログラムの袋＝一六ケニアシリング＝七二円）や紅茶、砂糖などの購入に当てられる。

各村にはミルクを購入するソマリの仲買人の女性が一〇人以上いて、ブッシュから運ばれたミルクは固定的な関係を持つ仲買人の小屋にて煮沸される。その後、毎日ガリッサの町からコロコラ、クムゼ村までやってくる車の荷台によってガリッサまで運ばれる。ミルクは、消費地となるガリッサの町では五〇〇ミリリットル当たり一二ケニアシリングで売られる一方で、仕入れ値はコロコラ村では六ケニアシリング、クムゼ村では五ケニアシリングと、ガリッサの町からの距離が長くなるにつれて運搬費がかさむために低くなっている。

彼女は、各村の雑貨屋にてトウモロコシの粉や砂糖などを購入してキャンプにもどる。そしてミルク容器のなかを水で洗った後に、黒く焼けた火のついた棒を容器のなかに入れる。煙は容器のなかに充満するので、右手を容器に入れて指のはらでこすりつける。ミルク入れを煙でいぶすことは、それを消毒する役割があるようだ。筆者が感じた煙くささとは、ここに起因している。また別の女性は、駄用ラクダをつれて水くみに行く。

年長の男女は、ときどきミルクの行商へ行く程度で、家のなかでゆっくりしていることが多い。食事は、雑貨屋で購入したトウモロコシの粉が中心となる。彼らはそれを煮こんだ後に、ラクダやヤギの乳と混ぜて一日に一回、一人一人別々の時刻に食べている。

夕方六時をすぎるとヤギ・ヒツジやウシの群れがキャンプに帰ってきて、再び騒々しくなる。しかし、ラクダの帰りは夜九時すぎまで待たなければならない。

（5）二〇〇〇年（二〜九月）のキャンプの移動——降雨とミルク販売

まず、キャンプの単位について概説する。筆者が滞在していたFキャンプは、F家族と彼の第一夫人の親族の三世帯からなる。Fは、アブダラーのリネージに属するが、その親族らはアブドワクに含まれる人々である。基本的には、彼らは、いっしょに行動をする。また、Fキャンプに隣接して、一世帯のみのキャンプがある。両者とも、ラクダ囲いを中心にして、その周りに家屋が並んでいる。

Fキャンプの移動は、ガリッサの西から南東に一〇〇キロ以上にも及んでいる（図6参照）。彼らは、乾期の終わりで最も生活が厳しい一月から三月に、レケジラ（Lekejilla）に滞在した。ここはオルマ族のテリトリー内ではあるが、家畜は、約四〇頭のラクダと約一五頭のヤギから構成される。なお、一九九七年にはエルニーニョの

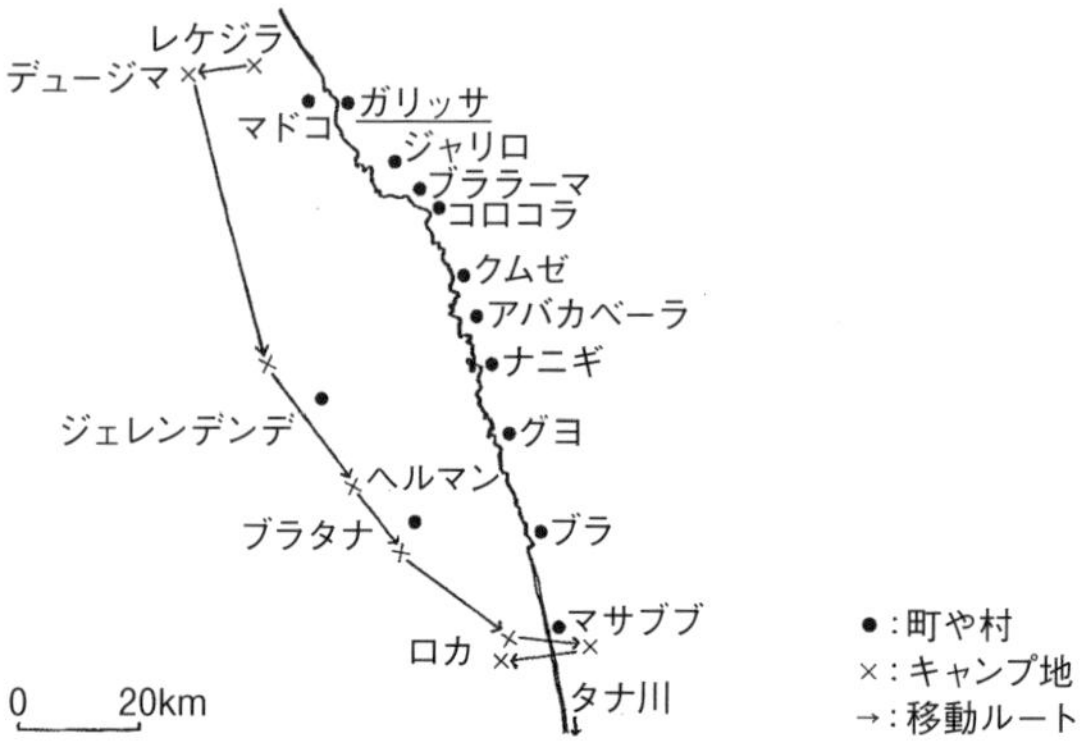

図６　Ｆキャンプの移動ルート（2000年２～９月）
出典：筆者の直接観察と聞き取りによる。

ため大雨が降り、約五〇頭のヤギが死亡したという。

ここでの彼らの生活は、筆者の一九九三年のキャンプ生活と同様に女性の乳販売にささえられている。二人の妻は、お互い約数キロ離れたラクダキャンプとヤギキャンプに分かれて居住しているので、ラクダキャンプに滞在する第二夫人が毎日、乳の販売をおこなっている。彼女は、キャンプから販売先のガリッサの町まで、徒歩で約四時間かけて、乳を販売しに行く。一リットル当たりの乳の価格は、二〇ケニアシリング（約三〇円）である。

レケジラに滞在していた時に降雨がみられたので、四月の二〇日間、ガリッサの町から、さらに遠方となるデュージマに滞在した。ここでは、彼らも家畜も水たまりの雨水を利用していたが、町から遠いため乳の販売をおこなっていない。彼らの食料は、穀物よりは自分たちのラクダの乳に依存するようになる。

その後、彼らは、一週間にわたりジェレデンデの近郊に滞在したあとに、約二週間、ヘルマンに移動する。さらに、ブラタナにて二週間いたあとに、その南のロカで六月と七月の二か月のあいだ滞在する。これらのキャンプ地では、いずれも乳販売をしている。

そして、キャンプのリーダーのＦが、一人で視察に行って、よい放牧地を見つけたので、タナ川の左岸に当たるマサブブの近くに移動した。ここは、付近にラクダが少ないので資源をめぐる競合があまりなく、ラクダの放牧用の食料は十分にある一方で、ツエッエバエによる家畜の病気の心配がある場所という。

しかし、二〇〇〇年九月下旬に、雨が降ってあちこちで水たまりができたことも一因となって、再び、対岸の以前のキャンプ地ロカに移動する。ここでは、デゴディアやガレーのキャンプが隣接しており、ラクダも人も水たまりの雨水を利用する。なお、キャンプのリーダーFは、その後ブラ近郊に移動する計画をたてていたが、彼の不在中に、他のメンバーが勝手に、ロカに移動してしまった。

以上のことから牧畜民ソマリの移動の形は、三つの時間スケールや異なる空間スケールの設定に応じて異なることが明らかになった。具体的には、一九〇〇年頃の居住地の長距離移動、一九八〇年代のソマリア国内のキャンプの移動、一九九三年と二〇〇〇年におけるケニア北東州ガリッサ近郊のソマリ世帯の移動である。また、これにともない移動の要因もまた、それぞれ異なることが明らかになった。

五、地域比較からみたソマリの移動特性

本節では、ソマリと比較対照可能なアフリカの牧畜民を紹介しておこう。アフリカの牧畜民は、アフリカ大陸のほぼ三分の二を占める乾燥地域に主として暮らしてきた。ここでは、筆者による研究成果、および移動に関する精度の高い既存の資料を利用することから、東アフリカと西アフリカのそれぞれ三地点ずつあわせて六地点を研究対象に選定した。具体的には、ここまで見てきた①ケニア北東部のソマリのほかに、②ケニア北部のガブラ[29]、③トゥルカナ[30]、およびナイジェリアの④ボルヌ州のフルベ[31]、⑤アダマワ州のフルベ[32]、そして⑥ブルキナファソのフルベ[33]である。いずれもが、アフリカを代表とするラクダやウシを中心として家畜を飼育する牧畜民である。

六つの調査地は、アフリカの乾燥地に広がっている。乾燥地は、極乾燥地域、乾燥地域、半乾燥地域、そして乾性半湿潤地域に区分される。①〜③は半乾燥地、④〜⑥は乾性半湿潤地域に位置する（図1参照）。後者は、年

間の降水量が、トウモロコシ栽培が可能であるといわれる八〇〇ミリ以内となる。以下、簡単にそれぞれの移動パターンを示す（図7〜図11参照）。

トゥルカナは、ケニアの北西部に暮らす牛牧畜民である。一年間のなかで移動が、図8のように頻繁にみられる。

フルベは、西アフリカのサバンナに広く暮らす牛牧畜民である。一九世紀に牧畜民が国家を形成したと知られている。図9のフルベは、牧畜を専業にする人々であり一月から一二月までにわたり不規則に移動している。

図10のフルベは、筆者の現地調査による移動形態を示す。ここでは、図9のフルベの移動とは異なり、雨季と乾季の移動地がほぼ決まっている。雨季には内陸部の放牧保護区内であり、乾季はベヌエ川の氾濫原にキャンプ地がつくられる。

図11のフルベは、ブルキナファソからガーナへと国境を越える移動がみられるのが特徴である。この結果、ガーナの北部では、地元の農耕民とのあいだで放牧地をめぐるトラブルが見いだせる。

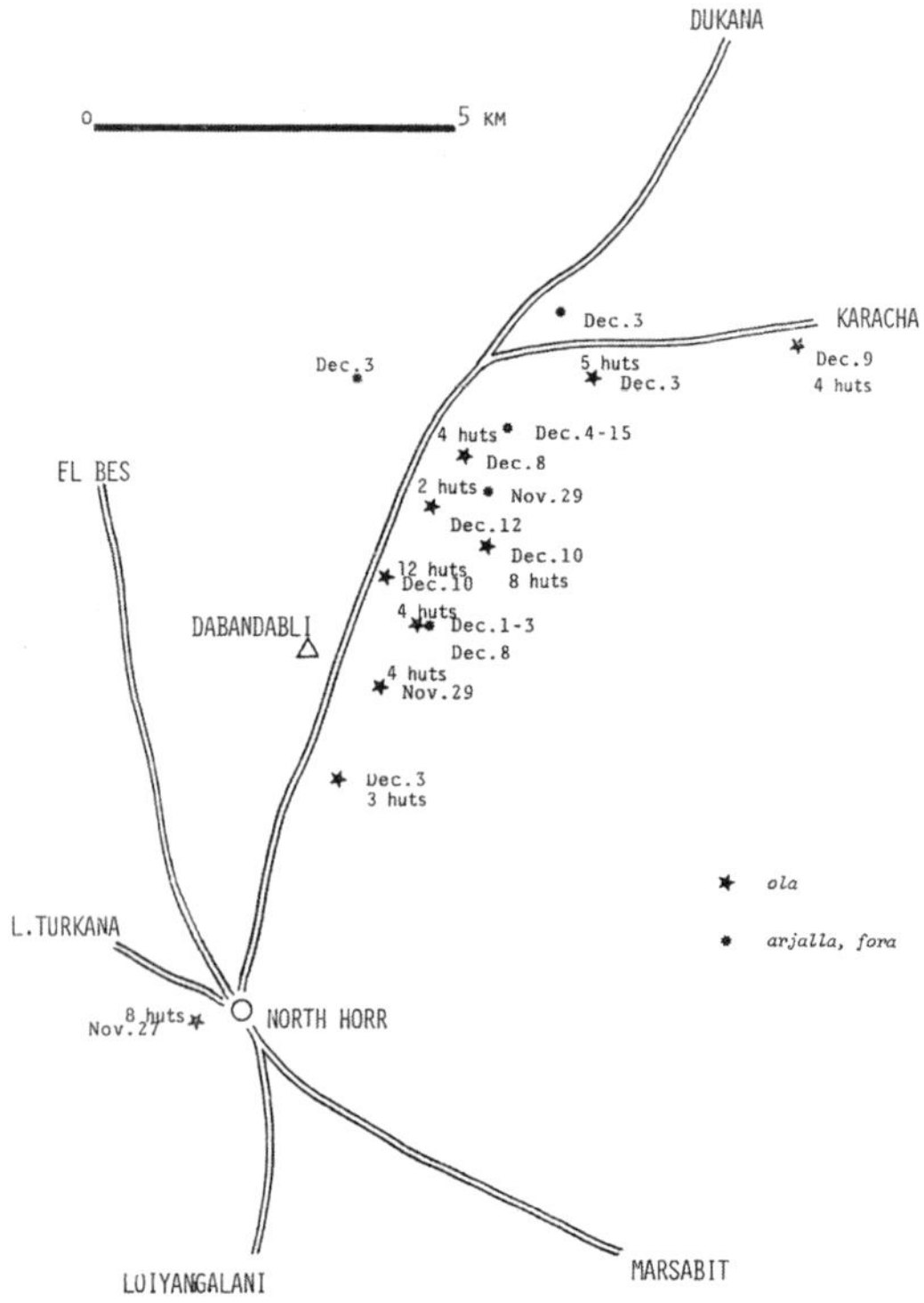

図7　②ガブラ（ケニア）の移動牧畜
出典：注(29)今井「牧畜民のノマディズム」。

以上の移動の事例にすでに言及したソマリの事例を加えて移動を比較することから、次のようなことが明らかになった。

(1) 移動パターン

移動ルートの軌跡が、線状か面状かに二分される。前者の場合には、①ソマリや④フルベのように、常時、水の流れている川沿いに移動する場合か、⑤フルベのように川沿いと丘陵とを往復するような場合が認められる。これに対して後者の場合には、③トゥルカナや④フルベのように不規則な移動のようにみてとれる。また、移動方向については、西アフリカのフルベでは、南北に移動することが多い傾向にある。

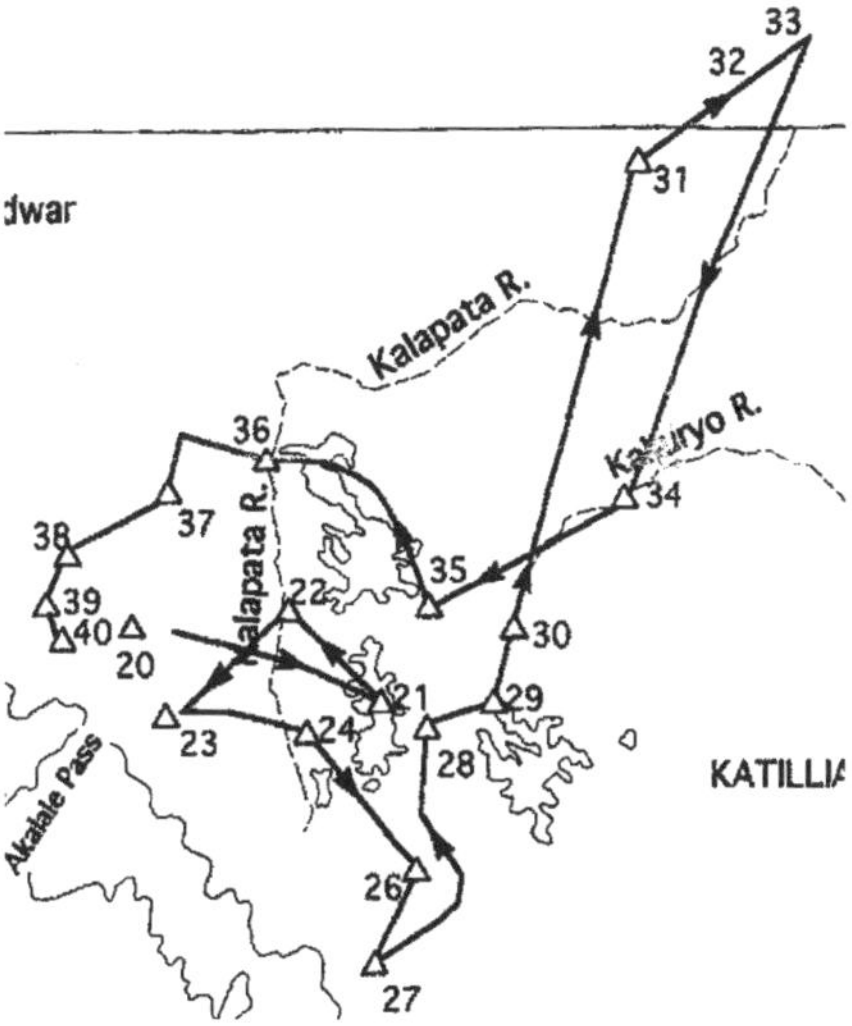

図8　③トゥルカナ（ケニア）の移動牧畜

出典：注(30)J. T. MaCabe, *Cattle bring us to our Enemies: Turkana Ecology, Politics and Raiding in a Dissequilibrium System.*

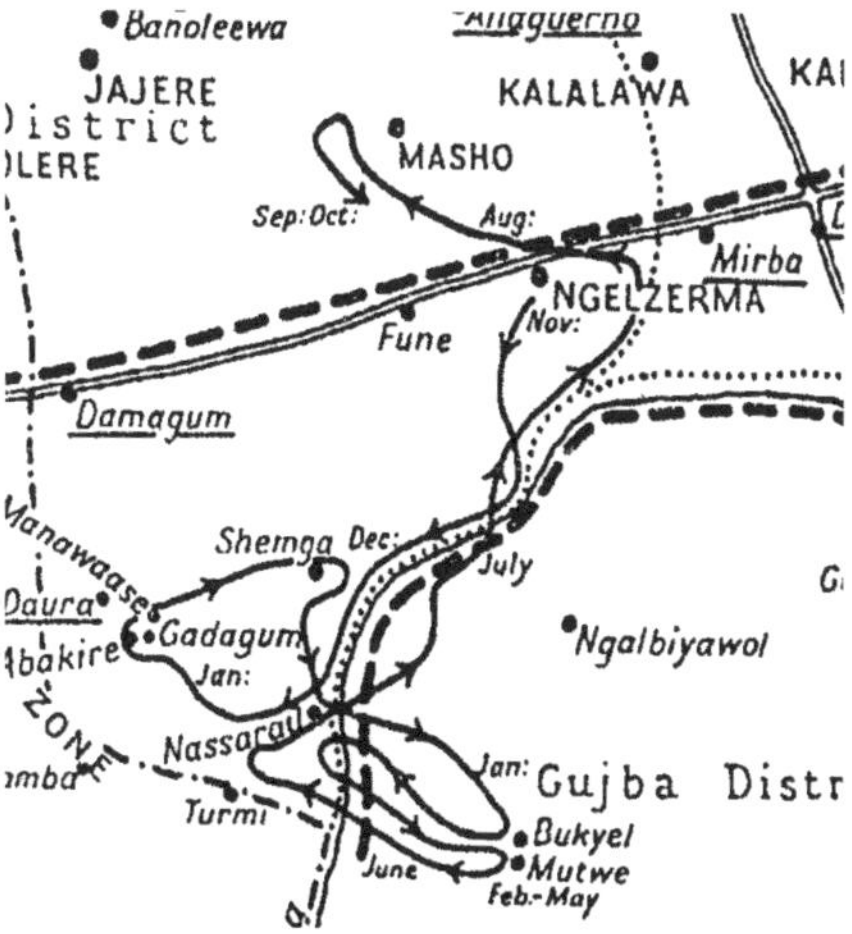

図9　④フルベ（英領ナイジェリア・ボルヌ州）の移動牧畜

出典：注(31)D. J. Stenning, *Savannah Nomads.*

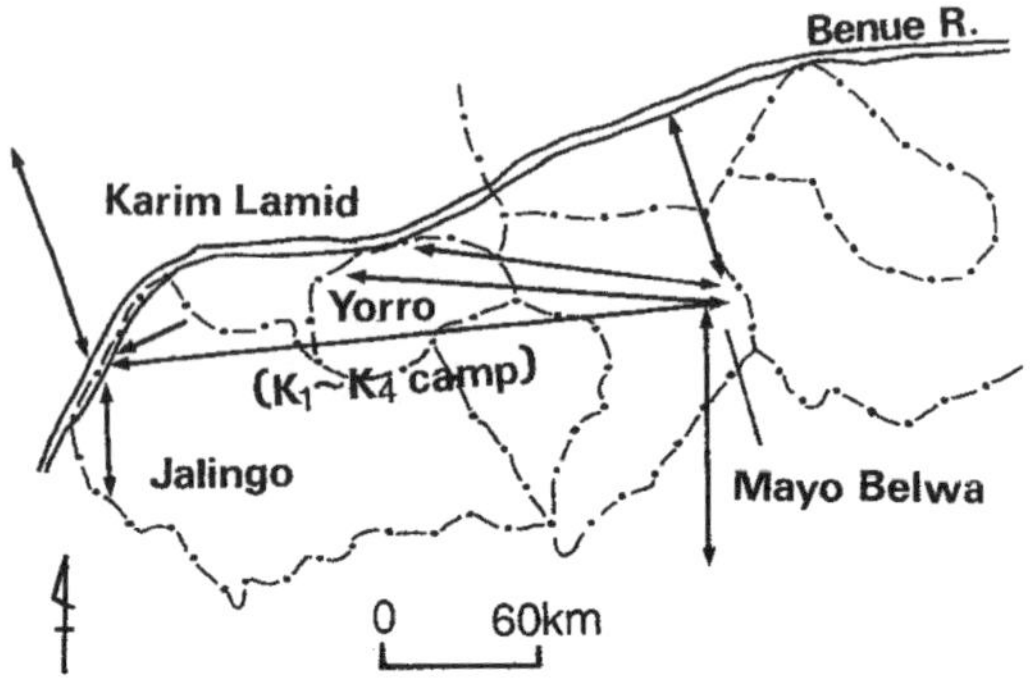

図10　⑤フルベ（ナイジェリアのベヌエ川沿い）の移動牧畜

出典：池本和信「ナイジェリアにおけるフルベ族の移牧と牧畜経済」（『地理学評論』66-８、1993）365-82頁。

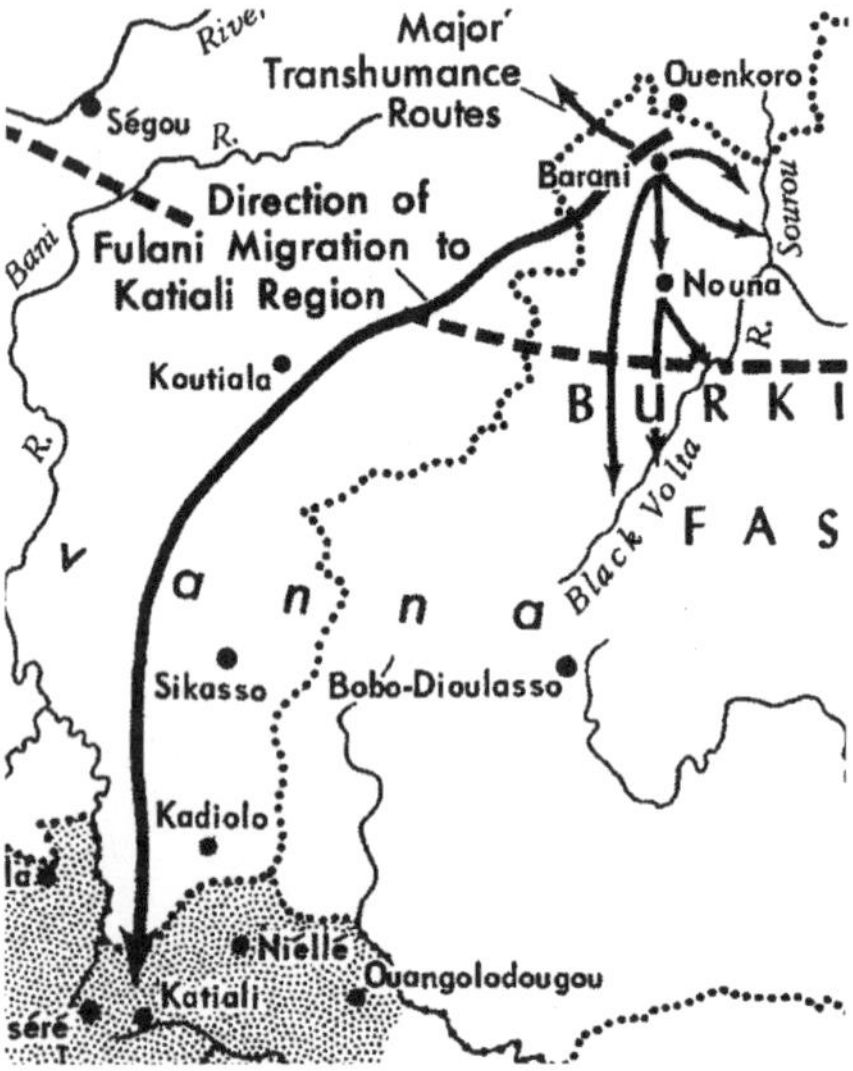

図11　⑥フルベ（ブルキナファソからガーナのカティアリ地域へ）の移動牧畜

出典：注(33)T. J. Basette, "Fulani Herd Movement," 233-48.

（２）移動距離・移動回数

キャンプからキャンプまでの移動距離では、①の場合、一回あたり七～一五キロに及び、年間ではのべ一一〇キロあまりに及ぶ（図12参照）。③の場合、一回あたり三～一八キロに及び、年間ではのべ一三〇キロ以上に及ぶ。④の場合、一回あたり七～一五キロに及び、年間ではのべ一三〇キロ以上に及ぶ。

一方で、年間の移動回数では、①の六回、③の一八回、④の八回、⑤の二回など、地域によって大きく異なることがみてとれる（図13参照）。

（3）移動要因

図14は、二〇〇三年におけるケニア・ソマリの遊牧キャンプ、集落、水場、幹線道路との関係を示す。ここから、移動をおしすすめる要因としては、牧畜資源（水や草）に影響を与える降水量や植生などの自然要因、ミルクなどの乳製品を販売するための市場との地理的距離や政治的理由などの政治経済要因が複雑にからんでいることがわかる。ここでは、①や④や⑤では経済要因、②や③では自然要因、⑥では政治要因が無視できなくなっているように、各地域において要因の比重が異なっていることが明らかになる。

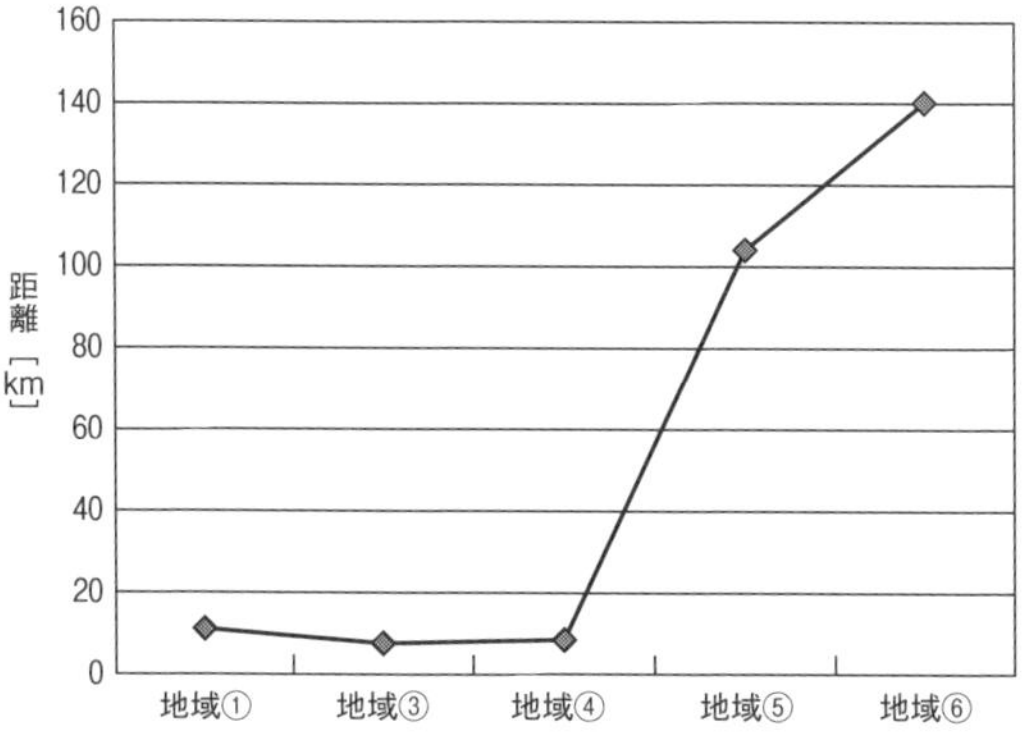

図12　１回あたりのキャンプの平均移動距離（筆者作成）
注：①から⑥は、本文に対応。図13も同じ。

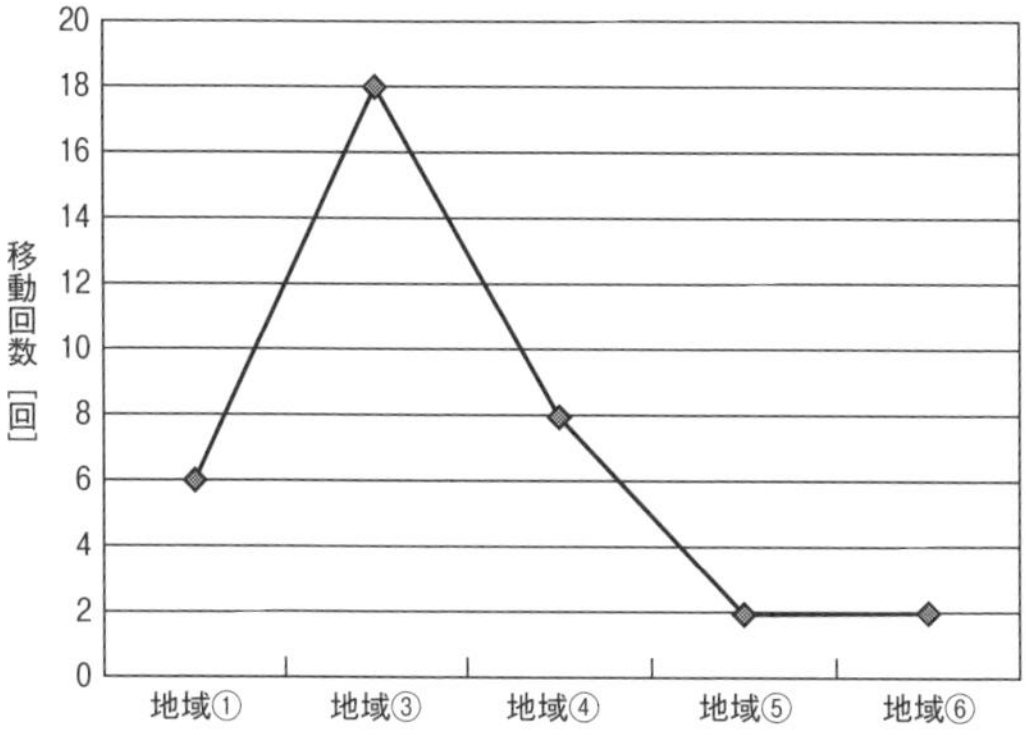

図13　１年間あたりのキャンプの移動回数（筆者作成）

図14　ソマリの遊牧キャンプ、集落、水場、幹線道路との関係（2003年）（筆者作成）

以上の六地域の事例をまとめてみると、三つの発展段階に分けて整理できる。第一段階：②ガブラと③トゥルカナが移動の原型を示しており、第二段階：①ソマリや④フルベでは遊牧が商品化した場合の移動を示していて、第三段階：⑤フルベや⑥フルベでは遊牧というよりは移牧（トランスヒューマンス）の特徴を示している。また、第二の段階では、牧草地、市場までの距離、他の世帯との関係などを考慮して移動が決定されており、市場の近くに家畜が集中しがちになって、過放牧状態になりやすい。このため、家畜群を分散して、乳生産用のラクダやウシを拠点キャンプに、それ以外は遠方の家畜キャンプにおくなど、限定された資源に対する彼らなりの戦略（伝統的知恵）を読みとることができる。

六、おわりに――人類にとって移動とは

本章では、冒頭で言及したアフロユーラシアの牧畜民の移動全体を視野に入れて、とくに北東アフリカのソマリに焦点を当てて人の移動を検討することを中心にしてきたが、本研究が「人類史における移動概念を再構築する」ことに貢献できるのかについて考えてみたい。

具体的には、北東アフリカに暮らすソマリにおける人の移動を対象にして、近現代から現在までの移動に関する歴史的変遷を把握することを目的にした。その結果は、以下のとおりである。なお、これまでのソマリ研究では、国内ではラクダの流通に関する研究はみられるが、国内外においてキャンプの移動を詳細に記述・分析したものはみられない。

（1）アフロユーラシアの移動牧畜

世界の視点からみるとアフロユーラシアの乾燥帯および寒冷帯は、移動牧畜が広くみられる地域である。この

なかで中央アジアやモンゴルやシベリアの諸国は、社会主義を経験した国であり、牧畜民の定住化が進行してきた。一方でアフリカは、現在においても資本主義経済のもとに移動牧畜が維持されている地域のひとつである。なかでもソマリは、ソマリアが崩壊国家であること、中心となる家畜が放牧の欠かせないラクダであることから現在でも移動牧畜が盛んな地域となっている。

(2) ソマリの移動形態の多様性

ソマリの移動は、三つの時間スケールからそれぞれの移動の特性が把握された。まず、一〇〇年の時間では、数百キロの長距離移動がみられた。エチオピア帝国の拡大にともなう周辺域の混乱によって移動が引き起こされていた。また、一〇年間でみると数十キロの短距離移動がみられた。最後に一年の単位でみると、数キロの移動がみられた。この場合、人と家畜（ラクダやウシ）のキャンプがいっしょの場合と、家畜キャンプが人と分かれる場合とがある。これらは、降水量変動のほかにミルクを販売する村や町との距離、他のキャンプとのかかわりなどが、移動の要因になっている。以上のような時間スケールの異なるソマリの移動を把握することから、ソマリの歴史のなかで繰り返し行われてきたと推察される干魃などの際に、ラクダ牧畜で他の地域に拡大するなどして、最終的にソマリの居住域を拡大していく過程を理解することが可能である。

(3) ソマリの移動パターンとその要因

すでに言及したようにアフリカの牧畜民の移動は、移動の原型となる不規則移動、市場とかかわる商業牧畜の移動、放牧地の制約のある移牧の形の移動という三つのタイプに分けて考えることができる。これらは、移動の原型からの発展段階としてもみてとれる。また、ソマリと他の牧畜民の移動のあり方を比較すると、一回、一回の移動でそれぞれの制約や促進要因が異なることに加えて、ソマリの場合、毎日、ミルクの販売をする必要があるのでミルクの流通ルートとなる幹線道路から離れることはできない点が特徴である。つまり、商業牧畜としての移動の形を示すことが明らかになった。

最後に、移動の制約要因（いわゆる「不自由」）を述べておこう。それらは、移動の時間・空間スケールによって異なっている。具体的には、干魃などの降水量変動、資源をめぐる民族やクラン間関係ほかが移動の制約要因として働いていた。また、移動の促進要因（いわゆる「自由」でもあり、移動させられるという意味では「不自由」）には、移動を好むソマリのメンタリティ、移動文化を誇りにしているソマリの考え方が密接に関与していると考えられるが、本章では十分に言及できなかった。

以上のことから、時間・空間軸に応じて異なるソマリの移動形態と移動の要因が把握されたが、ソマリにとって移動とはラクダを中心とした牧畜を維持していくための生活様式そのものであるとまとめられる。人類史における移動概念では、とくに遊牧を含む牧畜の人類史を考える際には、家畜の種類、移動の時間スケール、移動を議論する際の空間スケールなど、きめ細やかな枠組みを設定して議論することが求められている。

（1）池谷和信編『狩猟採集民からみた地球環境史——自然・隣人・文明との共生』（東京大学出版会、二〇一七年）。
（2）松原正毅『遊牧の人類史——構造とその起源』（岩波書店、二〇二一年）。
（3）Republic of Kenya, *Garissa District Development Plan 1989–1993*, (Ministry of Planning and National Development, 1988).
（4）ヴィダル・ド・ラ・ブブラーシュ『人文地理学原理　上』飯塚浩二訳（岩波書店、一九七〇年）。
（5）池谷和信『現代の牧畜民——乾燥地域の暮らし』（古今書院、二〇〇六年）二四～五頁。

（6）D. L. Johnson, *The Nature of Nomadism: A Comparative Study of Pastoral Migrations in Southwestern Asia and Northern Africa* (Ph. D dissertation, University of Chicago, 1969).

（7）今西錦司『遊牧論そのほか』（秋田屋、一九四八年）。

（8）梅棹忠夫『狩猟と遊牧の世界』（講談社、一九七六年）。

（9）佐藤俊『レンディーレ――北ケニアのラクダ遊牧民』（弘文堂、一九九二年）。

（10）福井勝義『認識と文化――色と模様の民族誌』（東京大学出版会、一九九一年）。

（11）池谷和信『トナカイの大地、クジラの海の民族誌――ツンドラに生きるロシアの先住民チュクチ』（明石書店、二〇二二年）。

（12）I. M. Lewis, *A pastoral democracy* (Oxford Univ. Press, 1961).

（13）P. T. Dalleo, "Trade and Pastoralism" (Ph. D. thesis, Syracuse, 1975).

（14）J. Swift, "The development of livestock trading in a Nomad Pastoral Economy: the Small Case, in *Pastoral production and society: proceedings of the international meeting on nomadic pastoralism*, eds. L'Equipe écologie et anthropologie des sociétés pastorales (Cambridge University Press, 1979) 447–65.

（15）M. A. Hussein, "Management of camels and emigration," *Camel Forum Working Paper* 36 (1990): 109.

（16）M. S. Sumantar and A. D. Mohamud, "The channels of distribution in a Somali camel marketing system," *Camel Forum Working Paper* 27 (1988): 1-16.

（17）P. D. Little, *Somalia: Economy without a State*, (Indiana Univ. Press, 2003).

（18）N. H. Merryman, "Economy and ecological stress," (Ph. D. theses, Northwestern Univ., 1984).

（19）J. L. Merryman, "The economy impact of war and drought on the Kenya Somali," *Research in Economic Anthropology* 8 (1987): 249-75.

（20）楠和樹『アフリカ・サバンナの現在史――人類学がみたケニア牧畜民の統治と抵抗の系譜』（昭和堂、二〇一九年）。

（21）I. M. Lewis, *A pastoral democracy* (Oxford Univ. Press, 1960).

（22）池谷和信『現代の牧畜民――乾燥地域の暮らし』（古今書院、二〇〇六年）。

(23) 楠和樹「アフリカ牧畜民は帝国をどう経験したのか?」(シンジルト・地田徹朗編『牧畜を人文学する』名古屋外国語大学出版会、二〇二一年) 三七頁。

(24) 楠和樹「アフリカ牧畜民は帝国をどう経験したのか?」、三八頁。

(25) J. L. Merryman, "The channels distributiontin in a Somali camp," *Research in Economic Anthropology* 8 (1987): 249–75.

(26) Republic of Kenya, *Statistical abstract*, (Ministry of Planning and National Development, 1990).

(27) Republic of Kenya, *Statistical abstract*, (Ministry of Planning and National Development, 1990).

(28) N. H. Merryman, "Economy and ecological stress," (Ph. D. theses, Northwestern Univ., 1984).

(29) 今井一郎「牧畜民のノマディズム——ガブラ族の事例を中心に」(『文経論叢』二〇—三、一九八五年) 五三～七五頁。

(30) J. T. MaCabe, *Cattle bring us to our Enemies: Turkana Ecology, Politics and Raiding in a Dissequilibrium System* (Ann Arbor: The University of Michigan Press, 2004).

(31) D. J. Stenning, *Savannah Nomads* (London: Oxford University Press, 1959).

(32) 池谷和信「ナイジェリアにおけるフルベ族の移牧と牧畜経済」(『地理学評論』六六—八、一九九三年) 三六五～八二頁。

(33) T. J. Basset, "Fulani Herd Movement," *Geographical Review* 76 (1986): 233–48.

第二部

移動が生み出す関係性

第六章　近代華工の実践《プラクティス》を通した自由／不自由の再考

園田節子

一、はじめに――実践《プラクティス》の連なりから華工の自由／不自由を見直す

小林和夫論文がその冒頭で鳥瞰した一九世紀から二〇世紀前半の「移民の世紀」。本章はまさにこの時代の中国人の移動、特に「華工」と呼ばれた中国人労働者を扱うものである。華工自身の声を直接反映する史料が少ないため、ここでは南北アメリカでの事例を広く比較史的に検討する。この地域がホスト社会として移動を受け入れるにあたって作り上げた言説は、中国人差別、そしてアジア人差別として現代に強い影響を残している。このようなホスト社会に対する中国人労働者の折衝の在り方を見ることで、「自由」とはなにかを考究する。

一九世紀半ばから二〇世紀初頭まで、資本主義の世界的展開にともなって、中国南部からそれまでになかった規模で中国人の海外渡航が始まった。カリブ海地域、中南米、北米、オーストラリア、そして東南アジアの就労地へと、中国人のグローバルな移動が生じた。現地に渡ったかれらの圧倒的多数は非熟練労働に携わる労働者になったため、中国（当時は清朝）政府の関係各所、民間知識人、そして社会や出版物で「華工」の呼称が使われるようになった。華工は当時から、海外で活動する中国人商人「華商」とは区別して認識されており、現在の華

僑・華人研究の領域でも、華工と華商は職種の違い以上に、社会階級の違い、教育程度の違い、現地適応力の違いを暗黙の了解として議論される。無学で、読み書きに不自由。その多くが前借りした渡航費を就労地で労賃から返済したため自由が制約され、さらに差別され排斥されて渡航数が減り、歴史の表舞台から消えていく。

この華工理解は部分的には正しい。こうした状況に華工を追いやる歴史的・社会的条件があったためである。しかし、現存するかれらの日々の実践の跡には、こうしたイメージから著しく逸脱するものがある。次は、一八九二年にカナダのブリティッシュ・コロンビア（以後、BC）州ビクトリアで出版された広東語を話す労働者のための英語会話例文集であり、そこに収められた例文の一部である。(1)

――炭坑にて

「どこへ行くんですか、ジョン？」(2)

「炭坑へ働きに行きます。」

「今までに炭坑で働いたことがありますか？」

（中略）

「あの石炭層が見えますか？」

「あなたの鶴嘴で掘ってみてください。」

「どのくらい深く掘りますか？」

（中略）

「あの鶴嘴は重すぎます。」

「もっと軽いのを見つけられなかったのですか？」

「爆破すればいいいんです。」

「ダイナマイトと信管はどこですか？」

「貯蔵室に保管されています。」

「主任に支給品を送るよう頼んでください。」

（後略）(3)


労働者の会話例文を、ここでは非熟練労働者の役割語を使わず、あえて現代の日常英会話集同様の口調で訳してみた。会話集がきわめて実用的で、文字を読めることを前提とし、現場用語で構成されている事実にまず目を向けたいからである。一九世紀に編まれたこの会話例文集は、一段目が広東語、二段目は対応する英語文、そして三段目は英語文の発音を広東語の音で置き換えたものになっている。つまり現代のわれわれがカタカナ表記で英語発音を記すのと同じで、当時広東省出身者が大多数であったカナダ太平洋岸の中国人にとって、母語表記で外国語発音を表す最もてっとり早い発音学習法を採っている（写真1）。会話例には現場用語が多い。その領域での専門知識や専門用語を一定程度身につけながら作業する必要があったのである。別冊の会話例からは、就労条件や有利な現地情報を確認する、現地のトラブルで裁判になった場合に法廷で必要な言い回しを知る、判決内容を理解するといった、一九世紀末のカナダでは、華工が直面しがちだった状況、時に否応なく置かれた不測の事態などが浮かび上がる。例文を通して、華工がある程度複雑な英語を用いて英語話者に混ざって特定の場面で専門的なコミュニケーションをとる必要があり、華工はそれに対応する姿勢を有していたことが垣間見えるのである。

中国人単純労働者のステレオタイプ化こそ、最も慎重に回避されるべきであろう。これまで一九世紀華工が非識字かつ不自由な存在として周縁化されてきた原因のひとつが史料的制約であり、華工側からの直接的史料がほとんどないことである。しかし、アメリカでは二〇一〇年代に一九世紀華工の研究が急速に進み、従来の華工イ

汝睇見這条炭路么
Do you see that coal seam?
都夭四日、巧路嗇
汝取鶏嘴鋤打横鋤
Take your pick and undercut it.
戚夭辟、擷地、晏打咳咽
我落幾深丫
How deep will I go?
好叠、和路埃哥
至二三尺深
To the depth of two or three feet.
粗於叠、柯付粗、柯齒李、弗
取个木尖、尖入去
Take the wedge and drive it in.
戚於葦治、顛地兹黎、咽顛
鶏嘴錐、在何處亞
Where is the sledge hammer?
和於市、於市唎治坎馬
在汝左手邊
At your left hand side.
咽夭、粒付欣洗
這鶏嘴鋤太重
That pick is too heavy.
日辟於市、粗靴備
汝不能覓張輕的么
Can you not find a lighter one?
很夭叭番、嘔黎吓穩
汝盤好發炮
You may do some blasting.
天尾、都心緆蟀盛

發藥、並藥引、放在何處亞
Where is the dynamite and fuses?
和、於底汝米、顛地、咩士
在放貨之房
They are kept in the store room.
於亞、翁顛於 市朶横
問司事人俾啲汝
Ask the manager to send a supply
啞市於文汝蔗、粗申嘔、溫怕黎
兩个彈子連藥夠咯
Two cartridges will be enough.
粗卡秩治、和路卑、抐付
汝拈把鏟過來此處
Come over here with your shovel.
佃奥巴靴、葦士夭、溫和路
我載此卡上先么
Shall I load up this car first?
舍路、埃律鴨、汝市卡、科市
汝要做完此堆至
When you have finished this pile.
云夭泣、粉汝市、汝市、派路
這汲水器乜亞
What is that pump for?
挖於市、日箻、火
用來吊籠吼水出去
To raise the water out of the mine.
粗李市、於嘩吖、奥柯付、於米
用手力做么
Is it worked by hand power?
於市咽役、拜欣砲丫

写真１　ブリティッシュ・コロンビア大学所蔵の中国人労働者対象の英語会話例文集「炭坑にて」の一部。

原本 *A Handbook for Chinese Workers* は、当時現地最大のチャイナタウンがあったビクトリアで1892年に出版された。([unknown] "Coal Mining: Extract from a Handbook for Chinese Workers." Nanaimo: Nanaimo Publishing Cooperative. 1989. Wallace B. Chung and Madeline H. Chung Collection, Rare Books and Special Collections, University of British Columbia Library, CC-TX-278-11)

メージの再考が始まっている。二〇一二年に始まったスタンフォード大学における中国人大陸横断鉄道敷設労働者の歴史共同研究は、歴史学以外の手法も積極的に併用しながら領域横断的に華工の物質文化や生活史も扱い、その結果、これまで非識字とされてきた華工は実際きわめて多くが基本的な読み書きができたと指摘した(4)。また、コロンビア大学のナイ（Mae Ngai）の最新著はゴールドラッシュと中国人労働者を取りあげた。同書は、一九世紀半ばから二〇世紀初頭にかけて英語圏で最大規模の金《きん》の産出地となったのはカリフォルニア、オーストラリア、南アフリカの三か所であると指摘し、これらの地域における華工の生活と人種関係、中国人差別の起源と展開、そしてそれに対抗する華工・華商・中国人知識人・中国人外交官の抗議と抵抗の流れを、世界経済の再編と絡めつつ、「人種と金（race and money）」の切り口から論じた。ナイは従来のステレオタイプを超えて華工の実態を捉えようと意識的に論じている。そして、中国人の労働で見られた実践（プラクティス）はじつに多様で、この実践こそが労働を「自由（free）」と「不自由（unfree）」という鋭く対立するカテゴリーにはめ込む問題性に気づきを与えてくれると捉えている。独立した賃労働こそ奴隷制や隷属性と正反対であるとの価値観は、一九世紀アメリカで資本主義社会としての特徴が強まるなかで膾炙しており、まさに自由／不自由の二項対立の構図を示したのであった(5)。

自由／不自由の二項対立構図に従うと、確かに華工の人間的な側面が見え難い。これはアメリカのみならず、ラテンアメリカやカリブ海地域の一九世紀華工の労働実践にもいえる。そのため本章では、南北アメリカの就労先社会における華工の自由／不自由の議論、さらにその議論が前提とする「自由」概念が実は暴力的なまでに一方向的で主観的であることを確認する。さらにその一方で、「不自由」な移動者と見なされ、海外の厳しい社会環境の制約下にあった華工には、日々の実践（プラクティス）において見据えていた到達目標があり、そこにかれらが希求した「自由」が見えてくる。本章では、この到達目標をも、華工がホスト社会の底辺から上昇するいくつかの回路に着目して実証する。華工の実践（プラクティス）の連なりを示すことこそ、自由／不自由の二項対立構図からの断定を一歩越えて、華工自身が自らをどう捉え、なにを選択し、どのように「不自由」から抜け出すか、つまりは人間の不断の営みを見据えられるものなのである。この問題意識は時代や地域を越えて、例えば馬場多聞論文にある、自由な移動者だったが非業の死を遂げた裁判官と不自由な移動者だったが高位に昇りつめた宦官の対比にも通じるだろう。

二、華工ディアスポラの出現と終息

中国近代史や華僑・華人研究では、一九世紀後半は華工の時代とされる。王賡武は、海外に暮らす中国人の主な出国パターンと集団的特徴は歴史的に次の四期に分けられるとする。順に華商（一八五〇年以前）、華工（一八五〇〜一九二〇年代）、華僑（一九一一〜五〇年代）、そして華裔（一九五〇年代以降）であり、このうち華商、華僑、華裔を地理的に広範にかつ通時的に見られる存在であるとする一方、華工は特定の時期にのみ出国者の多数を占めた、いわゆる過渡的現象であると説明した(6)。

華工の位置づけが他と異なるのは、当時の時代背景ゆえである。一九世紀初頭から本格化する資本主義のグローバルな展開は、ヨーロッパ諸国の海外植民地経済の発展や国民国家化を進める国々の近代化を加速させ、総じて外国人単純労働者の需要が逼迫した。カリブ海地域のヨーロッパ諸国の植民地では、一八〇七年にイギリスが奴隷貿易を廃止したことによって主要産業である砂糖生産を支えるため、アフリカ人奴隷に代わる代替労働力を海外に求めた。一八二一年にスペインから独立したペルーは、独立後の国内経済の振興と近代化を実現すべく外国人労働者の導入を模索した。カリブ海地域とペルーは、どちらも当初はヨーロッパから白人労働者の導入を試みたが、気候や労働の過酷さ、社会規範の厳しさから導入が振るわず、前者はインドと中国、後者は中国と日本という、アジア地域に契約労働者の供給源を求めた。こうして華工の時代は「苦力《クーリー》貿易」（一八四五〜七四年）によって幕を開け、一八五〇年代末をピークに五〇万人以上が契約労働者となって中国を出たのである。(7)

苦力《クーリー》とは、もともと日雇い労働者を指す南インドの言葉で、イギリスの植民地経営においてインド人契約移民労働者を指した。清朝政府ならびに中国で活動する西洋諸国の公文書では契約華工一般を指し、やがてキューバとペルーで悲惨な奴隷的待遇を受ける契約華工の代名詞になった。なぜならスペイン領キューバとペルーのおこなう契約華工の導入には、募集港では契約時の詐欺や誘拐、バラクーンへの監禁、(8)渡航中は虐待、足枷、高い船上死亡率、上陸時には手枷・足枷、人買市場での売買、就労地では強制労働、契約不履行といった非人間的な実態が報告されたためである（写真2）。(9)

苦力貿易は「新奴隷貿易」とも呼ばれ、契約華工の扱いには明らかにアフリカ人奴隷との連続性があった。(10)このため一八六〇年代後半にはキューバとペルーはイギリスを中心とする欧米諸国に激しく非難されるようになった。もっとも、イギリスやフランスがカリブ海地域に導入した契約華工も死亡率の高さは同等で、アメリカもまた然りで、一八五〇年代の苦力を取り巻く環境は概して過酷であった。(11)

写真２　広東省江門五邑華僑華人博物館のパネルに使用されたペルー華工の写真は、19世紀中のものとされ、足枷がつけられた奴隷的扱いが端的に見てとれる。（2013年12月筆者撮影）

一方、北米とオーストラリアには、一八五〇〜一九〇〇年の間に約三二万五〇〇〇人の中国人が渡り、(12)契約華工は産業や近代インフラ整備において必要な労働力を提供した。中国人はまずカリフォルニアのゴールドラッシュ（一八四八〜五九年頃）とカナダBC州のゴールドラッシュ（一八五八〜九八年頃）に惹かれ、自由移民として海を渡った。次いで、アメリカ西海岸の大陸横断鉄道敷設工事（一八六三〜六九年）とカナダBC州での大陸横断鉄道敷設工事（一八八一〜八五年）においてアメリカ人資本家・鉄道技術者が契約華工の導入を好み、導入されたかれらは過酷で危険な作業に従事した。なお、ゴールドラッシュの採金場でも一八六〇年代から水力採掘法が採られるようになり、一八七〇年代からは事業化したため、契約華工は水力採掘法の作業場でも必要な労働力になった。またカナダBC州の炭鉱では、二〇世紀初頭まで中国や日本からの労働者が重労働を担った。

このように、契約華工は資本主義発展のプロセスで、現地側から必要とされてグローバルに出国した労働者であった。では、なぜ華工ディアスポラは一九二〇年代に姿を消し、主要な出国パターンではなくなったのか。これは、中国と受入諸国双方で華工の出国そして上陸が法で制限されたためである。

まずペルーとキューバの苦力貿易は、中国側での出国制限によって終息した。両国への苦力移出港であったポルトガル領マカオでは、高まる国際的非難に抗えなくなったポルトガル政府によって、一八七四年にあらゆる国がおこなう契約華工の募集活動と出航事業が禁止された。ペルーとスペインはこの事態を事前に予測しており、ペルーは清朝と一八七四年に条約を、スペインは一八七七年にキューバへの中国人労働者条項を締結し、清朝領内からの中国人の海外渡航と移民を合法化することに成功した。しかし条約交渉の最中に、清朝がキューバとペルー現地で契約華工の実態調査をおこなって苦力貿易の弊害を実証したため、ペルーとスペインはいずれも条約条文あるいは追加条項で、中国人の出国は自由移民としての自由渡航を大前提にすると合意せざるを得なかった。送出地域の中国側で、契約、渡航、雇用、就労時におけるいかなる強制性も法で禁じられたのである。この影響は大きく、ペルーとスペインへの移民募集事業の活動が抑えられた。

ペルーとスペインいずれも最も重視していた契約華工の導入は、自由移民か否かを厳格に弁別する審査基準と条件によって、厳格に制限されることになった。例えば一八七八年に広州で摘発されたペルージア号事件では、清朝地方大官である両広総督劉坤一《りゅうこんいつ》は、華工の渡航費を支払ったのは同郷人であるか外国人労働者募集業者であるかで精査した。前者の場合は自由移民とし、後者の場合は渡航が自由意志であるか否かを確認することによって、自由移民と苦力とを弁別した。外国人労働者募集業者が渡航費を前貸しし、華工が自由意志を示さない場合、強制性をともなう不自由な移動者「苦力」だと判断したのである(13)。

一方、就労地の南北アメリカ側でも契約華工の入国を禁止する法体制が敷かれた。これは一八八二年、アメリカが「中国人排斥法（英語で Chinese Exclusion Act。以後、排華法と略記）」を施行したことに端を発する。アメリカではゴールドラッシュ期からカリフォルニア州で州法レベルの中国人排斥があったが、一八八二年排華法は連邦法であった。一五項から成るこの法では華工の上陸が禁止されたのみならず、事実上すべての中国人の国籍取得が拒否された。すなわちこの法は、中国人という「人種」と労働者という「社会階級」で線引きし、誰がアメリカ国民の一員で、市民で、選挙民であるかを弁別し、中国人をその枠外に置いたのである。かつ、それまで移民受入国であった同国が初めて設けた移民規制法であり、門衛国家への転換をも意味した。

アメリカの排華法は、環太平洋地域と中南米諸国に強い影響を与えた。類似した契約華工上陸制限法あるいは高額の中国人上陸人頭税法が、ニュージーランド（一八八一年）、カナダ（一八八五年）、エクアドル（一八八九年）、ベネズエラ（一八九四年）、コスタリカ（一八九七年）、オーストラリア（一九〇一年）、ジャマイカ（一九〇五年）、ホンジェラス（一九〇六年）、ボリビア（一九〇七年）、メキシコ（一九〇八年）、ペルー（一九〇九年）、そしてグアテマラ（一九〇九年）で成立した。これらの国は一九世紀半ばから二〇世紀初頭にかけて国民国家形成期にあり、アメリカをある種の国民国家のモデルとしながら、アメリカの新聞や出版物に掲載される中国人イメージや契約華工へのネガティヴな言説を自国の出版物に転載して中国人観を共有しており、排華法成立の動向に目配りしていた。

なお、アメリカは一八九八年に併合したハワイとフィリピンでもすぐさま排華法の適用を議論し、一九〇二年四月二九日の議会で、両地における排華法の同時施行を決定した（一九〇二年）[14]。一方、ほぼ同時期に、日本（一八九九年）も華工の入国・就労を禁じた[15]。グローバルな華工の排斥体制の成立は、環太平洋地域ならびに南北アメリカ規模での人種政治の成立を意味し、これによって華工の移動は減速し、消滅していった。

三、アメリカにおける華工の自由／不自由をめぐる議論――反苦力主義の「中国人問題」

以上のように、華工は、就労国の経済成長を支え近代化に貢献したにもかかわらず、広域の人種政治体制によって排斥される理不尽な歴史を辿っていた。この体制が作られる端緒を開いたアメリカでは、一八八二年にいたるまでに、カリフォルニア地方政治において華工が奴隷的労働者か否かを論じる、まさに自由／不自由の議論があった。華工をめぐる自由／不自由の議論は「中国人問題（The Chinese Question(s)）」と称されてしばしば地方政治や国政、新聞雑誌の言説に登場し、華工にとどまらず現地の中国人一般の生活と人生を翻弄した。声高に叫ばれたこの自由／不自由とはなにか。

ゴールドラッシュ期のカリフォルニアこそ、いま現在の中国人差別の起源である[16]。「中国人問題」という言葉で最初に公に華工の存在を攻撃したのは、同州知事ビグラー（John Bigler）である[17]。カリフォルニアは一八五〇年にアメリカ三一番目の州に昇格した新州であり、アンテベラム期には経済発展を支える外国人労働力として華工導入を図ろうとする奴隷制に寛容な南部寄りの政治家と、人種にかかわらず広く「奴隷的労働者」と見なされる人々の導入に反対する北部リベラリズムの基礎に立つ勢力とのあいだで、商業振興、新州建設、地域アイデンティに絡むせめぎあいがあった。同時期のカリブ海地域における契約華工の惨状は「苦力」という表現とともに、カリフォルニアにも伝わった。カリフォルニアでは南部寄り政治家は、農業地域の資本家の強い要請を受けており、一八五二年に契約華工の導入を図る、その名も「苦力法案」二本を議会に出した。この際、南部寄り政治家は、カリブ海の「苦力」との差異化を図ろうと、自由意志で契約した華工の受け入れであることを強調した。すなわちここでは「自由意志」の有無が奴隷的労働力とそうでない労働力とを分けると意識し、中国人は自由移民であると強調したのである。(18)

しかし一八五三年の再選を目指していたビグラーが、政治活動と選挙キャンペーンの一環で、これを中国人全体への攻撃に変換した。ビグラーは一八五二年の州議会で特別声明「中国人問題」を出した。この声明は、中国から二万人の「苦力」階級が今まさにカリフォルニアに向かっている、かれらは中国人の「主（master）」に無に等しい労賃で雇われて金《きん》を掘り、アメリカの自由政府の恩恵を使って市民になることにも興味を持たず、公共の安全を脅かす、よって、中国人探鉱者に重税を課して金の探鉱を抑制すべきである、というものであった。(19) 声明は誇張と偏見に満ち根拠も曖昧だが、注目すべきは、中国移民が全員苦力で「主《マスター》」に従属する不自由な存在、つまり自由労働者の対極とされたアフリカ人奴隷と同様の存在として表現されていることである。華工は全員苦力であるという極端で誤った指摘に則り、白人探鉱者が新州で自立していく脅威になるのがかれらだ、と当時まさに建設中の自由州カリフォルニア州にとって自由の危機であるとして、巧妙に問題化したのである。

苦力という表現で華工を自由／不自由の二項対立の概念に組み込み、不自由で奴隷的と断じる。不自由労働者と見なした華工に対しておこなわれたこの議論は、アメリカ合衆国憲法が保障するすべての移民が享受できるはずの自由の理念に則ったものではなく、自由を盾に集団ごと新州から排斥しようというグロテスクな基準の適用であった。この声明はビグラー自身の手で印刷・拡散されて金採掘場の白人鉱夫を煽り、中国人への暴力や排斥が増加した。州議会では同年に事実上中国人を対象とする外国人鉱夫税法が制定され、当のビグラーは民主党の推薦を得ることに成功して一八五三年九月に再選し、中国人問題を煽ることで当選した最初の政治家になった。

そして中国人問題は「反苦力主義（anti-cooleism）」の美名を隠れ蓑に、一九世紀末まで同州民主党の根本原則になった。

このように、反苦力主義は一八五〇年代には苦力をアフリカ人奴隷同様の奴隷的労働者と見なした。しかし、南北戦争の終結（一八六五年）後と大陸横断鉄道完成（一八六九年）の後の二度にわたってカリフォルニアに経済不況が訪れた際に、白人労働者のあいだに将来不安が広がると、反苦力主義はその論法を変えた。一八六〇～七〇年代の反苦力主義では奴隷如何は後景に退き、中国人はみな苦力であって債務労働者であり、したがって自由労働者階級の利益を損なう、とされた。この論法による反苦力主義を基礎にして、一八六〇年代には白人の熟練工や手工業者組合、一八七〇年代には労働組合と商業組合、反苦力主義団体が組織だった排華運動を展開した。一八七〇年代後半にはロック・スプリング事件（一八七五年）やマルティネス暴動（一八七七年）のように、白人労働階級や失業者が暴徒化して中国人虐殺事件に発展するケースもあった。

特にアイルランド系労働者カーニー（Dennis Kearney）が一八七七年にサンフランシスコで結成したカリフォルニアの労働者党（Workingmen's Party）は、反苦力主義に則って運動を広げた。同党は党員の行政能力が低く、党内混乱によって不安定で、一八八〇年末に共和党に吸収されて短命であったが、歴史的影響力は大きかった。同党は華工集団に加えて、契約華工を大勢雇用したセントラル・パシフィック鉄道会社（以降、CPRRと略記。本章第四節第三項で詳述）をも標的にして白人労働者や失業者を煽動し、党を越えて大衆を巻き込むことに成功した。一八七八年に開かれた党最初の州大会でカーニーは、アメリカ政府が資本家と「この国にとって呪いであるため制限され永久に禁止されるべき労働者」苦力によって国民の権利が完全に無視されたと演説し、一日八時間労働や、富の蓄積と独占を規制する新しい税制の導入といった労働者の要求について宣言した。

労働者党は既存政党がともに無党派連合を結成するほど選挙に強く、一八七八年カリフォルニア州憲法制定評議会で、中国系住民の公民権を制限する差別的条項を盛り込むことに成功し、一八七九年のサンフランシスコ市議会選でも大勝した。サンフランシスコの排華運動は一八八〇年二月には毎日おこなわれ、市の中心部を行進しつつ工場や作業場に中国人の解雇を要求し、結果、一〇〇〇人以上の華工が解雇された[20]。この混乱は同年春までに治まり、カリフォルニア州憲法の中国人差別条項は撤廃され、工場も中国人を再雇用して日常に戻った。

このように、一九世紀アメリカの中国人差別は、人種関係の安定と不安定を繰り返しながら、特定の政治家の差別運動を通して社会に根を下ろしていった。カーニーが白人労働者の煽動で多用した「中国人問題」のロジックは、苦力は債務を抱えているため低賃金で働き、このため苦力が雇用されていると賃上げが抑制されるので白人労働者の賃金も上がらず、つまりは中国人によって資本家の独占が進むというものであった。これは「中国人は苦力であり不自由な労働者」という前提に立った賃金論であり、政治経済思想家ジョージ（Henry George）の理論に依拠していた。そして、ジョージの賃金論もすべての中国人を苦力と見なす偏見から組み立てられていた。

ジョージは学術という権威を借りて苦力と独占とを理論でつなぎ、反苦力主義を肯定することで人種差別と排斥を正当化していた。これは当時からすでに批判されており、実際、ジョージが自ら批評を請うた英国の経済思想家ミル（John Stuart Mill）は「反自由 illiberal」だと批判した。しかしこの賃金論は検証されずにアメリカの新聞や雑誌、すなわち当時のメディアの力で拡散された。この賃金論は、中国人の身体的特徴や文化を醜悪に誇張したイメージとともに、アヘンや売春、賭博など反道徳とされたその他複数の「問題」になっていったのである。

こうしてアメリカではペイジ法の制定（一八七五年）、米中間でのバーリンゲイム条約改正における移民条項の無効化（一八八〇年）、そして連邦法としての排華法の制定（一八八二年）へと進み、この過程で中国人は不自由な人種という言説が繰り返された。

前述の歴史学者ナイは、反苦力主義の本質は、州や連邦の政治の軌道修正に合わせて調整できる可変的なイデオロギーであると指摘する。[21] さらに一九世紀後半のアメリカで華工が問題化された意味を、次のように批判的に論じる。一九世紀の欧米人は、黒人、ユダヤ人、女性といった、近代国民国家の形成過程で現出したマイノリティや下位集団の政治的地位にかかわるイシューに向き合った際に、「問題《クエスチョン》」と呼んだ。そこに矛盾や利益の競合、問題化された当事者からの強い主張や抗議、それに対して上位の受益集団がふるう暴力が絡むという複雑性があったがゆえである。俯瞰的に見れば、これらは一様に当時の資本主義ならびに近代国民国家の発展と結びついていた。「中国人問題」の場合、中国人は人種的脅威か、その入国を禁止すべきかという問いは、英米諸国が白人の国民国家を志向した段階で、それまでの万人に平等たれというリベラルな原則に挑戦・背反するという矛盾に踏み込んだことを意味している。この点においてさらにナイは、「中国人問題」は自由貿易と自由移民の世界に例外を作り出そうという白人側の過激思想であったと厳しく指摘する。さらに「中国人問題」最大の特徴は、アメリカ、オーストラリア、南アフリカ、イギリスそれぞれの国内政治の場で、白人英米世界という一体感を共有する膠着剤の役割を果したところにあった。[22] すなわち先述した、アメリカに始まるグローバルな排華法体制の成立の背景には、イギリス人入植地の国民国家化においても、華工が「問題化」されたことがある。オーストラリアの白豪主義と南アフリカのアパルトヘイトの起源にもまた中国移民や契約華工の導入を意図的に問題化した煽動や無知、そして政治家の利益や政治的野心が分かち難く絡んでいた。

以上のナイの議論から明らかなように、「中国人問題」は白人の近代国民国家形成のうえで、特定の白人にとっての「問題」であった。自由移民か苦力かの自由／不自由の議論と弁別そのものが、白人が華工ひいては中国人全般に向ける攻撃や差別、排斥を正当化する免罪符であった。しかし皮肉にも、華工の出国現象は、それまでの奴隷制と奴隷的労働を否定した近代資本主義社会には、底辺で支える安価な外国人労働者の単純労働に大きく依存せざるを得ない構造があると、グローバルな規模で突きつけている。これは同時に、そのような社会構造を自覚しながら奴隷性を否定し、ひいては奴隷性があるとレッテルを貼った外国人労働者を排斥する、偽善的で矛盾した議論を再生産し続ける社会の誕生を炙り出したともいえる。これは一九世紀後半に限らず、その前時代ならびに現代にも見られる。前時代には植民地の先住民や奴隷、現代には外国人労働者に経済の下支えに依存しながら、文化・宗教の違いや治安の悪化といった排除の理由を展開し、再生産してきた。改めて植民地主義や資本主義社会の労働構造を意識させられよう。

それでは、過酷な状況にあった当の華工たちには、この制限のなかで、英米世界のいう「自由」を得ようという意識はあったのか。当然ながら白人の国民国家形成のために用いられた自由／不自由の本意は中国人を人種化し排除する前提であるため、もとより華工の「自由」は同じ地平で論じられない。そこで次節から、華工はなにを選び、あるいはなにになろうとしたか、日々の実践を通して目指したものを見ていこう。歴史的に、かれらの社会的上昇の過程には、南北アメリカ各地の華工たちが求めた「自由」は、自立であったことが浮かび上がってくるのである。

四、底辺から這いあがる

（1）苦力の自立志向

一九世紀の南北アメリカにおいて、華工は現地における新たな社会集団であった。移民集団が現地で社会的上昇を果たして豊かになれるか否かは、移動後にかれらがその社会の社会階層のどこに入ったかが大きく関わる。華工の場合、社会階級とその位置づけは地域差はあるものの概して低く、上昇は困難であった。例えば、キューバとペルーの契約華工は、現地では最下層民であった。清朝は一八七四年に両地域に調査団を派遣して、中国史上初となる現地華工実態調査を実施した[23]。この調査団が提出した報告書によれば、キューバでは契約華工自身がアフリカ人奴隷以下の扱いだと証言して、鶏や犬、馬同様と表現し[24]、ペルーでは清朝の調査官が、先住民の人件費より安い労働力だと分析した[25]。さらに、アメリカやカナダでは、イギリス系を頂点とする人種の垂直関係において中国人は最下層であり、先住民と水平関係にあった。このため中国移民と先住民のあいだには、抗争に発展する極端な敵意と通婚相手として好む親密性とが併存する、濃厚な人種関係があった[26]。一方で、英領植民地ではやや状況が異なり、植民地政治と人種関係といった複数の条件を反映して、契約華工はアフリカ人奴隷より上位とされ、奴隷制が廃止された一八三〇年代後半からは社会の中間層となった[27]。

過酷な環境だが、興味深いことに、契約華工にはきわめて早い段階から社会の下層から脱しようとする自立志向が見られた。西インド諸島の英領トリニダードは一八〇六年、南北アメリカのどの地域にも先駆けて契約華工の一団一九二人を導入しているのだが、すでにこの集団の強い自立志向が記録されている。かれらは出港地マカオならびに寄港地ペナン、カルカッタで寄せ集められており、植民地政庁と農園主は、アフリカ人奴隷の代替労働力として砂糖黍栽培と製糖作業に従事させたのち、自作農としてそのまま定着することを期待した。一九二人の原籍地や以前の職業は定かでない。親族関係にある者たちが含まれ、過去に農民だった者はただ一人で、老人や病人が含まれていたことが分かっている。上陸五日後にかれらの「長」が、町で賃労働に従事したいとの全体的意向を携えて、植民地政庁と交渉を始めた。契約華工たちは農作業に不慣れで熱帯での作業では死者が続き、上陸八か月で全員が農作業を放棄すると、植民地政庁から毎月少額の生活費を受給しつつ自立の途を捜した。かれらは一八一四年までに漁師兼魚売りや畜産兼豚肉屋を始め、かつて靴職人であった一人はポート・オブ・スペインで製靴業を開いて独立した[28]。

この契約華工たちは、奴隷の代替労働者が底辺の社会階層に当たることを理解しており、底辺からの上昇の第一歩として、まず現地の市場経済の一角に参入した。その自立の要として、「職工長」の役割は注目に値する。

具体的には、まずマカオから乗船したアワ（Awar/Awa/Arois）は、植民地政庁に依頼して漁船を購入し、ともにトリニダードに上陸したうちの一五人で漁業を始め、アワがかれらを雇用するかたちをとった。一団は相当額の元手を蓄積でき、一八三二年には魚市場の貸借契約を結んで、地元の魚売りたちが魚を持ち寄って商売する際に、場所代と鮮魚税を徴収してさらなる儲けを得た。なお一八二七年にアワは、酒屋の営業許可も取得した(29)。一九二人の契約華工には全体でリーダー格が四人おり、かれらは全体の意向をとりまとめて植民地政庁と交渉したのみならず、通訳したり現地の法律を説明したりする仲介役でもあり、複数の作業集団に分かれた際には職工長となった(30)。この例が示すように、初期の華工は、地縁・血縁で形成する一団のリーダー格が異地居住における自立の要になったと理解できる。

苦力貿易の弊害が最も深刻であったキューバでも、契約華工には自立志向があった。一八七四年清朝のキューバ現地調査報告には、現地における契約華工の惨状が詳細に記され、かれらが契約労働者の身分から抜け出して自活するには、「住民居住証明書（Letter of Domicile and Cedula、以後ＬＤＣ）」の取得が重要だと明言されている(31)。ＬＤＣは、満期を迎えた契約華工がまず雇用主から正式に満期証明書を得てのち、キリスト教に改宗しキューバ人の名親か後見人を得ることで初めて獲得できた。これを保持すれば国内移動と定住の自由を保障されるとともに、小規模の商売を開くことができた。

ＬＤＣの取得は簡単ではなかったが、一八七四年時点で取得できた中国人は、少数ながら皆、小さな商売に従事していた。店舗を構えて小規模な小売業をおこなう元華工や、自立して生きるに十分な稼ぎを得ていると証言する砂糖菓子店主、さらに蒸留酒と米の商人、野菜を扱う商人がいた。こうした小規模華商たちは主に都市に暮らし、農園労働よりはるかにましな生活であった。しかし、中国人の社会的地位の低さに起因する被害経験を一様に証言した(32)。

つまりキューバの元契約華工たちも、トリニダード同様、最底辺から脱するために、まず商いに参入する、すなわち商業従事者になり、社会的上昇を見込めるだけの資本を蓄積するという途を選択したと見なすことができる。かれらはいかなる出身であったのか。清朝の現地報告書によれば、かれらの圧倒的多数は広東省出身であり、例外的にやや人数が多いのは福建、湖南、湖北、江蘇、浙江出身者で、さらには満洲旗人までいた。「我々は調査の最中、それら華工のなかに、(清朝の)文官や武官、(科挙合格者の)秀才に出くわした。彼らは一般労働者の集団に混じっていた。彼らは他の者たちと同様に騙されて売られ、まさに張鑾《ちょうらん》(筆者註：人名)ほか三〇名の嘆願書にあるように「(中国人は)文人も悪人も一網打尽に罠にかかった」のであり、キューバにいる数万人の(中国人の)なかには疑いなく「知的で、品性があり、注意深さ」に恵まれた者がいる。しかし画一的扱い、すなわち奴隷待遇が全員に適用されているので、そんな才能技量も無用の長物となっている[33]」ともある。こうした過酷な社会において小商いを始めて自立することは、文字通りまず生き延びることであったといえる。

　苦力とは、誰であったのか。関連研究では南北アメリカへの移民を輩出した広東省の「四邑《しゆう》」と呼ばれる地域が半農半漁生活を送る人々が多かったことから、苦力の大半は農民だったと見なしてきた。しかし史料にあるように、一九世紀中南米における華工集団は多様な人々で構成されていた。かれらはもともと故地で多種多様な職や社会階級にあった。しかし海を渡って現地労働で一律に契約労働者となり、その大半は現地で農業労働に従事することになった。こうして故地での社会階級が解消された状態にあった。苦力というカテゴリーに押し込められた人々の内側には、多様な経験と技術があったと念頭に置かねばならない。しかし、故地での職業が移動先社会で始める職業と連続するかは、より複雑であった。現地の奴隷的待遇のなかで生き延びる第一歩が、現地の資本主義社会の発展のなかで商業を始めて市場経済に参加することであった。底辺から這い上がるに当たって重要であったのは前職の経験や技能よりもむしろ集団の力であり、職工長を中心とする組織性で身を守りながら最下層からの離脱を図ったのである。

（2）満期後の作業集団と中国人の労働者派遣業者

契約華工は労賃が安く、しかも前借りした渡航費をそこから返済した。ラテンアメリカや東南アジアの大農園には、内部でしか通用しない独自通貨で給料を支払い、それによって大農園内で食糧や衣類の購入を強制するところもあり、契約華工の多くはほぼ無資本のまま契約満期を迎えた。では満期後も現地で生活し続けるにあたり、華工には商業以外に自立の途はあったのか。

満期後、華工たちは自由労働者になった。より恵まれた条件で労働し続ける途を捜すかれらの多くは、中国人の雇用下に入って現地の差別的待遇を回避しようとした。中国人雇用主からの搾取は存在したが、華工に過酷なキューバ社会ではこれが実際多くの華工を保護することになったのである。とくに多かったのが、中国人の労働者派遣業者（contract labor broker, contractor）が組織する十数人から成る作業集団（cuadrillas, work gang）に入り、現地の農園主や事業主の作業要請に応えつつ労働力を提供するという働き方であった。

この作業集団こそ、キューバ華工が契約労働者から自由賃労働者になる最初の転身における鍵である。さらにキューバ社会全体が一八七〇～八〇年代に奴隷制社会から自由労働社会へ緩やかに転換していく鍵でもあった(34)。この点は、キューバでは満期後の華工の非常に多くが、農業領域に残ったことが関わっている。家内召使、商店主、行商人、煙草職人、石炭夫、洗濯業、大工など多様な職に就く者もいる一方で、キューバの砂糖産業が依然好景気で労働需要が高いままであったため、元契約華工のじつに大多数が砂糖農園の自由労働者として農作業に従事し続けた。賃労働者として、次のように、現地中国人の地位に一定の影響を及ぼすことになったのである。

自由華工を作業集団としてまとめた中国人労働者派遣業者たちは、キューバ人農園主とある程度対等な関係を作っていった。キューバの中国人労働者派遣業者は、圧倒的多数がもと契約華工であり、華工の社会的上昇に結びつく職として特に注目に値する。キューバ初の中国人の労働者派遣業者は一八七〇年にハバナに二人現われた。一八八六年にキューバで奴隷制が廃止された後、キューバ人大農園主は労働力確保のために華工の作業集団を好んで好条件で雇った。このため大勢の中国人労働者派遣業者が現われ、互いに競争した。なお、中国人労働者派遣事業は資本が不要で、派遣業者は移動性が高い何百人もの日雇いの華工を巧みに作業集団に組織した。自由労働者になった華工は、中国人でなければ仲介や組織が困難であった側面も無視できない。

このように中国人労働者派遣業者たちは、砂糖生産に必要な労働力をキューバ人農園管理者に安定的に供給してキューバ砂糖産業の発展を支え、経済的に成功し、なかには農園を購入し製糖事業に参入する者も現われた(35)。ロペス（Kathleen López）は、かれらは故地広東省での農村生活における経験とキューバでの砂糖農園労働経験の両方を用いて事業をおこなったと論じる。雇った華工には労働力を提供してもらい、代わりに自らは資本とマネージメントを提供するという、事実上の頼り合いで互恵関係にあったと表現し、この強い集団性に根差した事業方式ゆえに中国域外におけるかれらの社会的成功が実現したと指摘する(36)。

中国人労働者派遣業者と華工の作業集団は、キューバに限らず、南北アメリカ各地におおむね同時期に現われた。生存に適した組織のかたちであったことは疑いない。ペルーには一八八〇～九〇年代に、「アシエンダ」と呼ばれるペルー人の荘園に、同郷人の契約華工を派遣する労働者斡旋業者が現われた。かれらは元契約華工ではなく資本力のある商人で、労働力提供の見返りにペルー人荘園主からアシエンダ内に商店を出す権利を得、かつ労賃を受け取ってそれを華工に分配する役割も負った(37)。また、一八八〇～一九二〇年代のカリフォルニアには、白人地主と農地の使用貸借契約を交わした中国人農夫がいた。かれらは労働力が必要になれば地元のチャイナタウンで、あるいは労働者派遣業者でもある地元の華商のもとで華工を雇った。さらに労働力が必要になると、サンフランシスコなど大規模の中国人人口を擁する都市の華商に華工の派遣を依頼した。華工は労働者派遣業者や中国人農夫から衣食住を賄われ、日雇いベースで労働の斡旋を待った。このため、中国人労働者派遣業者は作業規模に応じて農地と農地のあいだを頻繁に移動して華工を集め、日々農地に必要数の華工を安定的に送り出した。白人農家の求めに応じて華工を派遣する中国人労働者派遣業者もおり、白人と華工のあいだを仲介した。このようにアメリカでも、労働者派遣業はキューバと同様に、中国人人脈を駆使してはじめて可能な業種であり、かつ資本がまったく要らなかった(38)。

雇われた華工たちは集団契約下で集団責任を負い、サボタージュがなかった。かれらの故地広東省では政府からの保護と福利が薄いため、社会には生存のため集団責任の下で協働するメカニズムがあり、これを応用して労働者派遣業者と作業集団のあいだで組織が成立したとの解釈がある(39)。出身郷村の共同体で機能していた地縁・血縁が、移動先の過酷な社会環境のなかで生存し、さらには生業を営む基礎を作っていったと考えることは妥当であろう。つまり作業集団は、中国人の華工派遣業者が自身の同族・同郷ネットワークを使って組織したもので、さらにこれを発展させて労働者派遣業の会社組織を作り上げた。ここでは、現地社会で周縁化された中国人が底辺から上昇するに当たって、同郷集団で行動した強みが活きているといえる。

労働者派遣業者のなかには、資本主義社会における到達点ともいえる、資本家まで上昇した例がある。東南アジアと異なり、北米では華人資本家の例が少ないが、例外がオレゴン州南部のジャクソン郡ジャクソンビル（Jacksonville）に拠点を置いたジン・リン（Gin Lin）である。ジャクソンビルでは一八五二年に金が発見されてカリフォルニアに次いでゴールドラッシュが始まり、一八五〇年代後半から六〇年代前半にカリフォルニア州同様、中国人差別が激化した(40)。その環境下でも、ジン・リンは現地社会でも認知されるほどの経済的成功を収めたのだが、興味深いことに、華工派遣業者を経て鉱山事業家にまで昇りつめているのである。

成功の鍵は、同郷人の組織化ならびに白人との人種関係であった。ジン・リンはカリフォルニアのゴールドラッシュを機に渡米し、一八六〇年以降、労働者派遣業者として白人の鉱区主の受注で、契約華工をその鉱区での採金作業に派遣していた。[41]一八六四年、ジン・リンは当時オレゴン州で中国人の財産所有が禁じられていたにもかかわらず鉱区を九〇〇ドルで買うことができ、その後も白人の放棄した鉱区を次々と購入した。[42]

西海岸諸州では一八六〇年代初頭から、川底や河岸の隣接斜面を強力な放水機の水圧を用いて採金する水力採掘法（hydraulic mining）が採られるようになった。この採掘法は、水路の拡張、貯水池作り、河川や湖との連結などの技術が必要であったため、採鉱会社や水道会社、灌漑会社が参入するようになり、一八七〇年代から採金作業は事業としておこなわれるようになった。ジン・リンは、オレゴン州南部に初めてこの水力採掘法を導入し、二〇人の華工からなる作業集団と放水機三機で一日の操業で約一〇〇ドルの利益をあげ続けた。雇用関係にある華工が自分の鉱区を買う際にはジン・リンが助力し、かつ保険契約も結んで事業の後ろ盾になって自立を支えた。また巨利ゆえに強盗に対抗するため、華工に武装させた。[43]

ジン・リンは洋装で英語を話し、自分の鉱区に中国人のみならず数人の白人労働者をも雇い、地元の農夫が灌漑で水を使う際には水を大量に使う採掘作業を早めに切り上げた。ジン・リンが採掘した金は総額二〇〇万ドル以上といわれ、うち一〇〇万ドル以上をウェルズ・ファーゴ社ジャクソンビル代理人ビークマン（Cornelius Beekman）の銀行口座に置いて、オレゴン南部の経済発展に貢献した。また家具職人、すなわち手工業者で郡出納局長リン（David Linn）に、「（リン同士で）従兄弟」と表現して友人関係を築いた。アメリカ西海岸を席巻した排華運動は一八七〇年代に白人労働者を取りまとめる白人手工業者層の指導で激しさを増したことを鑑みると、ジン・リンが排斥を免れた秘訣が、まさに排斥を主導する側であった白人の労働者層や手工業者層へ細かく配慮し関係を作ることであったと理解できる。同郷人である契約華工との日常的な関係性の濃さが利益を上げる組織的強靭さを生んでおり、さらに中国人事業者は地元の白人労働者、白人コミュニティ、白人有力者と友好関係を注意深く築くことで、社会的上昇を実現していたのである。

（3）鉄道・土木技術専門集団として

カナダやアメリカの華工の歴史では、西海岸の大陸横断鉄道敷設工事における契約華工が最も有名である。かれらの労働は鉄道建設に限らず、水力採鉱法での採金事業や馬車道や産業路の整備、炭鉱労働に及んだ。これらは単純労働と見なされ、過酷で危険な条件に目が行き、技術や経験面に対する目配りが薄かった。実際はいずれも、溝堀りや土手法面作り、貯水池作り、排水そして機材操作など、いわゆる土木領域における専門的な知識と技術、作業場での経験が必要な労働である。このため次に示す鉄道建設の例のように、類似の土木作業の労働経験を持つ華工が好まれた。

カリフォルニアの大陸横断鉄道敷設工事で、CPRRは計一万五〇〇〇～二万人の契約華工を雇った。先に導入したアイルランド人労働者の作業が遅延し続けると、CPRRは、一八六四年に初めて華工二一人を雇用し、さらに翌年五〇人の華工を試験的に雇用した。これは建設作業で単に労働者の頭数が必要であっただけではなかった。この時の華工は、ゴールドラッシュが一段落して不況が起こり、金採掘現場で仕事を捜していた中国人鉱夫が集められたものであって、CPRRは類似の土木作業の経験がある者を必要としていたのである。CPRRはこの後もカリフォルニアのセントラル・バレー各地の金の採掘場を回って三〇〇〇人を超える華工を次々に雇い、不足分を広東省で募集した。(44)

鉄道作業現場の契約華工も、キューバの作業集団の例と同様に、一二～二〇人規模の作業集団を作った。集団それぞれに長がおり、作業を指揮し、現場監督からの労賃や食料配給を分配した。作業集団内では争いごとやサボタージュがなく、勤勉で、鉄道建設に必要な多様な作業を学んだ。華工の作業集団は、すぐに不可欠な労働者として白人鉄道技師から高く評価された。鉄道建設における専門技術集団として、華工の働きは確かであった。

例えば、CPRRは最も困難な山岳部のトンネル掘削工事において、ネバダ州バージニア・シティで働いていたイギリスの炭鉱地帯コーンウォール地方出身の炭鉱夫集団を雇い、高い土木技術を有した優秀な鉄道労働者として追加賃金を払った。掘削工事では、かれらの横に華工の作業集団を配置して協働させた(45)。一八六九年の大陸横断鉄道完成後も、CPRRは鉄道の修理や枕木の取り換え作業には最初の建設に携わった華工をそのまま雇い、カリフォルニア、オレゴン、ワシントン、ネバダ、ユタ州内で進行する各支線の延長建設工事でも引き続き華工を雇った。ユニオン・パシフィック鉄道会社（UPR）も、完成後の鉄道メンテナンスや修理、ユタ、ワイオミング、コロラド州各地での支線延長建設では華工を雇った。UPRは、かつてCPRRの鉄道工事で作業集団の親方かつ労働者派遣業を担った陳林新（Chin Lin Sou）に監督業務を任せ、さらに労働者派遣業者レオ（Leo Quoon、中国語漢字名不明）を作業団体の補助監督とし、レオが自身の出身地から呼び寄せた数千人の同郷人を鉄道工事建設や炭坑労働に導入した。CPRRとUPRは大陸横断鉄道完成後も二〇年間、七一の鉄道路線の建築と修理で華工を使った(46)。

先述のように、キューバやアメリカ西海岸の農業労働やアメリカ・カナダの西海岸における水力採鉱法による採金事業では、同郷人で形成された作業集団が成果を上げた。これと同様に、北米の鉄道建設でも同郷人ネットワークを基礎に作業集団を作り、集団をまとめる「長」が存在した。また、大勢の労働者を募集し組織する中国人労働者派遣業者の活動が認められた。以上の事実から、鉄道建設に携わる華工は、労働を通じて鉄道建設の技術と経験、広義には土木の技術と経験を有する専門の作業集団になっていったことが理解できる。

CPRRとUPRに限らず、鉄道労働の専門的経験を持つ華工は南北アメリカ各地で雇用された。サザン・パシフィック鉄道会社によるモハベ砂漠横断鉄道敷設工事にはかつてカリフォルニアで鉄道労働者だった華工が携わり、一八七〇年アメリカ東海岸ニュージャージーの鉄道建設ではアメリカ西部の華工一五〇人が導入された(47)。アメリカ人鉄道事業者オンダードンク（Andrew Onderdonk）が手掛けたカナダの大陸横断鉄道敷設工事では、アメリカのシアトルに近いピージェットサウンド地域で流動人口化していた元鉄道労働者の華工が集められ、ペルーでは、鉄道敷設事業を手掛けたアメリカ人鉄道建設家メイグス（Henry Meiggs）が、華工を求めてサンフランシスコで労働者募集活動をした。また過去に鉄道労働に携わった華工は、土木工事の知識と技術をもってカリフォルニアの北部湿地帯やデルタ地域の埋立・開拓工事にも携わり、作業集団経験を活かした。

北米での鉄道建設の経験は、中国における中国資本の鉄道建設でも活かされた。中国で二番目に建設された民営鉄道(48)は、広東省新寧県出身のシアトル華僑陳宜禧《ちんぎき》（Chin Gee Hee）が一九〇四年に故郷で着工した新寧鉄道である。陳宜禧はアメリカに商人として渡り、商店「華昌」（Wa Chong Company）を経営し、現地で鉄道建設事業を学ぶと、労働者派遣事業者として鉄道建設に華工を派遣して、経済的に成功した。排華法の無期限延長措置をきっかけに一九〇四年に故郷に戻ると、これまで西洋諸国の手で建設されそれゆえ外資に利権を奪われてきた鉄道建設事業を中国人の手に回収するため、資本も建設労働者もすべて中国人の地方民営鉄道を敷くと謳った。こうして陳宜禧は、一九〇四年に新寧鉄道公司を合資で立ち上げた。北米の大陸横断鉄道の建設に関わった華工の多くが新寧県出身であり、新寧鉄道の敷設でも経験を持つ労働者が関わり、同鉄道は一九〇九年に完成した(49)。

五、商業従事者への転身

（1）零細商人以上にいかにして上昇するか

一九世紀半ばの南北アメリカでは、契約満期になった元契約華工が露地栽培野菜や雑貨を路傍で売る路上商人になる、豆や米を売り歩く行商人になる、屋台で商売する露店商になるなどの動きが広く見られた。これら零細商人はいずれも僅かな資本で商売を始められる職種であったが稼ぎが小さく、さらなる社会的上昇につながらなかった。次のステップに進める元手になるだけの稼ぎを得るには別の手段や回路が必要であった。具体的には小店舗を持つこと、とくに洗濯業や小売店を開業することである。(50)洗濯業や食品雑貨店は南北アメリカでは中国移民が独占的に進出した職種として良く知られているが、これらもまた少額の元手で始めることができ、専門的な事業知識や経験を必ずしも必要としなかった。(51)すなわち商売を始めた元華工の社会的上昇は、いわゆるインフォーマル経済からよりフォーマルな市場経済に入れるか否かにかかっていたといえる。

個々の店舗が元契約華工の経営か否かを特定することは難しい。しかし、一九世紀半ばから南北アメリカ各地でチャイナタウンが形成されて始まる中国人コミュニティの商業発展史の基礎には、大勢の華工の存在と経験が埋め込まれていることはもっと重視されるべきであろう。ハバナやリマに代表されるキューバやペルー各都市のチャイナタウンは、満期を迎えた元契約労働者が特定の一角に集住することでその基礎が作られた。ここに、一八八〇年代に香港やサンフランシスコから移動してきた契約華工の過去を持たない中規模資本の華商が店舗を開き、この数軒の商家がコミュニティの牽引役を務めて発展した。それでもコミュニティの圧倒的多数は零細商人で、かつて契約華工であった者たちが行商や小売業、洗濯業、宿坊、簡易食堂を営んだ。(52)

サンフランシスコはやや傾向が異なる。香港との汽船航路があるため、他の地域に比べて多くの華商が広州や香港から移動してきており、ゴールドラッシュ期から商機を見出した中小規模の商業従事者が開いた店舗群がチャイナタウンになった。それでも他のチャイナタウン同様、賃労働に携わる大勢の華工人口を擁した。ゴールドラッシュが終息した一八五〇年代末、中国人鉱夫にはサンフランシスコに移動して製造業領域で職を得る者が急増し、実際サンフランシスコにおける煙草製造、靴やスリッパ・長靴の製造、毛織物や衣類の縫製、ジュート布袋や箒の製造はそうした華工の労働に大きく頼った(53)。サンフランシスコの華工は、技術を要する職に就いた都市の賃金労働者としての性格を強めていったのである。

カナダBC州ビクトリアのチャイナタウンは、サンフランシスコや香港の華商が再移民して基礎を築いた。ビクトリアは内陸のゴールドラッシュ地に入る許可証を取得する中国人鉱夫の投宿地であったため、流動的な華工人口を抱えた。同州バンクーバーでは、鉄道労働の契約華工や鉄道建設や鉱山労働で満期を迎えた元契約労働者が市内の鉄道付近に集住した。この一角が現在のチャイナタウンの基礎になった。以上のように、南北アメリカの主要なチャイナタウンの初期形成における最大の特徴は、過去に華工であった零細・小規模資本の商業従事者が少なくない商業コミュニティである点といえる。

洗濯業や食品雑貨小売店といった小店舗の開業において、海外の中国人のあいだで広く用いられた手段が共同出資方式であり、「股分《こぶん》」「合股《ごうこ》」と呼ばれた。合股はごく少額の出資でも持ち寄ることで店舗を持てたため、インド系や日系の移民社会でも広く用いられた手段であって、中国人特有の方法ではなかった。

中国人の場合、出資は親族や同郷人など血縁・地縁単位が基本であった。このため、会社は事実上宗族や同郷人の経営となるケースが圧倒的多数であった。合股は比較的裕福な華商のあいだでも、元契約華工の零細商人のあいだでもおこなわれた。例えばサンフランシスコで最古の最も成功した商店「済隆」（Chy Lung）は、一八五〇年に広東省珠江デルタで豊かな三邑地域から来た三邑華商の合股で設立され、中国から輸入した食料雑貨店として同郷人が頻繁に利用した(54)。

一八五〇年代末からサンフランシスコの多様な製造業で働く中国人賃労働者は、当初ほとんどが白人の下で働いた。しかし着実に知識と技術を身につけ、一八六〇年代後半から中国人所有の小さな会社や製造工場が現われ、良質の製品を安く売った。ここでもやはり合股で会社や工場が開始した。こうして煙草製造業の領域には一八六

写真3　1910年代に太平洋を渡る汽船内で用いられた賭博道具。広東省江門五邑華僑華人博物館所蔵。（2013年12月筆者撮影）

六年から中国人経営の会社が現われ、中国人所有の製靴会社は一八七五年の八軒から一八八〇年には四八軒に激増し、中国人所有の衣類縫製工場は一八七三年に二八軒稼動していた。[55] 衣類縫製業は、同郷ごとに製造品の住み分けがあり、男性衣類や仕立ては広東省南海県出身者が独占し、シャツや女性衣類・下着の縫製工場の所有者たちは鶴山県出身者が、作業着の縫製会社の所有者たちは順徳県出身者が占めていた。[56] 一九世紀末リマ北部のアンカシュ県で、広東省出身のペルー華僑が合股で小店舗を開店した記録も残る。[57] 華僑の会社や事業団体が地縁・血縁と分かちがたく重複したかたちをとったのは、このように地縁や血縁によって合股が成り立っていたためである。

合股とは別に、華工が小店舗を開ける元手を作る方法として、賭博があった。南北アメリカの華工は頻繁に賭博をおこなっており、古くはゴールドラッシュ期に遡る。一八六九～八九年のアメリカ大陸横断鉄道の建設工事でも、二〇世紀でもあらゆるところで賭博がおこなわれた（写真3）。[58] 南北アメリカ各地のホスト社会では、華工の賭博の習慣をアヘンや売春とともに悪徳として非難した歴史があり、華工にとって賭博は日々の重労働を忘れる娯楽だったと解釈されがちであった。しかし、賭博で勝った金を元手に商売を始める者もいたことが少ないながらも指摘されてはきた。華工同士でおこなう賭博は無資本の同郷人同士での金のやりとりとなり、商売を始める元手としての側面が表出しにくい。しかし次のように、現地人と接点がある環境での賭博からは、元手調達の側面が見えてくるのである。

例えば、一八八〇年代に英領トリニダード島の全域で数当て賭博「ウェウェ」（Whé Whé, Wei wei/Play whe）

が大流行した際の社会や政府の反応からは、中国人が儲けた仕組みも知ることができる。ウェウェは広東省起源だが詳細は不明で、トリニダードに継続的に契約華工が導入された一八五三～六六年に華工が持ち込んだと考えられている。一八八〇年代初頭に現地生まれアフリカ系のクレオールの若者層に広がり、ほぼすべての社会階層を熱狂させた。ウェウェは後述のように一八八八年に禁止されたが、地下で続き、一九三〇年代からインド系やアフリカ系の胴元が現われるまで、一九二〇年代まで中国系こそが胴元であった[59]。ウェウェには中国人に有利な仕組みがあり、中国人の胴元やさまざまな仲介者が組織的に利益を上げることができた。賭博の顧客は夢や直観、最近の出来事をもとに三〇ほどある漢字からいずれかを選んで賭ける。時期が来ると当たり漢字が発表され、勝てば胴元から賞金を得た。顧客が賭ける過程で、中国人胴元は、漢字の意味を説明し、中国人のみが持つ中国語の専用図表や帳簿を使って夢や最近の出来事を解釈して、手数料を徴収した。特に一八八〇年代にウェウェが爆発的に流行すると、予想屋、回遊仲介人、記録屋、配達人など、多数の中国人が胴元と顧客の間の仲介役として関わり、顧客から手数料を取った。

もともとウェウェは中国人が中国系コミュニティに多くいた貧困者——おそらく元契約華工を救済する慈善のために、なんらかの商業活動、とりわけ小規模店舗や洗濯業を開店できる資本を蓄積する目的で運営された[60]。ウェウェの利益は大きく、掛け金は初期の百倍に値上がりし、胴元の持つ資金はそれだけ増加していた。確実な儲けゆえに、中国人胴元は顧客には常時気を配った。クレオール常連客がなんらかの援助が必要な状況になる病気や慶弔時、クリスマス前などには、差し入れや少額の見舞金あるいは祝い金を届け、結果的にウェウェで得る利益を年一回は還元した[61]。こうした常連客との関係づくりは、マイノリティである中国人が現地民衆社会で安全に暮らすに当たり、アフリカ系と良好な地域密着型の関係を作り出すことが何より効果的であったためであろう。

カリブ海地域の植民地社会における下位集団の文化は、流行すると、植民地政庁の法的抑制の対象として犯罪化されてきた。トリニダードのイギリス植民地政庁は、オーストラリアのニューサウスウェールズ州で実施されている類似法に倣い、一八八八年の第五布告「賭博に関する法改定布告」にてトリニダードで初めて宝籤や商品籤を制限し、トリニダード総督から特別許可を得た者を除くすべての籤の販売を禁じると定めた。これは事実上ウェウェが標的であった。植民地政庁のイギリス人法務長官は、中国人の胴元が必ず勝つ仕組みになっているため公平でない、従業員や店員が賭博に熱中するあまり労働意欲を著しく失う、勝ち数の発表日には無頼が大勢集まりいざこざが頻繁に起こる、よって「善良な人々」が法で取り締まるべき迷惑行為と見なしていると述べ、警察の現場取締りを可能にした(62)。中国人はすぐに状況を理解した。一八八八年第五布告案が議会を通過した段階で、サン・フェルナンドの中国人八名が連名嘆願書を提出し、布告の撤回を要求した。この嘆願書で中国人は、法について植民地政庁から十分な説明がないと抗議し、これまでトリニダードに中国移民がいかに貢献してきたか強調した。さらにウェウェの運営はすべて中国人が行っており、賞金は中国人のあいだで持ち寄られた出資金、すなわち合股であり、これまで賭けに勝った数人が出してきたもので、法の施行によって大損失を被ると訴えているのである(63)。

以上、商人に転身する資金調達の手段からも、また新たな華工の姿が見えてくるのである。

（2）華工と華商のあいだ――トリニダードの一九三九年店舗法をめぐって

本書の三島禎子論文は、他者によるソニンケの呼称を例に、移動の本質が隠蔽される問題を批判的に論じている。よく似た問題が華僑・華人研究にもあり、故地から遠く離れたホスト社会で密に協働する華工と華商の関係性を軽視する事態を生み出してきた。すなわち華工の社会的上昇を考える上で最も不可視化されてきたのが、華工と華商のあいだの社会階級上の距離であり、協働における距離であり、社会関係上の距離である。

実際、一九世紀の南北アメリカでは華工と華商は線引きの難しい存在であった。すでに前節で見てきたように、契約華工を導入した地域では賃労働者としての華工だけでなく行商人、路上商人、露天商といった零細商人も多く、華工と華商の境界は曖昧であった。そして作業集団と労働者派遣業者の関係もその例だが、合股でおこなう商売、多様な小売り小店舗、洗濯業、レストランでは地縁・血縁を通じて従業員を雇い、日常業務のなかでは華商と華工が密に協力し合っていた。その実態は、早くも一八五五年、サンフランシスコの有力華商黎春泉《れいしゅんせん》はじめ複数の同郷会館役員の華商が州知事ビグラーに宛てた抗議文に確認できる。そこでは、華工を苦力と見なして排斥すると、サンフランシスコ経済に貢献する華商の商業活動に深刻な影響を及ぼす、と論じている[64]。また南北アメリカでは大半の華商が社会下層の人々を顧客とするケースが多く、社会的に成功した例外的な有力華商はこうした性質の中国系商業コミュニティの庇護にまわり、現地政府や社会に対して中国系零細商人ひいては広く労働者の利益を守る役割を果たすことになった。

華工と華商の日常的な近さは二〇世紀前半でも大きくは変わらず、華商の商売を阻害するような法の施行時にとくに分かり易い形で表出した。一連の華商の抗議や要請から、現地華商全体の事業の性質と規模が見えてくるためである。一九三八年、トリニダード植民地政庁は島内すべての店舗にイギリスの就業時間や諸規格の遵守を定めた「店舗法 The Shop Ordinance」の導入を決定し、翌年一月中旬に施行した。この法は華商から強く批判され、現地生まれ華商の統括団体「トリニダード中華商会（千里達中華商会 Chinese Commercial Association）」が中国系コミュニティを代表して激しい抗議活動をおこなった。

法の施行から四日後、トリニダード中華商会代表の事業家リーラム（George Aldric LeeLum）[65]は、イギリスから派遣されてきた西インド諸島王立調査委員会（The West Indies Royal Commission）に、店舗法はトリニダードの経済を悪化させるものであり、かつ労働階級のニーズにも合わない、と抗議文書で訴えた[66]。リーラムによれば、トリニダードの中国系酒類販売業者は醸造酒と蒸留酒を扱い、このうちビール類を詰める瓶製品は島外からの輸入瓶に詰めて売っており、アルコール以外の飲料品の瓶詰めでも使用していた。貧困層はこの使用済み瓶をあちこちで回収しては地元の醸造所に売って小金を得ており、かなりの人数がこれで暮らしていた。中国系の酒類販売業者は集まった瓶を洗浄して、ビール類を充塡して売っていた。一九三九年店舗法は、酒類の体積単位もイギリス式を採用するよう定めていた。リーラムと中華商会はこれを問題視したのである。そして、従来の体積単位を用い、五％利鞘となる価格で販売するよう、法を制定し直すべきだと意見した。リーラムの指摘は、イギリス規格に従うと一パイントの体積量が以前より増え、中国系酒類販売業者はこれまでの瓶を使えなくなる、ビールの価格が上がって売り上げが落ちる、従来の瓶でハーフパイント飲料を売っても顧客である労働階級が容量に不満を持つ、イギリスから新規格の瓶を購入する切り替えが起こるためこれまで島の貧困層に還元されていた瓶の代金がすべて海外に流れるなど複数あり、トリニダードの経済的生命線に関わるとまで言及した(67)。

リーラムの説明からは、次のことが透けて見えてくる。中国系が手がける酒類販売は労働者への販売を前提としていた。また、貧困層が回収する使用済み瓶を扱うことで回る、インフォーマル経済の性格も有する業種であった。ここで確認しておきたいのは、一九三〇年代後半における当地の酒類販売は、中国系の独占業種であった事実である。トリニダード植民地官報(68)の一九三七年一一月から一九三八年三月までに掲載された酒類販売ライセンス取得者には、中国系が非常に多い。当時、島内で中国人人口が多かった地域は、首都ポート・オブ・スペインのある北部のセント・ジョージ州、湿地干拓のために大量の契約華工を導入した中西部のカロニ州、そしてトリニダード第二の都市サン・フェルナンドがある南部のビクトリア州である。これらの地域における酒類販売業者の割合には特徴があり、サン・フェルナンドなど都市部ほどポルトガル系やインド系なども酒類販売業に乗り入れていた一方で、農業地域ほど中国系の割合が高かった。カロニ州ではほぼ半数以上が中国系(69)、ビクトリア州

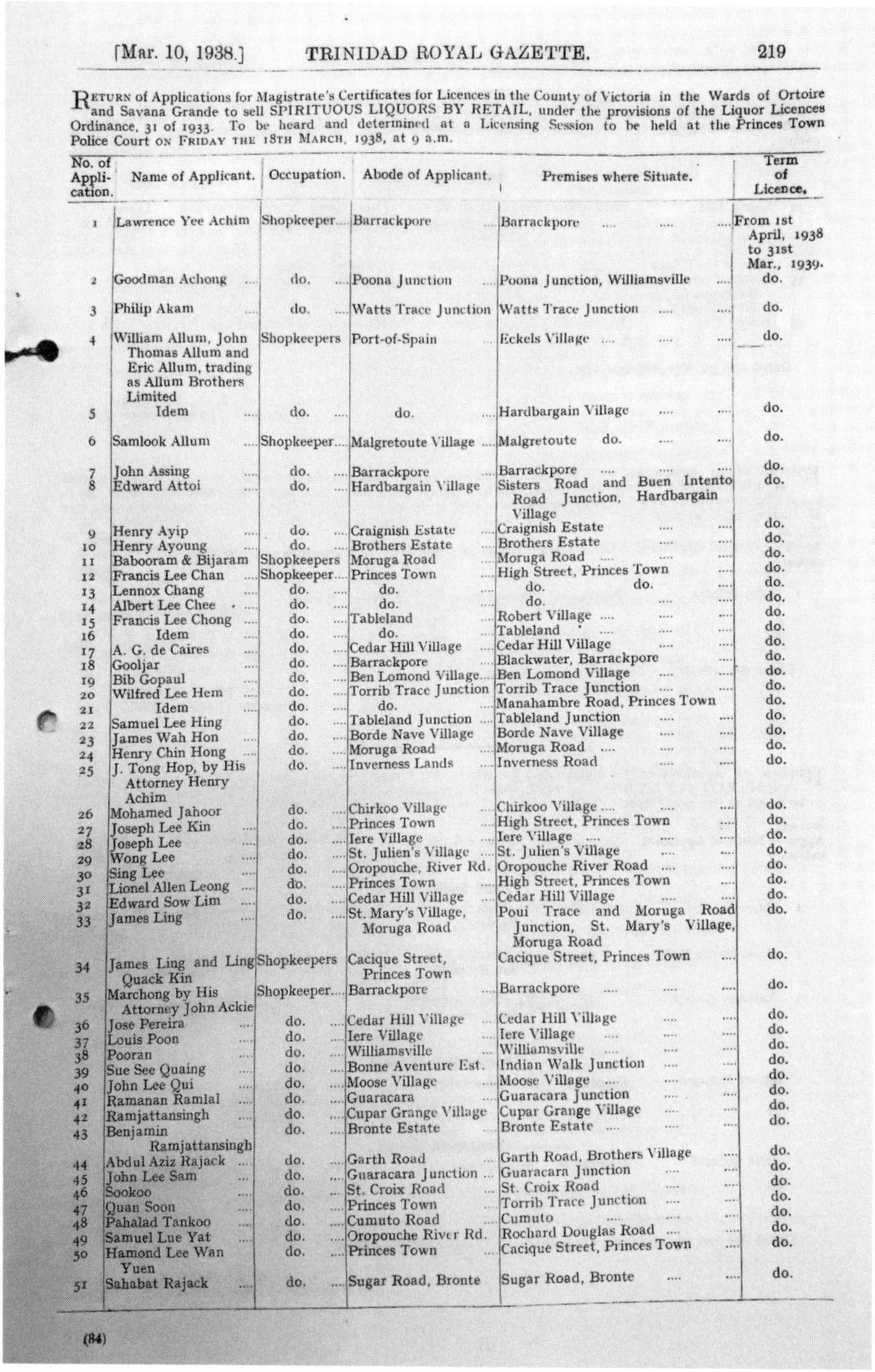

[Mar. 10, 1938.] TRINIDAD ROYAL GAZETTE. 219

RETURN of Applications for Magistrate's Certificates for Licences in the County of Victoria in the Wards of Ortoire and Savana Grande to sell SPIRITUOUS LIQUORS BY RETAIL, under the provisions of the Liquor Licences Ordinance, 31 of 1933. To be heard and determined at a Licensing Session to be held at the Princes Town Police Court ON FRIDAY THE 18TH MARCH, 1938, at 9 a.m.

No. of Application.	Name of Applicant.	Occupation.	Abode of Applicant.	Premises where Situate.	Term of Licence.
1	Lawrence Yee Achim	Shopkeeper	Barrackpore	Barrackpore	From 1st April, 1938 to 31st Mar., 1939.
2	Goodman Achong	do.	Poona Junction	Poona Junction, Williamsville	do.
3	Philip Akam	do.	Watts Trace Junction	Watts Trace Junction	do.
4	William Allum, John Thomas Allum and Eric Allum, trading as Allum Brothers Limited	Shopkeepers	Port-of-Spain	Eckels Village	do.
5	Idem	do.	do.	Hardbargain Village	do.
6	Samlook Allum	Shopkeeper	Malgretoute Village	Malgretoute do.	do.
7	John Assing	do.	Barrackpore	Barrackpore	do.
8	Edward Attoi	do.	Hardbargain Village	Sisters Road and Buen Intento Road Junction, Hardbargain Village	do.
9	Henry Ayip	do.	Craignish Estate	Craignish Estate	do.
10	Henry Ayoung	do.	Brothers Estate	Brothers Estate	do.
11	Babooram & Bijaram	Shopkeepers	Moruga Road	Moruga Road	do.
12	Francis Lee Chan	Shopkeeper	Princes Town	High Street, Princes Town	do.
13	Lennox Chang	do.	do.	do. do.	do.
14	Albert Lee Chee	do.	do.	do.	do.
15	Francis Lee Chong	do.	Tableland	Robert Village	do.
16	Idem	do.	do.	Tableland	do.
17	A. G. de Caires	do.	Cedar Hill Village	Cedar Hill Village	do.
18	Gooljar	do.	Barrackpore	Blackwater, Barrackpore	do.
19	Bib Gopaul	do.	Ben Lomond Village	Ben Lomond Village	do.
20	Wilfred Lee Hem	do.	Torrib Trace Junction	Torrib Trace Junction	do.
21	Idem	do.	do.	Manahambre Road, Princes Town	do.
22	Samuel Lee Hing	do.	Tableland Junction	Tableland Junction	do.
23	James Wah Hon	do.	Borde Nave Village	Borde Nave Village	do.
24	Henry Chin Hong	do.	Moruga Road	Moruga Road	do.
25	J. Tong Hop, by His Attorney Henry Achim	do.	Inverness Lands	Inverness Road	do.
26	Mohamed Jahoor	do.	Chirkoo Village	Chirkoo Village	do.
27	Joseph Lee Kin	do.	Princes Town	High Street, Princes Town	do.
28	Joseph Lee	do.	Iere Village	Iere Village	do.
29	Wong Lee	do.	St. Julien's Village	St. Julien's Village	do.
30	Sing Lee	do.	Oropouche, River Rd.	Oropouche River Road	do.
31	Lionel Allen Leong	do.	Princes Town	High Street, Princes Town	do.
32	Edward Sow Lim	do.	Cedar Hill Village	Cedar Hill Village	do.
33	James Ling	do.	St. Mary's Village, Moruga Road	Poui Trace and Moruga Road Junction, St. Mary's Village, Moruga Road	do.
34	James Ling and Ling Quack Kin	Shopkeepers	Cacique Street, Princes Town	Cacique Street, Princes Town	do.
35	Marchong by His Attorney John Ackie	Shopkeeper	Barrackpore	Barrackpore	do.
36	Jose Pereira	do.	Cedar Hill Village	Cedar Hill Village	do.
37	Louis Poon	do.	Iere Village	Iere Village	do.
38	Pooran	do.	Williamsville	Williamsville	do.
39	Sue See Quaing	do.	Bonne Aventure Est.	Indian Walk Junction	do.
40	John Lee Qui	do.	Moose Village	Moose Village	do.
41	Ramanan Ramlal	do.	Guaracara	Guaracara Junction	do.
42	Ramjattansingh	do.	Cupar Grange Village	Cupar Grange Village	do.
43	Benjamin Ramjattansingh	do.	Bronte Estate	Bronte Estate	do.
44	Abdul Aziz Rajack	do.	Garth Road	Garth Road, Brothers Village	do.
45	John Lee Sam	do.	Guaracara Junction	Guaracara Junction	do.
46	Sookoo	do.	St. Croix Road	St. Croix Road	do.
47	Quan Soon	do.	Princes Town	Torrib Trace Junction	do.
48	Pahalad Tankoo	do.	Cumuto Road	Cumuto	do.
49	Samuel Lue Yat	do.	Oropouche River Rd.	Rochard Douglas Road	do.
50	Hamond Lee Wan Yuen	do.	Princes Town	Cacique Street, Princes Town	do.
51	Sahabat Rajack	do.	Sugar Road, Bronte	Sugar Road, Bronte	do.

(84)

写真４　1938年３月のトリニダード植民地官報に掲載された、酒類販売ライセンス保持者リスト（部分）。トリニダード島のビクトリア州プリンス・タウンやモルーガ・ロードは郊外地域に当たり、51人中39人が中国系である。（*The Trinidad Royal Gazette*, 10 March 1938, 219）

の都市を離れた郊外地域では許可取得者の実に八割弱が中国系であった（写真4）[70]。

中国系酒類販売業者の出自は定かでない。しかし、酒類販売業者が労働階級や貧困層を相手に成り立っていた性質から、トリニダードの華商の圧倒的多数を占める零細商人や小商人に当たるといえる。同時に、これが契約華工の過去を有する中国系商業コミュニティの実態であったといえよう。店舗法が大きな打撃になるとのリーラムの見解は、誇張ではない。

リーラムの抗議文から約一か月後、西インド諸島王立調査委員会は現地でトリニダード中華商会の主要会員に聞き取りをおこない、店舗法にある営業時間規定も問題であるという証言を採った[71]。華商と労働階級の近さはここでも、次のような流れのなかで、華商自身の口から明言された。店舗法は、トリニダードにおける商店の営業時間を従来の一二時間営業を改め、イギリスと同じ八時間と定めていた。これに対して華商は、開店時間の時短によって新法施行一か月で売り上げが三〇％落ち、かつ利用者のニーズに応えられないと抗議した。華商がイギリス人委員相手に最も苦労した説明が、華商の商売が農業労働者の生活と深く関わっているため、八時間営業の規定が現地に合わないという点であった。イギリス人委員たちは、植民地の農業社会における商売の性質に無理解で、イギリスの労働基準をトリニダードで適用すべく質問を繰り返した。委員たちの質問はすべて、労働者の自由と権利のために設けられた本国イギリスの労働規定を植民地にも適用しようとの意図に基づいていた。そのため、異なる社会経済を有する植民地社会における労働形態に適応した華商の商売様式と相容れない部分があった。

やり取りのなかで中華商会の代表を務めた華商ツォイは、説明の重点を農業労働者との関係に移し、時短営業では人々の求めるサービスを提供できないと説明した。中華商会の会員である華商の大多数は、都市以上にむしろ地方農村地帯で労働階級の要望に応える商売をしている。地方の農業労働者はそれぞれ異なる時間帯に働き、異なる時間に買い物に来るため、店舗を早朝から夕方まで長時間開けて対応する。店舗法施行後、裕福な者は人を遣って買い物ができるであろうが、労働階級は買い物できる時間に店が閉まることになる。ここから華商は、店舗法は労働階級を差別している、と指摘した。労働者は裕福ではないので、労働で日銭を稼ぎ、華商はその求めに応じている、とも主張した。

マッキノン委員：ではあなたは貧困層の利益のために要請していると？

華商ツォイ：まさにそうです。我々は心底彼らを気にかけています。我々こそ彼らにすべてを提供しているのです。地方農村部の店舗は生活に必要なすべてを売ります。雑貨小間物、乾物、食器、蒸留酒、食品、ワイン。また露地栽培作物の売り手でもあり、サトウキビやココアの栽培産業では信用貸しをおこなう事実上の銀行としての役割も果たします。薬局が遠いところでは専売薬を売りもします。それが今や活動を制限されているのです(72)。

そのうち人々は慣れるというイギリス人委員に対して、華商は、トリニダードで農業労働者は日銭に依存しており、その日銭も半額は信用貸しで、その日銭でかれらは当日の夕食を買いに夕方店舗に立ち寄るような状況だと説明し、やり取りは最後までかみ合わなかった(73)。

一九三〇年代のトリニダードには、リーラムのように、契約華工時代に来た世代の文化的・社会的資源を用いながら、ココアや石油事業などの成長産業に参入し、経済的に大成功した華商を含む世代が出現していた。同時に、二〇世紀に入って以降広東省から連鎖移住して来た新来の小商人グループがおり、そうした華商は現地化の際に西洋化した。先行研究ではこうした華商の経済的成功と西洋化が強調されてきた(74)。しかし史料が拾いあげたように、実際は上述の中華商会所属の華商が証言した実態があり、過去に契約華工が入った地域に留まり、労働者や貧困層相手に商売する零細商人や小規模商人が多かった。中国系社会では、華工ならびに現地労働者層との関係が、重要な日常であり続けていたのである。

六、おわりに――人種化・周縁化された社会における「自由」としての自立

一九世紀南北アメリカの華工こそ、自由／不自由の議論に翻弄された集団であった。アフリカ人奴隷の代替労働力としてカリブ海地域やペルーに導入され、奴隷的待遇で重労働を課された時、苦力と呼ばれるかれら契約労働者はまさに不自由な存在であった。同時期におけるアメリカ西海岸のゴールドラッシュで華工は自由労働者であったが、新州の地域アイデンティティの形成、さらにはアメリカの国民国家形成プロセスにおいて、不自由な労働者「苦力」と呼ばれ、一八五〇年代には奴隷、七〇年代には債務労働者と同等という偏見に基づいて、排斥された。北米でのかれらもまた、人種化され周縁化されたのである。排斥の体制はアメリカで一八八二年排華法の成立にいたり、さらに南北アメリカと環太平洋地域諸国へと排華法体制が伝播するなかで、グローバルな華工ディアスポラは終息した。

華工の人種化・周縁化ゆえにあまりに見過ごされてきたのが、華工が長い時間をかけて着実に不自由な状況や社会下層から離脱したり、労働の条件や特質を改善したりする動きであった。南北アメリカ地域の華工は複数の経路を経て、労働者を離脱して商人あるいは専門技術者などの何者かになり、それが叶わない場合は労働者に留まっても利益が得られる環境を選択した。そうすることでかれらの自由、すなわち自立を実現した。「不自由」は華工もやはり甘受し続けるものではなく、自立を射程に入れておこなった多様な実践は、苦力や契約華工であった初期段階からすでに確認することができるのである。地縁や血縁を基礎とする中国人の強靭な組織性に依りつつ集団で自立してゆくさまざまな経路は特に重要であり、契約満期を迎えて自由労働者になった後にこそ集団性・組織性を有利に使って下層からの離脱を本格的に始めたのである。

ある者は労働者に留まって賃労働に携わるにあたり、白人の雇用下で虐待や搾取、差別を被る事態から身を守れるよう同じ中国人に雇用され、作業集団単位で稼いだ労賃を職工長から分配される賃金を得ながら、農業や鉄道建設・土木工事の専門作業集団の一員になっていった。ある者は労働者から脱して商業領域に参入するにあたり、零細商人から始めた。さらに上昇して小店舗を構える商人になることを目指すにあたり、資本獲得手段もまた地縁・血縁で構成する集団性に頼った。労働者派遣業者は労働者出身者が大きな社会的成功を収める着目すべき職種であり、これもまた地縁・血縁ネットワークを最大限有効に使った事業であった。こうした華工と華商の関係性はきわめて近く、相互に利益を支えあっていた。

華工自身が目指した「自由」とはなにか。それは、かれらが生き延びるために主体的に選択していった、一定の専門性を必要とする職への移動によって勝ち得た自立であった。これは海外単純労働者となった近代華工ならではの傾向といえ、近代におけるグローバルな移動を前提に生まれてきた自由のあり方といえるだろう。

（1）　原本はすでに失われているが、一九八九年にナナイモで発行された六冊の抄録「船上にて」、「金鉱にて」、「鉄道建設工事」、「炭坑にて」、「食事の用意ができました」、そして「法律」が現存し、それぞれの労働現場で想定される会話を確認できる。金鉱、鉄道敷設、炭坑、調理を主とする家庭内雑用は、一八五八年BC州のゴールドラッシュから一九一〇年代にいたるまで、カナダの華工が従事してきた代表的な労働である。抄録が出版された目的は、現地では、研究者が研究目的で作成したと推測されている。Wallace B. Chung and Madeline H. Chung Collection, University of British Columbia 所蔵。

（2）　一九世紀にアメリカで中国人に向けられた呼称に、John あるいは John Chinaman があった。往々にして侮蔑のニュアンスを含んだため、現在は差別用語と見なされ使用されない。

（3）　n.n., "Coal mining: extract from a handbook for Chinese workers," Nanaimo: Nanaimo Publishing Cooperative, c. 1980–9 (Original: n.n., *Handbook for Chinese Workers*, Victoria, B.C., 1892), 3, 10–1, in Wallace B. Chung and Madeline

H. Chung Collection, Rare Books and Special Collections, University of British Columbia Library, CC-TX-278-11.

（4）　華工イメージの再考には、二〇一四年にワシントンＤＣ労働省の栄誉の殿堂に一九世紀の中国人鉄道労働者一万二〇〇〇人が殿堂入りしたことも、追い風となっている。学術研究のみならず社会的認知の高まりもまた、華工の研究を後押しした。The White House https://obamawhitehouse.archives.gov/blog/2014/05/09/they-helped-build-railroad-and-nation-honoring-chinese-railroad-workers（二〇二三年三月二六日閲覧）。スタンフォード大学の研究成果はウェブサイトと代表的出版物で確認できる。Chinese Railroad Workers in North America Project at Stanford University, August 31, 2020 (https://web.stanford.edu/group/chineserailroad/cgi-bin/website/ 二〇二三年三月九日閲覧); Gordon H. Chang (eds.), *The Chinese and the Iron Road: Building the Transcontinental Railroad* (Stanford: Stanford University Press, 2019), 4, 287. ほぼ全員が教育を受けた識字者であるとの新聞記事や鉄道会社が筆記具一式を供給した記録も示された。

（5）　Mae Ngai, *The Chinese Question: The Gold Rushes and Global Politics* (NY: W. W. Norton & Company, 2021), 48.

（6）　Wang Gungwu 王賡武, *China and the Chinese Overseas* (Singapore: Times Academic Press, 1991), 5.

（7）　可児弘明『近代中国の苦力と「猪花」』（岩波書店、一九七九年）五八頁。

（8）　バラクーンとはもともと奴隷の収容施設を指す。中国で、欧米人は募集した中国人を監禁する小屋を「バラクーン（巴腊坑）」と呼んだとあり、奴隷貿易での用語と募集スタイルを中国でもそのまま適用していたと分かる。中国人は「猪館」「猪仔館」「売人行」と表現していた。

（9）　可児『近代中国の苦力』、一〇～一、五八～六三頁。

（10）　一九〇五年に中国で出版された小説『苦社会』は、ペルーの苦力貿易やアメリカの契約華工の労働現場の実態に関する衝撃的な叙述が多い。五感に基づいた表現が多いため、実体験や目撃談が含まれると考えられる。極めて信憑性が高く、例えばペルーに到着した苦力貿易船の内部描写において、手足に鎖をかけられたまま折り重なって死亡した七、八〇〇人の苦力の遺体を、シャベルで竹籠に移してそのまま海に捨てるという文字通り酸鼻を極める箇所もあり、奴隷貿易との連続性がよく分かる。作者不明「苦社会」増田渉訳『中国現代文学選集1清末・五四前夜集』（平凡社、一九六三年）三〇一～二頁。

（11）　可児『近代中国の苦力』、一〇～二〇頁。

（12）Ngai, *The Chinese Question*, 34.

（13）園田節子『南北アメリカ華民と近代中国――一九世紀トランスナショナル・マイグレーション』（東京大学出版会、二〇〇九年）一〇六〜一二九頁。

（14）Richard T. Chu "Transnationalizing the History of the Chinese in the Philippines during the American Colonial Period: The Case of the Chinese Exclusion Act," in M. F. Manalansan and A. F. Espiritu (eds.) *Filipino Studies: Palimpsests of Nation and Diaspora* (NY: New York University Press, 2016), 182-7.

（15）許淑真「労働移民禁止法の施行をめぐって」（『社会学雑誌』七、一九九〇年）一〇二〜一一九頁。園田節子「近現代の華人の移動にみる制度・国家・越境性」（永原陽子編『人々がつなぐ世界史』ミネルヴァ書房、二〇一九年）二一四〜五頁。Erica Lee, "The Yellow Peril and Asian Exclusion in the Americas," *Pacific Historical Review*, 76(4), 2007; Marilyn Lake and Henry Reynolds, *Drawing the Global Colour Line: White Men's Countries and the International Challenge of Racial Equality* (Cambridge: Cambridge University Press, 2008); Delber L. McKee, *Chinese Exclusion Versus the Open Door Policy, 1900-1906: Clashes over China Policy in the Roosevelt Era* (Detroit: Wayne State University Press, 1977).

（16）Angela R. Gover, Shannon B. Harper, and Lynn Langton, "Anti-Asian Hate Crime During the COVID-19 Pandemic: Exploring the Reproduction of Inequality," *American Journal of Criminal Justice* 45 (2020), 650-1.

（17）ペンシルバニア生まれのドイツ系二世で、民主党の指名を得て、準州から州に昇格したばかりの新生カリフォルニア州知事選で一九五一年に勝利し、初代州知事になっていた。当時のカリフォルニアにはビグラーのように、ゴールドラッシュを機に来た「四九年組《フォーティーナイナー》」のなかに、東部出身のヨーロッパ移民で専門的経験が薄い、精力的な野心家が見られ、その活動が政治経済領域に影響を与えていった。

（18）Ngai, *The Chinese Question*, 82-5. なお、苦力法案はホイッグ党と民主党双方が支持したが、フリーソイラー党の反対によって否決された。

（19）Ngai, *The Chinese Question*, 85-6.

（20）Alexander Saxton, *The Indispensable Enemy: Labour and the Anti-Chinese Movement in California* (Berkeley: University of California Press, 1971); Charles J. McClain, *In Search of Equality: The Chinese Struggle Against Discrimination in Nineteenth-Century America* (Berkeley: University of California Press, 1994).

(21) Ngai, *The Chinese Question*, 160-1.

(22) Ngai, *The Chinese Question*, 4-5.

(23) 園田『南北アメリカ華民』、七三〜一〇三頁。

(24) Cuba Commission, *The Cuba Commission Report: A Hidden History of the Chinese in Cuba, The Original English-language Text of 1876* (Baltimore: The Johns Hopkins University Press, 1993), 113.

(25) n.d.「照録要閣所査華工供詞見証」（陳翰笙編『華工出国史料彙編』第一輯、北京：中華書局、一九八五年）一〇四六〜七頁。

(26) Daniel Liestman, "Horizontal Inter-Ethnic Relations: Chinese and American Indians in the Nineteenth-Century American West" *Western Historical Quarterly* 30(3) (1999); Jean Barman, "Beyond Chinatown: Chinese Men and Indigenous Women in Early British Columbia," *B.C. Studies* 177 (Spring 2013).

(27) Bridget Brereton, *A History of Modern Trinidad 1783-1962* (Champs Fleurs: Terra Verde Resource Centre, 1981), 45-6; Bridget Brereton, *Race Relations in Colonial Trinidad 1870-1900* (London: Cambridge University Press, 1979), 86, 89; B. W. Higman, "The Chinese in Trinidad, 1806-1838," *Caribbean Studies* 12(3) (1972). 英領トリニダードでは契約華工を当初から自由入植移民として扱い、アフリカ人より上位と明言して土地や家庭農園、賃金・食料条件などの面で好待遇を整えた。これは白人支配層とアフリカ人解放奴隷とのあいだで中国人が中間層を形成して、緩衝作用を果たす、奴隷貿易禁止後の新しい社会作りを目指していたためでもあった。しかしながら、トリニダードでは中国人の扱いが恵まれていたという議論には、慎重でなければならない。奴隷貿易廃止前夜のトリニダードの砂糖農園経営には、奴隷制の維持を強く望む現地農園主と、白人労働移民や白人小農といった自由労働者の入植を考えるイギリス政府、そしてヨーロッパ、中国、ベネズエラからの試験的入植を奨励すべきと考えるイギリスの奴隷廃止論者の主張が絡み合った。このため、契約華工の導入時には奴隷との別が強く意識されて文書も作成されたのである。しかし、導入後すぐに中国人側から都市で賃金労働をしたいと要求が出たり、農園労働で死者が続いたりしており、アフリカ人奴隷の代替労働は実際過酷であったことがうかがえるためである。

(28) Higman, "The Chinese in Trinidad," 27-32.

(29) Higman, "The Chinese in Trinidad," 35-8.

(30) Higman, "The Chinese in Trinidad," 29-32, 39.

(31) Cuba Commission, *The Cuba Commission Report*, 110.

(32) 農園主が華工を無期限の奴隷的労働者として使うために再契約を強く望むので、中国での地位や能力を証明できるものを持たなければ、一般労働者や奴隷と同じ扱いに留められた。Cuba Commission, *The Cuba Commission Report*, 111-3.

(33) Cuba Commission, *The Cuba Commission Report*, 113.

(34) Kathleen López, *Chinese Cubans: A Transnational History* (Chapel Hill: The University of North Carolina Press, 2013), 56.

(35) López, *Chinese Cubans*, 62-4.

(36) López, *Chinese Cubans*, 66.

(37) Michael J. Gonzales, *Plantation Agriculture and Social Control in Northern Peru, 1875–1933* (Austin: University of Texas Press, Reprint version, 2014), 191-2.

(38) Sucheng Chan, *This Bittersweet Soil: The Chinese in California Agriculture, 1860–1910* (Berkeley: University of California Press, 1986), 346-50.

(39) Chan, *This Bittersweet Soil*, 345. 同書ではカリフォルニアの中国人作業集団の由来について、中国の郷村における連帯責任制を導いた保甲制度と関係があると指摘し、ロペスもこの指摘を重視している。しかし、王朝支配側から人員管理として発足・機能した保甲制度と移民先における生存に直結した作業集団の形成との相関性については、慎重に実証する必要がある。

(40) オレゴン州では一八五七年州法で中国人・黒人・ラテンアメリカ移民は選挙権を剥奪された。中国人には、さらに中国人鉱夫税も課され、一八六二年まで非白人は法廷で証人になることが認められていなかった。一八六二年に中国人は五ドルの人頭税を払えば選挙権を取得でき、中国人の貿易業者は月五〇ドルの特別徴収で事業が許可されたが、これも差別的な人種政治の継続を意味する。

（41）カリフォルニアはじめアメリカ各州のゴールドラッシュは、初期には川の流れに入って旋盤やクレードルで川砂や砂利から砂金を選る方法であった。しかし、すぐに一定の面積で「鉱区 claim」を買い、その主が鉱区内で砂金を捜す権利を持つ形態に変化した。

（42）Randall Rohe, "The Chinese and Hydraulic Mining in the Far West," *The Mining History Association 1994 Annual* 1 (1994), 85.

（43）Rohe, "The Chinese and Hydraulic Mining," 85, 88.

（44）Victor G. and Brett de Barry Nee, *Longtime Californ': A Documentary Study of an American Chinatown* (Stanford: Stanford University Press, 1986), 40-3.

（45）Thomas Chinn (ed.), *A History of the Chinese in California: A Syllabus* (San Francisco: Chinese Historical Society of America, 1984), 44-5.

（46）Chang, *The Chinese and the Iron Road*, 279.

（47）Chang, *The Chinese and the Iron Road*, 281.

（48）中国最初の民営鉄道は、一九〇三年にインドネシア華僑の張榕軒らが汕頭地域に合資で建設した潮汕鉄道であった。

（49）Chinn, *A History of the Chinese*, 47.

（50）Roy McCree, "The Chinese Game of Whe Whe in Trinidad: From Criminalization to Criminalization," *Caribbean Quarterly*, 42(2-3) (1996), 6.

（51）園田『南北アメリカ華民』、一三五頁。

（52）園田『南北アメリカ華民』、一三四～五、一九一～三頁。

（53）Chinn, *A History of the Chinese*, 49-56.

（54）Lucie Cheng and Edna Bonacich, *Labor Immigration under Capitalism: Asian Workers in the United States before World War II* (Berkeley: University of California Press, 1984), 232.

（55）Chinn, *A History of the Chinese*, 49–53.
（56）Chinn, *A History of the Chinese*, 54.
（57）園田『南北アメリカ華民』、二五七～八頁。
（58）Chang, *The Chinese and the Iron Road*, 286.
（59）McCree, "The Chinese Game of Whe Whe," 2-6. ウェウェの語源は当時現地で使われていた複数言語のうち、アフリカ系のクレオールが用いていた土着化したフランス語「パトワ patois」から生まれたと考えられ、主要客層がおのずと知れる。一八八八年に禁止されて以降も、賭けは毎日二回、家や空き地、広場の一角で人目につかないようおこなわれ、胴元が当たりをどう選ぶか具体的な手順は秘密にされた。具体的な賭け方だが、三〇ほどの数字には、「一」は「ムカデ」、「二」は「老婆」、「三」は「馬車」、「四」は「死んだ男」のように、数字と、各数が暗示する人や動物、物体の絵で構成されていた。それぞれの絵には対となる絵があり（例えば、一「ムカデ」の対は五「男」）、さらに特定の絵に影響する、魂を持つ絵もある（例えば、「ムカデ」の魂は「死んだ男」）。絵は賭けが膾炙した初期には漢字であり、顧客には中国人が漢字の意味を通訳・解釈していた。顧客は自分が見た夢や直観、最近の出来事などに関わるひとつあるいは複数の漢字を選ぶことになっていた（例えば、移動する夢を見たら三の「馬車」）。漢字が三〇ほどあるため、夢や出来事に対してその漢字を選ぶべきか複数の解釈が成り立つ。その際には中国語で書かれた専用の図表を別途用いて選んだ。そして、この専用の図表は中国人だけが持っていた。こうして顧客は漢字を選び、掛け金を徴収する胴元にその漢字への掛け金を払う。一度当たった漢字は再度使えないことになっていたため、中国人の助けは常時必要であった。ウェウェを購入する顧客は積極的に仲介者を通してウェウェを買い、勝ち金を徴収する際にも仲介者を使うことがあった。
（60）McCree, "The Chinese Game of Whe Whe," 6.
（61）McCree, "The Chinese Game of Whe Whe," 5–6.
（62）Report of Attorney General Stephen Herbert Gatty, 11 May 1888, in Despatches from William Robinson, Governor of Trinidad, CO 295/317, pp. 629–30, The National Archives, Kew, London.
（63）Forwards a petition concerning the game Whé Whé, by Chinese residents in San Fernando against Ordinance No. 5 of 1888, 20 July 1888, CO 295/318/24, pp. 229–32, The National Archives, Kew, London.

(64) 園田『南北アメリカ華民』、一四八～五二頁。

(65) リーラムの詳細は、園田節子「二〇世紀前半英領西インド諸島の地域間関係における華僑華人」（『イベロアメリカ研究』四二巻特集号、二〇二一年）五八頁を参照。

(66) The Chinese Commercial Association Submission to the West Indies Royal Commission, 20 January 1939, in Memorandum of evidence: Chinese Commercial Asscn., CO950/794, The National Archives, Kew, London.

(67) *Supplement to Serial No. 894*, from G. Aldric LeeLum to the Secretary of the West Indies Royal Commission, 17 March 1939, in Memorandum of evidence: Chinese Commercial Asscn., CO950/794, The National Archives, Kew, London.

(68) 官報 *Trinidad Royal Gazette* は一八三五年創刊、一九六二年廃刊。英領トリニダード島の植民地政庁が公的情報、とくに法的要件を通知するため発行した週刊紙で、法律の制定・改正、官庁職員や議員の任命・休職、政府による認可、調査委員会への任命、土地売買、小売物価・入札・決算の指標などを載せた。

(69) 例えば一九三八年三月一〇日版のカロニ州における酒類販売許可証更新申請者の全数八三人中、中国系は四七人であり、約五七％を占める。*The Trinidad Royal Gazette*, 10 March 1938, 215–6.

(70) *The Trinidad Royal Gazette*, 10 March 1938, 215–24.

(71) Witnesses: The Chinese Commercial Association, Hing King (Chief Witness) and A. Tsoi, 24 February 1939, 58–65. in Memorandum of evidence: Chinese Commercial Asscn., CO950/794, The National Archives, Kew, London.

(72) Witnesses, 61.

(73) Witnesses, 64-5.

(74) Walton Look Lai, "The Trinidad Experience," *Essays on the Chinese Diaspora in the Caribbean*, ed. Walton Look Lai (St. Augustine: History Department University of West Indies, 2006), 61–9. 成長産業に参入してトリニダード経済を牽引した中国系商人については、園田「二〇世紀前半英領西インド諸島の地域間関係における華僑華人」を参照。

第七章　故地と移動先とのせめぎあい

――インドの商業集団マールワーリーとその自画像の諸相

田中鉄也

一、はじめに

本章は、東インドのベンガル地方を本拠としたジャガト・セート一族を考察対象に取りあげ、英領インド期におけるインドの商業集団のひとつであるマールワーリーが自分たちの姿をいかに描いてきたのかを、彼（彼女）らの故地やそこからの移動、さらに移動先で及ぼされた影響を踏まえて明らかにするものである。[1]

マールワーリーと呼ばれる人々は、生業として伝統的に商売や交易、換金業などに従事してきたがゆえに商業集団と理解される。そのなかでも英領インド期に故郷であった（現ラージャスターン州にほぼ相当する）ラージプーターナー諸藩王国を飛び出し、カルカッタなど植民地経済の中心都市に拡散した（地図1）。

ここで本書のテーマのひとつである「移動の自由／不自由」を用いると、インド亜大陸内に限定すれば、マールワーリーは「自由な移動」を実現していた人々とみなしてもよいだろう。例えば、マールワーリーの代表格として知られるビルラー財閥の中興の祖G・D・ビルラー（一八九四〜一九八三）は、自らが生まれ故郷の砂漠地帯を離れ、商機を得るためならどこへでも恐れず移動する商人であったことを誇りに思っていた。[2]

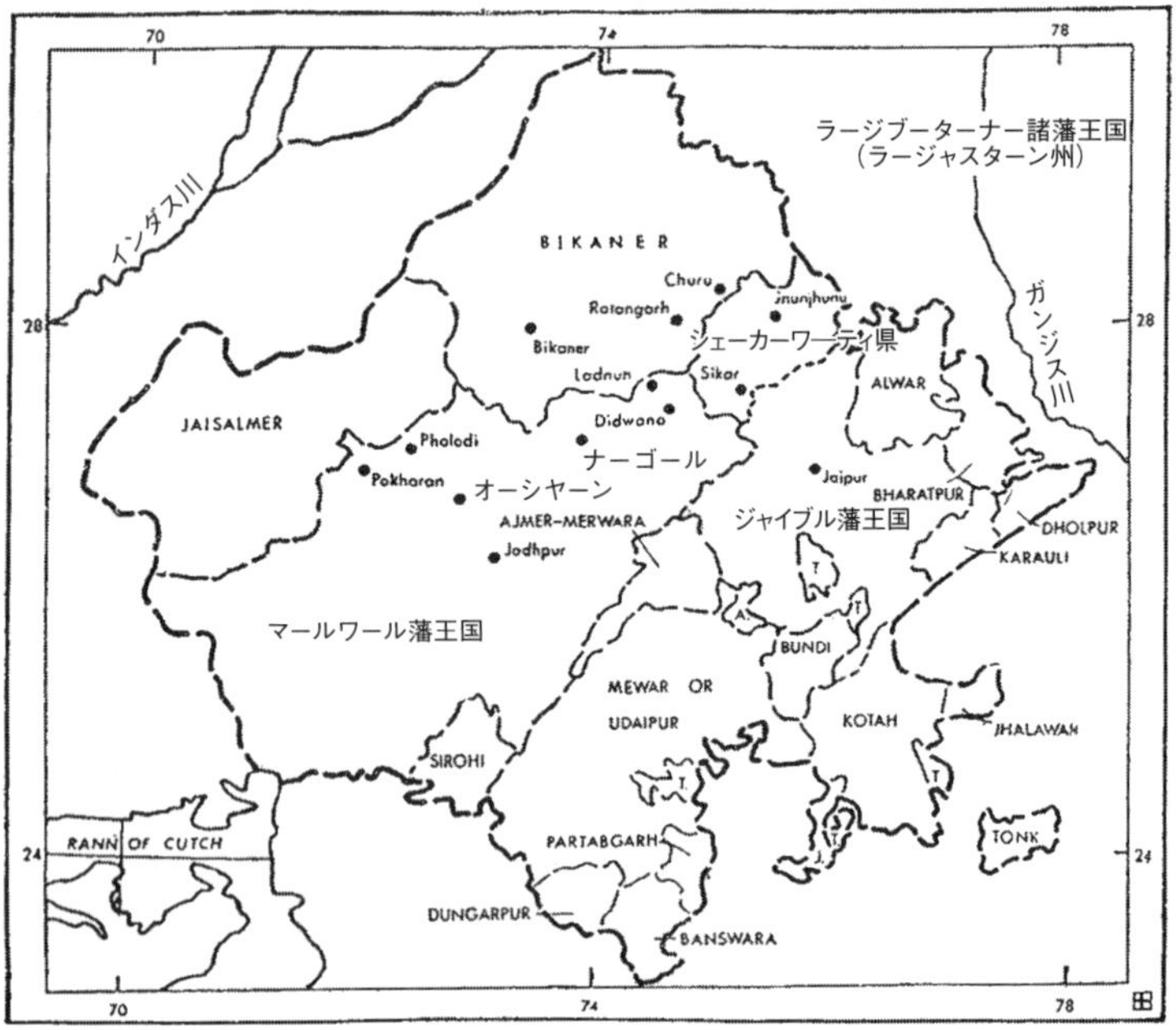

地図1　ラージプーターナー諸藩王国（ラージャスターン州）地図
出典：注(9)Thomas Timberg, *The Marwaris*, 104.

他方で、冒険心に富み、未知の場所にも自由に移動する商人としてのマールワーリーの表象を所与のものとみなしてよいわけではないだろう。なぜなら、本書の第三部で検証されるように、西洋近代のもと積極的に価値付けられた「自由な移動」は一八世紀以降のイギリスを中心とした西ヨーロッパという時代的そして地理的な文脈を起源とするからだ（例えば本書第一一章の薩摩論文や第一三章の新免論文を参照されたい）。

近代の西ヨーロッパを起源とした「自由な移動」を積極的に価値づけた言説が、その植民地を中心に世界各地へ広がったということは、現代の視点からいえば疑いがないだろう。その意味では英領インドで台頭するマールワーリーはもしかすると「自由な移動」に影響を受けたのかもしれない。しかしながら、それがどれほど彼（彼女）らに内在化したか否かについては、慎重な歴史的検証が必要である。

もともとマールワーリーとは商売を生業とするカーストの名称ではない。本章で取りあげる事例はカーストでいえばオースワールに帰属する人々だ。そのなかでマールワーリーとはラージャスターンを離れ、カルカッタなどに商機を求め移動した人々であって、オースワールに帰属するすべてがマールワーリーというわけではない(3)。オースワールのなかでマールワーリーと呼ばれるようになった人々がいるという表現が正確である。このようにマールワーリーを理解する上で、その移動性は重要なキーワードとなる。

そのなかでも一八世紀からベンガル地方の政治や金融で支配的立場を確立してきたジャガト・セート一族は、インド経済史学でマールワーリーの第一世代として理解されてきた(4)。なぜなら、この一族とその後にオースワールのなかでマールワーリーと呼ばれるようになった商人たちは、故地やカースト、生業という点で共通しているからだ。しかし、本章で取り扱う一九世紀初頭から二〇世紀初頭における両者に関する史料を分析してみると、家産の相続方法や宗教、さらに航海をめぐる規範に関して多分に異なった特徴がみられることが明らかとなる。なぜこの両者には違いが生じてくるのだろうか。この問いを解明するために、筆者は故地からの移動や移動した先からもたらされる影響に着目したい。

近年の南アジアのディアスポラ研究では、移民コミュニティに帰属する人々のアイデンティティの諸相を理解する上で、当該集団の故地とのつながりだけではなく、そこからの移動やその移動先で及ぼされる超地域的(Trans-local)な影響に着目するようになっている。例えば、K・レナードは南インドのハイデラバードからアメリカへ移住した人々のなかで、移住先で生まれた若年層が強調するハイデラバーディーらしさに着目する。それは故地との関わりと強調する彼(彼女)たちの親世代(移住第一世代)がもつハイデラバーディーらしさとは異なり、移動先のアメリカとのかかわりのなかで生み出される(5)。

イギリス系の夫とインド系の妻との混血児を意味するアングロ・インディアンの場合、故地やそこからの移動先が交錯している。例えば父方の出自を指すイギリスは故地だけではなく、カルカッタ（現コルカタ）からの移住先をも意味する。そして母方の出自であるインドもまた故地として重要な意味をもつ。特に生まれ育ったカルカッタやそこでの隣人関係の記憶がアングロ・インディアンに帰属する人々の超地域的なアイデンティティを構成する要素とみなされている(6)。

また印パ分離独立以前に故地を離れたシンディーは現在のパキスタン領にある故地シンドへの帰還をあまり重要視しない。むしろ分離独立後の主要な移住先となったボンベイ（現ムンバイ）こそが、世界各地に広がった仲間たちをつなぐ超地域的な結節点としてシンディーらしさの重要な基盤とみなされている(7)。

これらの研究は、故地やそこからの移動もそうだが、移住した先で当事者たちに及ぼされた超地域的な影響を見ようとした点で、筆者の研究関心と重なるものだ。もちろん筆者はマールワーリーが南アジアのディアスポラに含められると主張しているわけではない。本章で取りあげる事例も国家間を超えて移動する人々ではなく、その当事者たちもトラウマ的な故地の喪失や移動先で言語的または民族的少数派としての抑圧を経験したわけでもないことは注記しておかなければならない。

むしろ筆者がここで着目したい点は、マールワーリーと呼ばれてきた人々が描く自らのイメージに、その故地たるラージャスターンや、そこからの移動、さらにはその移動先での経験が多分に影響を及ぼしているのではないかという視点だ。特にジャガト・セート一族とそれ以降にマールワーリーと呼ばれた商人たちの間で生じた自己認識の差異は、故地から移動した先での両者の経験によって生じたものであることが予想される。だからこそ本章では、マールワーリーがその自画像を描くときに、故地とのつながりのみならず、そこからの移動やその移動先でいかなる超地域的な影響が作用したのかを分析したいのである。

ここで英領インド期におけるマールワーリーの自画像を検証するための注意点を明記しておく。それは、本章で取りあげる人々が英領期の史料で総じてマールワーリーと呼ばれてこなかった点である。後述するように現在のマールワーリーという呼称は「ラージャスターン出身の成功したビジネス・コミュニティ」という特殊な意味合いが付与されている。その意味合いはインド経済史学を中心とした先行研究のなかで形成されたものである。他方で、英領期の史料に登場するマールワーリーという呼称には「成功したビジネス・コミュニティ」とは異なる侮蔑的な意味合いがある。だからこそ分析する者は慎重にそれらを峻別しなければならない。

そこで、本章の第二節では、インド経済史学を中心とした先行研究に基づいてマールワーリーとはだれを指す名称なのかをまず概観する。それに従えば、ジャガト・セート一族はマールワーリーの第一世代とみなされる。しかし英領期の史料を検証すると、ジャガト・セート一族は自らをマールワーリーと呼んではおらず、さらにこの一族の家産継承方法にはある「特異性」がみられる。第二節では、イギリス東インド会社が記録したこの一族に関する史料に依拠してＪ・Ｈ・リトルが著した『ジャガト・セートという商家（*House of Jagatseth*）』を主に用いて、一八世紀から一九世紀前半にかけてのこの一族の特徴を検証する。

さらに、第三節では、一九世紀後半から二〇世紀初頭にかけて展開したオースワール団体（*Osvāl Sabhā*）によるカースト運動に着目するのだが、この団体を運営する人々も自らをマールワーリーとは呼んでいなかったことが明らかになる。ここでマールワーリーと呼ばれる人々は、ラージャスターンの片田舎からカルカッタへやってきた貧しい商人たちで、ジャガト・セート一族もマールワーリーとは呼ばれていなかった。団体のヒンディー語刊行物で記されたオースワールの宗教や航海の規範をめぐる議論を検証することで、マールワーリーという呼び名がいかに多義的に用いられてきたのかを明らかにすることができるだろう。

二、マールワーリーとジャガト・セート一族

（1）マールワーリーを定義する

マールワーリーとは語義的にマールワール地方の言葉や出身者を意味する言葉である。約二〇あるとされるラージャスターニー語のひとつであるマールワーリー語の場合、それはかつてマールワール藩王国やそれに隣接するシェーカーワーティー県で用いられてきた(8)。それゆえこの言語を話す人々は自らをマールワーリーと自認している。他方で、経営史家のT・ティンバーグを中心に、植民地経済で存在感を高めたこれらの地方出身の商人たち、とくに独立後にそのなかでも財閥へと成長した資本家たちを、「成功したビジネス・コミュニティ」という意味合いを強調してマールワーリーと呼ぶようになった(9)。

このような先行研究のなかで、マールワーリーと呼ばれる人びとは、オースワールのように商売を生業としてきたカースト出自が多くを占める一方で、それらと異なるカーストで穀物商や金貸し業に従事する人々も含まれた。また彼（彼女）らは宗教によって統一されるわけではなく、ヒンドゥー教徒もいればジャイナ教徒も存在した(10)。

インド経済史学では、ラージャスターン出身の商人が成功した要因に、基盤とする地域を超えて広範な領域での物資の取引を可能とした交易ネットワークの確立があげられる。彼（彼女）らはインドでの物資の確保を容易にする仲買人としてイギリス人商人に重宝され、ベンガル地方に活躍の場を広げたとされる(11)。それを踏まえ、経済史家のT・ローイは「東インド会社との複雑な関係性があったからこそ、一八世紀のベンガル地方におけるジャガト・セートは良質な史料を有している唯一の商家だろう」と述べつつ、この一族をインド経済史におけるマールワーリーの第一世代とみなした(12)。

一八六〇年代にデリー・カルカッタ間の鉄道が完成すると、ラージプーターナー諸藩王国からカルカッタ管区への商人たちの進出が本格化した。インド北西部への鉄道網が徐々に広がることによって、カルカッタ在住のマールワーリーの人数は一九〇一年には約一四、〇〇〇人、そして一九二一年にはさらに倍増したと説明される（表1）[13]。

一九世紀後半からイギリス人商人の輸出需要として綿花やアヘンなど商品作物が流行し、ラージャスターン出身の商人のなかでも商品作物への投機によって財を築くものもあらわれた。例えば、第一次世界大戦（一九一四〜一八）の戦時需要を巧みに察知しジュート工業への参入を果たしたG・D・ビルラーは、二〇世紀に入るとその財を近代産業へ投資し、産業資本家への歩みを見せた[14]。

以上の歴史的経緯を踏まえ「ラージャスターンを離れて初めてマールワーリーになる」と定義したのが人類学者のA・ハードグローヴだ。彼女は、故地ラージャスターンからの移動と移住先カルカッタでの経済的成功に応じて生成される変動的で文脈依存的な集団範疇としてマールワーリーという呼び名を用い始めた。彼女の定義に象徴されるように、先行研究ではマールワーリーは、ラージャスターン州に住むマールワーリー言語を話す人々ではなく、その生まれ故郷を離れた経済的な成功者にもたらされたステータスコードとして理解されるようになっている[15]。

このようにインド経済史学を中心とした先行研究で形成されたマールワーリーの定義を踏まえた場合、ジャガト・セート一族はマールワーリーと呼ぶことができる。しかしながら、以下で英領期の史料を検証すればするほど、ジャガト・セート一族はマールワーリーとは呼べないのではないのかという疑問が呈されることになる。

表1　カルカッタ在住のマールワーリーの推移

年	人口数
1901	14,000
1911	15,000
1921	30,000

出典：注(9)Thomas Timberg, *The Marwaris,* 89より筆者作成。

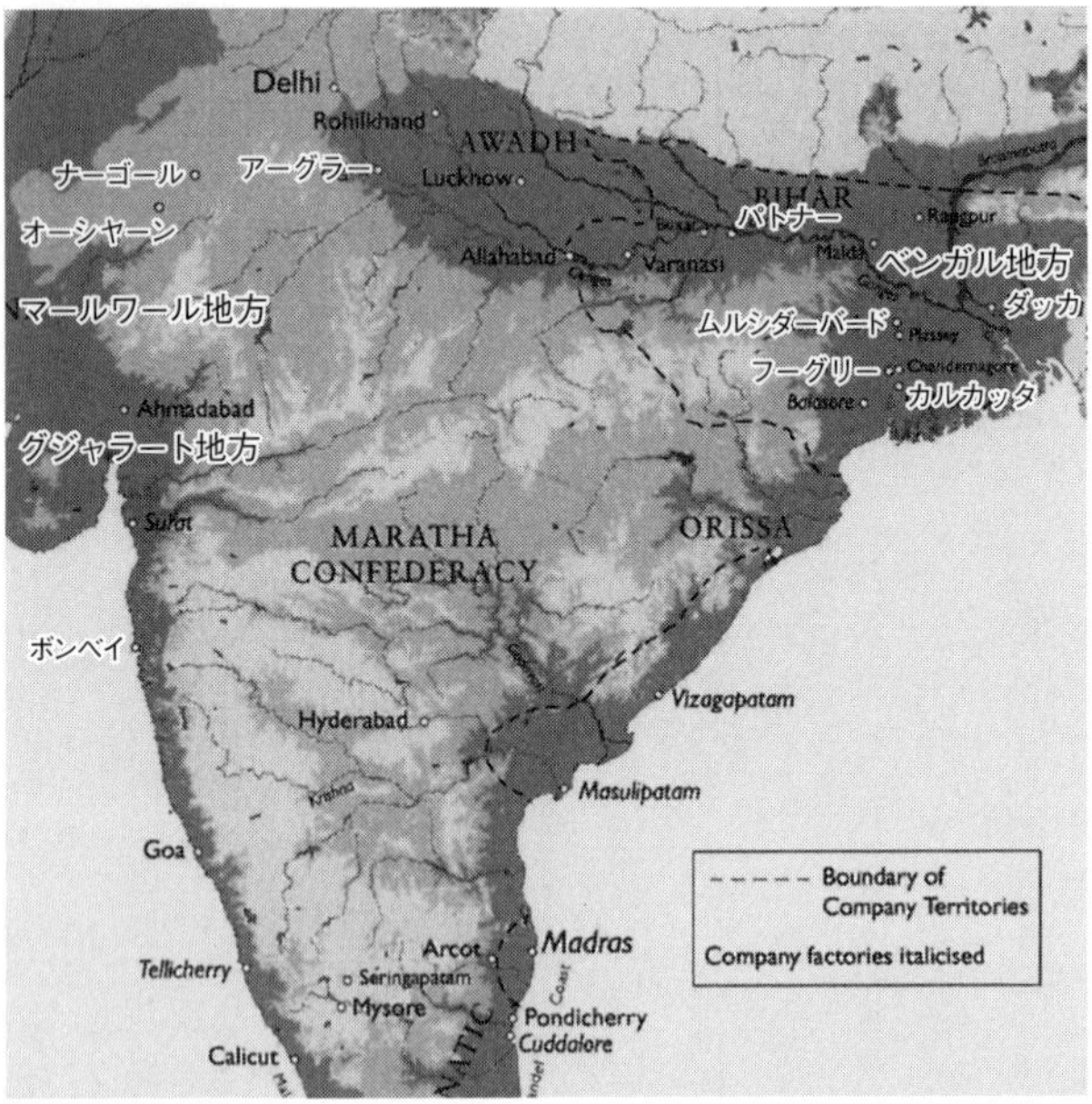

地図2　18世紀のインド地図
出典：注(17)Nick Robins, *The Corporation that Changed the World*, 65.

（2）ジャガト・セートとはだれか

ジャガト・セートとは語義的に「天下の豪商（*Jagat Seth*）」を意味し、ムガル皇帝ファッルフ・シヤルが一七一五年にベンガル太守の金庫番であったマーニクチャンドに与えた称号であった。それがきっかけとなり彼の家系はジャガト・セート一族と呼ばれるようになった。この一族の歴史はインド史のなかでも「長期の一八世紀」とも呼ばれた一六八〇年代から一八三〇年代に重なるものだ。これはムガル的な中央集権国家とそれに連なる（イギリス東インド会社も含まれた）地方政権の下での政治的安定と緩やかな経済的発展が維持されていた時期であった（地図2）[16]。

ムガル帝国下でも極めて裕福なベンガル地方で、支配層と密接な関係をもつことで換金や送金、そして徴税請負を担うことで、在地の商人たちは農村からの徴税を通じた金融ネットワークを支えていた[17]。そのなかからジャガト・セート一族は台頭してきた。

他方でこの一族はもともとからベンガル地方出身の商人であったわけではない。マーニクチャンドの父ヒーラーナンドの生誕地はマールワール地方中部のナーゴールだった。一六五二年に自身の生まれ故郷を離れ（現在のビハール州）パトナーへ移住したヒーラーナンドは、パトナーでイギリス人商人の仲買人として、ベンガル地方フーグリー川で産出される硝石の交易に携わるようになった。その後、彼は自分の息子マーニクチャンドにベンガル王国の当時の首都ダッカ（現在のダカ）の支店を任せた。(18)

一七一五年にベンガル太守からジャガト・セートという称号を偈頌されたように、彼の息子マーニクチャンドはこの地の金融を支配し、政治的にも絶大な影響力を及ぼす権力を得た。彼そして彼以降の一族の栄華は、東インド会社からも「ジャガト・セートは政府の銀行家のようにふるまう。税収の三分の二はこの商家へ払われ、政府は彼を介して為替手形を発行する。まさに銀行の商人のようだ」と評された様からもうかがい知ることができる。(19)

一七五七年にベンガル太守を相手取ったプラッシーの戦いで勝利しベンガル知事となったR・クライブは、戦いの後ムルシダーバードを訪れ、「ムルシダーバードはまるでロンドンのような人の多さと豊かさだ。しかしロンドンとの違いといえば、ごくわずかな個人がありえないほど多くの財産を独占している」と評している。(20)ここで彼が指した「ごくわずかな個人」というのがジャガト・セートであった。

ここで、先述のハードグローヴのマールワーリーの定義を思い出してみたい。それはラージャスターンという地域的出自と、かつそこから離れ別の地（コルカタやムンバイなど大都市）で経済的に成功した人々がマールワーリーと定義されるというものだ。それを踏まえると、ナーゴール出身の一族の始祖をもち、ラージャスターンを離れパトナーやムルシダーバードで経済や金融のみならず政治的な側面でも栄華を極めたジャガト・セート一族は、マールワーリーと呼ぶことができるだろう。そしてインド経済史学でもこの一族はマールワーリーの第一世代として認識されてきた[21]。

(3) ベンガル商家に接近するジャガト・セート一族

この一族の栄華は、一七一七年にベンガル太守が首都をダッカからムルシダーバードへ遷都したことを契機に、これらの地での徴税権と外国人商人を主とした外国通貨の両替権、さらには銀貨の鋳造権をマーニクチャンドに任されたことに由来する。例えば、東インド会社の役人L・スクラフトンはクライブに宛てた手紙で、一七五七年にジャガト・セートが五〇〇万ルピー相当の銀貨を鋳造した際に三五万ルピーの利益を得たようだと推定した[22]。なぜ銀貨の鋳造で利益が生まれるかといえば、当時のベンガル王国では、毎年鋳造された銀貨は鋳造された日から一年間はその価値が保たれるが、一年を過ぎるとそれは昔の銀貨として通商のさいに価値が割り引かれて用いられていたからだ。それゆえジャガト・セートは鋳造から一年を過ぎた銀貨を買い集め、新たな年度にあわせて新銀貨として再鋳造し、年ごとに銀貨鋳造によって生まれる利益を一族のものとしてきた。

ジャガト・セート一族の金融面や政治面における栄華は東インド会社によるベンガル地方の支配権確立とともに徐々に終焉を迎えた。この一族の没落を決定づけた要因のひとつが一八三五年の東インド会社による貨幣鋳造権の独占であった。これによりアーグラーやムルシダーバードといった在地の金融拠点が衰退し、この一族も商業から撤退することになった。一八四四年には一族の経済的衰退を理由に第六代当主ゴーヴィンドチャンドは東インド会社へ恩給を申請した。「英国政府に対するこの商家が果たしてきたこれまでの功労を認める形で」月に一二〇〇ルピーの恩給が支払われることが、東インド会社取締役会にて決定された[23]。

前項ではナーゴール出自であり、ベンガル地方で経済的かつ政治的な成功を収めたからこそ、ジャガト・セート一族がマールワーリーに含められると先行研究で理解されてきたことを述べた。しかしながらこの時期になると、ジャガト・セート一族は、この一族ののちにマールワーリーと呼ばれるようになった商人たちが持っていなかった特徴、すなわちベンガル商家と共通する特徴を持っていたことが明らかとなる。

N・K・シンホは、商業から撤退したジャガト・セート一族が東インド会社からの恩給に加え、（現バングラデシュの）ジョショルの土地の所有・徴税権を得たことで、この一族がもはや商家ではなくムルシダーバードを本拠とするザミーンダール（大土地所有者）へと変容したことを指摘する。[24]この変化は次のように当時のベンガル商家と重なるものだった。

一九世紀前半のベンガル塩市場を検証するなかで神田さやこは、多くのベンガル商家がザミーンダール化した背景を「利潤が期待できず、家の名誉を傷つけかねない商業活動よりも、不動産はより安定的な地代収入と家の名誉の確保を約束した」点から説明している。[25]また神田は、ベンガル商家の間で『ダーヤバーガ』に即して家産分割することが家のダルマにかなうものとして理想化され、一九世紀前半にベンガル商家で相続争いが頻発したとも指摘する。興味深いことにこの家産継承の方法も、ジャガト・セート一族とベンガル商家との共通点といえる。

ここで『ダーヤバーガ』とはベンガル地方での相続法の権威書とみなされたものだ。東インド会社初代ベンガル総督W・ヘースティングスは一七七二年に徴税権と裁判権の行使を円滑にするために司法組織の樹立を目指した。そのなかでダルマ・シャーストラと呼ばれる古法典群が法源として裁判所に用いられ、裁判所の判例の集積がヒンドゥー法（判例法）へと発展した。[26]そのうちサンスクリット語のシャーストラを読めるバラモン学者の「意見」に対する不信感からW・ジョーンズらが法典群を英訳し始めた。そのなかでも一八一〇年にバラモンたちに尊重された二つのシャーストラがH・T・コールブックによって英訳され、在地の相続をめぐる二つの「学派」が誕生した。ひとつはベンガル地方で相続法の権威書とされた『ダーヤバーガ』であり、もうひとつがベンガル以外で尊重された『ミタークシャラー』である。(27)

先に神田が指摘したベンガル商家のように、ジャガト・セート一族のなかでもダーヤバーガ学派に従った家産継承によって相続争いが起きていた。それは第五代当主のインドラチャンドとその弟ヴィシュヌチャンドの間の紛争であり、弟が兄を訴えたものだ。ヴィシュヌチャンドは、家産のなかでもカルカッタにある当時一〇万ルピーと推定された商家の財産は自分の取り分であることを主張した。最高法院は一八二二年に『ダーヤバーガ』に従い「まさにベンガルで広く合同家産が分割される方法で」この一族の家産も分割されるべきと勧告した。(28)

ダーヤバーガ学派における相続のあり方を端的にいえば、家長が合同家族の財産に関する一切の権利を有し、家長の死後はじめて息子たちのそれぞれの取り分の権利が発生するというものだ。(29)この家産分割の割合は原則的に存命している息子たちの間で等分されるものと考えられていた。だからこそ、神田が指摘したように、ベンガルの商家では『ダーヤバーガ』に従った家産分割がダルマにかなうものと認識されていた。(30)

他方で、ジャガト・セート一族とは異なり、先述のビルラーなどのように、のちにマールワーリー財閥と呼ばれるようになった商家ではミタークシャラー学派に従った家産継承をしていたようだ。ベンガル以外の地方で尊重された『ミタークシャラー』では家長の死後でも家産分割を認めていない。息子たちは家族の財産を分割することなく、父の死後に家長となった人物を中心に家産を他の息子たちと共同に所有することを特徴としていた。(31)これらの商家は、実質的な仕事場であるカルカッタではなくラージャスターンの生まれ故郷にある本家に従いミタークシャラー学派を選択するようになっていた。(32)

ナーゴール出身の始祖から始まるラージャスターンという地域的出自と、かつそこから離れた場所で経済的に成功したという経験を踏まえ、先行研究ではジャガト・セート一族がマールワーリーの第一世代だとみなされてきた。しかし、この一族は同じく先行研究でマールワーリーとみなされる商人たちと二つの側面で異なる方向へ進んだことが明らかとなった。

まずひとつは商業から離れ、ザミーンダール化することによって地代収入の安定化と一族の名誉の確保を求めた点。そして二つ目は、ミタークシャラー学派に従い家産を共同所有するのではなく、ベンガル地方で尊重されていたダーヤバーガ学派に従い一族の後継者たちの間で家産を分割することを選択した点だ。一九世紀前半にザミーンダール化した点のみならず、ダーヤバーガ学派に従った点でも、ジャガト・セート一族はむしろベンガル商家に近似していたとみなすことができる。

三、オースワールのカースト運動とマールワーリー

本節では、一九世紀後半から展開されたオースワールのカースト運動に着目したい。この運動を描いた史料に登場するのは、オースワール団体の運営者たち、ジャガト・セート一族、そしてマールワーリーである。この時期にマールワーリーと呼ばれていた人が誰であるのかを明らかにしながら、それが団体の運営者たちやジャガト・セート一族とどの点で異なるのかを検証していく。

（1）カースト運動とはなにか

カーストという言葉は、南インドに来航したポルトガル人が現地の社会慣行を指して用いた用語カスタ（血統・人種）に由来する。カーストと呼ばれる現象はポルトガル人の来航以前にも存在したのだが、インド亜大陸のさまざまな慣習を含めた集団範疇を意味する用語としてカーストが使用され始めたのは一六世紀末からであった。以降ヨーロッパ人との交流、特にイギリス人によるインド植民地支配のなかで特殊な意味を持った用語とし

てカーストは形成された[33]。

かつて村落のカースト間関係は、各世帯が地域の生産物を世襲的に受け取る職分権と、生業に基づいた分業関係で成り立っていた。しかしイギリス植民地支配による社会変動のなかで儀礼的、経済的、そして政治的に折り重なった村落のカースト間関係と職分権体制は揺るがされ、諸集団は個々に実体化し、互いに競い合うものへと変化するようになっていった[34]。

このようなカースト意識の再編を促した要因のひとつに英領インド国勢調査（センサス）があげられる。インド大反乱（一八五七～五八年）の鎮圧を機に東インド会社に代わり植民地の直接統治に乗り出したイギリス政府にとって、広大な領土と住民に関する情報の収集は急務とされた。一八七一～七二年の全インド規模での統一的な人口調査を皮切りに、一〇年おきにセンサスは行われた。最初期のセンサスから古代インドの四姓ヴァルナは階級的な枠組みと捉えられ、在地社会の内婚集団として存在する幾千ものジャーティが、最上位のバラモンから最下位のシュードラ（そしてヴァルナ外とされる不可触民）へ区分けされた[35]。

一九〇一年のセンサス担当長官H・H・リズレイは全ジャーティ間のランキング確定を試み、在地社会からの意見書の提出を求めた。それによりカースト名やヴァルナ区分の変更を要請する陳情書が植民地当局へ殺到するようになった。センサスによって進められた人々の分類と差異化は集団を客体化し、調査報告はインド社会の再編を促す形で実体化したといえる[36]。

英領インド期の集団意識の再編とそれに応じたカーストの実体化がカースト運動と呼ばれる現象であった。この運動の主要な担い手は英領インド期の都市部で近代教育を受けた人々である。彼（彼女）らが新聞を通じて、自らの出身村の外で同名の帰属集団が存在することを知り、遠く離れた同一カースト内での通婚の是非や経済格差なども議論し始めた。そして同一カースト内のこれら諸問題を解決し、結集するためにカースト団体が組織された。各々は高カーストの慣習の模倣や悪習の廃止、近代教育の推進などを通じて、競い合うように地位の向上に努めたようである。

当局のカースト調査に特に呼応したのがカースト団体であった。これらの団体がセンサスに呼応した証左として、この時期にインド諸語で出版し始めた族譜（カースト史）があげられる。族譜では特定のカースト集団範疇の名のもとに、そこに包含される家系や家族の歴史やヴァルナの帰属などが主として記述されていた。神話時代にまでさかのぼったカーストの高貴な起源譚を族譜に記すことで、センサスで発表されるカースト・ランキングに対して、各団体から自分たちはより高位のヴァルナに位置するはずだという主張がなされた(37)。

このようなカースト運動に、カルカッタなどで経済的に成功した多くのラージャスターン出身の商人たちも積極的にかかわってきた。ただ一方で、彼（彼女）らは自らのカーストのヴァルナ区分を変更しカースト・ランキングを上昇させることが目的でカースト運動に参加したわけではなかった。むしろ移住先での悪評を克服する意図を持っていたようである。

例えば、北インドでは商業に従事する人や集団は時にバニヤー（商人）と呼ばれるのだが、当時多くの者がこの呼び方を好まなかった。なぜならバニヤーには「臆病さと金銭欲の強欲さの悪しき混合」と同義語との認識があり、彼（彼女）らはこのような侮蔑的な呼び方よりも尊敬の意味合いが強いセート（豪商）やマハージャン（偉大な人）を好んでいた(38)。

また当時、カルカッタ在住のラージャスターン出身の商人たちは「強欲な金貸し」だけではなく、別の場所からやってきた「よそ者」という表象とも向き合わねばならなかった。なぜなら彼（彼女）らはカルカッタへ移住してもなおラージャスターン的な服装や言語、また結婚相手を故郷からめとるなど独自の生活様式を堅持し、地元社会に溶け込んでいたわけではなかったからだ(39)。一九三〇年代になると、カルカッタで華々しく経済的に成功した「新参者」に、地元社会からの嫉妬と羨望のまなざしが向けられていた[40]。

このように移住先カルカッタでの「強欲な金貸し」や「よそ者」としての風評を克服するために、ラージャスターン出身の経済的に成功した商人たちはカースト運動に積極的に関与し、各々が質素禁欲的な生活様式や厳格な菜食主義や非暴力を遵守する人々であることを主張していた。そして自らが帰属するカースト運動の経済的な基盤となることによって、自分たちの経済的な裕福さにふさわしいと思うほどの社会的そして宗教的地歩を、自らの帰属するカースト総体にもいきわたらせたいという目論みが見受けられた[41]。

(2) オースワールのカースト運動

オースワールのカースト団体のひとつであるオースワール団体にもこのような傾向は多分にみられた。この団体の創設者はボンベイの資本家で、M・K・ガーンディーの第一次サティヤーグラハ闘争（一九一九～二二）を支援したラージマル・ラルワーニーであった。彼もまたラージャスターン出身者であった。この団体が編纂した『オースワール・カーストの歴史（*Osvāl Jāti kā Itihās*）』（一九三四年）には「我々のカーストは没落しつつある」という当時の危機意識が記されている。ここでは高潔で公正であったからこそ伝統的に書記官（*Mutasaddī*）という生業についていたにもかかわらず、各自が高慢で自分の利益ばかりを考えているために商売の上で相互に対立し、果ては自らの宗教でも意見の不一致が出ていることが嘆かれていた[42]。

カーストの没落が叫ばれた理由はオースワールのなかで顕著な差異がみられたからだとされる。しかしながらこの差異は当然といえば当然だろう。団体の運営者たちはラージャスターン出身の成功した商人たちだったが、この地方の出身者でも経済的に成功していないオースワールもいた。またラージャスターンのみならず、インド北部にも西部のグジャラートにもオースワールは多く存在していた。経済的にも、出身地にも、オースワールのなかには多くの差異が存在していたのである。

だからこそ神話的な基準として「オースワールとはラージャスターンを起源にするカーストだ」と定義づけられたのが二〇世紀初頭の族譜編纂によってであった[43]。そこでは、族譜編纂の経済的スポンサーであった団体の運営者たちが、オースワールの中心にあるのが自分たちであることを定義するかのような説話が、カーストの縁起譚として選ばれたのである。

オースワールの起源は、ジャイナ教の開祖となったマハーヴィーラの祖師パールシュヴァナータ[44]まで遡る。パールシュヴァナータから五代目の師スヴァヤムプラブスーリに師事し、ジャイナ教の出家遊行者となったラトナプラブスーリは、前四五七年にオーシヤーンと呼ばれる王都（現ラージャスターン州ジョードプル県オーシヤーン）に彼の五〇〇人の弟子とともに訪れた。彼と弟子たちはルナードリー[45]に留まり一か月の断食を行った。断食後、彼の弟子たちは食事を求めて王都へ訪れたが、そこではヒンドゥー女神チャームンダーの影響の下、肉食や飲酒が盛んであったため、ラトナプラブスーリはその土地を離れようと決心した。しかし誉れ高い師から祝福をなんとか得ようとした女神チャームンダーは彼を引き留め、ラトナプラブスーリと彼に選ばれた三五名の弟子たちは断食を続けながらオーシヤーンに留まった。当時オーシヤーンの王ウパルデーヴァの娘の夫は寝ている間に蛇にかまれ逝去した。婿を蘇らせようとした王はラトナプラブスーリのもとへ死体とともに訪れた。師の足を洗った聖水をふりかけられることで婿はよみがえることができた。王とその娘はたいそう喜び、ラトナプラブスーリにこの世のあらゆる豪華な品を送り、その恩義を返そうとした。しかし師はそれらを拒絶し、もし恩義を返したければ、肉食や飲酒、王都で行われる供犠祭をやめよと説いた。王はラトナプラブスーリに同意しジャイナ教徒へと改宗した。そして彼は王都のバラモン、クシャトリヤ、ヴァイシャのすべてをジャイナ教徒へ改宗させ、ひとつの集団にした。この集団はオースワールとして知られるようになり、オーシヤーンはオースワールの故地とみなされるようになった[46]。

以上がオースワールの縁起譚の抄訳である。この起源譚によれば、もともとオースワールはラージプートのみならず、バラモンやヴァイシャであったが、それがジャイナ教徒へ改宗することでひとつのカーストになった。いわばこの縁起譚から、オースワールはもともとラージプートのように戦闘や肉食、飲酒、さらにはかつてのバラモンのように供儀祭を通じた動物の殺戮を良しとしてきた人々であったのだが、ジャイナ教の伝説的な師の恩恵を通じて非暴力や菜食主義を遵守するジャイナ教徒へと生まれ変わったということを、読み取ることができるだろう。L・バッブがいうように、この起源譚は、バラモン中心主義を否定し、あらゆる暴力を否定するジャイナ教徒へ改宗したオースワールの偉大さを神話的に特徴づけるものになっている[47]。

さらにラージャスターン中部の町オーシヤーンがオースワールの神話的故地と定義づけられたことは、族譜の経済的パトロンであった団体の運営者たちにとって無視できない意味があったと筆者は解釈している。それにより、オースワールに帰属するさまざまな人々は出身地がインド各地に散らばっているものの、ラージャスターンという出自の正統性が強調されたのだろう。言い換えれば、ラージャスターンに故地があるからこそ、自分たちこそがオースワールというカーストの核にあるはずだという主張がなされたと解釈することができる。

（3）ジャガト・セート一族の異質性

では、団体の運営者たちは、同じオースワールに帰属するジャガト・セート一族を、どのようにみていたのだろうか。それをオースワール団体から一九二四年に出版された小冊子『オースワール・コミュニティと現在の問題（*Osvāl Samāj evam Vartmān Samasyā*）』から見ていこう。これは一九世紀末にジャガト・セート一族に帰属する人物が海外へ渡航したことが原因でオースワール内に生じた大きな論争を紹介したものである。

一八八九年にムルシダーバード在住の二人の紳士が外国（*Bilāyat*）へ行ったことで大騒ぎが生じた。カルカッタ在住のオースワールの多くはマールワール藩王国からきていたので、ラージプーターナー諸藩王国にもこの騒ぎの報は届いていた。帰国後この二人から懇願されたにもかかわらず、コミュニティは彼らを受け入れなかった。数年後、彼らの子供たちが結婚することになり、ムルシダーバードの人々（*Muršidāvād vāle*）とマールワーリーの人々（*Mārvāḍī vāle*）の間で大きな亀裂が生じた。ムルシダーバードの人々は、外国から帰国した子供たちを受け入れ、その結婚を受け入れるか否かを議論するために、パンチャーヤトを開いた。そこで海外渡航（*Bilāyat Yātrā*）を開放し、外国から帰国した人々を受け入れ、姻戚関係になることが認められた。しかしその決断はカルカッタに住むマールワーリーから反対され、彼（彼女）らの間でもパンチャーヤトが開かれた。そして外国からの帰国者と一切の関係を絶つべきだと結論づけられた。このような対立を解消するために働きかけたのが我々、オースワール団体であった。ムルシダーバード側とマールワーリー側の妥協点が探られ、外国に行った者が帰国後に相応の罰を受け入れるならコミュニティに受け入れられること、そして将来的な海外渡航の開放が試みられることの二点を我々は提案する。同じオースワール同士で対立しあうことは無意味であり、ムルシダーバードの人々だろうがマールワーリーの人々だろうが、皆が同胞として慈愛と尊敬心をもつべきであるからこそ、我々の妥協案は受け入れられるべきだ。(48)

以上が航海をめぐって生じたオースワール内の争いの抄訳である。ここでの登場人物を整理しておこう。まず「ムルシダーバード在住の二人」とは、ジャガト・セートの子孫で、貴族的で「近代的な装い」に包まれ英語を話す人物と紹介される。次に、そんな二人を受け入れ、海外渡航の禁そのものを無意味なものとし、姻戚関係を結ぶのが、「ムルシダーバードの人々」すなわちジャガト・セート一族である。この問題は、海を越えることで強い不浄性が生じると信じられていたためにヒンドゥー教徒やジャイナ教徒の間で航海が禁忌とされていたことに由来する。(49) ジャガト・セート一族に帰属する二人は、裕福だったからこそ海外（おそらくヨーロッパ）へ渡航したが、この禁忌にも抵触してしまった。

次の登場人物は「マールワーリーの人々」だ。彼（彼女）らは、ラージャスターンからカルカッタに商売にやってきたが、経済的には成功していない「貧しい」人々と紹介される。「マールワーリーの人々」は、田舎の古い慣習に縛られた人々と評され、海外渡航によって不浄性が生じたジャガト・セートの子孫を受け入れず、姻戚関係を結ぶことを拒否していた。ここでわかるように、一九世紀後半から二〇世紀初頭の段階では「自由な移動」にはどうやら制限が付与されていたようだ。インド亜大陸内での移動に関しては自由であったかもしれないが、海を越えざるを得ない移動については、それを禁忌とみなすことによって、ある種の不自由さがともなっていたのである。

そして最後の登場人物が、「我々」すなわち団体の運営者たちだ。彼らは、ラージャスターン出身という点では「マールワーリーの人々」と同じなのだが、経済的に成功し、団体を主導する立場にいるという意味で異なる存在である。団体の運営者たちは「ムルシダーバードの人々」と「マールワーリーの人々」の論争の妥協点を模索し、海外渡航をした者に罪を償わせることで論争を解決できると主張する。この小冊子からは論争がいかに終結したかは知ることができない。しかし、この事件から当時のジャガト・セート一族が多分に異質な存在であったことを推察することができる。

このようなジャガト・セート一族の異質性は、この事件ののちに出版された先述の族譜『オースワールの歴史』（一九三四年）からも見て取れる。そこではこの一族は、前節で確認したような一八世紀のベンガル地方での繁栄や東インド会社から恩給を得るほどの社会的名声を理由として「オースワール・カーストの歴史のなかでも星どころか太陽のような輝きを持った家系」と紹介される。(50) しかしその紹介を読み進めると、かつては素晴らしかったこの一族も、現在ではオースワールにあるべき特徴から逸脱したという論調に変わっていく。

例えば、族譜ではまずこの一族のオースワールらしさが以下のように紹介されている。「一族の始祖はヒーラーナンドという男性で、マールワール地方のナーゴール村に生まれた。経済的に非常に貧しかった彼が故郷を離れる際に、ジャイナ教の出家遊行者（*Yati*）から恩寵を受けた。だからこそ、彼の息子マーニクチャンドは移住先のベンガルで大成功をおさめ、ジャガト・セートの称号をムガル皇帝から偈頌された[51]」。族譜で描かれたこの一族の起源譚には、その故地がラージャスターンにあることやジャイナ教の聖者ともかかわった点が、賞賛されるべきオースワール的な正当性として描かれていた。

しかし後年ジャガト・セート一族はこのようなオースワール的な正当性を失ったと族譜で続けられる。「第四代当主ハラクチャンドの時代にこの一族の宗教がジャイナ教から（ヒンドゥー教の）ヴィシュヌ派に変わってしまった。彼は子宝に恵まれなかった。あるヴィシュヌ派の出家遊行者（*Sannyāsi*）は、世継ぎが欲しいというハラクチャンドの欲に乗じて、彼をヴィシュヌ派の宗教に改宗させた。そして彼にはインドラチャンドという子供が産まれた（括弧内は筆者の補足）[52]」。この一族がジャイナ教徒ではなくなったことは、賞賛されるべきオースワール的な特徴がこの一族から失われたと解釈できる。族譜ではそれが嘆かれていたのである。

ここで嘆かれたジャガト・セート一族のヴィシュヌ派への改宗と、先述の航海の規範をめぐる「ムルシダーバードの人々」と「マールワーリーの人々」との対立を踏まえると、オースワールでカースト運動が展開されたきっかけとなった危機意識の意味をより理解できる。前項の通り『オースワール・カーストの歴史』の冒頭で「我々のカーストは没落しつつある」と述べられていた。この危機意識は、オースワール内で各々が高慢で自分の利益ばかりを考えて相互に対立し、果ては自らの宗教でも意見の不一致が出ていたからだ。

この対立は、「我々」すなわち団体の運営者たちと、ジャガト・セート一族との対立と重ね合わせるとわかりやすい。片や前者はカースト運動を主導し、菜食主義や非暴力というオースワールとして誇るべきジャイナ教徒のあり方を強調した。他方で後者は、海外渡航によってオースワール内で対立を起こし、自らの宗教そのものも変えてしまった。団体の運営者たちにとって、この一族はオースワールの危機を克服するために、改善すべき対象としてみなされていたと解釈することができるのである。

四、おわりに――マールワーリーの自画像の諸相

インド経済史学を中心とした先行研究では、ジャガト・セート一族はマールワーリーの第一世代とみなされてきた。その理由は、ラージャスターンを出自とするこの一族が一八世紀にムルシダーバードを拠点にベンガル地方の経済や金融における支配的な役割を果たしてきたからだ。ラージャスターンのナーゴールという故地を離れ、ベンガル地方で特筆すべき栄華を誇ったこの一族の姿は、「ラージャスターンを離れて初めてマールワーリーになる」と言及したハードグローヴのマールワーリー定義にも符号するものだった。

しかしながら、英領期の史料を検証すると、必ずしもマールワーリーという呼び名はそのように用いられてこなかった点が明らかとなった。例えば、東インド会社によるベンガルそしてその他の管区の植民地支配が進んだ一九世紀中葉をみると、ジャガト・セート一族は当時のベンガル商家と共通して描かれていた。この一族は商業から離れ、ザミーンダール化し、この地方の地代収入や名誉の安定的確保を目論んだ。また家産継承においてもベンガル商家に倣うように、ダーヤバーガ学派に従った。これは家産を後継者の数に応じて分割して継承する方法であった。

ダーヤバーガ学派の家産継承は、インド経済史学を中心とする先行研究でマールワーリー財閥と呼ばれるようになった商家の家産継承とは異なるものだった。このような商家では、ラージャスターンで権威ある家産継承の

法規範とみなされていた『ミタークシャラー』にならっていた。そこではカルカッタなどの拠点ではなく、むしろラージャスターンにある故郷に本家を置き、家長を中心に商家で家産を共同保有するというものだった。

一九世紀後半から展開されるオースワールのカースト運動では、「マールワーリーの人々」という言葉はラージャスターン出身だが、経済的には成功しておらず、かつ海外渡航の禁のような古い慣習に縛られた人々を指すものとして用いられていた。他方で、ジャガト・セート一族は「ムルシダーバードの人々」と呼ばれ、古い慣習に縛られない進歩的な姿で描かれていた。「我々」と称する団体の運営者たちは、この両者を取り持ち、オースワール全体の宥和を求める者として描かれていた。

ハードグローヴの定義は、この三者すべてをマールワーリーに含むことができるものだ。しかしながら、筆者は本章では彼女の定義に従うことはしない。むしろ「我々」と「ムルシダーバードの人々」を比較することで、各々の自画像がなぜそこまで多義的にあらわれるのかを、故地とそこからの移動、さらに移動先で及ぼされた超地域的な影響から分析してみたのである。

まず「我々」すなわち団体の運営者たちは、自カーストの族譜を編纂するなかでオースワールの神話的起源を規定したようだ。そこではオースワールはもともとバラモンやクシャトリヤ、ヴァイシャなどに帰属するものだった。しかしマールワール地方の王都オーシヤーンを支配する王は、ジャイナ教の伝説的な師ラトナプラブスーリの恩恵を得て、ジャイナ教徒へと改宗し、供儀祭をやめ、菜食や非暴力を遵守するようになった。そして王都オーシヤーンに住む民もみなジャイナ教徒へ改宗し、それが現在のオースワールになったというものだ。この縁起譚は、故地がラージャスターンにあり、ジャイナ教徒であることこそが正統なオースワールの姿であることを定義したものだった。そしてその姿は、オースワールのなかで「我々」こそがカーストの自画像になりえるというまでのものだった。

団体の運営者たちにとっては、自らが何者なのかを探るうえで、自らが帰属するカーストを軸として考えるようになったようだ。それは、彼（彼女）らが移動先であるカルカッタで受けた超地域的な影響に由来する。なぜならカルカッタでは、経済的に成功したのだが尊敬できない「強欲なよそ者」という負のイメージを克服することが、彼（彼女）らがカースト運動に積極的に関与する強い動機づけになったからである。

そして団体の運営者たちが、族譜の編纂を通じて故地をラージャスターンに、そして「我々」とはジャイナ教徒であると定義づけた点は注目に値する。その背景には、オースワール以外の人々に対しては、自カーストが非暴力や菜食を遵守する尊敬されるべき存在であることを主張する意図が、そしてこのカーストに帰属する人々に対しては、その核である「我々」のようになるべきだと主張する意図があったと解釈できるだろう。

他方で「ムルシダーバードの人々」すなわちジャガト・セート一族は、そのようなオースワールの姿にならわないものだ。例えば、一族の第四代当主はジャイナ教徒からヴィシュヌ派のヒンドゥー教徒へ改宗した。二〇世紀初頭における団体の発行物を分析すると、カースト内の伝統的な規範（海外渡航の禁）に従わず、団体の運営者たちが描いたオースワールのあるべき姿（ジャイナ教徒）からも逸脱するという意味において、この一族は団体にとって大きな悩みの種だったことが理解できる。

もちろんジャガト・セート一族にとっても、故地ナーゴールが重要であったことはいうまでもない。しかしながら、彼（彼女）らにとっては、一九世紀後半からカルカッタで展開されたカースト運動よりも、この一族の名誉を決定づけた移動先すなわちムルシダーバードでの超地域的な影響を考えるべきだろう。一八世紀にこの一族は、ベンガル地方の金融や経済で支配的な役割を担い、大きな政治力も有していた。しかし東インド会社による植民地支配が浸透した一九世紀中ごろには、この一族はそれまでのような支配的な力は衰え、商業からも離れ、ベンガル商家のようにザミーンダール化していた。

このような状況でジャガト・セート一族もオースワールのカースト運動にかかわるようになった。いわばこの一族は、団体の運営者たちとは比べものにならないほどに、その当時すでにムルシダーバードに定着していたといえる。自らの家産継承のためにベンガル地方で尊重されていたダーヤバーガ学派に従い、さらにこの地で影響の強いヴィシュヌ派に改宗した点からも、すでにこの一族はムルシダーバードこそが自らの故郷だと自認していた可能性も否定できない。だからこそ彼（彼女）らは、オースワール団体にとって異端であり続けた。

二〇世紀初頭のジャガト・セート一族にとっては、移動先であるムルシダーバードでの超地域的な影響が、故地ラージャスターンを忘れ、ムルシダーバードを生まれ故郷と自認するベンガル商家とも呼べるような自画像のあり様に表れている。他方で、団体を運営する人々にとって、その移動先であるカルカッタでの超地域的な影響が、故地ラージャスターンを重視し、非暴力や菜食を遵守するジャイナ教徒という二〇世紀初頭の自画像のあり様に表れているのである。

（1）本章では、一族やカーストのはじまりの地として神話的に定義された場所を故地（*Mūl Sthān*）と、当人たちが実際に生まれた場所を故郷（*Janam Sthān*）と言い分けて用いる。

（2）D. K. Taknet, *Industrial Entrepreneurship of Shekhawati Marwaris* (New Delhi: Aditya Offset Press, 1986), 54.

（3）Anne Hardgrove, *Community and Public Culture: The Marwaris in Calcutta* (New Delhi: Oxford University Press, 2004), 69–71.

（4）Dwijendra Tripathi and Jyoti Jumani, *The Concise Oxford History of Indian Business* (New Delhi: Oxford University Press, 2007), 15–6; Thomas Timberg, *The Marwaris: from Jagat Seth to the Birlas* (Gurgaon: Penguin Books, 2014), 20–3; Tirthankar Roy, *A Business History of India: Enterprise and the Emergence of Capitalism from 1700* (Cambridge: Cambridge University Press, 2018), 48; Chinmai Tumbe, *India Moving: A History of Migration* (New Delhi:

Vintage, 2022), 94.

（5） Karen Isaksen Leonard, *Locating Home: India's Hyderabadis Abroad* (California: Stanford University Press, 2007), 284.

（6） Robyn Andrews, "Anglo-Indian Reunions: Secular Pilgrimages?" *South Asian Diaspora* 4-2 (2012); Alison Blunt, Jayanti Bonnerjee and Noah Hysler-Rubin, "Diasporic Returns to the City: Anglo-Indian and Jewish Visits to Calcutta," *South Asian Diaspora*, 4-2 (March 2012); Jayanti Bonnerjee, "Dias-para: Neighbourhood, Memory and the City" *South Asian Diaspora* 4-1 (March 2012); Shompa Lahiri "Remembering the City: Translocality and the Senses," *Social and Cultural Geography* 12-8 (December 2011).

（7） Mark-Anthony Falzon, "'Bombay, Our Cultural Heart': Rethinking the Relation between Homeland and Diaspora," *Ethnic and Racial Studies* 26-4 (July 2003).

（8） Hardgrove, *Community and Public Culture*, 47-8.

（9） Thomas Timberg, *The Marwaris: From Traders to Industrialists* (Delhi: Vikas Publishing House Pvt Ltd, 1978), 10.

（10） これは北インドの商業カーストに、ヒンドゥー教徒とジャイナ教徒が混合していることに由来する。例えばオースワールは大半がジャイナ教徒で構成されるが、アグラワールという商業カーストは反対にヒンドゥー教徒が多数派で構成される。Lawrence Babb, *Alchemies of Violence: Myths of Identity and the Life of Trade in Western India* (Sage Publication, 2004), 20.

（11） Saha, Narayan Chandra, *The Marwari Community in Eastern India: A Historical Survey Focusing North Bengal* (New Delhi: Decent Books, 2003), 50-78.

（12） Tirthankar Roy, *An Economic History of early Modern India* (London: Routledge, 2013), 96.

（13） Timberg, *The Marwaris*, 89.

（14） Claude Markovits, *Merchants, Traders, Entrepreneurs: Indian Business in the Colonial Era* (New Delhi: Permanent Black, 2008), 202.

（15） Hardgrove, *Community and Public Culture*, 6.

（16）神田さやこ『塩とインド――市場・商人・イギリス東インド会社』（名古屋大学出版会、二〇一七年）五〜六頁。C. A. Bayly, *Indian Society and the Making of the British Empire* (Cambridge: Cambridge University Press, 1988). マラーター王国を事例にインド史の近世後期としての「一八世紀問題」を検証した研究として次を参照されたい。小川道広『帝国後のインド――近世的発展のなかの植民地化』（名古屋大学出版会、二〇一九年）。

（17）Nick Robins, *The Corporation that Changed the World: How the East India Company Shaped the Modern Multinational* (London: Pluto Press, 2012), 64.

（18）J. H. Little, *House of Jagatseth* (Calcutta: Calcutta Historical Society, 1967), 7-8.

（19）Sushil Chaudhury, *From Prosperity to Decline: Eighteenth Century Bengal* (New Delhi: Manohar 1995), 110.

（20）Little, *House of Jagatseth*, 2.

（21）Tripathi and Jumani, *The Concise Oxford History of Indian Business*, 15–6; Timberg, *The Marwaris*, 20–3; Roy, *A Business History of India*, 48; Tumbe, *India Moving*, 94.

（22）Chaudhury, *From Prosperity to Decline*, 114-5.

（23）Little, *House of Jagatseth*, 243.

（24）N. K. Shinha, "Introduction" in Little, *House of Jagatseth*, xxiii.

（25）神田『塩とインド』、二七四頁。

（26）S. R. Bhansali, *Legal System in India* (Jaipur: University Book House, 1992), 1-13.

（27）山崎利男「インド家族法の原理とその変化――一九四八年ヒンドゥー法典案をめぐって」（川井健ほか編『講座・現代家族法　第一巻』日本評論社、一九九一年）二八六頁。『ダーヤバーガ』とはベンガル地方でジームタヴァーハナが合同家族と相続のために一一世紀後半に著した綱要書である。『ミタークシャラー』は『ヤージュニヤヴァルキヤ法典』の注釈書として一二世紀前半にヴィジュニャーネーシュヴァラによってデカン地方で相続をめぐる法規範として著された。それぞれの家産継承については次を参照されたい。Ludo Rocher, *Jīmūtavāhana's Dāyabhāga: The Hindu Law of Inheritance in Bengal* (New York: Oxford University Press, 2020) 25-32.

（28）Sinha, "Introduction," xxii.

(29) 山崎利男「古典ヒンドゥー法の家産分割規定」(『東洋文化研究所紀要』一二、一九五七年)一一四頁。
(30) 神田『塩とインド』、二七一頁。
(31) 山崎「インド家族法の原理とその変化」、二三七頁。
(32) 二〇世紀にはいると、このような資本家たちにとってミタークシャラー学派に従った家産継承、すなわち家産を分割せずに共同所有する実践が、自身の経済的成功の要因として創業者たちの自伝に繰り返し登場し始めた。V. D. Jhunjhunuwala and A. Bharadwaj, *Marwaris: Business, Culture and Tradition* (Delhi: Kalpaz Publications, 2002); Medha Kudaisya, *The Life and Times of G. D. Birla* (New Delhi: Oxford University Press, 2003), 191-2. 例えば、ビルラー財閥は、家産を分割せずに一族で「総有／共有」することによって、巧みに営業資金の分散を回避することができた。三上敦史『インド財閥経営史研究』(同文館、一九九三年)。伊藤正二「インドにおける財閥分裂の史的意義と経営者企業排出の可能性の吟味」(『アジア経済』三九―六、一九九八年)七一～八四頁。
(33) 藤井毅『歴史のなかのカースト――近代インドの〈自画像〉』(岩波書店、二〇〇三年)一六～二〇頁。
(34) 田辺明生『カーストと平等性――インド社会の歴史人類学』(東京大学出版会、二〇一〇年)四一〇～一一頁。
(35) B. S. Cohn, *Anthropologist among the Historians and Other Essays* (Oxford: University Oxford Press, 1987), 243. ここでヴァルナとは、ヴェーダ諸文献やサンスクリット古典籍に記されたバラモン(司祭・学者階級)、クシャトリヤ(王侯・戦士階級)、ヴァイシャ(商人・平民階級)、そしてシュードラ(上位三位に奉仕する隷属民)という古代インドの四姓である。ジャーティとは、集団の名称以上に、浄・不浄の観念に従って変化する共食の範囲、そして生業を共有・継承する成員の範疇などの、さまざまな社会的規範を含意した在地社会の実体的な内婚集団を指す。
(36) Nicholas Dirks, *Castes of Mind: Colonialism and the Making of Modern India* (Princeton: Princeton University Press, 2001), 222-3.
(37) この観点からS・サルカールは、在地社会が植民地政策によって提示されたカースト概念をただ受容したわけではなく、創造的に再構築してきた証左として族譜の意義を評価している。Sumit Sarkar, *Beyond Nationalist Frames: Relocating Postmodernism, Hindutva, History* (New Delhi: Permanent Black, 2002), 41.
(38) L. C. Jain, *Indigenous Banking in India* (London: Macmillan and Co. Limited, 1929), 7.

(39) C. A. Baily, "Indian Merchants in a 'Traditional' Setting: Banares, 1780–1830" in *The Imperial Impact: Studies in the Economic History of Africa and India*, eds. Clive Dewey and A. G. Hopkins (Bristol: The Arthlone Press, 1978), 179–80.

(40) 小松久恵「質実剛健」あるいは「享楽豪奢」――1920-30年代北インドにおけるマールワーリー・イメージをめぐる一考察」（『現代インド研究』三、二〇一三年）一三一～五一頁。

(41) Susan Bayly, *Caste, Society and Politics in Indian: From the Eighteenth Century to the Modern Age* (Cambridge: Cambridge University Press, 1999), 192-4. アグラワールのカースト運動については拙著を参照されたい。田中鉄也『揺り動かされるヒンドゥー寺院――現代インドの世俗主義、サティー女神、寺院の公益性』（春風社、二〇一三年）。

(42) Sukhasampadarāy Bhaṇḍārī et al., *Osvāl Jāti kā Itihās* (Indaur: Osvāl Histrī Pabliśiṅg Hāus, 1934), 3-4.

(43) Lawrence Babb, *Alchemies of Violence: Myths of Identity and the Life of Trade in Western India* (New Delhi: Sage Publications, 2004), 164. ここで詳述するオースワールの起源譚は、この時期にその内容が作成されたわけではなく、二〇世紀初頭の族譜によって体系づけられ「聖典」として権威づけられたことを意味する。当然ながら英領インド期以前にも、ラージャスターンやグジャラートの在地社会で家系や血統を記録する諸集団によって長い時間をかけてさまざまなヴァリエーションの縁起譚が生み出されていた。Lawrence Babb, *Absent Lord: Ascetics and Kings in a Jain Ritual Culture* (Berkley: university of California Press, 1996), 137-73.

(44) マハーヴィーラ（前五九九年～前五二七年）は、出家しニガンダ（束縛を離れたものの意）派に入信したのち、完全知を大悟しジャイナ教を開いたとされるが、ニガンダ派の開祖がパールシュヴァナータとされる。谷川泰教「原始ジャイナ教」（長尾雅人ほか編『岩波東洋思想第五巻インド思想一』岩波書店、一九八八年）六三～五頁。パールシュヴァナータはマハーヴィーラの二五〇年ほど前に実在した人物とされるが、オースワールの起源譚はその内容に鑑みると歴史的事実に厳密であるというわけではなく、超常的な挿話が多く、神話的な様相を呈している。

(45) ルナードリーはジャイナ教の巡礼地として知られる女神サッチヤーを本尊とした寺院が建立された場所とされる。この寺院および後述のマハーヴィーラ寺院についてはLawrence Babb, John Cort and Michael Meister, *Desert Temples: Sacred Centers of Rajasthan in Historical, Art-Historical, and Social Contexts* (Jaipur: Rawat Publications, 2008). サッ

チャーはもともと女神チャームンダーと呼ばれていた。彼女はラトナプラブスーリから要請された肉食と供犠の放棄を受け入れ、王都を守護するジャイナ教の女神となった。しかしマハーヴィーラ像を本尊に据えた寺院が建立された際に、本尊への不手際からサッチヤーの怒りを買った全オースワールは、彼女の呪いを避けるため故地オーシヤーンから離散したとされる。

(46) Bhaṇḍārī et al., *Osvāl Jāti kā Itihās*, 5–7.
(47) Babb, *Alchemies of Violence*, 171–8.
(48) Chogmal Copḍā, *Osvāl Samāj evam Vartmān Samasyā* (Kalkattā: Osvāl Pres, 1924), 1–6.
(49) Vijay Mishra, "Theorising the Troubled Black Water," in *Kala Pani Crossings: Revisiting 19th Century Migrations from India's Perspective*, eds. Ashutosh Bhardwaji and Judith Misrahi-Barak (Oxon: Routledge, 2022), 20.
(50) Bhaṇḍārī et al., *Osvāl Jāti kā Itihās*, 1C.
(51) *Ibid*, 1C–1D.
(52) *Ibid*, 1O.

第八章　海を渡るということ
――一四世紀のイエメン・ラスール朝の裁判官と大宦官

馬場多聞

一、はじめに

一三三一年頃、マグリブ出身のイブン・バットゥータ（Ibn Baṭṭūṭa（一三六八〜九年没））は、メッカ巡礼の後に船を使って南下し、サワーキンとハリーを経て、アフワーブよりイエメンに上陸した[1]。その後、ザビードとジブラを経由してタイッズにいたり、ラスール朝（一二二九〜一四五四年）のスルタン・ムジャーヒド（al-Malik al-Mujāhid ʿAlī（在位一三二一〜一三六三））に謁見を果たした。特記すべきは、イブン・バットゥータとムジャーヒドの邂逅に、海を渡ってイエメンにやってきた北東アフリカ出身の一族が関与していた点である。イブン・バットゥータはジブラにおいて、北東アフリカのザイラゥ由来の者を祖先に持つ法官（faqīh）と出会っており、彼が案内人として斡旋した修行者によってタイッズへ導かれ、ついにはムジャーヒドの宮廷に参上した。

実際、この時代には、北東アフリカと西アジア、特にイエメンとの交流が活発化していたことが、近年の考古学・文献史学の研究によって明らかにされている[2]。すなわち一〇世紀以降の北東アフリカは、イエメンをはじめとした西アジアからのアラブ系・ユダヤ系などの人々の流入によって、ますます世界大のネットワークに組み込

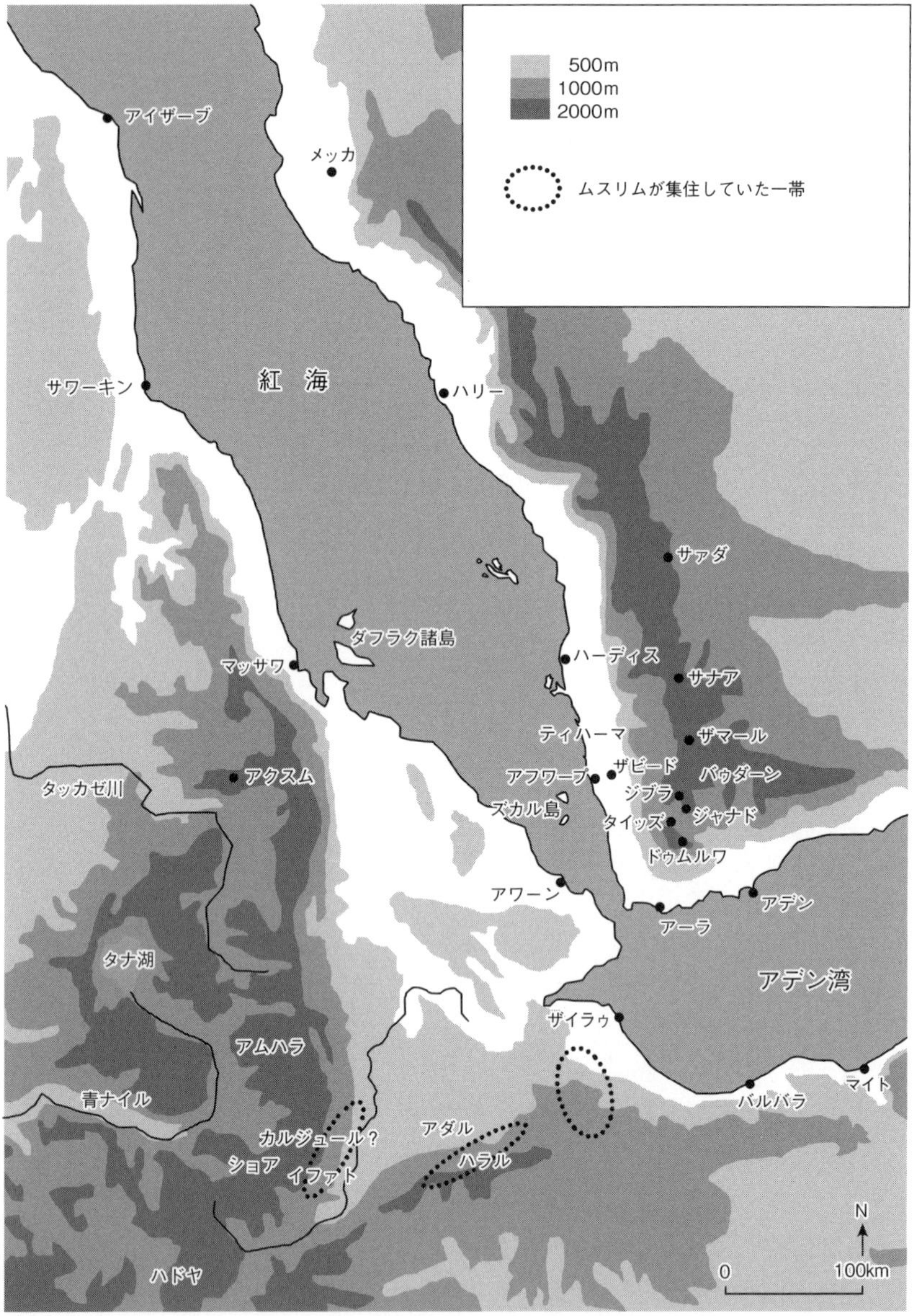

地図１　イエメンと北東アフリカ（筆者作成）

まれていった。また逆の流れとして、この地は以前より、イスラーム世界にとっての奴隷の重要な供給源として機能していた。特に現在のエチオピアに所在するイファトやハラルからは、一〇世紀頃から一三世紀にかけては北上して紅海沿岸部のマッサワやダフラク諸島へ出るルートが、一三世紀から一六世紀にかけては北東のアデン湾沿岸部のザイラゥやバルバラへいたるルートが、それぞれ主として用いられた。紅海やアデン湾を超えてイエメンにもたらされた人や物は、自由人や奴隷、象牙、麝香と多様であり、イエメンの社会や人々の実生活に影響を与えた。しかしこうした人々の詳細については、六六年間にわたってムジャーヒドを含む四代のスルターンに仕えた大宦官アフヤフ（Amīn al-Dīn Aḥyaf b. ʻAbd Allāh（一三八五年没））[3]を除いては、これまで十分に検討されていない。

　本章では、イブン・バットゥータと出会ったのかもしれない、ムジャーヒド治下のイエメンで活躍した、海を渡ってやってきたと思しき二人の男を取りあげる。ひとりは裁判官イブン・ムゥミン（Jamāl al-Dīn Muḥammad b. Muʼmin（一三三四〜七年没））であり、おそらくは望んだうえでイエメンの地を踏み、ムジャーヒドのもとで「御門（スルターンの御前や政庁）のすべてをその手中におさめた」と称されるほどの地位に達した。もうひとりは大宦官ジャウハル（Ṣafī al-Dīn Jawhar al-Riḍwānī（一三五五年没））であり、おそらくは強制的に奴隷化・去勢され、必ずしも望んだとはいえない状況のなかでイエメンへ輸送された後、ラスール朝の支配体制のなかで高位に上り詰めた。以下で見るように、両者は、北東アフリカとイエメンの間に広がるアデン湾あるいは紅海を超えることで、新しい人生を切り拓くこととなった。この一帯を含むインド洋西海域では、中世においては、ラスール朝をはじめとした王朝が経済的な利益を最大化するために港や海峡、往来する船舶・商人を管理しようとする例が見られたものの、概してその影響力は限られており、実際にはそこは、往来する人々にとって「ぼやけた自由空間」として共有される強力な交流媒体であり続けた[4]。そのため、第一一章や第一二章で論じられる、近現代に顕著な政治権力と関係した移動の自由やその獲得をめぐる議論は、ここでは鳴りを潜める。
本章は、故地を離れるという人生を一変させるような移動を経た人々のその後の人生を追っていく試みである。イブン・ムゥミンとジャウハルを、海を渡るという移動に導いたものは何であったのか、望んだことであれ望まざることであれ、そうした移動は彼らの人生にどのような影響を与えるものであったのか、私たちは彼らの移動をどのように捉えればよいのか、以下では考えてみたい。

なおイブン・ムゥミンとジャウハルは、北東アフリカからイエメンへ到来してラスール朝下で権勢を誇ったという共通項を有する一方で、自由人と奴隷という対照的な地位を有した。イスラーム世界においては、イスラーム法によって自由人と奴隷が明確に区別されていた[5]。奴隷は、人間としての社会的な権利を剝奪された存在にして、主人によって所有される「しゃべる家畜」という財産であり、売買の対象ともなった。一方で、奴隷には、人間として生存する権利がイスラーム法において保障されていた。また、解放されることで自由人となることができ、しかも奴隷の解放がイスラーム的な善行として奨励されていた点が、大西洋奴隷貿易の奴隷とはおおきく異なる。すなわち、社会では、奴隷から解放された自由人や、奴隷を祖先とする自由人が活躍していたし、奴隷出身者が為政者となる例もまま見られた。イブン・ムゥミンとジャウハルが生きた世界では、奴隷であること／あったことは恒久的な不自由や不幸を必ずしも意味しなかったし、奴隷になることが社会的成功の手段のひとつとして存在し得たのである。

以下、第二節において、イブン・ムゥミンとジャウハルが仕えたラスール朝ならびにスルタン・ムジャーヒドについて概観し、彼らが活躍した一四世紀のイエメンの状況を確認する。次いで、第三節においてイブン・ムゥミンの生涯を、第四節においてジャウハルの生涯を、年代記や人名録といった史料[6]をもとにそれぞれ再構築・検討する。そして第五節において、二人の生涯と移動という行動をつなぎ合わせ、考察を加える。

二、ラスール朝とスルタン・ムジャーヒド

（1）ラスール朝

ラスール朝は、一二世紀後半にアイユーブ朝（一一六九～一二五〇年）のイエメン侵攻にともなってやってきたトルコ系のラスール家がのちに独立して建てた王朝である。(7) 南部山岳地域のタイッズと紅海沿岸部のザビードを拠点として、アデンをはじめとした諸港からの関税や支配域内からの地租税をもとに二〇〇年を超えて隆盛した。数多の反乱やザイド派イマーム政権などとの衝突に苛まれ、最後にはイエメン出身のターヒル家によって滅亡することになるが、歴代スルターンのすべてが、初代スルタン・マンスール（al-Malik al-Manṣūr ʿUmar（在位一二二九～一二五〇））の系譜に連なる。

ラスール朝の支配体制は、アイユーブ朝などの諸王朝の統治機構を継承することで、その最初期よりある程度確立していた。(8) すなわち、スルターンを頂点として、その補佐役である宰相（wazīr）や幼君の後見役とされるアターベク（atābak）、財務を担当したと見られるウスターダール（ustādār）、さまざまな政庁（dīwān）が置かれた。また、イクター制が施行されると同時に、統治機構の内外でイスラーム法に詳しい裁判官（qāḍī）や法官が活躍するなど、同時代の西アジアの他王朝と類似した体制が見られる。もっとも、本章で見るように、それぞれの職務内容は排他的なものでも、厳密に細分化・区別化されていたわけでもなかった。

また、同時代の他地域と同様に、通常の奴隷に加えて、去勢者（khādim）すなわち宦官が、ラスール家の王族の館においても公的な場においても活躍した。(9) 軍事面においてはトルコ系・クルド系のマムルーク（軍事奴隷）の流入が見られた一方で、主として北東アフリカ出身者から成る家内奴隷が紅海やアデン湾を渡ってイエメンに到来していた。同時代のエジプトで書かれた史料には、去勢者の重用がラスール朝の特徴のひとつとある。(10) アデ

ン港などでは、ラスール朝の政庁によって奴隷取引が管理されており、優れた去勢者は政庁に優先的に買い上げられた[11]。そのなかには、家内労働への従事などを通して経験を積み、大宦官（ṭawāshī）と呼ばれる高位にいたる者も見られた。大宦官のなかには、ラスール家の家内を監督するズィマーム（zimām）という職を務める者もいた。ラスール家の女性成員は時に「大宦官某の御方」と呼ばれるが、これは当該女性成員の家内を大宦官某が取り仕切っていたためである。ラスール家に信任された大宦官は、使者として遠方へ派遣されたり、軍司令官であるアミール（amīr）として軍を指揮したり、スルターンの代理（nāʾib）を務めたり、地方総督（wālī）となったりと、多様な活躍を見せた。彼らはその重責の見返りとして、国庫から多額の給料を得たり、免税特権が付された私有地を有していたり、イクター地（徴税権を授与された土地）を分与されたりしていたが、それらの財は同時に、イエメンの社会的・宗教的インフラを整備することにつながった。サデ（N. Sadek）によれば、ある年代記で確認できるラスール朝に仕えた大宦官二〇人中七人が、イエメンの各地にモスクやマドラサなどを建設し、ワクフの設定を行っていたという[12]。

（2）スルタン・ムジャーヒド

スルタン・ムジャーヒドは、一三〇六年あるいは一三〇七年に、ザビードで出生した[13]。父親のスルタン・ムァイヤド（al-Malik al-Muʾayyad Dāwūd（在位一二九六～一三二一））は、初代スルタン・マンスールの孫にあたる。母親はスィラーフの御方（jihat al-Ṣilāḥ Āmina（一三六九年没））と呼ばれており、スルタン・ムザッファル（al-Malik al-Muẓaffar Yūsuf（在位一二五〇～一二九五））の治世期にメッカから到来した著名な学者ハラビー（Muntakhab al-Dīn Ismāʿīl b. ʿAbd Allāh al-Ḥalabī）の娘である[14]。

ムジャーヒドは、その数奇な生涯をもってして、「もっとも幸運にしてもっとも不運なラスール朝の君主」とヴァリスコによって評されている。[15] ムジャーヒドは弱冠一四歳あるいは一五歳でスルターン位に就いた後、足かけ四二年という長期にわたってイエメンを支配したが、親族やザイド派イマーム勢力、諸部族、配下、住民による度重なる反乱やスルターン位の簒奪、幽閉、支配域の分断、息子四人の相次ぐ離反、マムルーク朝軍の侵攻、メッカの主導権をめぐる争い、マムルーク朝による一年を超える拉致という数々の修羅場を経験することとなった。

　そうした状況にも関わらず長期政権が可能であった理由としては、母后スィラーフの御方や配下の者たちの活躍を指摘できよう。スィラーフの御方は、おじによって幽閉されていたムジャーヒドを救い出したり、マムルーク朝にムジャーヒドが拉致されている間には代わってイエメンを治めたりしていた。さらには、本章で見るイブン・ムゥミンやジャウハルをはじめとしたイエメン内外よりやってきた人々が、ムジャーヒドの統治において必要不可欠な存在としてさまざまな職務に従事していた。一方でムジャーヒドが反乱や離反に苛まれた背景としては、ラスール家が最初期から有し続けたスルターン位をめぐって王族が争い合う傾向や、ムジャーヒドが若年で即位したことに加えて、配下の者へ富を分配するという慣習を無視することもあったこと、自身の支配対象の実情に無関心であったこと、自身への忠誠心を鼓舞した形跡がないこと、敵対した者たちに容赦がなかったこと、自身の楽しみに忠実であったこと、が指摘されている。[16]

　一三六三年、ムジャーヒドはアデンにおいて亡くなった。[17] ムジャーヒドに対して反乱を起こしていなかった息子であるアフダル（al-Malik al-Afḍal al-ʿAbbās（在位一三六三〜一三七七））が、その後継者に選ばれた。ムジャーヒドは学識の高さで知られ、農書や詩集、馬の書などの著作をアラビア語で残した。[18] また他の王族と同様に、イエメン各地やメッカにモスクやマドラサなどを建設しており、ギウンタ（R. Giunta）によればイエメンにおけるその総数は一九軒にのぼっている。[19]

三、イブン・ムゥミンの生涯

裁判官イブン・ムゥミンについて、後代の年代記作家であるハズラジー（al-Khazraji（一四一〇年没））は、以下のように記述する。

イブン・ムゥミンはムジャーヒドの政権の宰相たちのひとりであり、ジャマール・アッディーンという尊称（laqab）を持つ。彼は法官であって、上品にして教養があり、志が高く、心が広く、字が非常に美しかった。彼の出自は、ザイラゥ地方のスーダーンの地域にある。彼の志はスルターンに仕えるところにまで達し、ついにはその主要な者たちのひとりとなった。（中略）彼の人生は、特に法官たちやワクフに関して、大半は称賛されるものであった。彼は正直であり、自身がいったことと異なることはなく、愚かなことを口走らなかった。しかし、以下のようにいわれた。彼は自身と同じ高位の者たちへ嫉妬しており、ある一団を殺害し、また別の一団を破壊しようとしたほどであった。[20]

イブン・ムゥミンは、北東アフリカの港町ザイラゥの周辺の出身であり、そこからアデン湾を超えてイエメンにいたり、そこで生きていくことを選んだ人物であったと見られる。もっとも既述のように北東アフリカには外来の人々が流入していたため、イブン・ムゥミンの見た目が「黒人」であったかどうかについては不明である。ここでは法官とあるが、史料上ではもっぱら裁判官と呼ばれており、イスラーム法に精通していたことがうかがえる。その能力の高さゆえに、ラスール朝の支配体制のなかで高位に上り詰めたものの、強い嫉妬心ゆえに競争相手に危害を加えていたことが特記されている。

イブン・ムゥミンのもっとも古い事績は、一三二四年四～五月のものである。[21]ムジャーヒドはティハーマにおいて、自身の甥たちの反乱に直面していた。そうしたなかでイブン・ムゥミンは反乱軍のもとへ行軍し、和平をとりつけることに成功した。しかし結局はその後も、彼らは恭順と反乱を繰り返し、ムジャーヒドにとって悩みの種であり続けた[22]。

一三二五年一〇～一一月には、ムジャーヒドは、父方のおじの息子にあたるザーヒル（al-Malik al-Ẓāhir ʿAbd Allāh b. Ayyūb（一三三三年一一月没））の反攻を受けるなか、エジプト・マムルーク朝のナースィル・ムハンマド（al-Nāṣir Muḥammad b. Qalāʾūn（在位（第三治世）一三一〇～一三四一））におそらくは助力を求めるべく、イブン・ムゥミンをエジプトへ毎年の贈呈品とともに使者として送り出した[23]。イブン・ムゥミンは、ザビードを出立後ハーディスからエジプトへ向かった。その交渉は成功し、一三二六年一一月四日に三〇騎のマムルークの騎兵とともにイエメンへ帰還し、ムジャーヒドとともにその年の犠牲祭を祝った。

またイブン・ムゥミンは、一三二七年四月一三日に生じたムジャーヒドによる軍事行動に参戦した[24]。堅固なことで知られたドゥムルワを掌握したムジャーヒドは、その北方に位置するバゥダーンと呼ばれる一帯を抑えるべく、イブン・ムゥミンをバゥダーン西方のジブラへ軍とともに送った。しかしこの時は、ムジャーヒドに恭順したムズハジュ族などの協力もあったものの、バゥダーンを支配下に入れることなく撤退している。その後、イブン・ムゥミンは、ティハーマで集められた税を回収すべく山岳地域をくだり、アーラで犠牲祭を祝った後、ザビードに入った。

そして一三二七年、ムジャーヒドが南部山岳地域に駐屯を続ける一方で、イブン・ムゥミンはザビードの守備に従事していた[25]。その後、裁判官イブン・ムファッダル（Jamāl al-Dīn Muḥammad b. Mufaḍḍal）が北部からザビードへ運んできた財をスルターンのもとへ送る任務を無事に果たした。また、一三二七年一一月～一二月には、ザビードへ攻めてきた反乱勢力を打ち破った。

一三二八年六月二六日、タイッズの城砦の総督であったアミール・イッズ・アッディーン（ʿIzz al-Dīn Ṣāliḥ al-

Nājī）が反乱を起こし、城砦にいた宦官たちを追い出した。[26] イッズ・アッディーンは、後述するドゥムルワの買い戻しの際にスィラーフの御方とともに動いていた人物であり、軍楽器隊と旗の所持を認められるなど厚遇されていた。[27] 彼は、ウスターダールや軍のアターベクを務めることもあったザイーム（al-Zaʿīm（一三三〇～一年没）[28]）やイブン・ムゥミンの館の略奪を命じたものの、すぐに、ムジャーヒドへ弁明の書簡を送った。ムジャーヒドによってイッズ・アッディーンのもとへ送られた、次節で詳述する大宦官ジャウハルは、彼の言い分をムジャーヒドへ伝えた。さらには、法官たちの一団がイッズ・アッディーンの庇護を求めるべくムジャーヒドを訪ねたという。その後、法官たちとともにムジャーヒドの前にやって来たイッズ・アッディーンは、ムジャーヒドやイブン・ムゥミンに叱責され、さらにはイブン・ムゥミンと互いに非難の応酬をした。以上を踏まえれば、イッズ・アッディーンは素行がもともと悪くムジャーヒドに歯向かいたかったというよりは、イブン・ムゥミンらへの私怨にもとづいて今回の一件を起こしたように見受けられる。しかしながらムジャーヒドが彼を許すことはなく、息子ともども処刑されることとなった。

イッズ・アッディーンが反乱を起こした直後（同年同月）に、アデンにおける関税収入をジャナドへ輸送する任にイブン・ムゥミンはあたっている。[29] インド洋の交易港であるアデンには、モンスーン航海期になるとインド洋周縁部の諸港から船舶が到来した。ラスール朝がそこで得られる関税収入は歳入全体の二〇～二五％を占めていたといわれる。[30] ムジャーヒドは、一三二八年一月一六日に仇敵ザーヒルからアデンを取り返したことで、アデンからのあがりを回収できるようになっていた。イブン・ムゥミンは王朝の運営において経済的に重要な任務を、このように任されていたのである。

ところが、一三二九年四～五月、イブン・ムゥミンは大量の財を没収されることとなった。[31] その理由として、イブン・ムゥミンが多くの出来事において不誠実であったとする史料もあるものの、具体的にはわからない。もっとも、その翌年においてもイブン・ムゥミンは御門の主（ṣāḥib al-bāb）と呼ばれており、[32]ムジャーヒドに重用され続けたようである。

一三二九年一二月から一三三〇年二月にかけて、タイッズやジャナドで奇病が発生した際、人々を見舞ったムジャーヒドは、ジャナドへ入城した。[33]ムジャーヒドには軍や御門の著名な者たちが同行したが、そこにイブン・ムゥミンも含まれていた。本章で用いたある史料の著者であるジャナディー（al-Janadī）（一三三二年没）は、この時にジャナドにいたようで、道中の彼らと出会っている。ジャナディーは、スルターンに捕らえられた裁判官ヤフヤウィー（Ibrāhīm b. Muḥammad b. ʿUmar al-Yaḥyawī）に対して、スルターンの御門のなかでは唯一イブン・ムゥミンのみが好意的な態度をとっていたとの旨を特筆している。

この後もイブン・ムゥミンはムジャーヒドの近くで「暗躍」し続ける。[34]一三二九〜三〇年、ムジャーヒドは南部山岳地域で未だ軍を展開しており、ザーヒルとの緊張関係も続いていた。そうしたなかでイブン・ムゥミンは、仲間と協力し、険悪な仲にあったザイームらがザーヒル側に寝返ろうとしているとムジャーヒドに伝えたのである。その結果、ザイームらはムジャーヒドによって粛清された。実際に彼らに反乱の意志があったのかどうか不明瞭であるものの、イブン・ムゥミンは能動的にスルターンに働きかけることで、自身の敵の排除に成功したこととなる。

一三三二〜三年、イブン・ムゥミンとその友人でありムジャーヒドのウスターダールを務めたイブン・フバージル（Sharaf al-Dīn Mūsā b. Ḥubājir）は、ムジャーヒドの宿敵ザーヒルより、ムジャーヒドとの間をとりなしてほしいとの書簡を受け取った。[35]このことがムジャーヒドの耳に入ると、一三三三年、彼はイブン・ムゥミンとイブン・フバージルを派遣し、高貴なる庇護のもとふたりとともにムジャーヒドのもとへ来るようザーヒルへ伝えた。イブン・ムゥミンらに連れて来られたザーヒルに敬意を払ったムジャーヒドは、ザーヒルをある城砦のなかに預けた。しかし同年一二月にザーヒルは急逝した。ムジャーヒドはそれが暗殺によるものではなく自然死であったことを示すために、著名な法官たちすべてを呼び、ザーヒルの遺体を検分させ、外傷がないことを確かめさせたという。

こうしてムジャーヒドによるイエメン平定が進んだ頃――その後も息子たちによる反乱など、その苦難は続くのであるが――、一三三四～一三三七年のいずれかの年に、イブン・ムゥミンは粛清された。当時イブン・ムゥミンは大裁判官の地位にあったともいわれており、イクター地を授与され、軍楽器隊と旗の所有を特別に許可されていた。[36] このような高位にあったものの、史料によって異同はあるが、以下の二つの出来事が直接的な原因となってイブン・ムゥミンは失墜することとなった。すなわち、

①イブン・ムゥミンの仇敵が、ムジャーヒドへの反乱を促すような怪文書をイブン・ムゥミンの筆跡を真似て作成し、さまざまな場所にばら撒いた。ムジャーヒドはそれらの文書をイブン・ムゥミンの手によるものと信じた。

②イブン・ムゥミンの近臣が、酔いに任せて総督を任命する布告書（manshūr）を偽造した。その存在を知ったムジャーヒドが、イブン・ムゥミンに謀反の疑いをかけるようになった。

と、イブン・ムゥミン本人に非がないところで、主君であるムジャーヒドから謀反を疑われる事件が続いたのである。[37] 粛清を決断したムジャーヒドは、真意を隠してイブン・ムゥミンを歓待し、宰相の地位を約束した。この瞬間イブン・ムゥミンは、「御門のすべてをその手中におさめた」といわれる。

まさに人生の絶頂にあったイブン・ムゥミンは、しかしすぐに、そのすべてを失うこととなった。

金曜日になると、イブン・ムゥミンはサァバート[38]へ急いで向かうことを求められた。彼は、タイッズのまちのマグリバに住んでいた。金曜日の礼拝の後、彼は（サァバートへ）登っていった。彼がタイッズ門からサ

ァバートへ入ると、彼はそこで捕まり、タイッズ門の前の広間できつく捕縛された。（中略）それからイブン・ムゥミンはサァバートの監獄に入れられ、数日間を過ごした。スルターンは彼をタァカルへ送った。[39]彼はそこで殺害され、ナキーラインに埋葬された。彼の墓はそこにあり、よく知られている。[40]

イブン・ムゥミンは、仇敵にはめられ、また、酒に飲まれた自身の近臣の行為によって冤罪をかけられ、処刑された。もっとも、イブン・ムゥミンが仇敵を蹴落としてきたというこれまでの行動が、引き金のひとつであったことには相違ない。なおのちに、本件が謀略や誤解によるものであったことに気づいたムジャーヒドは、イブン・ムゥミンを殺害したことを非常に後悔したという。[41]イブン・ムゥミンに由来する建造物や著作についての記録は見られないが、息子が残されたことが伝えられている。[42]彼は大宦官アフヤフの庇護下に置かれてアフダル治世期まで生きたものの、民から不正に財を奪うなどしてアフヤフの怒りを買い、激しく殴打された後、最後には自害を命じられた。

以上、イブン・ムゥミンの生涯を見た。彼は、裁判官と呼ばれ、一〇年間ほどにわたってムジャーヒドのもとで働き続けた。しかしイブン・ムゥミンが裁判に携わった事例は見られず、敵対勢力との交渉やエジプトへの使者を務めたほか、軍の采配や財の輸送をも行い、イクターを授与され、軍楽器隊や旗の所有を許された。イブン・ムゥミンが大裁判官や宰相であったとする史料もあれば、単に宰相職を口約束されたと述べるにとどまる史料もあるが、ムジャーヒドの政権内部においてほとんど最高位に達したことは共通して指摘されている。最後には、自身の行動に起因したとはいえ無実の罪で粛清されることとなったものの、おそらくは自身の意志でアデン湾を渡って新しい世界へたどり着き、ラスール朝の支配体制のなかで高みを目指した男は、「大半は称賛される」と評された人生を送ったのであった。

四、ジャウハルの生涯

大宦官ジャウハルについて、ムジャーヒドの息子であるアフダルは、以下のように記述する。

彼は、精神の高潔さや大志の高さ、人間性の美しさで知られた。彼は、ムジャーヒドの母親であるスィラーフの御方のお館さまに仕え、彼女は彼を自身の御門のズィマームとし、館の諸事を彼に委ねた。彼の重要性は上がり、その名声は強大となった。彼には素晴らしい人生と優れた指導力が見られた。そしてそれゆえにムジャーヒドは彼に慈悲を与えた。ムジャーヒドはジャウハルに、ムジャーヒドが行おうとする事柄の大半において依存した。(43)

この記述が示すように、ジャウハルはスィラーフの御方とその息子であるムジャーヒドのもとで、その能力の高さゆえに重用された人物であった。史料には、出自に関する記述を見出すことはできない。去勢者や大宦官と呼ばれていること、その名前が宝石を意味するジャウハルであり自由人に付されるものではないことから、去勢された奴隷（あるいは解放奴隷）であったと見られる。先行研究を踏まえれば、エチオピアやザンジュの出身であり、紅海あるいはアデン湾を渡ってイエメンへたどり着いた可能性が高い。

年代記における彼のもっとも古い記述は、一三二七～八年のものである。(44) その頃ジャウハルは、ムジャーヒドの母親であるスィラーフの御方の御門のズィマームとして仕えていた。ラスール朝の財が詰まっているドゥムルワの城砦(45)が、駐屯兵によってムジャーヒド以外の勢力に一三二七年一二月あるいは一三二八年一月に売却されると、スィラーフの御方はジャウハルを派遣した。彼は現金と賜衣を持ってドゥムルワにいたり、交渉の末にドゥムルワの城砦を買い戻すことに成功した。当時ムジャーヒドはアデンを攻めている最中であり、ドゥムルワの件にすぐに関与することは難しかったように見受けられる。そうしたなかで、財源となるドゥムルワの城砦を至急に奪取すべく、スィラーフの御方とジャウハルはおよそ独断で買い戻しを行ったのかもしれない。

既述のように、一三二八年六月二六日にアミール・イッズ・アッディーンが反乱を起こした際には、ジャウハルはムジャーヒドによってイッズ・アッディーンのもとへ派遣された。その時ジャウハルは、ムジャーヒドの御門のズィマームであったといわれる。ジャウハルは仲介役として機能し、イッズ・アッディーンが庇護を求めていることをムジャーヒドに伝えるも、結局イッズ・アッディーンは処刑されることとなった。

右記の出来事の後にジャウハルが史料上に確実に現れるのは、イブン・ムゥミンの粛清の記事においてである。ジャウハルは、イブン・ムゥミンの館の略奪をムジャーヒドに命じられると、「騎乗し、その家を襲い、身の回りの品すべてと、彼の駄獣、衣類、女奴隷たちを手に入れた」のであった。[46] ここでジャウハルが、使い勝手がよく、かつ、確実に命令を遂行できる人材として、ムジャーヒドに用いられていることがわかる。[47] 本章の二人の主人公であるイブン・ムゥミンとジャウハルの人間関係については不明であるが、両者の人生はここで僅かに交錯した。

以降、ジャウハルに関する記述はしばらく見られない。その理由のひとつとしては、一三三三年一二月にムジャーヒドの宿敵であるザーヒルが投降・死亡し、一三三四〜五年に南部山岳地域のバゥダーンをムジャーヒドがおさえたことで、イエメンの情勢が落ち着き、軍事的・政治的事件が少なくなったことがあげられる。加えて、おそらくはこの間、ジャウハルが聖域滞在者（al-mujāwir）としてメッカに長期滞在したこともまた主因であろう。[48] イスラームの聖地であるメッカとメディナのうち、中心となるモスクやその周辺の聖域に長期滞在し、イスラームの信仰に即した生活を送る人々がこの語で呼ばれたが、この時期にはその多くがスンナ派の学者であったと指摘されている。[49] 去勢者がこれらの聖域の管理を行う職を担っていたことは広く知られているものの、ジャウハルの場合はそうした職に就いていたわけではなく、また学者であったとも記録されていない。ジャウハルは自主的に館を建てて、おそらくは一〇年ほどをメッカで過ごしたものと考えられる。メッカに詳しい史料でもその痕跡を確認することができ、ファースィー（al-Fāsī（一四二九年没））は、ジャウハルが一三五〇～一年にメッカに滞在し学者の話をきいていたこと、その館がファースィーが生きている頃にはアフダル・マドラサ（al-madrasa al-Afḍaliya）と呼ばれていることを、記述している(50)。

一三五一年にムジャーヒドが生涯二度目の巡礼のためにメッカへ向かった際、イエメンの諸事は残されたアミールや裁判官、大宦官アフヤフらに任された(51)。ジャウハルは、ムジャーヒドとスィラーフの御方のメッカ巡礼に同行した。しかし、当時のラスール朝とマムルーク朝はメッカへの影響力を巡って競合関係にあり、メッカを統治する別々のシャリーフ（sharīf）（預言者ムハンマドの子孫に対する尊称）の一族を支援していたこともあって、ムジャーヒドはメッカ近郊でマムルーク朝軍に捕らえられ、エジプトへ連れ去られてしまった。その時スィラーフの御方とジャウハルは遅れて別の集団にいたため、難を逃れた。ムジャーヒドが連行された後に事情を知り、メッカに入ったスィラーフの御方らは、ムジャーヒドが残した駄獣や持ち物を回収し、イエメンへ帰還した。ここではジャウハルが、ムジャーヒドが拉致されて不安に駆られるスィラーフの御方を支えていたことは、想像に難くない。

ムジャーヒドが捕らえられた件はイエメンに伝わり、反乱の兆候が見られるようになったが、大宦官アフヤフがその対応に回った(52)。スィラーフの御方がタイッズに到着したのは一三五一年四月のことであり、アフヤフから忠誠の誓いを受けると、以降はスィラーフの御方がムジャーヒドに代わって統治するようになった。一年近くにわたってカイロやカラクで拘留された後、帰還を許されたムジャーヒドは、スィラーフの御方の手配によってカーリミー商人から金を借り、必要な物資やマムルークを買い揃え、イエメン行を開始した。その後少しして、メッカのジャウハルから、ムジャーヒドがイエメンへ向かっている旨の書簡がスィラーフの御方のもとへ届いた。

スィラーフの御方がイエメンへ帰還する時にジャウハルは同行せずにメッカに残ったのか、それとも一度イエメンへ帰還した後に有事の際の連絡係としてメッカに戻ったのか、定かではないが、この書簡が届いたことで、軍楽器隊が七日間にわたって演奏を行い、「おおいなる喜び（faraḥa ʿaẓīma）」が実行された。スィラーフの御方はムジャーヒドを出迎えるべく軍を準備し、一三五二年、ついにはザビードにて親子は一四か月ぶりの再開を果たした。

一三五二年九〜一〇月、ムジャーヒドはエジプトに対して壮麗なる贈物を送った[53]。それを率いたのは息子であるナースィル（al-Malik al-Nāṣir Aḥmad（一三六〇年没））であるが、裁判官とアミール、そしてある大宦官が同行した。紅海沿岸のアイザーブでその大宦官が亡くなったことを知ったムジャーヒドは、贈物の監督官としてジャウハルを急遽派遣したものの、ナースィルらがエジプトに入るまでに追いつくことはできなかったという。遅くともこの時までには、ジャウハルはメッカからイエメンへ拠点を戻していたと見ていいだろう。マクリーズィーは、以下のようにこの一行の動きを詳しく伝える。一三五三年二月一四日には、彼らと思しき一行がアイザーブに到着した旨の連絡が、ナイル河畔のクースの総督よりカイロへ届いた[54]。同年四月一四日の記事では、彼らがカイロに到着したこと、ナースィルが当時一一歳であったこと、贈物が多様であったことが、書かれている[55]。

そして一三五五年を迎えた[56]。ムジャーヒドはエジプトへ壮麗なる贈物を送るに際して、ジャウハルにその監督を命じた。しかし同年一月、ジャウハルらが乗った船は、紅海を航行中、暴風にあおられてズカル島の岩礁にぶつかって沈没し、一行の全員が亡くなったのである。ジャウハルの遺体は数日後に見つかり、ザビードの墓地に埋葬された。ジャウハルは、去勢者ゆえに子を成すことはなかったであろうが、ほかの大宦官と同様に、モスクやマドラサ、水飲み場（sabīl）を、イエメンの各地に残したという[57]。

以上、ジャウハルの生涯を見た。二〇年ほどの年月を、スィラーフの御方とその息子であるムジャーヒドに大宦官として仕えた。史料上には明記されないが、普段は、王族の家内の監督を主たる仕事としていたと考えられる。そのためか「スルターンから全幅の信頼を置かれ、その諸事の多くを任され」(58)、ドゥムルワの城砦の奪還や反乱を起こしたイッズ・アッディーンとスルターンの仲介、粛清されたイブン・ムゥミンの館の略奪、スィラーフの御方のメッカ巡礼への同行、ムジャーヒドがマムルーク朝にとらわれている間の連絡、エジプトへの使者と、実にさまざまな任務をこなした。さらには、イエメンを離れてメッカに滞在し、イスラームの信仰に身を捧げた日々も長期に及んだ。イブン・ムゥミンとは異なり、その資質を貶める記述は見られない。おそらくは強制的にイエメンへ連れて来られ、最後には海難事故で命を落とすこととなるが、ラスール朝あるいはイスラームという枠のなかにあったとはいえ、ジャウハルは「素晴らしい人生」を送ったようである。

五、おわりに

一四世紀のイエメン・ラスール朝下において、海を渡ってやってきた二人の男がその生涯を全うした。ひとりは自身の意志でイエメンにいたった自由人のイブン・ムゥミンであり、もうひとりは一物を奪われたうえで連れてこられた奴隷のジャウハルである。彼らがおそらくは北東アフリカを出立してイエメンへ渡った理由については、詳らかではない。一三世紀から一五世紀に地球規模で生じた気候変動の影響によって、一四世紀の北東アフリカにおいても黒死病が流行したりエチオピアで降水量が増加したりしたことが指摘されており(59)、これらが北東アフリカの人々の移動のプッシュ要因になった可能性はあるが、今回見たような個人レベルの移動と直結させて考えるには慎重でなければならない。それよりもむしろ、紅海やアデン湾を介した北東アフリカとイエメンの地域的連環と人・物・情報の交流は、古来、政治権力の介入の有無に関わらず連綿と続いてきたものであり(60)、イブン・ムゥミンとジャウハルの移動はこうした伝統のなかで理解される事象のように思われる。特にイブン・ムゥミンは、こうしたつながりを利用して、第三章や第六章で論じられた近代の「移民の世紀」における移住労働者と同様に、生活水準の向上を求めて自発的に移動し、ラスール朝のなかで高位に達したのではないか。一方で、奴隷として売買されたジャウハルにイエメンへ行き着いた目的を見出すのは難しいが、イスラーム世界における奴隷制と北東アフリカ出身者を必要とするラスール朝の支配体制がプル要因として働いた結果、やはりイエメンにおいて出世することとなった。このようにその背景や過程は異なるものの、海を渡ることで、二人の人生はそれぞれに新たに動き出したのである。

もっとも、イブン・ムゥミンもジャウハルも、移動によって無条件な自由を享受したわけではなかった。第四章や第一三章で見たように、人間が社会的・政治的動物である限り、移動によってもたらされるもののなかには自由と不自由の両方があった。自由人であったにせよ、奴隷であったにせよ、彼らの移動と生涯は、紅海やアデン湾と接する北東アフリカやイエメンの社会的・地理的条件や、その一帯で続く交流の歴史、ラスール朝の政治体制、メッカ・シャリーフ政権やエジプト・マムルーク朝との関係性、イスラームの規範、奴隷制という社会制度などの制約を受けた。彼らは、現代の私たちと同様に、あるいはそれを超えるレベルで、完全なる自由が存在しない不自由な世界を生きていた。

しかし、第二章のジプシー／ロマの議論を借りれば、「選択された」「自由な」移動を行った自由人であるイブン・ムゥミンと、「強いられた」「不自由な」移動を行った去勢者であるジャウハルの人生が、その移動のあり方やイスラーム法における社会的身分によって徹底的に縛られていたようには見えない。彼らは、たどり着いた先のイエメン・ラスール朝下で才覚を認められ、さまざまな任務をこなして高位にいたり、ムジャーヒドの治世を支えた。さらには、ともに生きた人々やその人生に善かれ悪しかれ影響を与え、ワクフの設定やモスクや水飲み場の建設、メッカ滞在を通して、イエメンの社会的・宗教的インフラの整備に貢献し、イスラーム的に正しい道を模索することもあった。故地を離れてイエメンへ向かって海を渡るということは、あくまでも彼らの人生の一部に過ぎず、その後の生き方は未来の彼らに託されていた。イブン・ムゥミンとジャウハルは、ともに悲劇的な最期を迎えたが、移動することで広がった新しい可能性のなかで、さまざまな制約を受けつつも、遮二無二生きたように思われるのである。

（1）イブン・バットゥータ、家島彦一訳注『大旅行記』第三巻（全八巻、平凡社）一一三～二五九頁。

（2）T. Baba, "Notes on Migration between Yemen and Northeast Africa during the 13-15th Centuries," *Chroniques du manuscrit au Yémen* Numéro spécial 1 (2018), 69-86; M-L. Derat, "Du lexique aux talismans: occurrences de le peste dans la Corne de l'Afrique du XIIIe au XVe siècle," *Afriques* 9 (2018); F-X. Frauvelle-Aymar and B. Hirsch, eds., *Espaces musulmans de la Corne de L'Afrique au Moyan Âge* (*Annales d'Éthiopie Hors-Série* Special Issue 1) (Addis Ababa: Centre français des études éthiopienne, 2017 (2011)); A. Gori, "Family Bonds across the Sea: The ʿAqīlī/Zaylaʿī Lineage Connecting Yemen and the Horn of Africa," *Nouvelles Chroniques du manuscrit au Yémen* 36 (2023), 40–69; T. Insoll, "Archaeological Perspectives on Contacts between Cairo and Eastern Ethiopia in the 12th to 15th Centuries," *Journal of the Economic and Social History of the Orient* 66 (2023), 154–205; M. M. Kloss, "Eunuchs at the Service of Yemen's Rasūlid Dynasty (626–858/1229–1454)," *Der Islam* 98, no. 1 (2021), 6–26; Ibid., "Slavery in Medieval Arabia," in *The Palgrave Handbook of Global Slavery throughout History*, ed. D. A. Pargas and J. Schiel (London: Palgrave Macmillan, 2023), 139–58; Ibid., "Race and the Legacy of Slavery in Yemen," *History and Anthropology* (2023) (https://doi.org/10.1080/02757206.2023.2164927); J. Miran, "Red Sea Slave Trade," *Oxford Research Encyclopaedia of African History* (2022) (https://doi.org/10.1093/acrefore/9780190277734.013.868); R. Pankhurst, "Across the Red Sea and Gulf of Aden: Ethiopia's Historic Ties with Yaman," *Africa: Rivista Trimestrale Di Studi e Documentazione Dell'Istituto Italiano per l'Africa e l'Oriente* 57-3 (2002), 393–419; Z. Mochtari de Pierrepont, "The Abyssinian Connection? Abyssinian-Related Scholars in the Yemeni and Medieval Red Sea Environment (6th–9th/12th–15th centuries),"

Revue des mondes musulmans et de la Méditerranée 153 (2023), 153-78; M. Muehlbauer, "From Stone to Dust: The Life of the Kufic-Inscribed Frieze of Wuqro Cherqos in Tigray, Ethiopia," *Muqarnas Online* 38 (2021), no. 1, 1-34; É. Vallet, *L'Arabie marchande: État et commerce sous les sultans rasūlides du Yémen (626-858/1229-1454)* (Paris: Publications de la Sorbonne, 2010); 馬場多聞『宮廷食材・ネットワーク・王権――イエメン・ラスール朝と一三世紀の世界』（九州大学出版会、二〇一七年）。同「ラスール朝史料における東アフリカ」（『史淵』一五四、二〇一七年）九五～一二二頁。同「一三世紀のアデン港課税品目録における東アフリカの輸出品」（『立命館史学』四〇、二〇二〇年）七三～九七頁。同「中世イエメンにおける奴隷」（近藤洋平編『アラビア半島の歴史・文化・社会』東京大学中東地域研究センター、二〇二一年）一五九～七四頁。

（3）Kloss, "Eunuchs."

（4）家島彦一『海域から見た歴史――インド洋と地中海を結ぶ交流史』（名古屋大学出版会、二〇〇六年）二八〇～四七九頁。

（5）清水和裕『イスラーム史のなかの奴隷』（山川出版社、二〇一五年）。

（6）本章で用いた一次史料とその略号は以下の通り。al-ʿAṭāyā: al-Afḍal, *Kitāb al-ʿAṭāyā al-Sanīya wa-al-Mawāhib al-Hanīya fī al-Manāqib al-Yamanīya*, ed. ʿA. ʿA. A. al-Khāmirī (Ṣanʿāʾ: Iṣdārāt Wizārat al-Thaqāfa wa-al-Siyāḥa, 2004); Nūr: anon., *Nūr al-Maʿārif fī Nuẓum wa-Qawānīn wa-Aʿrāf al-Yaman fī al-ʿAhd al-Muẓaffarī al-Wārif*, ed. M. ʿA. al-Jāzim, 2 vols. (Ṣanʿāʾ: Centre français d'archéologie et de sciences sociales, 2003-2005); Taʾrīkh: anon., *Taʾrīkh al-Yaman fī al-Dawla al-Rasūlīya*, ed. H. Yajima (Tokyo: Institute for the Study of Languages and Cultures of Asia and Africa, 1976); Thaghr: Bā Makhrama, *Taʾrīkh Thaghr ʿAdan* (*Arabische texte zur kenntnis der stadt Adem im mittelalter*), ed. O. Löfgren, 2 vols. (al-Qāhira: Maktabat Madbūlī, 1991); al-Fāsī: al-Fāsī, *al-ʿIqd al-Thamīn fī Taʾrīkh al-Balad al-Amīn*, ed. M. ʿA. ʿAṭā, 7 vols. (Bayrūt: Dār al-Kutub al-ʿIlmiya, 1998); Qurrat: Ibn al-Daybaʿ, *Kitāb Qurrat al-ʿUyūn bi-Akhbār al-Yaman al-Maymūn*, ed. M. ʿA. al-Akwaʿ, 2 vols. (Ṣanʿāʾ: Maktabat al-Irshād, 2006); al-Sulūk: al-Janadī, *al-Sulūk fī Ṭabaqāt al-ʿUlamāʾ wa-al-Mulūk*, ed. M. ʿA. al-Akwaʿ, 2 vols. (Ṣanʿāʾ: Maktabat al-Irshād, 1993-1995); al-ʿAsjad: al-Khazrajī, *al-ʿAsjad al-Masbūk fī man waliya al-Yaman min al-Mulūk* (Ṣanʿāʾ: Wizārat al-Aʿlām wa-al-

Thaqāfa, 1981); al-ʻIqd: al-Khazrajī, *al-ʻIqd al-Fākhir al-Hasan fī Tabaqāt Akābir Ahl al-Yaman*, eds. ʻA. Q. al-ʻAbbādī et al., 4 vols. (Ṣanʻāʼ: al-Jīl al-Jadīd Nāshirūn, 2008); al-ʻUqūd: al-Khazrajī, *al-ʻUqūd al-Luʼluʼīya fī Taʼrīkh al-Dawla al-Rasūlīya*, ed. M. B. ʻAsal, 2 vols. (Bayrūt: Dār al-Ādāb, 1983 (1911–1914)); al-Maqrīzī: al-Maqrīzī, *al-Sulūk li-Maʻrifat Duwar al-Mulūk*, ed. M. ʻA. ʻAṭā, 8 vols. (Bayrūt: Dār al-Kutub al-ʻIlmīya, 2018); Ṣubḥ: al-Qalqashandī, *Ṣubḥ al-Aʻshā Sināʻat al-Inshāʼ*, ed. M. Ḥ. Shams al-Dīn, 15 vols. (Bayrūt: Dār al-Kutub al-ʻIlmīya, 1987–1989); Masālik: al-ʻUmarī, *Masālik al-Absār fī Mamālik al-Amṣār: Mamālik Miṣr wa-al-Shām wa-al-Ḥijāz wa-al-Yaman*, ed. A. F. Sayyid (al-Qāhira: Institute français d'anchéologie orientale, 1985).

（7）馬場『宮廷食材』、三一〜三三頁。

（8）M. Y. al-Fīfī, *al-Dawla al-Rasūlīya fī al-Yaman: Dirāsa fī Awḍāʻhā al-Siyāsīya wa-al-Ḥiḍārīya 803–827 h. /1400–1424 m.* (Bayrūt: al-Dār al-ʻArabīya li-al-Mawsūʻāt, 2005); 馬場『宮廷食材』、一五一〜六五頁。

（9）馬場『宮廷食材』、一六七〜八八頁。Kloss, "Eunuch"; Ibid., "Slave"; Ibid., "Race".

（10）Masālik, 152; Ṣubḥ V, 33–4.

（11）Nūr I, 494.

（12）N. Sadek, *Patronage and Architecture in Rasulid Yemen, 626–858 A.H./1229–1454 A.D.*, PhD diss., Toronto: The University of Toronto, 1990), 112.

（13）ムジャーヒドの生涯については、D. M. Varisco, "The Trials and Tribulations of the Rasulid Sultan al-Malik al-Mujāhid ʻAlī (d. 764/1363)," *Mamluk Studies Review* 24 (2021), 255–81を参照。

（14）al-ʻAṭāyā, 480–2; al-ʻAsjad, 404; al-ʻUqūd II, 100–1; Taʼrīkh, 48; ʻA. M. al-Ḥibshī, *Muʻjam al-Nisāʼ al-Yamanīyāt* (Ṣanʻāʼ: Dār al-Ḥikma al-Yamānīyā, 1988), 18–9; R. Giunta, *The Rasūlid Architectural Patronage in Yemen: A Catalogue*, PhD diss. (Naples: Istituto Univerisitario Orientale and Istituto Italiano per l'Africa el'Oriente, 1997), 218–27.

（15）Varisco, "The Trials," 255.

（16）Varisco, "The Trials," 260, 264, 279.

（17）al-ʻUqūd II, 105.

（18）ʻA. M. al-Ḥibshī, *Muʻallafāt Ḥukkām al-Yaman* (Wiesbadem: Otto Harrassowitz, 1979), 78–81; Varisco, "The Trials," 280. ヴァリスコは何者かによる代作であった可能性を指摘している。

（19）Giunta, *The Rasūlid Architectural Patronage*, 203–17.

（20）al-ʻIqd IV, 2059–60. cf. al-ʻAṭāyā, 623; al-ʻAsjad, 373; al-ʻUqūd II, 59–60; Thaghr II, 227–8. なおアフダルのみ、イブン・ムゥミンの嫉妬深さなどを記述せず、その資質の称賛に終始する。

（21）al-ʻAsjad, 347.

（22）ex. al-ʻUqūd II, 55, 72-3. 甥のひとりであるムファッダル（al-Malik al-Mufaḍḍal Yūsuf b. Ḥasan（一三五二～三年没））は一三三九年頃に投降し、もうひとりのファーイズ（al-Malik al-Fāʼiz Abū Bakr b. Ḥasan（一三四六年没））は一三四六年に捕縛された。

（23）al-Sulūk II, 598, 602-3; al-ʻAṭāyā, 623; al-ʻAsjad, 359; al-ʻIqd III, 1397–8; al-ʻIqd IV, 2059; al-ʻUqūd II, 40, 45; Taʼrīkh, 26; al-Fāsī V, 256; Qurrat, 431–2; Thaghr II, 227–8. イブン・ムゥミンの派遣に先立つこと四か月前の一三二五年六～七月から一三二五年七～八月にかけて、マムルーク朝軍が数千の兵とともにイエメンに侵攻し、各地に被害をもたらしたが、エジプトやメッカで書かれた史料は特に、これをムジャーヒドの求めに応じた派兵と説明する（al-Sulūk II, 593-5; al-ʻAsjad, 356–8; al-ʻIqd III, 1397; al-ʻUqūd II, 37–8; al-Fāsī V, 255; al-Maqrīzī III, 79–85; Qurrat, 429–31; Varisco, "The Trials," 261–2）。バー・マフラマ（Bā Makhrama（一五四〇年没））は、イブン・ムゥミンの派遣の結果、上記のマムルーク朝軍の侵攻が生じたとして、二つの出来事を併せて考えている（Thaghr II, 143–4, 227–8）。

（24）al-Sulūk I, 603–4; al-ʻAsjad, 362; al-ʻUqūd II, 45–6; Qurrat, 432-3.

（25）al-Sulūk I, 604; al-ʻAsjad, 363; al-ʻUqūd II, 48.

（26）al-Sulūk II, 608–10; al-ʻAsjad, 364-5; al-ʻIqd III, 1399; al-ʻUqūd II, 49–50; Taʼrīkh, 26; Qurrat, 434; Thaghr II, 145-6.

（27）al-Sulūk II, 604-8. 詳細な情報が書かれていないため断定はできないが、一三二五～六年にはスルタンの代理を務めていた（al-Sulūk II, 599）。イッズ・アッディーンは、天幕に入れていた大量の財や衣類の盗難にあったが、未解決のままである（al-Sulūk II, 607; al-ʻUqūd II, 49）。

（28）ex. al-ʻIqd III, 1398; al-ʻUqūd II, 46, 54.

(29) al-Sulūk II, 608; al-ʿAsjad, 365; al-ʿUqūd II, 49; Qurrat, 433; Thaghr II, 227–9.

(30) 馬場『宮廷食材』、四〇頁。同「一三世紀のアデン港課税品目録」、八〇頁。Vallet, *L'Arabie marchande*, 248–54.

(31) al-Sulūk II, 615; al-ʿUqūd II, 52; Qurrat, 435.

(32) al-ʿUqūd II, 55.

(33) al-Sulūk II, 618–9. cf. al-ʿUqūd II, 55.

(34) al-ʿAsjad, 371–2; al-ʿIqd III, 1401; al-ʿUqūd II, 55–7; Qurrat, 436.

(35) al-ʿAsjad, 373; al-ʿIqd III, 1402; al-ʿUqūd II, 55, 58–9; al-Fāsī V, 257; Qurrat, 436–7; Thaghr II, 146–7.

(36) al-ʿUqūd II, 61; Thaghr II, 228.

(37) al-ʿAsjad, 373–6; al-ʿIqd III, 1402–3; al-ʿUqūd II, 59–61; Qurrat, 437; Thaghr II, 228–9.

(38) サァバートは、タイッズの近郊に位置した。ラスール朝のスルタンはここで余暇を過ごすことを好んだといわれる (Nūr I, 186 n. 1445)。

(39) ジブラを見下ろすところに所在する山であり山頂には城砦がそびえる。al-Ḥajarī, *Majmūʿ Buldān al-Yaman wa-Qabāʾil-hā*, I. ʿA. al-Akwaʿ ed., 4 vols. in 2 vols. (Ṣanʿāʾ: Maktabat al-Irshād, 2004 (1984)), 155.

(40) al-ʿUqūd II, 61. cf. al-ʿAsjad, 276; Thaghr II, 229.

(41) al-ʿAṭāyā, 623; al-ʿIqd III, 2060.

(42) al-ʿIqd III, 2060–1.

(43) al-ʿAṭāyā, 290–1. cf. al-ʿIqd II, 628–9; al-ʿUqūd II, 88; al-Fāsī III, 293.

(44) al-Sulūk II, 604–5; al-ʿAsjad, 363, 404; al-ʿUqūd II, 48–50; al-Fāsī V, 256–7; Qurrat, 433; Thaghr II, 145.

(45) 馬場『宮廷食材』、二四六〜五頁。

(46) 一三二八年一二月から一三二九年一月にかけて暴徒と化したドゥムルワ周辺の住民に対して、ジャウハルと呼ばれる大宦官が対処にあたっている。彼が本章で取り扱っているジャウハルを指す可能性もあるが、ハズラジーは別人として扱っている (al-Sulūk II, 612–3; al-ʿUqūd II, 51–2)。

(47) al-ʿUqūd II, 61.

（48） al-ʿAṭāyā, 291; al-ʿIqd II, 629; al-Fāsī III, 293.

（49） 長谷部史彦「マムルーク朝期メディナにおける王権・宦官・ムジャーウィル」（今谷明編『王権と都市』思文閣出版、二〇〇八年）二〇九～四五頁。

（50） al-Fāsī III, 293.

（51） ムジャーヒドのメッカ巡礼と拉致事件については、イエメン・エジプト・メッカの諸史料を比較・検討したヴァリスコの論考を参照（Varisco, "The Trials"）。

（52） al-ʿAsjad, 388-9; al-ʿUqūd II, 78-9; al-Fāsī V, 258-9; Thaghr II, 147-8; Varisco, "The Trials," 265-81.

（53） al-ʿAṭāyā, 291; al-ʿAsjad, 392; al-ʿIqd II, 629; al-ʿUqūd II, 82-3.

（54） al-Maqrīzī IV, 175.

（55） al-Maqrīzī IV, 179.

（56） al-ʿAṭāyā, 291; al-ʿAsjad, 396-7; al-ʿIqd II, 629; al-ʿIqd III, 1407; al-ʿUqūd II, 88; al-Fāsī III, 293; al-Fāsī V, 259. なお直前の一三五三年三～四月には、大宦官サフィー・アッディーン（al-ṭawāshī Ṣafī al-Dīn）が南部山岳地域で軍を任された（al-ʿAsjad, 393）。本章で取り扱うジャウハルと同じ尊称を有しているが、ジャウハルではない別の大宦官であった可能性もあるため、本文中では言及しなかった。

（57） I. ʿA. al-Akwaʿ, *al-Madāris al-Islāmiya fī al-Yaman* (Ṣanʿāʾ and Bayrūt: Muʾassasat al-Risāla, 1986 (1980)), 240-3; Sadek, *Patronage*, 138-9; Giunta, *The Rasūlid Architectural Patronage*, 228-31.

（58） al-ʿUqūd II, 88.

（59） 諫早庸一「ユーラシアから考える〈一四世紀の危機〉」（『史淵』八二（二）、二〇二二年）一八五～二一一頁。G. Chouin, "Reflections on Plague in African History (14th-19th c.)," *Afriques* 9 (2018); Derat, "Du Lexixue"; M. H. Green, "Putting Africa on the Black Death map: Narratives from genetics and history," *Afriques* 9 (2018); B. M. S. Green, *The Great Transition: Climate, Disease and Society in the Late-Medieval World* (Cambridge: Cambridge University Press, 2016), 11.

（60） 馬場「ラスール朝史料における東アフリカ」。

〔付記1〕　本章は、JSPS科研費（JP20H05827ならびにJP23K00887）の助成を受けたものである。
〔付記2〕　ウェブ掲載誌の最終閲覧日は二〇二四年一〇月二四日。

第九章　出土遺物からみる人とモノの移動

——カフィル・カラ遺跡出土資料を中心に

寺村裕史

一、はじめに

人類史における移動概念を考えるにあたって、人間自体（の移動）を研究対象として考察する方法が存在する一方で、ある時期、ある場所における物的証拠（資料）から移動を捉えなおす方法もあるだろう。考古学は、まさに人類が過去から現在にいたるまでの全期間を通じて残してきたさまざまな痕跡を対象として、人類の文化や行動を復元する学問といえよう。そこで本章では、考古学から過去の人の移動をどのように語ることができるのかに焦点を当て、時間軸（定点観測）を中心に据えながらも、そこから明らかにし得る人とモノの移動という空間的な広がりについて考察したい。

考古学の発掘調査で得られる主な情報は、いわゆる不動産である遺跡・遺構からの情報と、動産である遺物からの情報とに分けられる。遺跡や遺構からは、ある時期にその場所で活動していた人間の暮らしぶりのみならず、時間軸を検討材料に組み込むことによって、そこを通過（移動）していった人間の痕跡が明らかになる場合もあるだろう。また、遺物に関しては、モノ自体が単独で勝手に移動することはあり得ないため、必ずそれを運ぶ人間の移動によって、その場所にもたらされたものであることは疑いようのない事実である。

筆者は、中央アジアにおける古代のシルクロード都市遺跡であるカフィル・カラ（Kafir Kala）遺跡（ウズベキスタン）での発掘調査に従事してきたことから、そこで出土した遺構や遺物を中心に人とモノの移動に焦点を当て、上記の課題について迫ってみたい。森安孝夫は、前近代社会において人の移動を容易にしたのは商業と宗教活動であると述べている(1)。カフィル・カラ遺跡はサマルカンド南東部に位置し、古代のシルクロードを通じた商業活動において活躍していたソグド人が居住していたと考えられている遺跡であり、かつゾロアスター教に関連する遺物が出土した、まさに商業と宗教という両方の視座から人の移動を考えるに最適な遺跡である。

カフィル・カラ遺跡で出土した遺構・遺物を中心として、その場所を行き交った人々の動きのみならず、モノがどこからもたらされ、どこに運ばれたのかを考察することで、ユーラシア大陸を舞台とした当時のダイナミックな歴史の変動の一端にでも触れられればと考える。

二、カフィル・カラ遺跡の発掘調査

(1) サマルカンドの立地とカフィル・カラ遺跡

ウズベキスタン共和国のサマルカンドは、シルクロードのオアシス都市として古くから知られ、パミール高原周縁部に端を発するザラフシャン川中流域の河岸に位置する（図1）。中央アジアを代表する河川であるアム・ダリア、シル・ダリアにちょうど挟まれた地域を指すザラフシャン川流域地方の古名「ソグディアナ（=ソグド人の土地）」の中心都市であり、およそ四世紀から七世紀頃には商才と工芸技術に長けたイラン系のソグド人がシルクロードを往来し、東西・南北の交易によって栄えた。八世紀以降は、アラブ勢力の侵入とイスラーム教の受容が進むなか、一三世紀にはモンゴル帝国によって徹底的に街が破壊されてしまう。しかし、一四世紀後半にサマルカンドはティムールによって再建され、一五世紀にかけてティムール朝の首都として繁栄した。西方には古代から栄えたオアシス都市であるブハラ、南方に行けばアフガニスタンを抜けインドまで通じるルートが存在し、北方の草原地帯へのアクセスも容易なこの都市は、立地が東西南北の十字路に位置することから、二〇〇一年にはユネスコの世界文化遺産に「サマルカンド——文化交差路」として登録された。また、この地域は中央アジア有数の穀倉地帯、綿花の一大産地でもあり、定住農耕社会と北方の遊牧社会との接点でもあるといえる。

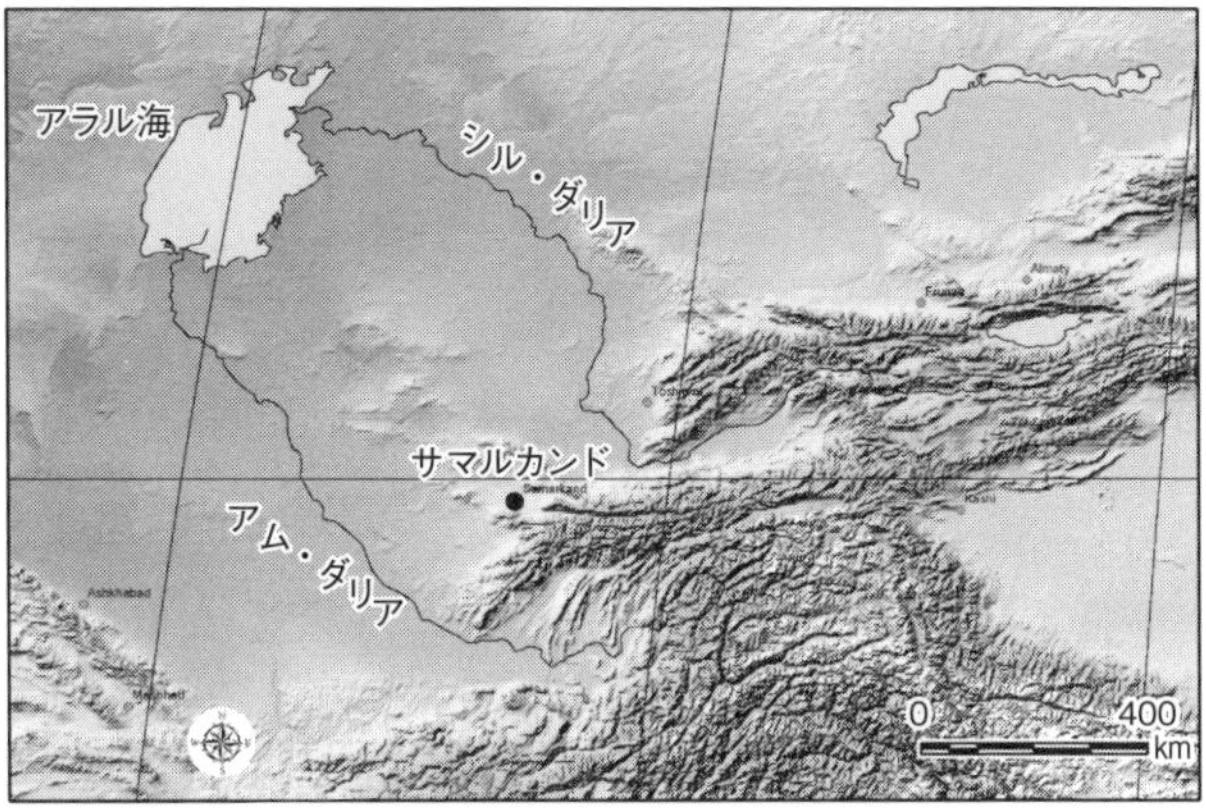

図1　サマルカンドの位置

現在のサマルカンド市街地の北には、アフラシアブの丘と呼ばれる中央アジア最大のシルクロード都市遺跡があり、モンゴル帝国の侵略以前は、その場所が城壁に囲まれた都城としての当時の人々の居住域であった。またザラフシャン川流域には、ペンジケントやクルドールテパ、ダブシアなど比較的大型の都市遺跡が点在し（図2）、そうした遺跡の発掘調査の増加とともに当時の文化を考える上でも重要な考古資料が蓄積されてきている。

筆者は、サマルカンド考古学研究所の所員と日本側研究者とで組織された日本・ウズベク共同発掘調査隊の一員として、中央アジアの歴史や文化、およびシルクロードを通じた交流の実態解明を目指し、アフラシアブほどの規模ではないが古代の都市遺跡であるカフィル・カラ遺跡の発掘調査を二〇一三年から継続的に実施してきた。(2)

本章では、ユーラシアのシルクロード交流の結節点であり、シル

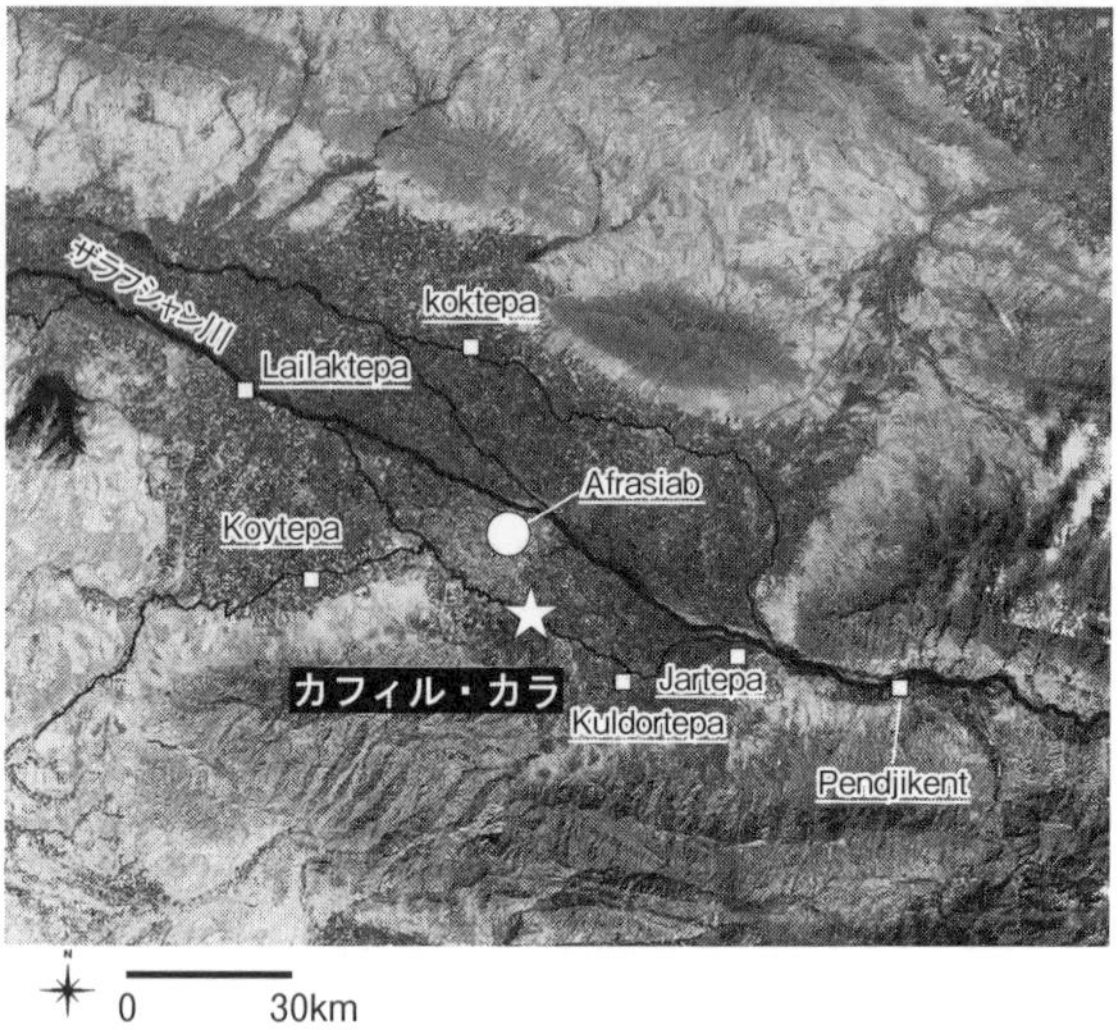

図2　カフィル・カラ遺跡の位置とザラフシャン川中流域の主要遺跡

クロードを通じた文化や人の往来を理解する上で、非常に重要な意義をもっていると考えられるカフィル・カラの発掘調査成果を軸として、人とモノの移動について考えてみたい。

（2）カフィル・カラ遺跡の概要

カフィル・カラ遺跡は、サマルカンド市内中心部から一〇キロほど南東に位置し、遺跡のすぐ北側は当地域の基幹運河であるダルゴム川に接しており、南方からサマルカンドにいたる南北ルート上の玄関口のような場所に立地している。カフィル・カラとは、「異教徒の城」を意味し（アラビア語で、kāfir:「異教徒、不信心者」、qal'a:「城」）、イブン・ハウカルが著した中世アラビア語史料にみられる「レヴタートにあったサマルカンドの王たちの離宮」に比定する見方が有力視されているが、[3] 現状ではまだ結論が出るまでにはいたっていない。

遺跡は、シタデル（城塞）と呼ばれる一辺約七五メートル四方のほぼ正方形を呈する丘状の高まり（高さ二〇数メートル）を中心に、その周囲をシャフリスタン（城壁内市街地）、ラバド（郊外区）と呼ばれる居住区が取り巻き、総面積はおよそ一六ヘクタールである（図3）。北側に接するダルゴム川は人工の灌漑水路であり、紀元前六・七世紀には掘削されていたと考えられている。[4] シタデルの北と南には、それぞれ三基ずつの塔が配置され、南中央の塔から橋が架けられることによってシタデル正門への唯一の入口として機能していたと推測されている。

また、シタデル、シャフリスタン、ラバドの間は空堀で区画されていることに加え、南西隅のシャフリスタンとラバドの境で城壁が途切れる箇所（出入口）が、日本の城でいう虎口と馬出の関係に似ており防御目的で意図的に屈曲させて作られた可能性が考えられること、さらには北にはダルゴム川、東にはダルゴム川に合流するイロン・ソイ川が流れていることなどから、外部から容易に進入できないような構造をしており、強固な防御的な性格をもつ遺跡であることがわかる（図4）。

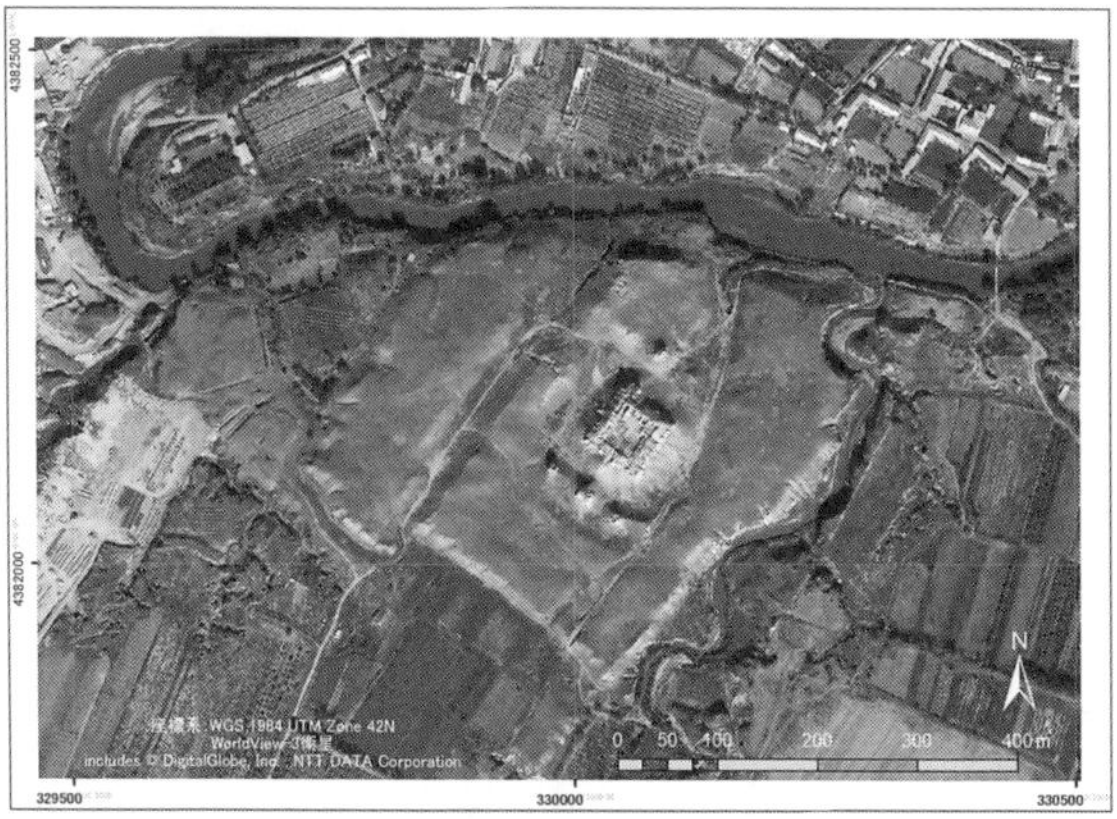

図3　カフィル・カラ遺跡周辺の衛星画像
（WorldView-3 衛星，includes ©DigitalGlobe, Inc., NTT DATA Corporation）

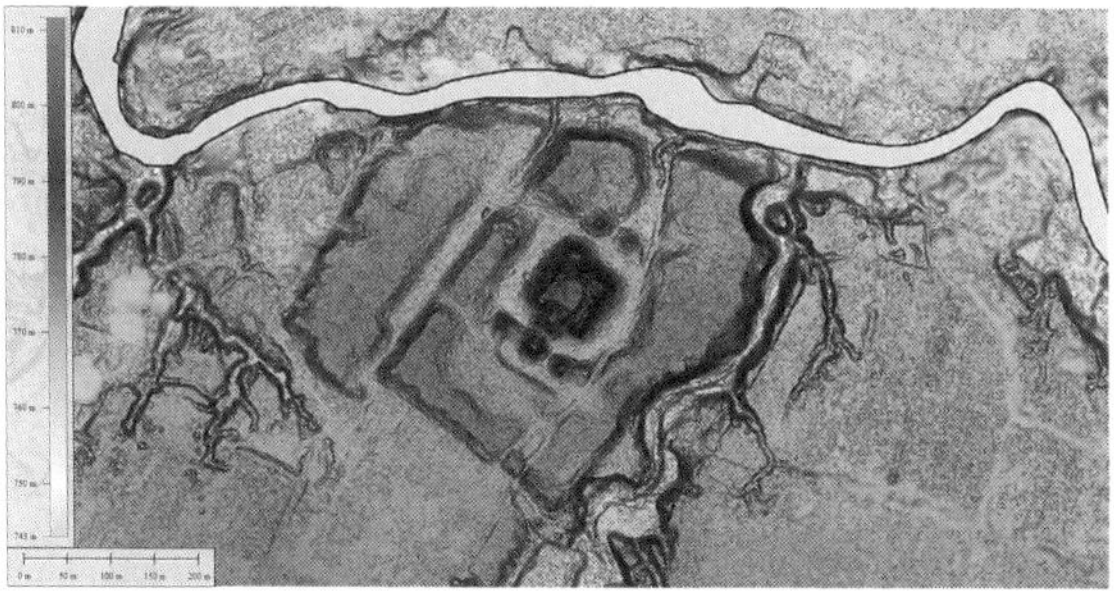

図4　カフィル・カラ遺跡周辺の微細地形
（AW3D Enhanced 50cm DTM, includes ©DigitalGlobe, Inc., NTT DATA Corporation）

シャフリスタンの城壁部分の発掘調査では、高さが六メートル近くにも及ぶ強固な城壁が存在したことが明らかになっており、遺跡の先述の性格を裏付けるものといえる。こうした調査成果からは、離宮説が有力ではあるものの、防御を重視した軍事的な性格が強い都市（遺跡）ともいえるだろう。

共同調査隊による発掘は主にシタデルとシャフリスタンで実施されているが、これまでの調査で明らかになったことを、簡単に紹介しておきたい。

シタデルの外側に南北それぞれ三基の塔が配置されていることは先述したが、さらにシタデル内部にも四隅に塔が配置されており、塔同士を繋ぐように回廊がめぐらされていることから、監視塔のような役割を果たしていたと考えている（図５）。

シタデル内は全域が火災層に覆われており、その直下で豊富な遺物・遺構が検出されている。火災層の年代は、出土遺物や放射性炭素年代測定の結果などを基に、八世紀初頭頃の火災が一番古い時期と考えられ[5]、貨幣からはソグド王タルフン（Tarhun、在位七〇〇～七一〇）の時代と推定できる。炭化した木材や被熱した遺構の状況など火災の証拠に加え、首のない人骨が出土したことなどから、西暦七一〇年以降にアラブ勢力が中央アジアを攻めてイスラーム化した時の火災によるものと考えている。こうした火災によって、当時カフィル・カラに居住していた人々は焼け出され、強制的に他の場所への移動を余儀なくされたと考えられる。

シタデル中央には樹木を植えた中庭があり、その北の一段高い場所に壁画を備えた大型建物、さらにその北側奥には五つの部屋が設けられている（図５）。五つの部屋の中央に位置するRoom15/16には、床に焼成煉瓦が敷かれており、ゾロアスター教の女神ナナと人物群像が刻まれた木彫板、宝飾品類が発見されたことなどから、王の間あるいは祭壇を備えた特別な部屋であったと考えている（図６）。

Room15/16の二つ隣の部屋であるRoom12は、アーチ状の屋根をもつ長さが一〇メートルほどの長方形をし

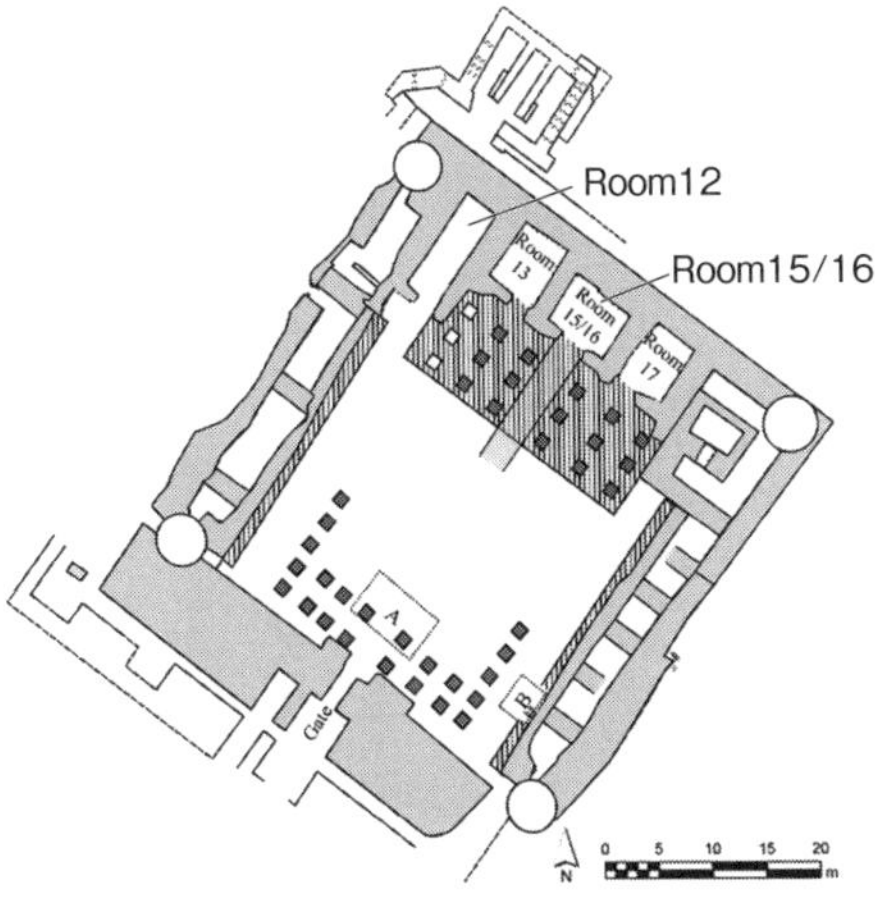

図５　シタデル平面図

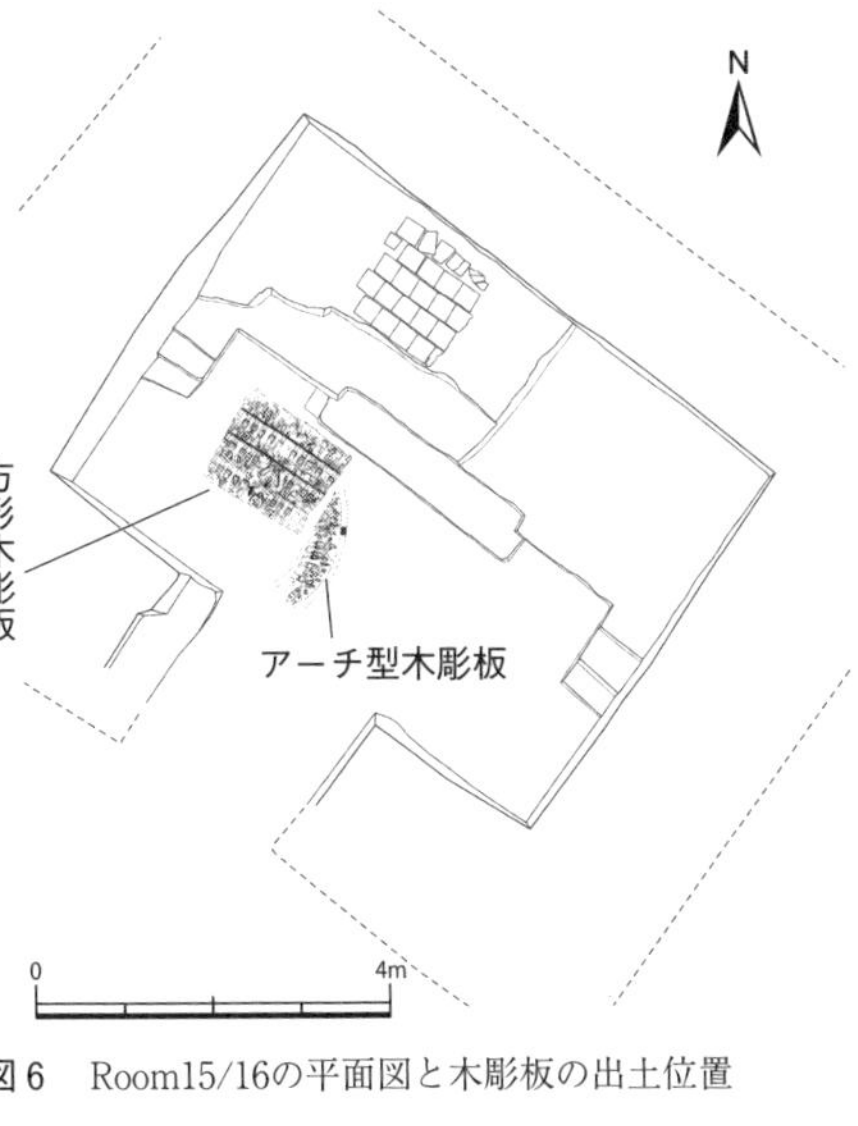

図６　Room15/16の平面図と木彫板の出土位置

た部屋で、部屋の中央にほぼ等間隔に六個の柱穴が検出されており、二階建て（二層構造）の上側部分を支える役割を果たしていたと想定している。この部屋からは、十数個体の大甕が出土し、炭化物の付着状態から油や酒、あるいは水が入っていたと考えられている。さらには、床面直上の火災層中からムギやアワと考えられる穀物類、ニンニクやマメ、クルミなどの大量の炭化物が出土した。そうした状況から、この部屋は食糧や水などを貯蔵するための食糧庫であったと判断している。

シャフリスタンでの調査においては、北西部の最も標高の高い個所にトレンチを設定し、シタデルの火災層と同時期の八世紀初めと考えられる層まで掘り下げた。その結果、東西南北を厚さ最大二・五メートルの建物壁に囲まれた、約一〇メートル四方のほぼ正方形の大型の部屋が検出されている。この部屋は、四辺の壁際にスファ

（ベッド状の高まり）があること、北側スファの中央部に南に張り出す長方形の日干しレンガ敷きがあること、門（隣室との出入り口）は南側の東寄りに一個所のみ存在することに加え、彩色された壁画片も見つかっていることから、重要な儀式が行われた部屋とも考えられ、これまでにソグドの他の遺跡（アフラシアブやペンジケント）にもみられた迎賓館などを想起させる(6)。

前述のように、形・規模・構造・壁画片などからみて、この部屋は当時の最高クラスのものと理解できる。シャフリスタンにおけるこの施設が、ここに邸宅を構えた有力貴族のものであったか、または王や王族の居住空間、あるいはシタデルの王の間（推定）とは役割が異なる公的空間であったかなどが、今後の検討課題になるであろう。

三、カフィル・カラ遺跡の出土遺物

(1) ゾロアスター教関連の木彫板

ここまで、カフィル・カラ遺跡の不動産である遺構について紹介してきた。本節では、そうした遺構から出土した動産としての遺物について、みていくことにしよう。

シタデルの王の間と考えられる部屋から出土した木彫板は、部屋の中央からやや西寄りに、アーチ型の木彫板の上に重なるようにして出土した（図6）。縦一一四センチ×横約一三〇センチの大きさで、図像は四段で構成されており、中央の上二段を獅子に腰かけるゾロアスター教の女神ナナが占め、その左右に供物を捧げる人物が描かれる。上から三段目には、ラッパやタンバリン、琵琶、箜篌《くご》（竪琴）、排簫《はいしょう》（パンパイプ型の縦笛）といった楽器をもつ人物などが彫り込まれており、最下段には火に何かをくべる様子を表現した人物も描かれている（図7・8）。

図７　木彫板の出土状況

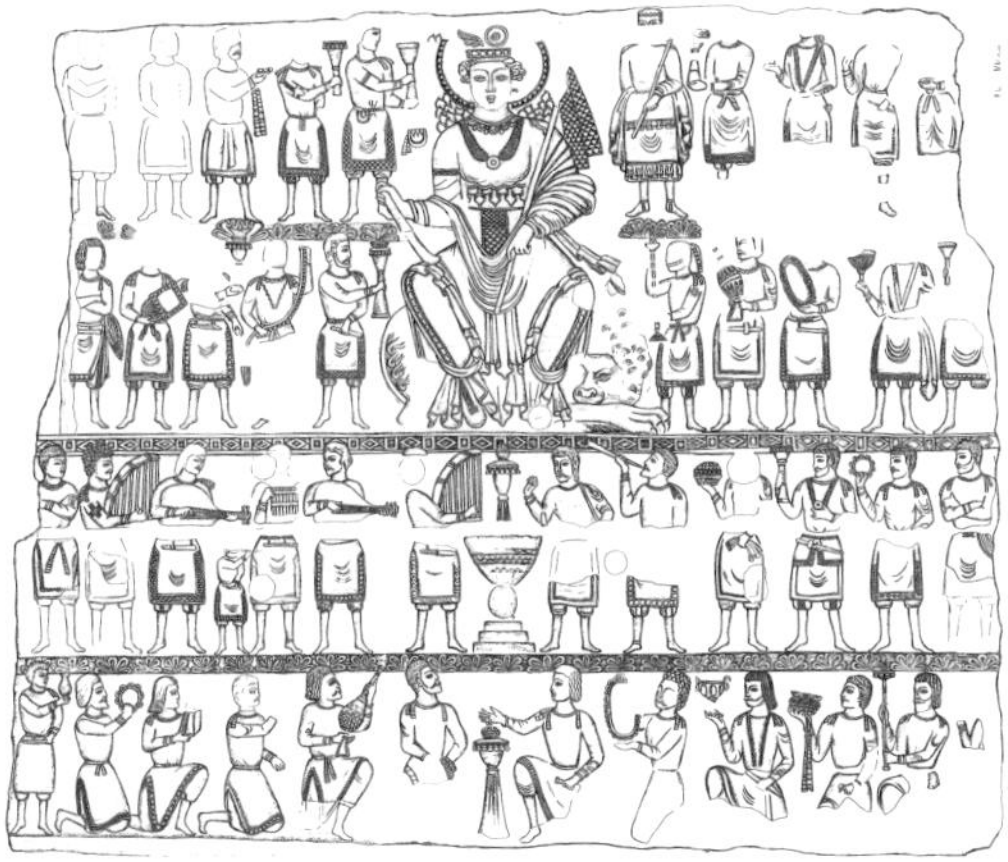
図８　木彫板の書き起こし図

ナナはソグド、ホラズム、ウストラシャナ（タジキスタン）などで中心的な神として祀られたゾロアスター教の女神で、川や水の女神であるアナヒタ神が起源とされ、日や月など他の色々な神の象徴も取り入れ、豊穣と戦勝の神であるイシュタール女神とも習合して獅子座に乗る姿で描かれることが多い。シルクロード交易において重要な役割を担ったソグド人の文化や宗教観だけでなく、ゾロアスター教そのものに関する研究資料としても非常に価値が高いものである。

火災によって完全に炭化した状態ではあったものの、中央アジアにおいてこれだけ良好な残存状況の宗教的図像資料が出土したのは、この木彫板が初めてである。また、カフィル・カラ遺跡出土の図像資料には東西の文化交流を反映するものが多くみられるため、これらの研究を進めることで、中央アジアの枠を越えたユーラシアにおけるシルクロードを通じた人と文化の交流の実態を考える材料となるだろう。特に、板絵に彫られた楽器の表現は、ソグド人の文化だけでなく楽器東遷の歴史的過程を知る上でも意義が大きいといえる。(7)

また、方形木彫板に描かれた女神ナナは二臂《ひ》（二本の腕）である一方、そのすぐ隣で発見されたアーチ型の木彫板のナナは四臂《ひ》（四本の腕）であり、四臂はインド美術の影響を受けた新しい形式を示すとされる。(8) ソグディアナにおける女神ナナの表現が二臂から四臂へ変化する過渡期を示す可能性があり、南方との文化的交流やソグド美術の成立過程を知る上で重要である。(9) そうしたことから、木彫板が製作された年代は六～七世紀頃と推測されている。

(2) 宝飾品

王の間と考えられる部屋（Room15/16）の中央には祭壇状の階段遺構が検出され、遺構には溝が掘り込まれている。その溝内は柔らかいボソボソした土で覆われていたが、その内部から、貴石象嵌《ぞうがん》の銀製装飾品、銀製獅子面、筒状銀製品、赤石象嵌の金製ペンダント、赤石人物面、金製の円形垂飾、金銀リバーシブルの円形垂飾、象嵌材の赤色と緑色貴石、用途不明の銅製品などが出土した（図9）。象嵌材の貴石は銀製装飾品のくぼみに一致しているものもあり、本体より外れたものと考えられる。

金製の装飾品で上部に環状の留め具と金糸が残った円形の垂飾や、ガーネットとみられる貴石が嵌め込まれたハート形の飾りが特徴的であり、針金を溶接しフックを作り出す金製垂飾の技法は、アフガニスタンのシバルガン出土品にも共通する。これらはペンダントの一部と考えられる。こうした金製品は、ウズベキスタン国内の他の遺跡においてもあまり出土例がなく、当時（七〜八世紀頃）の文化を知る上でも貴重な遺物である。
シタデルでは、その他にもソグド文字資料（貨幣や封泥《ふうでい》〈印章を押印した粘土〉）が発掘されており、本章のテーマである人・モノの移動に関わる重要な遺物であるため、次項で詳しくみていくことにする。

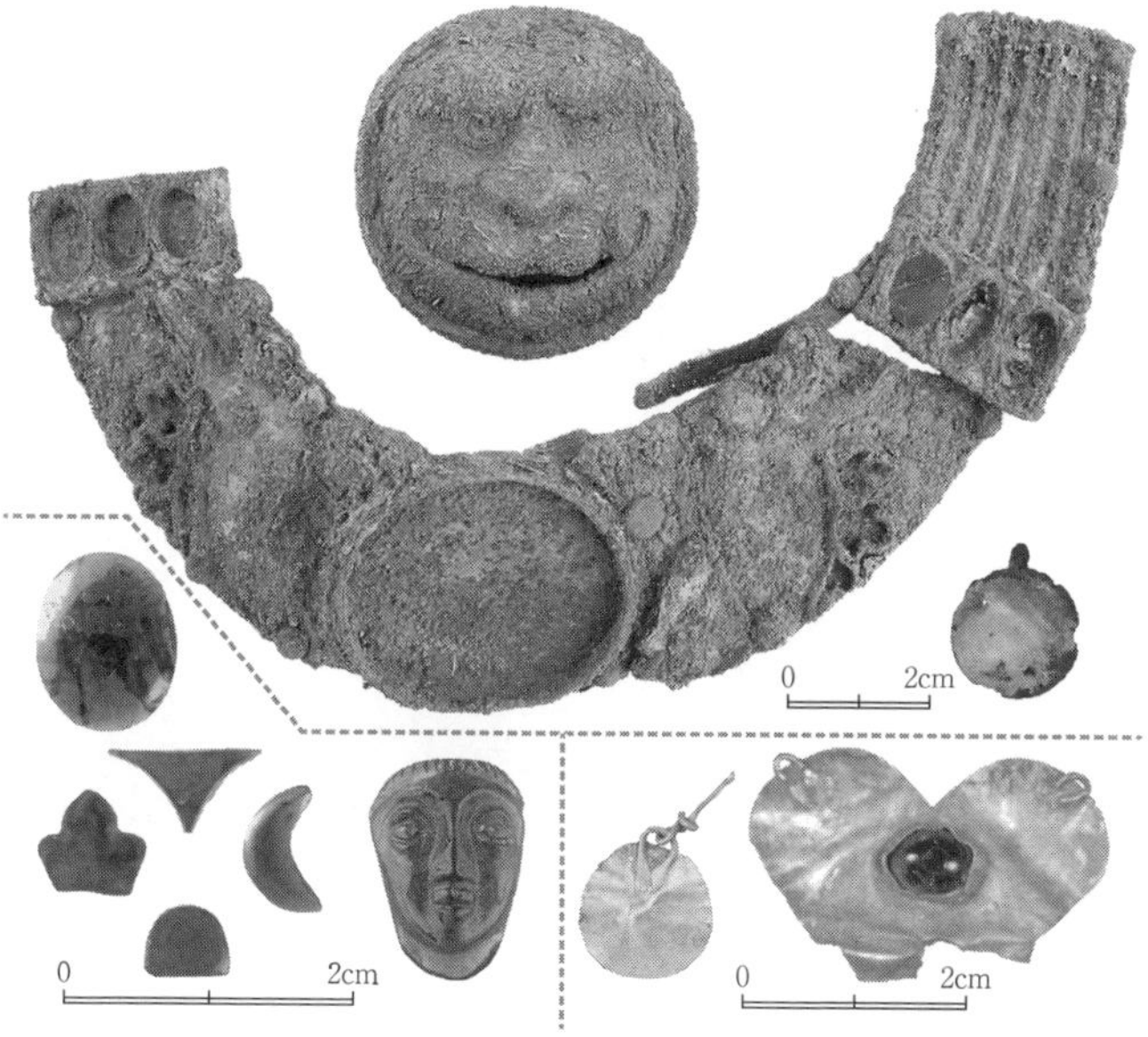

図9　王の間から出土した宝飾品類

（3）貨幣・封泥

貨幣は、主にソグド貨幣とイスラーム初期の貨幣が数百点出土している。イスラーム期の貨幣はほとんどがアッバース朝初期の銀貨であり、うち一点はアッバース朝第一カリフのアブー・アル＝アッバース・アル＝サッファーフ AbÆ al- 'AbbŨs al-affãḥ（在位七五〇〜七五四）の金貨である。出土貨幣からは、イスラーム勢力の中央アジア支配時や、アッバース朝がその勢力をさらに東へ拡大する段階において、カフィル・カラ遺跡が重要な拠点のひとつであったことをうかがい知ることができる[10]。これらの貨幣はいずれも火災層よりも上層から出土している。

火災層中からは主にソグド貨幣が出土しており、そのうち最も新しい時期のものはタルフン王（在

図10　カフィル・カラ遺跡から出土した封泥（縮尺不同）

位七〇〇～七一〇）の貨幣である。従って、シタデル全体を覆う火災は七一〇年頃に起きた可能性が高く、七一二年にクタイバ率いるアラブ軍がサマルカンドを攻撃した歴史的事件と繋がるものと推測される。(11) ササーン朝のペローズI世の銀貨（三点）が火災層から検出されていることから、火災層から出土する遺物は五世紀末あるいは六世紀初め頃に遡る可能性があり、木彫板や数点の封泥の図像にも五～六世紀に遡る特徴がみられる。

　封泥は、文書などの書簡を紐で縛りその結び目に粘土を貼り付けた後に印を押して封じた際の、押印された粘土のことを指す。開封する際には、紐を切るか封泥を壊す必要があり、カフィル・カラから出土した封泥は、その原形を保っているものが多いことや、出土地点が竈《かまど》の近辺に集中していたことから、文書等は開封されることなく焼失し、封泥だけが残された可能性が高い。

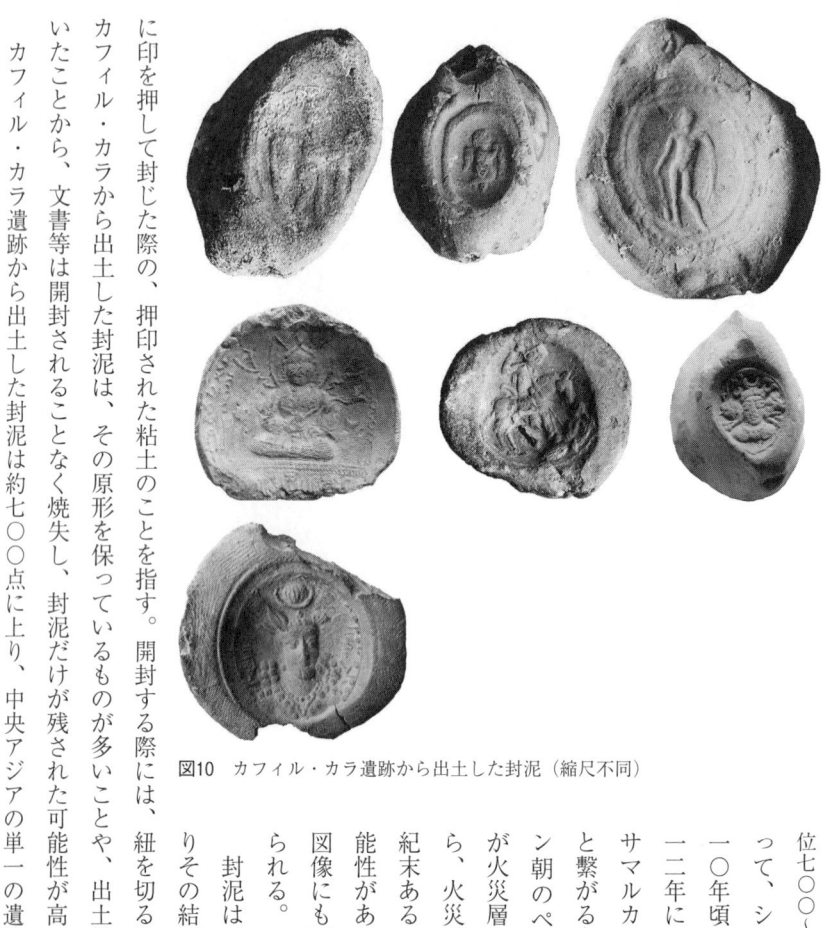

　カフィル・カラ遺跡から出土した封泥は約七〇〇点に上り、中央アジアの単一の遺跡から発見されたものとし

ては他に類を見ない量を誇る。封泥の図像は多彩であり、ヘレニズム、ギリシャ・ローマ、ササーンやクシャーナ・ササーン様式の人物像が刻まれたもの、インド美術や、突厥などの騎馬遊牧民の美術の特徴などが見られる（図10）[12]。

ヘレニズムやローマの神々にはソグド文字がともなうものがあり、また美術的な観点からも、現地のゾロアスター教の神々を表す際に、これらヘレニズムやローマの神々の表現が借用されたと考えられる。この表現の借用のなかには、ローマ神話の出入り口と扉の守護神であるヤーヌスが、ゾロアスター教の創造神であるズルワーンを示す場合のあることが指摘されている[13]。

四、出土遺物からみる人とモノの移動

（1）木彫板に描かれた楽器

ここまで、カフィル・カラ遺跡で出土した遺物についてみてきた。つぎに、そうした遺物から考えられる、人とモノの移動に焦点を当ててみよう。

まず木彫板に描かれた楽器として、撥弦楽器である琵琶や竪琴があげられる（図11）。竪琴は正倉院宝物である箜篌と類似し、箜篌は古代のアッシリアを起源として、ペルシア・中央アジア・中国を経て日本に伝わったといわれており、琵琶も四弦のものは西アジア（イラン）起源、五弦琵琶はインド起源といわれている[14]。中間地点の中央アジアにおいて、このような楽器をモチーフにした板絵が製作され使われていたことは、そういった楽器の西から東への伝播の状況を考える上で大変興味深い。

中国では、箜篌は五世紀後半ごろ、排簫は六朝から唐代には存在したと考えられ、六〜七世紀頃に製作されたと考えられるカフィル・カラの木彫板に描かれていること自体に矛盾はない。また、六世紀の北斉の時代に山西

図11　木彫板（図８）の該当部分拡大図

図12　中国山西省徐顕秀墓に描かれた音楽隊（北斉　550-577年）

省徐顕秀墓に描かれた音楽隊には、ラッパに琵琶・箜篌という三つの楽器が描かれていることも特筆され（図12）、こうした楽器の三点セットが中央アジアと中国で、同様に使われていたことが示唆される。

人とモノの移動を通じて、楽器自体とそれにまつわる演奏方法などの情報が運ばれると同時に、旋律や楽曲といった音楽そのものも伝えられていったことであろう。考古資料からは、旋律まで復元することは不可能ではあるが、少なくとも当時のサマルカンド周辺で演奏されていた楽団の様子の一端を示すものとして、貴重な情報を与えてくれる資料である。

それに加えて、ラッパやタンバリンなども含め、女神ナナに音楽を捧げる様子を描いた木彫板は、ゾロアスター教としての宗教観や、ソグド人の文化、価値観を示す資料としても重要であるといえよう。

（2）封泥の意匠と各地との関係性

カフィル・カラ出土の封泥には、中央アジアだけでなく、他地域の特徴をもつものが見つかっている（図10）。ギリシャ神話の神々の姿が押印されたものからは西方との関係、ヒンドゥーのビシュヌを想起させる意匠からは南方との関係性、トルコ系遊牧民の突厥の印章は北方との関係性がうかがわれる。

また、突厥の保護のもと、東西交易にあたったのがソグド商人であることも重要である。本書第一〇章において向が、唐代のソグド商人の活動について詳細に論じているが、ヴェシエールによれば、三世紀頃のインドに関しては、ネットワークの存在を断言することはできないにしても、少なくともソグド人が長期間にわたり頻繁に往来していたことは歴史的事実であるという結論を導くことができると述べ、マルシャークの論文を引用しつつ、のちの時代の六世紀のソグド美術はインドの図像の最後の大きな波による影響を受けているという[15]。

カフィル・カラ遺跡での封泥の出土状況としては、シタデルの南西側に設けられた竈の周辺から大量に見つかっている。封泥自体の使用は一時期に限って用いられたものではなく長期間にわたると考えられるため、長年にわたってシタデルに保管されていた文書を、居住していた側があえて敵の手に渡る前に焼いたのか、あるいは攻撃した側が相手方の文書を焼却したのか、どちらかは不明なものの、八世紀初めの火災の時期に焼けたことは間違いない。残念ながら、文書自体は灰となってしまったが、その文書に封をしていた封泥だけが残され、今回の発掘調査で発見されたことになる。

文書に書かれた内容に関しては、推測のしようもないが、それでも封泥に押印された意匠からは、当時世界各地との交流、ひいては人の移動によってもたらされたことは確実である。こうした事実から世界各地との文書のやり取りがあったことをこれらの封泥の存在は示している。また、そうした封泥が一遺跡からまとまって出土していることから、カフィル・カラが文書を集積する何らかのセンター的な役割を担っていたことも想定できることが重要である。

(3) カフィル・カラの金製装飾品とティリヤ・テペ出土品

二〇一六年に九州国立博物館（続いて東京国立博物館に巡回）で開催された特別展『黄金のアフガニスタン――守りぬかれたシルクロードの秘宝』の展示のなかで、ひと際目を引いたものが、ティリヤ・テペ（Tillya Tepe）から出土した黄金の装飾品の数々であろう。[16] ここではそれらとカフィル・カラの出土品の比較をしてみたい。

ティリヤ・テペは、アフガニスタン北西部マザーリ・シャリフから西に一二〇キロほどのところに位置する遺丘（テペ）で（図13）、遺丘の高さは三メートルあまり、直径約一〇〇メートルの小高い丘となっている。一九七八年のV・I・サリアニディらの発掘調査によって二万点を超える金製品が出土した。[17] それらの遺物が発見されたのは、六基の未盗掘の土壙墓で、埋葬された人物が身に付けていたものや、副葬品として埋納されたものが、当時の状況そのままで見つかったことが考古学的にも画期的なことであった。

そこで発見された金製の装飾品のなかでカフィル・カラと共通点をもつ遺物としては、三号墓から見つかったガーネット付きペンダントがあげられる（図14）。カフィル・カラ遺跡で発見された図9の右下のハート形のペンダントと垂飾は、ガーネットが使われていることや円形垂飾の形や大きさ（〇・八～〇・九センチ）、金糸で垂下

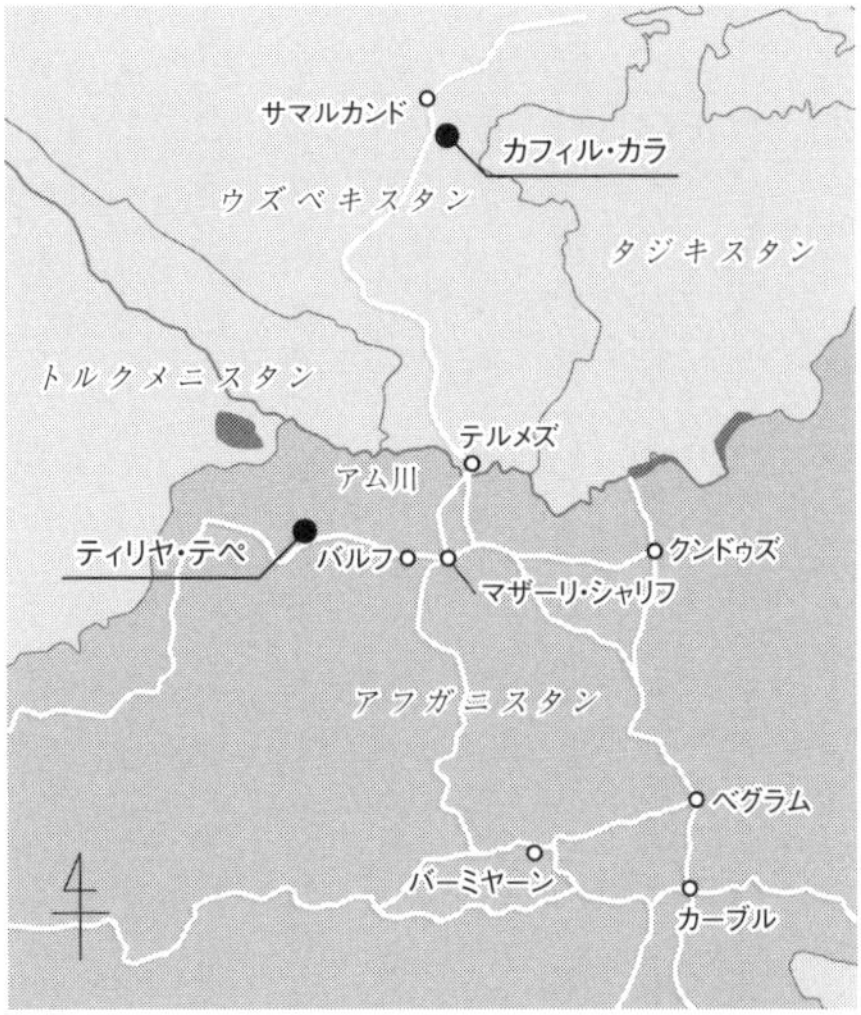

図13　ティリヤ・テペとカフィル・カラの位置

図14　ティリヤ・テペ出土の金製垂飾

することなど製作技法などにも類似点がみられる。金製品の金の部分はギリシャ系であるが、ガーネット・カーネリアンはインド西北部産である可能性が高いことから、金製品ひとつをとっても、広範囲の交流の影響を看取できるだろう。

ティリヤ・テペの三号墓の被葬者は副葬品からみて女性で遊牧系の民族的特徴を示し、葬られた時期は一世紀第2四半期頃と考えられる。カフィル・カラよりも七〇〇年ほど古く、伝播の向きとしては南から北へ、という流れになる。また、三号墓には、鏡が副葬されており、中国からもたらされた前漢鏡と考えられる。漢鏡の編年からは、前一世紀前半から中頃に位置づけられる。こうしたことからも、人とモノの移動が、副葬品に表れた例といえるだろう。また、酷似した前漢鏡が、日本の弥生時代の墳墓から出土していることも、東西のつながりを示唆するものであろう。

さらには、ティリヤ・テペ出土の金製の冠と、日本の藤ノ木古墳出土の金銅製冠が似ており、古代オリエントの生命樹をモチーフとした樹木冠は、ティリヤ・テペを経由して中国にもたらされ、六世紀になって中国の南朝と交流のあった百済を介して日本へと伝わったのではないかと、河野一隆によって指摘されている[18]。こうしたところにも、人とモノの移動の証左が表れているといえよう。

(4) カフィル・カラ遺跡の性格と役割

前項までに、カフィル・カラ遺跡の発掘調査で明らかになってきた遺構・遺物に関して述べてきた。ここでは、人とモノの移動に関連づけながら、遺構・遺物の総合体である「遺跡」としてのカフィル・カラの性格と役割について触れておきたい。不動産としてのシルクロードの古代オアシス都市（遺跡）の役割・機能を考えるにあたって、まず「都市」とはなにかを検討する必要がある。都市は人やモノ・情報が集まる場所であり、商業や流通の中心ではあるが、定住が前提にあり食糧生産などは外部に依存している。そうした都市機能の維持のために、人やモノが都市を「通過・滞留」していくものである。

カフィル・カラとアフラシアブ（サマルカンド）との立地上の関係性をみると、王の居住するアフラシアブの南の玄関口として、南北のシルクロード上に位置することからも、シルクロードを移動するソグド商人をはじめとした多くの隊商や旅行者が往来する通過地点として、重要な役割を果たしたと推定できる。さらには、遺構・遺物の在り方や一六ヘクタールという遺跡の規模からみて、その主は王クラスといってもよいレベルであり、離宮説が正しい可能性が非常に高い。それは、通年居住のための都市ではないとしても、王に準ずるクラスの人物が断続的にでも暮らしていた遺跡としての評価は可能であろう。

またその一方で、カフィル・カラ遺跡には離宮以外にも、多くの役割があったと考えられる。例えば、カフィル・カラの調査からは、都市としての防御機能を重視した軍事的性格が浮かび上がってくる。遺跡全体の構造や、北側がダルゴム川に接していることなどからも、南方からの攻撃に対する備えを意識した都市機能をもっていたともいえるだろう。言い換えれば、他の遺跡以上にカフィル・カラは堅固な防御施設を構築していることから、人の移動を制限する性格ももっていたと推定できる。それは平時には商人や旅行者の素性・目的を確認して移動をコントロールし、非常時には敵の軍隊の侵入を防ぐものであったであろう。発掘調査で得られた成果からは、そういった遺跡の姿を描くことができる。

上記のように、離宮として支配者層の居住と防衛のための都市という性格とともに、そこを通過、移動していく人々にとっては、商いや情報収集、食糧や水などの入手の場としての都市機能も併せもっていたと考えられるが、そうした状況証拠については、商業地区とされる城壁外居住区であるラバドにおける今後の発掘調査などの成果に期待したい。

五、おわりに

本章では、カフィル・カラ遺跡の発掘調査成果を中心にここまで述べてきたが、はたしてこうした一次資料としての考古遺物・遺構は何を示し、それらに基づいて人とモノの移動に関してどこまでのことがいえるのだろうか。文献史学や美術史学においては、ソグド人に関してさまざまな研究がなされ、議論の蓄積がなされてきているなか(19)、考古学資料は、どこまでそれを証明できるのかについて、最後のむすびとして考察してみたい。

まず、不動産としての出土遺構からは、以下のような点に言及できるだろう。シタデル全面に広がる焼土の層、炭化木材、首から上のない人骨などから、なんらかの争い（非戦争）により、カフィル・カラ遺跡（異教徒の城）は焼け落ちた。したがって、カフィル・カラに以前から居住していた住人は追い出された、つまり強制的に移動させられたと考えられる。そしてその年代としては、貨幣の出土状況などからソグド王タルフン（Tarkhun、在位七〇〇～七一〇）の時代と推定できる。放射性炭素年代測定の結果も、当該時期であることを裏付ける。つまり、西暦七一〇年頃あるいはそれ以降に、アラブ勢力が中央アジアを攻めてイスラーム化を推し進めた時の火災によるものであろう。

しかし、火災層の上層からも、人の生活痕跡のある遺構が見つかっているため、焼け落ちた後も、修繕を施しながら人の居住はあったと考えられている。そうした状況から、カフィル・カラの住民はソグド人から他民族に変わり、アッバース朝の東への勢力拡大の重要拠点として、使用されたことが分かる。

次に、動産としての遺物からは、まず宗教について言及できるだろう。女神ナナや拝火壇が彫られた板絵が出土したことにより、カフィル・カラの遺跡名にある異教徒は、ゾロアスター教徒である可能性が高い。火災層の存在はイスラーム教とゾロアスター教という両宗教のぶつかり合いでもあったと推測できる。そうした争いのなかで、木彫板は焼けたものの炭化したことにより現在まで残存し、また貴重な宝飾品類は、攻められた際に見つからないようソグド人の手によって王の間の祭壇の灰のなかに隠されたのかもしれない。

女神ナナに音楽や供物を捧げる様子を描いた木彫板の出土は、ソグド王権におけるゾロアスター教の重要性を確認するもので、従来不明な点が多かったソグド人の宗教観について、実資料にもとづき議論を行えるようになったことは特筆すべき点であり、そこは発掘調査で得られた一次資料という意味で考古学の強みを示すものであろう。また、そこに描かれた楽器に関しては、楽器の東遷の過程のみならず、楽団の編成や使用された楽器の種類など東西の音楽の形態に関する貴重な情報を与えてくれる資料である。

そして、封泥に押印された図像からは、西はギリシャ・ローマ、北（東）は突厥、南はインドとのつながりがあったことがうかがえ、人（モノ）の往来の証拠として意味を持ち、そうした遺物が運ばれた道という視点からシルクロードを往来した人々が浮かび上がってくる。

一般的に「シルクロード」と聞くと、中国からギリシャ・ローマまでいたる、いわゆる「オアシスの道」と呼ばれる東西に長く延びた道がイメージされるかもしれない。しかし、決して一本の道だけが通っていたわけではなく、都市と都市、街と街を結ぶ道路網（ネットワーク）を総称してシルクロードと呼ぶのがより実状に近く、そこには当然南北をつなぐ道も存在した[20]。

そうした南北をつなぐ道のうちのひとつが、サマルカンドから、南のテルメズにいたり、アムダリヤ（アム川）を渡ってアフガニスタンに入り、マザーリ・シャリフからその先カーブルまで通じる道である（図13）。

そこでクローズアップされるのが、金製の装飾品である。カフィル・カラ、ティリヤ・テペ両遺跡で発見された装飾品類は、単に似ているという理由だけで、直接の関係があると断定できるわけではない。しかし、南北をつなぐシルクロードのルート上に存在した両遺跡から出土した遺物が、当時としても珍しい黄金製品であり、技法などにも共通点がみられることから、何らかの系統的な関係を想像することは可能だろう。

ティリヤ・テペ以降、アフガニスタンでは金製の装飾品はあまりみられなくなるが、それゆえに類似した金製品のウズベキスタンでの発見は重要である。金製品を製作する技術が廃れたわけではなく、アフガニスタンの装飾品に関する技術は少しずつ変化しながらもずっと存続し、当時の人々の活発で広範な移動の証左として、時と場所を隔ててカフィル・カラと関わりをもつことになったと考えておきたい。

少し想像をたくましくするならば、金製装飾品は富や権力の象徴とも捉えられる。しかし墓に副葬してしまえば他人の目には触れないことになり、死後の世界へ持っていくアイテムとして死者のためのモノの意味合いが強い。一方で、カフィル・カラの住人が、他人に奪われないよう隠したとすると、金という貴重な資源を保持する意識が強かったともいえるだろう。ティリヤ・テペの墓の被葬者は遊牧系の民族といわれており、定住民であったソグド人との対比も、今後の検討課題かもしれない。遊牧民の墓には豪華な品々が副葬されることが多いが、ゾロアスター教の農耕民社会では副葬の習慣がほぼないことが、発見例の多寡に影響している可能性も考えられる。

そして最後に、人類史的な視座でのカフィル・カラ遺跡の位置づけについて述べておきたい。カフィル・カラの堅固な防御施設の在り方からは、関所としての性格を併せ持ち、その背景には往来する人々の移動を管理する役割とともに、アフラシアブの前線基地という性格をも持っていたと考えられる。カフィル・カラ遺跡各所で検出された遺構を覆う八世紀初めの大規模な焼土の層は、この地にイスラーム勢力の大軍が侵攻し、激戦が繰り広げられたことを物語っている。この大軍の移動の原動力は、イスラーム国家の領土の拡大という意思であった。

また、離宮説の可能性が高いことからすると、ミクロな移動という観点からは、王やその眷属・従者たちのアフラシアブとカフィル・カラの間における定期的な移動を推定できる。さらには、南北のシルクロードの要所であることから、離宮以外の多くの役割も担っていたことが考えられる。それは例えば、東西南北の広範囲な他地域と繋がるような人（隊商や旅行者）が移動することによってもたらされた出土遺物からみて、この隊商群の移動範囲はヨーロッパと中国・日本、また北方草原地帯と南のアフガニスタン・インドを結ぶものであったであろう。その移動の原動力は、利益を求める商人や伝導する宗教者の意思などであったと考えられる。

定点観測（時間軸）を中心に据えて、「移動」概念を捉えなおすに際し、時間軸が大きくなればなるほど、モノだけからの移動を考えるのは難しくなる。そこで、文字資料を主に扱う歴史学（文献史学）や図像資料を主に扱う美術史学などとの協働が重要になってくる。本章では、筆者の力量不足のため、そこまで範囲を広げて踏み込むことができなかったが、人類史・文明史としての人間の移動を描くため、今後の課題としたい。

（1）　森安孝夫『シルクロード世界史』（講談社、二〇二〇年）一七四頁。

（2）　ベグマトフ・アリシェル、宇佐美智之、宇野隆夫、ベルディムロドフ・アムリディン、ボゴモロフ・ゲンナディー、寺村裕史、村上智見「カフィル・カラ遺跡のシタデルを覆う火災層——日本・ウズベク調査隊の発掘調査（二〇一六年）」（『第二四回西アジア発掘調査報告会報告集』二〇一七年）六〇～四頁。ベグマトフ・アリシェル、宇野隆夫、ベルディムロドフ・アムリディン、ボゴモロフ・ゲンナディー、寺村裕史、村上智見、宇佐美智之「ウズベキスタン、カフィル・カラ遺跡のシタデルを覆う火災層——日本・ウズベキスタン調査隊の発掘調査（二〇一七年）」（『第二五回西アジア発掘調査報告会報告集』二〇一八年）六二～六頁。村上智見、ベグマトフ・アリシェル、ベルディムロドフ・アムリディン、ボゴモロフ・ゲンナディー、寺村裕史、宇野隆夫、宇佐美智之「ウズベキスタン、カフィル・カラ遺跡の発掘調査（二〇一八年）——シタデルを覆う火災層の調査」（『第二六回西アジア発掘調査報告会報告集』二〇一九年）五一～三頁。村上智見、寺村裕史、宇野隆夫、宇佐美智之、ベグマトフ・アリシェル、ベルディムロドフ・アムリディン、ボゴモロフ・ゲンナディー、サンディボエフ・アリシェル「シタデルを覆う火災層の調査——ウズベキスタン、カフィル・カラ遺跡の発掘調査（二〇一九年）」（『第二七回西アジア発掘調査報告会報告集』二〇二〇年）七五～九頁。村上智見、寺村裕史、ベグマトフ・アリシェル、宇野隆夫、宇佐美智之、ベルディムロドフ・アムリディン、ボゴモロフ・ゲンナディー「ウズベキスタン共和国カフィル・カラ遺跡発掘調査　二〇二〇年度までの成果——出土遺物に見るカフィル・カラの文化交流」（『第二八回西アジア発掘調査報告会報告集』二〇二一年）八〇～四頁。村上智見、寺村裕史、宇野隆夫、ベグマトフ・アリシェル、ベルディムロドフ・アムリディン、ボゴモロフ・ゲンナディー、サンディボエフ・アリシェル「ソグド王離宮を掘る——ウズベキスタン共和国カフィル・カラ遺跡（シャフリスタン地区）二〇二一年度発掘調査」（『第二九回西アジア発掘調査報告会報告集』二〇二二年）二三～七頁。宇野隆夫、寺村裕史、村上智見、ベグマトフ・アリシェル、ベルディムロドフ・アムリディン、ボゴモロフ・ゲンナディー、サンディボエフ・アリシェル「ソグド王離宮を掘る——ウズベキスタン共和国カフィル・カラ遺跡（シャフリスタン地区）二〇二二年度発掘調査」（『第三〇回西アジア発掘調査報告会報告集』二〇二三年）九八～一〇二頁。Begmatov, A. and Uno T., Murakami T., Berdimurodov A., Bogomolov G., Teramura H., Usami T. "Excavations of the Uzbek-Japanese Expedition on the Site of Kafirkala," *International Conference on Archaeology of Uzbekistan during the Years of Independence: Progress and Perspectives*, 2016, 116-8.

（3）ベグマトフ・アリシェル「カフィル・カラ遺跡出土封泥に見られる神々と人物の図像」（『ヘレニズム～イスラーム考

古学研究』二四、二〇一七年）一四三～五二頁。

（4）S. Mantellini and A. Berdimuradov, "Archaeological Explorations in the Sogdian Fortress of Kafir Kala," *Ancient Civilizations from Scythia to Syberia* 11, 1-2 (2005), 107–32.

（5）ベグマトフ・アリシェルほか「カフィル・カラ遺跡のシタデルを覆う火災層――日本・ウズベク調査隊の発掘調査（二〇一六年）」六〇～六四頁。ベグマトフ・アリシェルほか「ウズベキスタン、カフィル・カラ遺跡のシタデルを覆う火災層――日本・ウズベキスタン調査隊の発掘調査（二〇一七年）」、六二～六頁。

（6）村上智見ほか「ソグド王離宮を掘る――ウズベキスタン共和国カフィル・カラ遺跡（シャフリスタン地区）二〇二一年度発掘調査」、二三～七頁。

（7）村上智見「ウズベキスタン、カフィル・カラ遺跡出土木彫板の保存修復」（『ラーフィダーン』四一、二〇二〇年）二一～三四頁。

（8）田辺勝美「獅子に乗るナナー女神」（『世界美術大全集　中央アジア』東洋編第一五巻、小学館、一九九九年）三一八～二三頁。田辺勝美「ソグド美術における東西文化交流――獅子に乗るナナ女神像の文化交流史的分析」（『東洋文化研究所紀要』一三〇、一九九六年）二一三～七七頁。

（9）ベグマトフ・アリシェルほか「カフィル・カラ遺跡のシタデルを覆う火災層――日本・ウズベク調査隊の発掘調査（二〇一六年）」、六〇～四頁。

（10）A. Begmatov, A. Berdimrodov, G. Bogomolov, T. Murakami, H. Teramura, T. Uno and T. Usami, "New Discoveries from Kafir-Kala: Coins, Sealings and Wooden Carvings," *Acta Asiatica* 119 (2020).

（11）Ibid.

（12）ベグマトフ・アリシェル「カフィル・カラ遺跡出土封泥に見られる神々と人物の図」、一四三～五二頁。Cazzori, S. and Cereti, Calro G., "Sealings from Kafir Kala: Preliminary Report," *Ancient Civilizations from Scythia to Syberia* 11, 1-2 (2005), 133–64.

（13）A. Berdimurodov, G. Bogomolov, A. Begmatov and T. Uno "Novye nakhodki bulls gorodišča Kafirkala," *Bulletin of Miho Museum* 20 (2020), 53–104.

(14) 岸邊成雄「西方起源の正倉院楽器——琵琶・箜篌を中心に」（正倉院事務所編『正倉院の楽器』宮内庁蔵版、日本経済新聞社、一九六七年）一四九〜七〇頁。

(15) エチエンヌ・ドゥ・ラ・ヴェシエール『ソグド商人の歴史』影山悦子訳（岩波書店、二〇一九年）六一〜七三頁。B. Maršak, "Indijskij component v kul'tovoj ikonografii Sogda," *Kul'turnye vzaimosvjazi narodov Srednej Azii I Kavkaza s okružajuščim mirom v drevnosti I srednevekov'e. Tezisy dokladov* (Moscow: Nauka, 1981), 107-9.

(16) 九州国立博物館・東京国立博物館・産経新聞社編『黄金のアフガニスタン——守りぬかれたシルクロードの秘宝』（産経新聞社、二〇一六年）。

(17) V・I・サリアニディ『シルクロードの黄金遺宝——シバルガン王墓発掘記』加藤久祚訳（岩波書店、一九八八年）。

(18) 河野一隆「TILLYA TEPE　ティリヤ・テペ」（九州国立博物館ほか編『黄金のアフガニスタン』二〇一六年）五八〜六一頁。

(19) 吉田豊「ソグド人とソグド人の歴史」（曽布川寛・吉田豊編『ソグド人の美術と言語』臨川書店、二〇一一年）。影山悦子「ソグド人の壁画」（曽布川・吉田編『ソグド人の美術と言語』）。

(20) 森安孝夫『シルクロードと唐帝国』（講談社、二〇一六年）六八〜九頁。

〔図版出典〕

図1　SRTM3データを元に筆者作成。

図2　注(2)村上ほか論文（二〇二一）の図1を基に筆者作成。

図3　筆者作成。

図4　筆者作成。

図5　注(10)Begmatov et al. 論文　Fig. 1より転載。

図6　筆者作成。

図7　日本・ウズベキスタン共同発掘調査隊提供（筆者撮影）。

図8　図5に同じ。ムニラ・スルタノヴァ氏による作画。Fig. 11より転載。

図9　筆者作成。
図10　ベグマトフ・アリシェル「カフィル・カラ遺跡出土封泥に見られる神々と人物の図像」（『ヘレニズム～イスラーム考古学研究』二四、二〇一七年）一四三～五二頁。
図11　図5に同じ。ムニラ・スルタノヴァ氏による作画。Fig. 11より転載。
図12　太原北斉壁画博物館編『北斉徐顕秀墓』（三晋出版社、二〇一五年）より、部分抜粋。
図13　寺村裕史「南北をつなぐアフガニスタンの黄金装飾品」（『月刊みんぱく』四六―四、二〇二二年）六～七頁。
図14　V・I・サリアニディ『シルクロードの黄金遺宝――シバルガン王墓発掘記』加藤久祚訳（岩波書店、一九八八年）。

〔付記〕カフィル・カラ遺跡の発掘調査は、サマルカンド考古学研究所と帝塚山大学（二〇一九年まで）および国立民族学博物館（二〇一九年以降）の間で締結された学術協定のもと日本・ウズベキスタン共同発掘調査隊が組織され、Covid-19の影響による中断期間を除き毎年継続して実施されている。ウズベキスタン側のベルディムロドフ・アムリディン、ボゴモロフ・ゲンナディー、ベグマトフ・アリシェル、サンディボエフ・アリシェルの各氏ならびに、宇野隆夫・帝塚山大学客員教授をはじめとする日本側調査隊のメンバーには、調査への参加・協力のみならず貴重なコメントやアドバイスをいただいた。末筆ではあるがここで記してお礼申し上げる。

またこれまでのウズベキスタンでの調査は、科学研究費助成事業・ＪＳＰＳ科研費：JP23401035、JP19H01350、JP19K13397、JP23H00703等の助成を受けた成果の一部である。

第一〇章　ユーラシア東方における外来人エリートの移動と「自由」

――唐代～モンゴル時代における陸・海ディアスポラの比較史

向　正樹

一、はじめに

本章では、唐～モンゴル時代の中国を中心として、イラン系外来人エリート家族の東方移動に着目し、その移動過程にみられた自由・不自由を比較し、移動によってもたらされた「自由」と「平和」の空間について論じたい。本章では、この移動にまつわる「自由」「平和」がみられた空間を、その境界性に着目し「境界領域」と呼ぶことにする。このような現象の起源と変遷は、従来「アジール」という言葉で論じられてきた[1]。いわば権力のエアポケット、異文化接触の前線、さまざまな権力の不介入が担保された避難所や聖域といった類のものである。

古代中国については、神聖な場である社《しゃ》にアジール性を見出す研究もあるが、中国では早くから強大な権力が出現したせいか、「権力を排除する」という側面は弱いとされる[2]。しかしながら、強大な権力のもとでも、大規模な集団的移動の結果、外来人の勢力が拡大すれば権力のエアポケットが生じうる。実際、遠距離交易に従事する移動・交易民と「自由」との関係性もまた、早くから論じられてきた[3]。一般的に港湾都市は多様な集団のために「自由」と「平和」の領域を提供した。この種の政治権力のエアポケットは、地域の秩序を維持しようとする国家側の論理と前者によって直接制御されえない外来人の利益の交差するところに、両者の論理の調整によって生み出された。[5] 港湾都市の「自由」や「平和」は、一面では港湾都市の政治的に脆弱な立場に起因する。それは港湾都市の他の港湾都市に対する優位性が、「人や商品の安全や行動の自由を約束することにより、さまざまな外国商社を引きつける港としての能力」にかかっているからである。[6]

では、内陸の遠距離交易が行われた地域には、こうした「自由」や「境界領域」は存在するのか。中央ユーラシア世界については「農牧接壌地帯」とか「辺境地帯」と呼ばれる境界地域の重要性が指摘されている。[7] そこは半遊牧集団の根拠地となり、その地を掌握した中国王朝はいわゆる「大中国」と呼ばれる強力な帝国を築いた。複数の文化圏にまたがる遊牧帝国や中華帝国はしばしば宗教文化的多様性で知られ、境界を越えて移動するオアシス商業民を優遇した。ここでは政治権力の脆弱さよりも政治権力の強力さと寛容性が際立っている。つまり、中央ユーラシアでの「自由」の発動原理は、政治権力が操作できない交易ルートの不確定性に起因するというよりは、すでに掌握された交易ルートの発展可能性の極大化への志向に関わるといえよう。そして、そのような「自由」が最大限に観察される場所は偏在しており、帝国の辺境という文化的に支配的な集団と文化的に異質な集団との衝突が起こりやすい空間であるという傾向がある。

このような仮説のもと本章では、「移動の文明誌」のひとつのテーマとして、唐～モンゴル時代における移動がもたらした境界領域がいかなる運命を辿ったのかを跡づける。一般的に出身地を離れて移住した人々が共通の自己認識を共有し、つながりを形成するものをディアスポラと呼ぶ。唐～モンゴル時代のユーラシア東方におけるディアスポラのうち本章が考察対象とするのは、第一に、いわゆるシルクロード貿易の担い手として唐（とくに長安）に拠点を広げたソグド人らであり、第二に、インド洋をまたにかけて活躍して宋の貿易港広州・泉州に足場を築いたペルシア系海商らである。第三には第二のディアスポラに中央アジアとインド洋からの新たな移民が加わって形成されたムスリム・ディアスポラである。前近代ユーラシア史において、唐のソグド人らは七～九世紀のいわゆるシルクロード貿易の主役であり、宋のペルシア系海商らは海のシルクロード貿易に関わった。こうした遠距離交易を担った交易民の、広域に分散しつつもゆるやかに結びつきを有するようなコミュニティを「交易ディアスポラ」と呼ぶ。

ディアスポラとは古代ギリシア語で「播種」を意味するが、まさに種を播くように拡散するこれら移動する家族のありようは、多種多様であった。その一方で、後述のように、これらの別種とされるディアスポラが、実際には同一地域をルーツにもつ人々であったり、あるいは、今日の中国ムスリムの共通の祖として混然一体となっていたりする。したがって、これらの歴史学的には別種のディアスポラを扱うことは、単純に比較史的な観点のみならず現在へと繋がるものでもある。

二、唐とソグド人交易ディアスポラ

地域・時代を越えた比較を試みるうえで、唐代前後におけるソグド人ディアスポラ研究が本章で論じようとすることに触れており、宋～モンゴル時代のムスリム・ディアスポラ研究にも接続可能な多くの論点を見出せる。ここでは主に先行研究に基づき(8)、宋～モンゴル時代の例と比較しうる論点を整理してみたい。

（1）全体状況

〈概況〉

ユーラシア大陸の中心部を東西に結ぶ遠距離交易の担い手として、ソグド人の存在は際立っている。その活動は紀元前後から知られている。その活動は故郷であるソグディアナと東のタリム盆地とで状況が異なっていた。

ソグディアナの都市国家はサマルカンドを中心に連合体をなし、その王はかならずしも世襲ではなくむしろ富豪の代表者に近く、各オアシスからはキャラヴァン貿易を営む国際商人が輩出した。タリム盆地では周辺の他のオアシスを支配するオアシス国家が分立し通行規制を行っており、キャラヴァン商人がそれらの間を往来するには商税や通行税を支払ったり、王とわたりをつけて公用の往来のための通行許可を得たりする必要があった。商取引には保証人が必要なため、在地ソグド人の協力が欠かせず、各地に存在したソグド人聚落が重要な役割を担った。

やがてタリム盆地のオアシス国家が突厥の支配化に入ると、イルテベルという称号を帯びてかつての王が間接統治を担い、トドン（吐屯）という徴税官・目付役が送り込まれた。突厥の支配が内陸アジアに広く及んだ結果、可汗の許可を得た商人は、その支配が及ぶ複数の都市を経めぐる旅を安全かつ便利に行えるようになった。そして遠距離交易に従事する商人は可汗やオアシス都市国家の王のため外交や情報網を担うようになり、やがてそれらの権力者のアドバイザーとなる高位のソグド人も現れた。こうした人々は移動・交易をはじめ最大限の自由を手にしたであろう。

この時期、北中国では狩猟遊牧民の鮮卑の流れをくむ北朝系の政権が交替していたが、そこへキャラヴァン隊のリーダーである「薩宝《さっぽう》」に率いられソグド人たちが入植してきた。北朝政権は官職として「薩宝」の設置を認め、ソグド人聚落のリーダーとして取りしきることをゆるした。やがて北朝系の唐が南北中国を統合し、さらに高宗の時代には西突厥を滅ぼし、その支配領域が最大となった。内陸アジアの都市国家群も唐の支配化に入り、州県制が施行され、律令体制が敷かれた。唐の支配下において人々は、中国の内と外とに関わらず、漢人もソグド人も民族に関わらず、ひとしく「百姓」とされた。律令体制下の百姓は基本的に移動が禁じられていたが、後述のように遠距離交易活動を継続するさまざまな方法が存在した(9)。

〈自発的な集団移動か強制的な集団移動か〉

タリム盆地のトルファンには通常、遠距離交易の市と近距離交易の市とがあったが、しばしば外来のソグド人が交易を担っていた。トルファンにはソグド人聚落が存在し、ソグド人同士が交易を行う例も多い。これらの聚落は基本的に自発的な集団移動の結果形成されたとみられるが、そこには不自由な移動もともなっていた。つまり、奴隷貿易である。トルファンの市ではソグド商人が奴隷売買を行っていた。奴隷には公的な奴隷と私的な奴隷とがあり、前者は戦争などが供給源となり、後者は破産や身売り、略奪などさまざまな要因により奴隷となった。私家に属する奴隷は自らの身柄を買い取ることでより自由な待遇を手に入れることができた（ただし完全に自由民となるのではなかった）。スキルの高い奴隷は高値がつけられたため、奴隷商人のなかには数多くの年少の奴隷を集め、音楽や舞踏や各種技能を仕込む者もいた[10]。

政治的要因による移住もみられた。六三〇年、唐は遊牧民の東突厥を滅ぼし、その遺民を黄河湾曲都内のオルドス地方に住まわせた。やがて突厥遺民による独立の動きが活発化すると、六七九年、唐はオルドスの南縁に六胡州を置き、支配を強化した。じつはこの六胡州の人々はかつて突厥領内にいた突厥化したソグド人、いわゆるソグド系突厥であった。六胡州の設置は北方で突厥が独立の動きを見せていたのに対応するものであった。

ソグド本国ではチャカルという隷属民の私的傭兵の存在が知られ、イスラームにおける奴隷軍団（グラーム）との関係が論じられるなどソグド人の軍事的側面も注目されている[11]。

（2）移動の自由度

〈移動の制度と家族、移動の目的、身分〉

唐代以前のソグド人のキャラヴァン貿易の実態については、ソグド語や漢語の古文書にもとづく研究がある[12]。

三一三年のものとみられるソグド語の手紙（古代書簡）から、ソグド商人の親族関係を軸にした広域経営の様子が分かる。これは、武威オアシスにいたとみられるナナイヴァンダクというソグド商人がサマルカンドにいる事業主（ないしパートナー）のナナイズヴァール、ヴァルザック父子に宛てた書簡であり、サマルカンドに残してきた息子のために残した資金の運用を依頼している。そこには、酒泉・姑蔵・敦煌オアシスに彼らの仲間（ないし手代）が住んでいること、彼らが中国内地へ出かけていたこと、中国の都（洛陽）が陥落したこと（永嘉の乱を指すか）、匈奴が長安を占領したことなどが記されている。(13)

内陸アジアの過酷な砂漠を越えて旅をした女性たちもいた。ソグド商人の妻ミウナイは東へ向かった夫を追って姑蔵から敦煌まで来た。ミウナイは夫や一族の首長ファルンフントおよび親族会議の監督下にあり個人的に使うことができる資金を持っていないが、単独で移動することは可能であったらしい。親族会議やソグド人共同体の顔役の男性を頼りつつ、苦難のなかでたくましく生き抜く姿が彼女の手紙からうかがえる。なにより彼女は識字層に属していた。そしてソグド人の社会では、ソグディアナのペンジケントの東のムグ山で発見された結婚の契約文書によると、男女の権利は平等になっており、妻と夫のどちら側からの離婚も可能であり、配偶者が罪を犯したとしても、他方はその責任を負わなくてよく、子の養育の責任だけを負ったという。(14) 一方、ソグド人女性の踊子が「胡姫」と呼ばれ唐の長安などで人気を博したが、彼女らは奴隷貿易によって売られてきたとみられる。(15)

（3）移動の各局面における自由／不自由

〈律令体制下での移動の仕組み〉

唐朝支配下では中国内地でも内陸アジアのオアシス都市でも、ソグド人は漢人と同じく「百姓」として統一的に把握された。その結果、ソグド人聚落は州県の管轄下に入り、「薩宝」は聚落の統轄官ではなくなり、祆《けん》教

（ゾロアスター教）の統轄に職掌が限定された。律令体制下の「百姓」は移動の自由は著しく制限されていたが、過所・公験という一種のパスポートを与えられた「百姓」は内地の移動が可能であったし、下級官職を得たり、権力に食い込んだりすることによって堂々と過所や公験を入手して旅をすることも可能であった。そうでなければ多種多様な抜け道を用いたであろう。外来のソグド人も現地のソグド人が保証人となって「興胡」と呼ばれる特殊な戸に登録されると、商業活動を許された。また、唐が西域経営に乗り出すと、軍の維持のために多くの絹が西へ運ばれたが、その運送を請け負ったソグド商人もいた。朝貢貿易のキャラヴァンに加わって自身の遠距離交易に従事することも可能であった。

〈宗教と移動のかかわり〉

中国に来たソグド人のなかには本来の宗教であるゾロアスター教のほか、仏教徒やキリスト教徒、マニ教徒もいた。吉田豊が指摘するように、ソグド人仏教徒の多くは中国移住後に改宗した者たちであり、ディアスポラ集団の植民過程にみられるコロニアルな現象といえる。仏教は中国においてはキリスト教やマニ教と並んで「夷教」とみなされていた。かつて鮮卑人支配者は多数の漢人が奉じる儒教・道教ではなく仏教を権威の正統化に用いた。七世紀に入り鮮卑系集団から勃興した唐朝において仏教の隆盛がみられ、多くの在唐ソグド人が仏教に傾倒した。実際、ソグド人およびそれらと婚姻を通じて結びついたり行動をともにしたりしていたバクトリア人らは、仏教を利用することでさまざまな便益を得るとともに、宗教界で栄達していく。やがてそれらのなかから宮廷で祈禱を行ったり、皇帝に灌頂を授けたりするソグド系・バクトリア系の高僧も現れ、宮中政治に深く関与していくようになる。

(4) 権力との関係における自由／不自由

中田美絵が明らかにしたように、唐前半期においては、武則天・中宗・睿宗期の仏教界をインド出身者やソグド人・バクトリア人仏教僧らが牽引していた。安史の乱後、唐後半期になるとソグド系とみられる密教僧不空が登場し、今度は政界に台頭する宦官勢力と結びつき、数々の護国経典の翻訳や、盛大な法会を実施した。

唐後半期には安史の乱（七五五年以降）・僕固懐恩の乱（七六三年以降）・朱泚の乱（七八三年以降）が相次ぎ、皇帝権威の失墜、地方勢力の台頭（藩鎮）など唐の支配が陰りを見せはじめる。同時に宦官が禁軍を掌握し、藩鎮の監督役（監軍使）となり軍事力を背景に権勢を振るうようになる。宦官が率いる禁軍のなかにはソグド人・バクトリア人の兵がおり、また宦官とソグド系・バクトリア系の仏教僧侶が結託していたことを考えると、ソグド人ネットワークが宦官を中心とするこれらの勢力の末端に連なるという構図が生まれたと想定しうる。宦官による軍事と仏教の要職掌握は徳宗の治世（七八〇〜八〇五年）において公式に制度化されるにいたり、仏教を紐帯とした宦官・禁軍・外来人のトリアードが成立する。

唐の政治の世界においては、内廷の皇后・公主ら女性や宦官らは、儒教的価値観により周縁化される傾向にあった。ソグド人僧侶ら「胡僧」がそれら内廷勢力の立場を有利にする論拠を与え、外廷という表舞台で活動することを可能にしていた。「胡僧」と宮中政治勢力とが結合し、都の大寺院を拠点として活躍するパターンは、唐後半期まで続いていた。「胡僧」の背後にソグド人の交易ネットワークがあるとすれば、武則天や内廷の女性・宦官との結びつきはそれらの奢侈品需要とも関わる可能性がある。六九五年、武則天が洛陽に「天枢」という高さ三二メートル超の鋼鉄製の巨大記念碑を建造したときは武三思なる者が四夷酋長を率いてそれを鋳造し端門の外に立て、「諸胡」（ソグド人ら）が百万億の銭を集め、貢献した「諸胡」の名がそこに刻まれた。また武則天の娘の太平公主をはじめとする権門は僧侶の資格を三万の銭と引き換えに認可する権限を有したが、商人は僧侶の

身分を獲得した後も経営を続け、それらの権門と繋がりを保持したという。(16)

（5）境界領域

中田が指摘するように、唐代の寺院は、土地（荘園）を保有し、製粉・精米・精油業や金融業などを経営する資本家でもあり、さらに富寺であれば邸店と呼ばれる飲食店や倉庫業を兼ねた宿泊施設を兼併することも多かった。唐朝はたびたび邸店の併合や営利目的の宿泊業を取り締まったが徹底は難しかった。仏教の中国社会への広まりとともに、僧侶は尊敬を集める地位となり、ソグド人仏教徒の増大に繋がった。唐代後半期に顕著になる不空や般若といった高僧の中央政界での活躍はもとより、唐代前半期の法朗や法蔵といったソグド人僧侶の一族からは官職に就く者が輩出しているが、僧侶となることもまたこれらソグド人家族の生存戦略の一環であったように見える。ソグド人僧侶の所属寺院がソグド人が利用した交易ルート上の都市にあったことも無視できない。

富裕な在家のソグド人は、仏教経典翻訳事業を経済的に支援したり、寺院の修築にもかかわる。それは彼ら自身の救済にもつながり、在地社会での信頼の獲得にも繋がった。

仏教寺院は荘園を所有し、多くの営利事業を行う一大経済勢力であった。仏教寺院は唐内地の移動を支えていたし、病人や貧窮者のためのセーフティネットとしても機能していた。徭役逃れを目的とする出家もあり、いわゆる駆け込み寺としての側面なども見られた。

睿宗の時代、ソグド人僧侶の恵範が寺主を務めた西明寺・聖善寺はそれぞれ長安の西市、洛陽の南市に隣接する坊にあり、いずれもソグド人が集住するところであった。洛陽の南市には寺院で消費される香薬を扱うギルドがあり、ソグド商人も関わっていたとみられる。恵範の一族は「家は財宝に富み」と称される資産家であり、その営利事業は長江流域から四川一帯まで及んでいたとされる。四川もまたソグド商人の活動が活発な地域として

知られている。(17)

（6）破綻・半強制的な離散

中田によると、后妃公主や宦官・外来人などは儒教的秩序においては周縁化された集団であり、玄宗や武宗はこれを排除し伝統的な統治への回帰を目指すものの、実際には周縁的な勢力が「正統」な政治体制と共存するのが唐の常態なのであった。この周縁的な勢力は仏教を紐帯として結びついていた。(18) やがて唐武宗の会昌年間、大規模な仏教弾圧が行われた。これを会昌の廃仏と呼ぶ。これによってソグド人たちの境界領域は大きな打撃を受けることとなる。寺院の破壊、僧尼に対する還俗の強制のほか、弾圧は他の外来宗教にも及んだ。それは単純な宗教弾圧にとどまらず、唐の思想・政治・経済の諸問題とも関連し、さらには国際情勢との関わりも指摘されている。弾圧の対象に目を向けると、仏教寺院の僧侶、外来宗教を信仰する外来人、そしてそれらと結託した宦官への攻撃であることが分かる。先に見たように、宦官は僧侶と結びついて国家鎮護のための仏典翻訳事業や法会に協力したほか、自らの外廷進出のために仏教を利用した。宦官は禁軍を握るとともに功徳使を担うようになり、仏教勢力を傘下に収めた。儒家官僚は、禁軍の掌握が政治的主導権を握るために不可欠と認識していた。ところが当時の中央禁軍には商人層がわいろによって軍籍に附けてもらい、兵士として給与を得ながら商売を行うという不正が行われていたことも警戒を招いたであろう。

会昌の廃仏は宦官と仏教界との結びつきを絶ち、双方の弱体化を狙ったものであった。さらに不空らの例から知られるように、ソグド人・バクトリア人僧侶の支持基盤としてソグド人らのネットワークが存在したとみられている。さらに長安・洛陽の仏教徒と景教徒の関わりも密接であり、ソグド人ネットワークは仏教徒だけでなく景教徒も含んでいたことから、廃仏のターゲットとなった。

三、宋とペルシア系海商ディアスポラ

中国では古来、東南沿海部の港市が、海外からくる人々が住み着く異文化接触ゾーンとしての役割を果たし、海上貿易を管理するために市舶司という機関が設置された。この地域の港湾都市の繁栄と衰退のパターンは、マラッカ海峡の諸港と同様に、インド洋の海上貿易の構造に依存していた(19)。

アブー＝ルゴドは、今日の世界システムで、マラッカ海峡地域の例として最もふさわしい二つの地域であるシンガポールと香港は、どちらもその「奇跡的」状況を「治外法権」の存在によっていると述べる。また、「海峡沿いの港の「自然な」役割が、買弁（または交易「代理人」）で、政治的にも不確定で経済的にも不安定なものであったことは疑いがない」とし、香港は、宋朝までの中国王朝に好まれた朝貢貿易における特別な関係にその重要性をおいていた、パレンバンやジャンビとかなり似ている点があると指摘する。

アブー＝ルゴドのいうような「買弁」的な港市の命運を左右した国際的な商人集団として、ペルシア系海上商人がいる。かれらの活動は唐末の広州における外来人居留地を襲った混乱以後は東南アジアに中心を移したが、その後再び中国を統一した宋と南方海域の国家との交易を再構築するのに重要な役割を果たした。このように中国と周辺諸国との通交関係の推移は、海域世界における交易ネットワークの重心の移動と主要な交易センターの配置転換やそれにともなうディアスポラの移動とも関連している。

（1）全体状況

〈舶主とナーホダー〉

唐中期の詩人元稹《げんしん》が白楽天とともに友人を送って中国南部を旅したときに詠んだ詩に「舶主は腰に宝を蔵し、

黄家の呰は塵を起こす」という一節がある。「舶主」は「南方は波斯を呼びて舶主となす」と注釈され、ペルシア系海商を指す。同じペルシア系海商は宋代には大食舶主と記されるようになる。腰帯に現金を入れて持ち運ぶという例は一一世紀エジプトのナイル川を航行する商人にも例があり、中東では一般的だったのかもしれない。[20]「黄家」とは中国南部の高地に住む洞蛮・洞獠などと総称されるエスニック集団を指す。この詩は、おそらく中国内地と広州港との間を行き来していたグローバルなペルシア系海商の姿と中国南部のローカルな山地の焼畑という、鮮やかな対照をなす風景を見事に描き出している。[21]「舶主」の職能については、季節風のことを熟知し、旅程を決定する権限を有する航海責任者として描く漢籍史料があり、アラビア語史料において、海商であり航海責任者でもあるナーホダーと一致する。ナーホダーはペルシア語に由来し、ナーヴ（船）とホダー（所有主）が合わさってできた語であり、まさに「舶主」の語義とも一致する。

海上を自在に行き来するペルシア系海商も、ひとたび中国にいたるや否や種々の制限に出くわすことになる。まず、決められた港にしか入港できない。国内移動は朝貢使節の立場を利用するのが有利であった。ただし、朝貢にもさまざまなルールがある。例えば、朝貢国により人数も頻度も決められており、一国から複数の使節が赴くことはできなかった。大食の場合は陸路か海路のいずれを取るかさえも決められていた。そこでさまざまな方便が編み出される。同じ海商集団が担う複数国からの朝貢の例や実在も疑わしい国から朝貢の例が増えていく。

〈宋とペルシア海商の交易ディアスポラ〉

九七〇年代までに、ペルシア系海商が請け負った南方海域諸国から宋への積極的な朝貢は中国港市の積極的な役割の復活をもたらし、その後、南宋期のペルシア人の見かけ上の活動の後退は、再び東南アジアの港市への交易ネットワークの重心のシフトにつながった。

国家を代表する朝貢使節団が運ぶ財貨の質と量は壮観であったろう。各国の使節は使・副・判官それぞれ一名とされたが、防援官という随行者は大食・注輦・三仏斉・闍婆などの国では二〇人以内、占城・丹流眉・勃泥・古邏・摩逸などの国では一〇人以内とされ、その往来の自由が保証された（券料が給された）(22)。

中国において港の統治者は地方官僚との関わりも重要であった。南宋時代には朝貢よりも重要になった市舶司貿易では、地方官が市舶司の業務を兼ねていた。また、蕃長という外来人コミュニティのリーダーもいた。双方が海商の誘致を行ったり、皇帝のもとに赴く機会を斡旋した。北宋初期の朝貢ブームは蕃長の呼びかけに応えるものであったし、泰山や汾陰《ふんいん》の祭祀では、外来商人の参列が行われたが、それは広州の長官の呼びかけによるものであった。南宋時代になると、ペルシア系海商たちと港市の地方エリートや有力者との結びつきなど、ローカルな社会ネットワークとの結びつきも目立つようになる。

こうした一連の変遷を見ることができるペルシア系海商として「蒲姓」と総称される家族集団が注目される。ただし、「蒲姓」だけがこの時代のペルシア系海商だったのではないし、「蒲姓」と総称される人々がみな同一の血縁集団に属するというわけでも、一枚岩の集団だったのでもない。しかしいずれにせよ、「蒲姓」はこの時代の漢籍に現れるペルシア系海商の代表格であり典型的なありようを示す。また現実に「蒲姓」の人々は後世においてて中国ムスリムのあいだでも祖として認識されている(23)。以下で「蒲姓」に着目するのはこのような事情による。

（2）移動の自由度

「蒲姓」の移動はその初期段階から交易を目的とした自発的な集団移動という色合いが濃厚である。ただし、完全に自由であったというわけでもない。まず、ペルシア系海商の来航する港は限られていた。一種の開港場のような形で、外国への窓口は限定され、蕃坊のような区画とまではいかないまでも、居留地のような集住地が形成される傾向にあった。この程度の「不自由」は今日と大差ないが、加えて、宋における朝貢の枠組みのもとで活動するため、活動には必ずどこかの国の使節を名乗るとか、「謝恩」（皇帝の恩に答える）といった名目が利用された。さらには、朝貢使節は「表」という挨拶文と朝貢品のリストを持ってくる必要があった。

「蒲姓」の中国到来の背景には、ペルシア湾をめぐる災害や交易構造の変化といった要因もあった。九七六年または九七七年にペルシア湾の主要港市シーラーフが地震に襲われ、その結果、シーラーフ商人のディアスポラが起こり、かれらのインドや中国への進出に繋がった。また、一〇世紀半ば以降、《バグダード―ペルシア湾―インド洋》のネットワーク軸から《カイロ―ヒジャーズ―イエメン―インド洋》のネットワーク軸へ重心が移動した[24]。そして、これらが同時期にペルシア系海商のインド洋など東方への植民の活発化を引き起こした。

こうしたペルシア系海商ディアスポラや海上交易ルートの東方への発展は、宋側の記録に残されている。例えば、趙汝适《ちょうじょかつ》『諸蕃志』巻上「大食国」に、「この国（大食国――筆者注）の物産は、おおむね船で三仏斉に載み出し貿易するが、商人たちはそれを次ぎつぎに転売しながら中国にやってくる」といい、「この土地（大食――筆者注）の物産として真珠・象牙・犀角・乳香……金〔絲〕で織った軟い錦……などがあり、外国商人達が取引きして三仏斉、仏囉安（マレー半島のパッタルン――筆者注）などの国々へ行き、つぎつぎと転売してきたものである」と述べられている[25]。三仏斉はマラッカ海峡周辺の港市の連合体と考えられている。南インドのチョーラ朝やインドシナ半島のチャンパー（占城）も、西アジアから中国へ伸びる海上ルートの重要な寄港地であった。それらの使節が宋の皇帝に差し出す貢品には、薔薇水・乳香・大食棗（ナツメヤシ）・砂糖といった西アジア産品が見受けられる[26]。これらの国々が海上ルート上で密接に連携し、それを大食船主が担っていた状況がうかがわれる。大食船主はそれらの国々に跨って活動するだけでなく、中国の宋への朝貢を請負った。大食船主の蒲希密の子の蒲押陁黎はその代表である。

〈大食船主の経営形態〉

蒲希密は、宋の初期に大食国のカリフの使節と称して朝貢し、その後は「謝恩」と称し仲間と見られる李亜勿や子の蒲押陁黎を代理として朝貢した。子の蒲押陁黎によれば希密は「因縁射利」（持分資本による冒険企業？）によって中国へ赴き帰って来ないため、故国の母が自分に探しに行かせたという。ここでも男子直系を軸に一族や仲間が協業する形態が見られ、おそらく女性（妻）や親類は故国に残っている。

子の蒲押陁黎はアブー＝アブドゥッラーという名であろう。そう復元できる名の人物が大食と三仏斉、大食とチャンパーの両方の使者として現れる。淳化三年（九九二）、三仏斉の使のアブー＝アブドゥッラー（蒲押陀黎）が帰路にチャンパーまで来たとき、ジャワ（闍婆）のクディリ朝が三仏斉を攻撃したことによる危険を理由にチャンパーから南海（広州）に引き返した。[27]この蒲押陀黎は蒲希密の子であろう。さらに田坂興道は、至道三年（九九七）の大食と賓同隴国の同時朝貢[28]も蒲希密・蒲押陁黎によるものとみている。副使に押陀黎[29]がみえるからである。賓同隴はパーンドゥランというベトナム南部海岸にあった地域勢力のひとつとみられる。この同時朝貢の実態は、別々に出発した各々の使節が広州で一緒になったか、都で一緒になったか、あるいは大食の使が賓同隴を通過したときにその使を同伴してきた、といった可能性も捨てきれないが、九九九年までには蒲押陁黎は「蕃客」として広州に拠点を置いていたので、その引導による朝貢なのであろう。

宋では海商が港市に長期にわたって滞在することは望まれていなかったが、中国に珍貴な品をもたらし往来することは奨励され、その功績に官職で報いた。このような目的による海商への官位授与は広くみられる。南海物産をもたらしたことへの見返りとしての授官である。[30]その目的は、常時海外と中国との間を移動し、乳香などの南海物産をもたらすことが期待されていた。いわば移動を義務化されたといってよい状況であった。しかし、北宋の後期から南宋時代にかけて、中国港市に定着する海商も現れはじめる。「蕃客」ははじめ朝貢使節などの一時滞在者を指す語であったが、港市に定着する商人を指すようになっていった。

（3）移動の各局面における自由／不自由

〈進貢か進売かをめぐる駆け引き〉

朝貢貿易は、従来、朝貢品にまさる賜与という皇帝からのお返しがあるので、朝貢国側に大きな利益があったと認識されてきた。しかし、宋では、朝貢品の一部だけが「進貢」とみなされ、皇帝の賜与の対象となった。宋の国力が充実していたときには、場合によってはすべて皇帝が収受し、多額の回賜が行われたし、時代によって改変も行われるので、一概にいえないが、大まかにいえば皇帝が収受するものは「進貢」であり「回賜」と対になっており、政府が買い上げる方は「進売」であり「抽買」と対になっていたであろう。土肥祐子は宋における進奉品の「一分収受、九分抽買」という制度について詳しく研究している[31]。回賜が進奉品の額に満たない例は他にもみられ、不足分に対してしばしば追加の金や現銭などが支払われた。

「進貢」・「回賜」か、「進売」・「抽買」かの区別は、来貢者の側にはとくに切実に認識され、この扱いの差異による損得をめぐる朝廷と商人の闘争が発生した。天禧元年（一〇一七）の大食国蕃客の麻思利は「博買」した真珠を「進売」する目的で都にやってきた。だがその際「進奉」（進貢・貢奉）であると称し道中の商税支払いを逃れた[32]。道中での商税徴収を免れるので有利と考え、「進奉」になりすまそうとしたのである。

〈朝貢に付随した交易〉

海商たちにとって朝貢自体がビジネスであっただけでなく、朝貢の機会に便乗して中国内地で交易を行う例もみられた。皇帝から賜与されたものの売却さえも可能であった。大中祥符九年（一〇一六）、広州の長官であった陳世卿の言によれば、海外蕃国がその国の産物を貢いで広州にいたれば犀象（犀角・象牙）・真珠・宝貝・煉香や珍奇な品は都に運ぶことを許し、その他のかさばる物品は州が買い取り、貢奉（進奉）の品でなければ徴税すべき額を徴収した(33)。賜与されたものを交易して得た雑貨は税が免ぜられていた。海商がみずから朝貢を請け負った背景にはそうすることに魅力があったからである。

〈宗教者の移動、隷属民の移動〉

この時代に中国とインド洋各地とを結んだ船に乗って宗教者の移動があったのかどうかは確認できないが、移民が宋代の中国にはじめてイスラームを伝えたとされる伝承が広州や泉州には残されている。この伝承はモンゴル時代の各地の漢文碑文に記されており、地域を越えて共通の祖先伝承が形成され始めたことをうかがわせる。揚州の普哈丁も布教に貢献したとされるが、南宋のときにすでにここに住んでいたという。宋代頃の東南アジアにおいても状況は似ており、ムスリムのコミュニティが存在したはずであるが、ベトナムやジャワのアラビア語碑文はよそからもちこまれたという研究もあり、確実性の高い証拠は乏しい。確実なムスリム移民の存在した例はモンゴル時代を待たねばならない。

宋代のペルシア系海商の貿易経営には、かなりの人手が必要であり、内陸部の出稼ぎや零細農民を吸収していた。南宋末期から元初の蒲寿庚の一族は、数千もの家内集団を擁していたことから、隷属的な集団も多くかかえているのが普通であったとみられる。その意味では「不自由」な移動もまた存在したであろう。いわゆるアラビア語のハーディムに相当する隷属民のなかにはその才覚により活躍したものがいたとみられる。女性の移動の証拠はないが、婚姻は海商が在地エリートとの同盟関係を構築する上で重要な役割を果した。蒲姓の娘婿となった在地有力者やエリート・富商の例はローカルな文献に多々みられる。

（4）権力との関係における自由／不自由

〈王権との結びつき〉

交易相手国の政治権力に積極的にアプローチすることは中国に限らずインド洋のペルシア系海商の常套手段であったが、こうした政治権力とペルシア系海商の個人的な結びつきは宋でも見られた。例えば蒲希密は「謝恩」と称して父子二代にわたって皇帝と私人としてつながりを維持しようとした。ペルシア系海商と政治権力との結びつきは中央のみならず地方においても同様であった。

泰山や汾陰での皇帝の祭祀へのペルシア系海商らの参加は、広州の蕃長や地方官の要請により実現した。真宗皇帝の徳が「四夷」を従わせているという盛世を演出するためであった。泰山・汾陰の祭祀の両方に参列した蒲陀婆羅はそれまで朝貢を担っていた海商であった。皇帝との良好な関係の維持は、実際的な効用もあった。中国内地の移動で盗賊の被害に遭ったりしたとき、官によって損害補償がなされた例がある。つまり、カーティンのいう「保護コスト」の意味があった(34)。

蒲押陁黎が父の蒲希密の代わりに朝貢した際に持参した漢語の「表」の作成は広州で行われた。協力した漢人エリートがいたか、蒲父子自身が漢人エリートとの交際を通じて漢語能力を身に着けていたのか不明であるが、典拠をふんだんに踏まえ、華夷思想の文言や孝の価値観を含む内容から、はじめから漢語で書かれたものとみられ、漢人エリートサークルとの交際なくしては不可能なものである。大中祥符元年（一〇〇八）北宋の三代皇帝真宗が泰山で行った祭祀においても、参列した南インドの注輦《チョーラ》国の使が「表」とともに貢品を届けた。この「表」には「伏して惟《おも》えらく皇帝陛下は功は邃古《おおむかし》を超え、道は大中に建つ」という一文が見える。これは明らかに「大中祥符」という年号を意識している。このような漢語に通暁した「表」の作成には、「蕃客」として長きにわたり広州に寄寓するようになったアラブ＝ペルシア系海商や、その斡旋による漢人エリートの協力があっただろう。朝貢請負を行うペルシア系海商と漢人エリートの朝貢国の違いを越えた協力関係の存在が想像される。

〈地方エリートとの同化〉

宋朝が外来海商に官位を与え、往来させようとしたことは先に見た通りである。北宋末頃には、そのことを利用する外来人（ペルシア系）海商の母親の例も見られた。林枅《りんけん》が広東の市舶司の長官（提挙市舶司）であったとき、外来人の蒲姓の女性が珍奇な品を宮中に送り、見返りに息子に官職を与えることを求めたという。(35)このとき枅は三仏斉が時期が適当でないときに入貢しようとした際、謝絶して帰したことを根拠に拒絶した。官位授与の本来の趣旨は、外来商人に海外と中国とを行き来させ海外の物産を齎すことを期待したのであり、官職を有することはその活動に利するという意味があっただろう。先に見た通り、朝貢を担うためには「表」の作成が不可欠であり古典的修辞を周知した漢人エリートの協力が不可欠であった。そのことも外来海商が地方エリートと結びつき、やがて融合していく要因となったであろう。外来海商のなかには、このように、中央に働きかけて官職を得ようとしたり、在地有力者と結びついたり、下級武階を与えられ地方エリートの一画として地域社会に寄与したりする者も出てきた。南宋では福建沿海部の海賊掃討の軍船提供に応じる蒲姓の例が見られた。

〈海上勢力へ〉

唐代のソグド人や後述のモンゴル時代のムスリムとの比較で興味深いのは、海上貿易に従事する以上、一定の軍事力を必要としたことである。いつからか、というとおそらく中国港市に定着する以前からであろう。在地の有力者とのコネクションはマンパワーの供給をさらに容易にしたであろう。南宋末期の蒲寿庚《ほじゅこう》はみずからの家内集団を率いて海賊を退治し、南宋の正規軍たる左翼軍をも影響下に置いていた。蒲寿庚は「制幹」と呼ばれ南宋の沿海部の軍政を取り仕切る沿海制置使の代行である。これは南宋朝廷によって与えられた権限というよりは、蒲寿庚の実質的な軍事力を追認するものであったとみられる。そして蒲寿庚はモンゴルに投降後も、自らの水軍を率いて沿海地域を平定し、海外への船団派遣も行い、モンゴル政権の海外通商関係の樹立に貢献している。

蘇基朗は、蒲寿庚のモンゴルへの投降は漢人地方エリートの総意を代表するものであったという見解を述べている。蘇基朗の見解は、蒲寿庚の南宋におけるオフィシャルな地位が従来の見方よりもずっと小さかったことが前提となっていたが、前述のように、蒲寿庚は実際に沿海制置司を帯び、相当な権限を行使しえたことが明らかとなっている。ただ南宋の支持勢力が泉州を取り巻く早い時期でのモンゴルへの投降の判断は、蒲寿庚の家内集団の軍事力とその財力をもってしても、地方エリートの支持なくしては考えにくい。

(5) 境界領域

先述したように、宋代の広州や泉州に蕃客と呼ばれる人々がどのような形で住んでいたのか、はっきりとは分からない。唐代の蕃坊のように完全に隔離された形や完全な雑居ではなく、居留地のような区域にゆるやかに集住していたのではないかと思われる。南宋末の泉州の有力商人蒲寿庚の邸宅は、外来人が集住する泉南と呼ばれる区域のかなりを占有しており、おそらくはムスリム商人の宿としても利用されたと推測される。移動商人の保護者であり、漢人社会との橋渡し役としての役割は、唐代のソグド人邸店経営者と同様であったはずであり、日本の南蛮貿易における平戸の船宿とも重なる。フィリップ・カーティンが定住商人の役割として触れている機能である。ムスリム定住商人の存在はインド洋各地に確認され、移動商人たちは各港市の定住商人の宿を利用できた。そのほか、モスクも同様な役割を果たしたであろう。これは唐代の仏教寺院が邸店を経営し、ソグド商人の活動拠点となったことを彷彿とさせる。これらの仲介者や提供される場は、外来人と現地人の直接接触の衝撃を緩和する中立地点の役割を果たしていた。

宋代には、宗教の自由はどの程度見られたのか。元末に泉州のモスクの修築がされた際のそれを記念する「清浄寺記」によれば、起草者の呉鑒《ごかん》が長老の某に聞いた話として、「帖直氏（セルジューク朝か？）が国初はじめて職方（中国）に到来したとき、土俗は（イスラームに？）教化されていて他の種と特に異なっていた」という。つまり、元末までイスラームの教えを守っていたらしい(36)。ところが、漢籍にはムスリムとみられる慣習についての記録はあるものの、唐代のソグド人墓にソグド文字やゾロアスター教の要素がはっきりと見られるのとは対照的に、宋代のムスリムの存在をビジュアルで伝えるものは乏しい。唐代のソグド人についても漢字の姓を持ち、たまたま墓が発見される以前は漢化したものと考えられても不思議ではない状況であったことを考えると、宋代のイスラーム的要素が発見されていないという事実が積極的な意味を持つとは考えにくい。稀有な例として泉州出土の蕃客墓は宋初に相当する一〇・一一世紀頃の書体のアラビア文字で刻まれた墓石として貴重な例である(37)。

四、モンゴルとムスリム交易ディアスポラ

（1）全体状況

モンゴル帝国は、チンギス・カン以降の歴代皇帝＝カアンとその一族を頂点とし、諸王功臣の一門がピラミッド構造をなす分権的多元国家であった。帝国内はチンギス・カン子弟のウルス（人の集団や国を意味する）が全体を束ね、それらと婚姻関係を結ぶコンギラト、ケレイト等モンゴリアの有力家系が各地にミニチュアの政体を構成していた。皇太子やその母の皇太后は中央にそれぞれ詹事院《せんじいん》や儲政院（時期によって儲慶使司とか徽政院）という独自の官庁を持ち、旧南宋領の長江以南（江南）にある江浙等処財賦都総管府を傘下に置き、南宋の宗室や権臣賈似道、誅殺された江南の豪民朱清・張瑄の田産等を経営しその歳入を管理した。

西トルキスタンからイランに跨る旧ホラズム国からモンゴルに降ったムスリム・エリート層が東方に移り、中央政府や皇太子・皇太后や諸王功臣配下の官府・軍府に配属される。その多くがトランスオクシアナやイランで

代々イスラーム知識人（ウラマー）・法官（カーディー）・富商を出す世襲のエリート家系の出と見られ、財務長官などとして活躍したほか、オルトク（トルコ語で仲間、パートナーの意味）としてカアンやカトン（皇后）を相手に真珠・宝石などの奢侈品を交易したり、国用のために穀物や木材を輸送して利益を得たりする商人もいた。

第五代カアンのクビライは帝国の中心を東方に移し、現在の北京に大都を築いた。江南（長江以南）を支配していた南宋を接収すると、江南に四つの行中書省《こうちゅうしょしょう》（行省）という広域の行政ブロックを形成するとともに、沿海部には貿易を監督し徴税を行う市舶司が置かれた。

モンゴル時代においても海外貿易は市舶司が置かれた開港場に限定されていた。開港場は時期的変遷があり、初期には自然発生的な交易場もみられた。例えば塩商あがりの海運官朱清・張瑄《ちょうせん》の根拠地崑山《こんざん》には自然発生的な交易場も一時出現したが、やがて開港場は慶元（寧波）・泉州・広州などに限定されていく。杭州は当初市舶司が置かれ貿易港として機能したが、やがてオルトクを管轄する泉府司の出先である行泉府司が置かれ、泉州などの諸港を末端とし、大都まで交易品を輸送するシステムの中間拠点となっていく。そして、カアン・カトン・諸王家と結託したオルトクの海上進出が本格化する。

（2）移動の自由度

モンゴル時代のトランスオクシアナからモンゴリアや中国へのムスリムの移動には、自発的なものもあれば、強制的なものもあった。モンゴルの西征の結果、大都北方の尋麻林という町に集団集住させられたサマルカンドの職工のように否応なしの移動もあった。

中国沿海部では、モンゴル政権は南宋の制度を引き継いで市舶司を置いて貿易港の管理をはじめた。初期の市舶司を担ったのは江南遠征軍の軍団長らのほか、泉州の蒲寿庚や澉浦《かんぽ》の楊氏といった沿海部の在来の海商であった。モンゴル政権のもとでは貿易港で定められた税額を支払えば内地の移動に関税もかからず自由に往来させるという方針が採られた。カアンや皇后・王侯のもとを出入りするオルトクたちは武器の携帯や駅站の利用も許されていた。海商らもまた貿易経営のために数千の武装した家内集団を擁していた。その中核は債務などにより隷属的な地位に陥った者たちであったが、あくまでも契約によるものであった。なかには才覚があり、主人の信任を得て手代として貿易に従事する「行銭」と呼ばれる者もいた。

（3）移住の自由

モンゴル時代の中国においてはもともと商人等で財務官僚となったムスリム・エリートの家族も中国各地に移住しコミュニティを形成した。これらのコミュニティにはムスリムの長老（シャイフ・アルイスラーム）や法官（カーディー）がおり、ムスリム同士の紛争を解決したり、移動商人に宿を提供したりした。

モンゴル時代には、民間のムスリム・中国海商、カアンや皇后と結びついた商人や旅行者が自由に海上を行き来した。元の使節を載せた船も盛んに中国とイランの間を行き交い、国庫から支出された財貨や商人個人の商品など莫大な積荷が運ばれていた。モンゴル時代に泉州に現存するモスク清浄寺を修築したスーフィー教団カーズィルーニーヤのブルハーン・アッディーンも「貢使」（使節）の船で泉州にいたり当時のメインストリートであった排舗街に住んだという。自然発生的にできた外国人集住エリアのようなものが他の都市と同様泉州にもあったが、それは国家によって強制的に設置されたものではなかった。

（4）権力との関係における自由／不自由

〈優越的かつ周縁的な存在〉

モンゴル時代のムスリムと唐代のソグド人や宋代のペルシア系海商との顕著な違いは、前者が現地の漢人に対しては優越する特権階級であったという点である。しかしながらカアンからは「わが奴なり」といわれるような地位に甘んじた周縁的存在でもあった。イスラームの食に関する戒律を守ることはしばしばモンゴルとの軋轢を生んだ[38]。唐代には外来宗教であった仏教は、文殊菩薩の住処とされる五臺山を利用して、中国を仏教的世界の中心に位置づける主張がなされたが、五臺山はモンゴルによっても篤く信仰された。しかしイスラームはそのようなことを主張できなかった。またモンゴルの中国支配に協力したムスリム・エリートは漢人から反感を買ったり偏見を持たれたりしやすい点で、その境遇は東南アジアのヨーロッパ植民地において徴税請負や仲買を担わされた華人に似た側面がある。

〈南海貿易を通じた宝貨の売り込み〉

オルトクが宮廷を訪れ真珠や宝石などの奢侈品を取引する際、カアンや皇后の旨を奉じ専売収入にあてて交鈔や塩引などの紙幣や実質的な紙幣で支払いがなされるものを「中売宝貨」というが、カアンや皇后が認可しない宝貨の売り込みの支払いがたまって国家財政を圧迫し、その弊害が問題とされた。いずれも担い手は南海貿易に従事したムスリム商人らであった。モンゴル宮廷には交易品の適正な価格を見積もる廷臣がいたが、有力な廷臣とオルトクとが結託して法外な見返りを得ることもあった。取引されたのは子女（奴隷か）・玉帛（玉や絹）・羽毛・歯革（象牙や皮革）そして珍禽・奇獣であった[39]。

〈中央のムスリム財務官〉

モンゴル時代における皇后とムスリム商人との結びつきは、唐代における武則天ら女性権力者とソグド人の関係を思い起こさせる。第二代カアンのオゴデイ没後、権力を掌握した后ドレゲネが重用したアブド・アッラフマーン（奥都剌合蛮）、はじめクビライの正后チャブイに仕え中央財務官僚となったアフマド・ファナーカティー（阿合馬）などは、ともにムスリムであり、前者はもと商人であった。

　ムスリムと徴税機構とのかかわりは、当然、かれらの商人としての性格に由来すると推察されるが、オルトクなどとして宮廷に出入りし、仕えるようになった者もいたであろう。いずれも財務官僚として頭角を現し、一時は権勢を誇ったが、それぞれ政治変動に巻き込まれて失脚する例が多い。毀誉褒貶の極端さ、浮き沈みの激しさは、政権の中枢に安定した居場所がなく、ホスト社会にマイノリティとして脆弱な足がかりしか持たないディアスポラの宿命ともいえる。

〈オルトク・南海貿易・江南財務官僚のトリアード〉

　四日市康博は江南がオルトクの活動の中心であったとし、オルトク・南海交易・江南財務官僚の結びつきの存在を強調している。そしてカアンやモンゴル諸王侯と商人・オルトクを結びつけるのに大きな役割を果たしたのは財務官僚などの仲立ちであったという。『集史』はザイトゥン（泉州）の港の知事はかつてバハー・アッディーンというアフガニスタンのクンドゥーズ出身者であったという。そして、江浙《こうせつ》地域に置かれた江浙行省（時期によって江淮《こうわい》行省となる）の高官にも同じくクンドゥーズ出身のムスリム財務官僚シハーブ・ウッディーン（沙不丁）がいた。英宗シディバラのときにはオルトクとみられる賽因怯列木丁が宝貨を太皇太后ダギに献上し、その支払いが文宗トクテムルの時代まで三朝にわたり続いた。泰定帝の時代には宰相ダウラト・シャー、ウバイドゥッラーが権力を握り、西域富商による宝石などをもたらしていた。

　ラシード・アッディーン『集史』（ジャーミ・アッタワーリーフ）は、以前（世祖クビライ時代か）の福州の省の長官がダシュマンの弟であったこと、そして当時（成宗テムル時代）はバヤン平章の兄弟のアミール・ウマルであったと述べる。(40)ダシュマンは第四ケシクの書記官（ビチェーチ）であった。第四ケシクはチンギス・ハンの僚友ボロクルの子孫が隊長を務め、ダシュマンの家系はその書記官を代々担う家柄であった。ダシュマンはオルトク総管府の長官としてオルトクや海上貿易を統括していた。(41)ダシュマンは大都と上都の間をカアンとともに遊牧移動していたが、貿易港に関する情報は弟を通じて得ながら海上交易統括の任を果たしていたのかもしれない。

〈ムスリム・エリートの公共事業〉

『集史』に述べるように、ブハラ出身のムスリム・エリートであるサイイド・アジャッル一族のバヤン平章の弟アミール・ウマルは福建行省の長官を経験した。そのとき泉州と隣の興化の廟学（孔子廟兼学校）を修築し、維持運営のための田産を寄進し、六か所に橋梁を建設し、さらに海塘（堤）を築いて田地を開拓して無産の民一〇〇〇戸に給し、三〇間（約五四メートル）の家屋を築いて貧民を収容した。

アミール・ウマルはその後、江浙行省の平章政事に遷り、江浙等処財賦都総管府事も兼務した。楊志玖《ようしきゅう》の研究によれば江浙への赴任は至大元年（一三〇八）からであった。江南で権勢を振るった朱清・張瑄が服誅すると、その田産が皇母ダギが管轄する江浙等処財賦都総管府の下に入った。この江浙等処都総官府事を江浙行省長官となったウマルが兼任することとなり、わずか半年で三三万錠の収入をあげた。

その年、大都では飢饉により糧食が不足し、疫病が蔓延した。『元史』武宗本紀によるとその年六月に飢饉が発生し、一〇月には大都の糧食不足が深刻となった。一一月には米価が高騰し、一〇万石を官倉から放出し価格を下げ貧民に振舞った。江南各地でも正月から飢饉が起こり、江浙でも一三三万戸が流民となり、疫病も流行した。ウマルはこのとき薬材を調達し医者に命じ戸別に訪問し治療させたので助かった者も多かった。

同じ年、朝廷は江浙行省に対して、毎年大都に向けて海運で送るべき二三〇万余石のうち五八万石を前倒しして四月に「春運」するよう命じた。当時、海運は季節風の影響を受け、南から北へは夏至（旧暦五月）の東南風が吹き始めてから出航するのが通常であったので、これはかなり無理のある要請であった。しかしウマルは勇んで劉家港へ赴き船を集め、そこへの糧食輸送を監督した。三月二一日に出航する際には海神廟に供物をして祈り、行省に帰還した。四月二一日に同月三日に無事に都の倉に糧食が運び込まれたという知らせが届くと一同は大いに沸いた。(42)

驚くべきことに、これらの公共・慈善事業の資金はウマルが私的に工面したと記されている。ムスリム・エリート一家は巨万の富を築いていたことがうかがえる。

馬合馬沙（ムハンマド・シャー）もまた同様であった。彼は士達という中国風の字をもつ。泉州市舶提挙より福清州ダルガチに遷ったが、任官後、自己の資産を出して民に貸し民兵を組織するのを助け、民に危害を加える兵卒は厳しく排除した。彼が管轄する福清州の蒜《さん》嶺・宏路二駅の駅伝馬の管理は最も厳格に行われた。さらには塩の密売集団が近海を脅かしていたのに対し法でもって厳しく処断し、平穏を取り戻した。彼の治績は高く評価され、現地の人びとによって顕彰碑が立てられた。(43)

彼らの行いの背景にはザカート（喜捨）の義務やイスラーム的倫理観もあったかもしれないが、ここには新しいタイプの外来系エリートの登場をみることもできる。移動の結果中国に入植した外来系エリートは、その背景を反映し交易や輸送・交通にかかわる活躍が目立ったことに変わりはないが、世代をかさねるとともに、自ら財を投じ地域住民の要請にすすんで応えるような行動をみせるようになった。これは宋代の地方エリート（士大夫）にはみられた傾向であったが、モンゴル時代になると、中国地方エリートの一角を外来系エリートが担うようになっていたといいうるかもしれない。

〈軍事における活躍〉

唐代においては、ソグド系突厥の軍事面での活躍が広く知られている。ソグド人集落は馬の供給地に置かれていたことと、彼らが騎馬遊牧民である突厥とも結びついて軍事に秀でていたことから、仏教を通じて、唐の禁軍中にも多く組み込まれていたと指摘されている。

モンゴル時代においても、ムスリム・ディアスポラと軍事との結びつきについて多くの事例がある。前述のサイイド・アジャッル・シャムス・アッディーンも軍糧輸送に貢献していたほか、モンゴルの対外遠征に商機を見出す商人もいた。

さらに、当時のユーラシアにおいてムスリムは中国人と並んで先進技術の体現者であった。ムスリムが貢献したのは最新鋭のカウンターウェイト式投石機であった。これがモンゴルの南宋の襄陽攻略のさいに活躍し、「回回砲」と呼ばれた。クビライの要請によりイランのフレグ・ウルスからムスリム技術者が派遣され、組み立てられ、襄陽城の南から堀を越えて城壁を破壊した。軍事技術の伝播は速く、瞬く間にこの最新兵器を扱う漢人部隊が登場した。

「回回砲」は東南アジアにも伝わる。クビライはベトナムの陳朝大越に対し国内にいるムスリム商人を派遣するよう迫ったが、陳朝側は巧みにかわし続けていた。やがてモンゴル軍がベトナム中南部のチャンパーの港湾都市を攻撃した際、チャンパー王にムスリム商人が三本の投擲《とうてき》アームをもつ最新式「回回砲」を提供し、モンゴル軍に対抗したのである。ムスリム・ディアスポラはモンゴル側にも、モンゴルに抵抗する国の側にも、最新の軍事技術を売り込んでいた。戦争は、その前後に活発化する外交交渉でも、戦後の関係構築後の交易関係でも、ムスリム・ディアスポラの商機が転がっていた。

クビライが服属要求に応じないジャワへ遠征軍を送り込んだときには、海外での交易により父の負債を解消しようと従軍したオルトクの姿もあった。至元二九年（一二九二）ジャワ遠征軍が泉州から出港したとき阿里（アリー）と張存が艦隊に従い、さらにベトナム中・南部のチャンパー王国や甘不察（カンボジア）に出使しようと願い出た。クビライはそこで二人に虎符（パイザ）を授け、阿里の父の布伯がオルトクとしての事業に失敗しかかえていた巨額の負債を帳消しにしたという(44)。

（5）境界領域

一三～一四世紀の泉州（現在の中国南部福建省泉州）は、世界最大の港市ザイトゥンとして知られ、中東・インド・東南アジアから商人・外国使節・宗教人・旅行者など多様な訪問者を受けいれていた。泉州にはこれらの入植者や訪問者が信仰するヒンドゥー教・キリスト教・イスラームなどの宗教石刻が在来の宗教（道教・仏教）の遺物とならんで多数残存しており、インド洋的宗教文化の十字路といった様相を呈している。

歴史上、定住する商人と商品とともに移動する商人の間の区分が一般的に見られた。定住する商人たちは、非公式の「異文化仲介人」となる傾向があり、しばしば「宿主」であったり、特定の取引条件を決定するという点で、商人間の仲介人であったりした(45)。

元末の一三四五年前後の中国の状況を伝えるとみられるイブン・バットゥータの旅行記にも、「宿主」に相当するような内容を伝える記載がある。つまり、イスラーム教徒の商人が中国にやってくると、（1）（中国に）住み着いて、（国家によって?）任命されたイスラーム教徒の商人たちのひとりの宿か、もしくは（2）フンドゥクに滞在することを選択させられる。これによると、宿の主人が、商人の所持金を記帳して保管し、不正に支出された場合は主人が保障する、という(46)。フンドゥクとは倉庫付きの宿泊施設である。

外国人居留地「蕃坊」が確認されない泉州において、外来人の居住・財産保護を担っていたのは宋では巡検・県尉であり(47)、モンゴル時代では府州県が軍戸などから徴用した巡坊弓手であった(48)。こうした制度を、イブン＝バットゥータは（上の記述の後に続けて）、国家による財産保護制度（官吏［＝巡検・巡坊弓手に相当］がフンドゥクを回って居住者登記を行い、財産保護を担っている）と述べている。一方で、バットゥータは、「宿主・仲介人」のような「原初的」制度に類したものも並存していたことを記している。つまり、ここからうかがえることは、宋〜モンゴル時代の泉州には、「外来商人の保護」にかんして、公的・私的な制度が重層的に並存しており、そこには外来の制度も浸透していた、という実態である。

（6）破綻・半強制的な離散

泉州に定住し、移動商人のための宿主の役割を担った商人に関するイブン＝バットゥータ旅行記の記述は、南宋末から元初期の蒲寿庚を連想させる。蒲寿庚がフンドゥクを経営していたという史料は存在しない。しかし、泉州において最も大きな影響力のある外国商人であった蒲寿庚の邸宅で外来商人を受け入れていたことは十分に考えられる。蒲寿庚は、南宋において三〇年にわたり「蕃船」（外国貿易に従事する船）を管理しており、南宋末年に市舶提挙（海上貿易監督官）の肩書を与えられていた。さらには外国商人である仏蓮と蒲寿庚の娘の結婚を通じて両家は結びついていた。くわえて貿易経営に由来する私兵を保有し、その兵力は南宋の正規軍たる左翼軍を凌駕し、財政的な困難を抱えていた左翼軍を実質的に支配下に置いている。蒲寿庚一族の泉州における覇権は揺るぎないものとなっていた。インド洋の港市では、海上貿易を管理する権限を外国商人に付与することが広く観察された。その役職はシャーバンダル（港の王）と呼ばれていた。外国商人でありながら貿易監督官であった蒲寿庚はまさに「港の王」であった。

泉州における最大規模の「外国人の自治」は「西域」出身商人の那兀納（ナウナ）の例に見られた。元の最末期にムスリム移民の私兵軍団「亦思巴奚」（イスパーハ）が泉州を占領して独立的な勢力を築き、泉州と福州そして両都市に挟まれた興化（現在の莆田市）で地域の紛争に巻き込まれつつ戦いを繰り広げた。一三二二年、那兀納は亦思巴奚の指導者である阿迷里丁（アミード＝アッディーン）を殺害し、軍団を引き継ぎ、かつ泉州の市舶司を握って海上貿易をも支配した。一三二四年、那兀納は元が泉州のまちと貿易の利益を亦思巴奚から取り戻そうと興化に送り込んだ興泉分省の観孫の査察に対し、市舶司の倉庫を空にすることで対抗した(49)。元の末期の那兀納は、元の初期の蒲寿庚と同様に軍事力でもって泉州を支配し、海上貿易を掌握した。しかも、のちの時代に書かれた泉州の金氏の族譜によれば、阿巫那（那兀納を指す）は蒲寿庚の娘婿であると記す(50)。

官制史の観点からいえば、海上貿易はそれを監督する市舶司を置く王朝が任命した官員の管理下にあるべきであり、外国人による海上貿易の管理は、通常のパターンから逸脱している。しかし、元代泉州の市舶司におけるムスリム名をもつ官員の高い比率は外国商人に対する事実上の貿易管理業務の委託が普段から例外的なケースではなかったことすら示唆する。

五、おわりに

（1）集団移動の多様性と一元化されるエスニック・アイデンティティ

本章では唐代・宋代・モンゴル時代を通し、異なるディアスポラ集団を扱った。それぞれの時代の主役は、信仰する宗教や呼び名はそれぞれ異なるが、唐代のソグド人とモンゴル時代のムスリムはともにブハラなどのトランスオクシアナ（ソグディアナ）出身のイラン系の人々である。宋代のペルシア系海商とモンゴル時代のムスリムも、ともにペルシア湾岸からインド、東南アジアへのイラン系のディアスポラ海商である。南宋後期からモンゴル時代にかけて泉州を中心に一大勢力を築いた蒲寿庚一族のリネージ（血統）の広がりは、近代において福建・広東・海南島といった中国東南沿海部に限定されたのに対し、モンゴル時代に活躍したムスリム宰相サイイド・アジャッル・シャムス・アッディーン・ウマルを祖とするリネージは中国の雲南省・陝西省・福建省などに広く分布していた。

シャムス・アッディーン（咸陽王）の雲南での功績を記した『咸陽王撫滇績《かんようおうぶてんせき》』によれば、始祖の所非爾乃は西域天方国（メッカ）の布哈拉（ブハラ）国王にして、西方教主大聖人の穆哈黙徳（ムハンマド）二六世の孫であると記す。宋の熙寧三年（一〇七〇）に弟の艾密沙と三子五孫とともに部下五三〇〇余人、ラクダ五〇〇〇余騎とともに朝貢し神宗皇帝を喜ばせた。さらに元豊三年（一〇八〇）に国臣阿力（アリー）と密沙児ら二〇〇余人が一万余騎を率いて西京（河南府）に進貢した、という。(51)

荒唐無稽で歴史学的には無価値であるが、本来別のディアスポラの記事と自らのリネージの記憶とが混然一体となって語られているところが興味深い。民族集団としての中国ムスリム（回族）が、自分たちの直接の始祖ではないにもかかわらず、サイイド（聖裔）を名乗った故人を共通の始祖として認識している。ここに歴史上のムスリム先賢をシンボリックな始祖とするゆるやかなエスニック・アイデンティティの構築が見られた。

(2) 移動の自由

ユーラシア東方において陸と海の交易ルートを越えて来たイラン系移民のいずれを見ても、自由なディアスポラにさまざまな不自由なディアスポラが埋め込まれていた。移動の発端にはしばしば戦争や災害、敵対的なまたは異教徒の勢力から圧迫を受けるなど、ある種の犠牲者ディアスポラがある。唐代においてはイスラームの勢力伸長がソグド人・バクトリア人ディアスポラを誘発した。宋代においてはシーラーフの衰退と交易構造の変化がシーラーフ人ナーホダーの活躍へと繋がった。モンゴル時代前後においてはモンゴル対外戦争が難民的な犠牲者ディアスポラを生んだり、遠征に貢献したり便乗したりすることで商機を求める冒険企業を刺激したりした。またクビライが南宋を滅ぼし、ユーラシア東端で陸と海のルートが繋がると、中国港市からモンゴル王侯と結びついたオルトクが海へ進出するとともに、それらの港市には内陸アジアからのムスリム移民も流入するようになる。モンゴル時代のムスリム・ディアスポラの特徴として、商業とかかわりが深く、外交の担い手であり、将軍としての役割も果たし、政治家でもあったという点があげられる。そのような一族の代表格としてサイイド・アジャッル家を例として取りあげた。官員として赴任してくるムスリムはもはや居留地のような区画に集住していなかったはずである。モンゴル時代の特権的なムスリム・エリートは中国内地をかなり自由に移動できた。

(3) 移動の各局面

もちろんそれぞれの時代に特徴的な移動に対する制度的制約もあった。唐の律令制、宋の朝貢制度、各時代の貿易港管理、禁輸措置などをあげることができる。その一方でいつの時代もイラン系ディアスポラは制度の網目をかい潜って移動の自由を享受した。王権と結びついたり、中央地方の公私権力と結びついたり、官位を得たりして、特権的な立場を利用し移動を可能とする場合もあった。また、宗教や同胞との結びつきがしばしば重要な役割を果たした。

強大な交易ディアスポラと結びついた外来宗教は政治権力から警戒された。唐末期における廃仏など、外来勢力迫害のメカニズムは、戦国期日本におけるキリシタン拡大と迫害を彷彿とさせる。交易ディアスポラの勢力の極大化と教線の拡大は正比例するが、ある閾値を超えると政治権力からの弾圧を受けるかのようである。港湾都市や辺境社会における政治権力の空白ないし弱体化は、南宋末や元末に見られるごとく外来勢力が支配する港市国家的な状況を招く。中国のインド洋港市ともいうべき宋元末期の泉州に相当する状況は、中国西部辺境のオアシス都市にも見出し得るだろうか(52)。

（4）権力との関係

カアンや后妃のもとに南海貿易を通じて得た真珠や宝石を齎すオルトクと呼ばれる商人の活動（中売宝貨）は宋代に進貢・進売の活動をしたペルシア海商と共通点がある。唐代に権力を握った后妃公主とソグド人ネットワークとの関係はモンゴル時代の后妃とオルトクなどムスリム商人の関係と類似している。ソグド人はカウンターカルチャーとしての仏教を利用して活動範囲を広げ、宋元代のイラン系ディアスポラはイスラームの拡大と密接に関わっていた。

本章で触れた王権とディアスポラの関係は、政治的権力と経済的権力の議論と重なる。近代資本主義の時代における政治と資本との関係はジョヴァンニ・アリギによって定式化された。しかし一四世紀以前についてはほとんど語られていない。前近代ユーラシアにおいて、近代資本主義は成立しておらず、等価交換がどこでも普及していたわけではなかったが、政治的権力と経済的権力の結びつきは近代に限ったことではない。ここで権力との結合様式の違いも無視できない論点であろう。帝国そのものとディアスポラの関係だけではなく、帝国内部の一部の権力と結びつくディアスポラ（唐代におけるソグド人と皇后・公主・宦官ら内廷勢力の結びつき、進売などを通じたモンゴル后妃とムスリム・オルトク商人の結びつきなど）、ローカルな地域権力と外来商業勢力との結びつき（ペルシア系船主とインド・東南アジアの王権や中国沿海部の地方エリートとの関係など）も、今後深めていくべき重要なテーマとなる。一五・一六世紀の「交易の時代」における日本の大名や東南アジアの王権とヨーロッパとの関係など比較すべき対象がある。

（5）平和境界領域

以上の考察を通じて、唐～モンゴル時代の中国における境界領域については、何がいえるのだろうか。

唐代の境界領域として注目したのは、外来ソグド人の活動拠点となった仏教寺院である。ソグド人僧侶が取り仕切る寺院が都である長安・洛陽のみならず各地方の諸都市にあった。ソグド人らは仏教を紐帯に宦官や宮廷女性と結びつき、寺院のネットワークがその活動を支えていた。また、唐代には境界領域が各地に存在したが、唐後半期まで、最大の外来人集住地のある長安や洛陽には坊制という壁に囲まれた区画があり接触を避ける仕組みが働いていたことも無視できない。

宋代においては、海港の自治的な外来人集住エリアに境界領域を見出すことができた。その境界領域をもたらしたのは、ペルシア系海商たちの集団移住である。そのエリア内では自らの文化を保つことができた。また、宋は外来人たちに官位を与えることで、彼らの実質的な経済力や軍事力を国家の秩序のなかに形式的に包み込んでいたが、それは外来人たちにとっても漢人地方エリートとの関係を構築するのに役立ったであろう。宋は外来商人には絶えず海外との間を往来し続けることを奨励し、在地エリートと結合することを避けようとしたが、その方策の効果は薄かった。ペルシア系海商たちが地方エリート化する趨勢はさらに進行し、海港の外来人集住エリアを中心とする境界領域はほとんどそのままモンゴル時代へ引き継がれていく。

モンゴル帝時代には、イラン系エリートの一族がモンゴル政権と結びついて中国各地に散居していった。モンゴル時代においては、境界領域は海港のみならず、帝国内のいたるところに出現した。宋の海港でも自治的な集住エリアが形成され、そこは外部と一定程度遮断されていた。モンゴル時代は、唐の坊制のようなものはないけれども、宋代と同様な集住エリアが海港のみならず内陸部にも広範に存在していた。

唐～モンゴル時代の境界領域について（聖性を前提とするヨーロッパのアジールとの比較で）興味深いのは、外来人のネットワークの背景に宗教が大きな役割を果たしているものの、境界領域が形成される前提に呪術的要素はそれほど明確ではない点である。一方、国家や地域社会の論理と外来の論理のせめぎあいが境界領域のダイナミズムをもたらした。これらの境界領域には、異文化間の摩擦の軽減や秩序の維持のため、さまざまな制度・方策や仕組みがみられた。こうした事例についてさらに探っていくことは、単に過去を知るのみならず、移民・難民の増加が受入先の国家の論理と鋭い緊張関係を生じている現在の世界各国の状況とも通じるものを見出すことができるかもしれない(53)。

(6) 破綻・半強制的な離散

なぜ、宋における外来人エリートの自由は破綻せず次の時代へと引き継がれ、唐と元の末期においては外来人エリートの自由は破綻したのか。唐については、国内的には、長期にわたって仏教寺院やソグド人など外来勢力と結びついて政権中枢に重要な位置を占めて来た内廷勢力を打破しようという皇帝や儒家官僚らの動きがあり、対外的にはウイグルの脅威がなくなり国内の外来勢力を一掃しやすかったという事情もあった。一方で、モンゴル時代末期の国際貿易港泉州にみられた秩序の崩壊からは、国際貿易による格差拡大やムスリム支配層と現地人である漢人社会との社会矛盾などが外来人に対する脅威に結びついた可能性は否定できない。そこでは唐代と異なり宗教対立は必ずしも主眼ではなかったが、新しい王朝のもとでムスリムは元の支配体制を象徴する存在としてスケープゴート化される傾向にあった。

元の場合、従来に増して国内での移動の自由が獲得されることで、外来人コミュニティが各処に点在し、境界領域が拡大すると想像される。大都市や沿海部において政治・経済における外来人の存在が増すとともに、富の独占の拡大も進み、矛盾が極大化したところで破綻し、ムスリムの拡散が起こる。唐代の例から考えると、このような矛盾の拡大は儒家官僚の側の史料には見えるが、それがそこまで深刻な事態であったのかどうかは分からない。

内面的な自由については、政治権力の弾圧や命令によって、あるいはマジョリティの漢人地域社会の無言の圧力によって、外来宗教を宣揚することや、宗教的実践を行うことに消極的になったり、憚られたりした。宋代にはそのような宗教ないしその実践への圧力の存在が明確には確認できないが、唐やモンゴル時代では、自由の拡大が極大に達したのち、収縮したという印象があり、このような自由の拡大と不自由の拡大の相関関係について、今後考察を深めていくことが必要である。

「自由」には政治・経済・宗教などさまざまな側面があり、それぞれ近代に成立した学問分野における蓄積があるが、国民国家の枠組みの相対化、グローバルな視野、「移動」の観点の導入が進む今日、従来の枠組みで跡づけられてきた「自由」の歴史を見つめ直すことの要請は高まっている。近代的諸制度が整う前段階のプリミティブで放埒な「自由」という認識は改めなければならないだろう。前近代にみられた種々の「自由」は、十分に成熟した国家権力や社会の多元的な諸勢力の掣肘のもと、近代に劣らず精緻で合理的な法制度のもとで機能していた。そのありようを眺めることは、現在にもつながる「自由」がどのようにして生まれ出たのか、人類史的な視野のもとで眺めることにもつながるだろう。

(1)　本章では「外来人」のなかのエリート層、つまり商人、コミュニティのリーダー・顔役、聖職者、役人らをおもに扱うが、移動の「不自由」という点で奴隷についても触れる。

(2)　アジール(独 Asyl. 英 asylum)は「庇護」「避難所」を意味し、「不可侵の、接触不可能な、神々の保護のもとにあって安全な、十分に安全な」を意味するギリシア語 asylos-asylon から来ている。家や墓地や教会など特定の場所は、犯罪者や逃亡者がそこへと逃げ込むと、その場を支配する聖性ゆえに彼らをそれ以上追跡することが不可能となり、結果的に「避難所」として機能した。アジールの源泉となる神的な力(オレンダ)は特定の空間以外に時間・人物などが有するため、アジールは「平和聖性にもとづく庇護、およびその庇護を提供する特定の時間・空間・人物」と定義される。オルトヴァン・ヘンスラー著『アジール――その歴史と諸形態』舟木徹男訳（国書刊行会、二〇一〇年）三六、一九一～二〇一、二一四頁参照。ところでアジールは、近代国家の裁判や警察権のように、何らかの実力によって裏づけられているわけではない。その点は本稿のいう境界地域が何らかの実力の裏づけを排除しないのと異なる。阿部謹也「ドイツ中世後期におけるアジール」（『阿部謹也著作集』八、筑摩書房、二〇〇〇年）四〇八～四六頁、石井正敏『アジールと国家――中世日本の政治と宗教』（筑摩書房、二〇二〇年）二六頁。

（3）　松本雅明「第八章第四節　聖地―社について」（『詩経諸篇の成立に関する研究』松本雅明著作集第一・二巻、弘生書林、一九八六年）、相田洋『異人と市――境界の中国古代史』（研文出版、一九九七年）一五一頁。

（4）　例えばマックス・ウェーバー『一般社会経済史要論』下、黒正巌・青山秀夫訳（岩波書店、一九五五年）二六～九頁。K・ポランニー『人間の経済Ⅱ――交易・貨幣および市場の出現』玉野井芳郎・中野忠訳（岩波書店、一九九八年）四九一～五二一頁。安野眞幸『港市論――平戸・長崎・横瀬浦』（日本エディタースクール出版部、一九九二年）。フィリップ・D・カーティン『異文化間交易の世界史』田村愛理・中堂幸政・山影進訳（NTT出版、二〇〇二年）など。ほか、網野善彦『無縁・公界・楽――日本中世の自由と平和』（増補版、平凡社、一九九六年）も参照。

（5）　安野『港市論』、三一～二九頁。戦国時代の長崎で人を切りつけたキリシタンが保護を求めイエズス会の教会領に走入りした事件では、舞台となった聖堂は宣教師たちにとって暴力的行為の禁じられた平和領域であったが、異国の長崎にあってそれはポルトガルの武力によって維持されていたものでもあった。安野眞幸『バテレン追放令――一六世紀の日欧対決』（日本エディタースクール出版部、一九八九年、三八頁）。

（6）　アブー＝ルゴド『ヨーロッパ覇権以前』下、佐藤次高ほか訳（岩波書店、二〇一四年）一二二頁。

（7）　杉山正明『遊牧民から見た世界史――民族も国境も越えて』（日本経済新聞社、一九九七年）特に五七～六一頁（増補版、二〇一一年）。石見清裕「ラティモアの辺境論と漢～唐間の中国北辺」（唐代史研究会編『東アジア史における国家と地域』、刀水書房、一九九九年）二七八～九九頁。同「中国史における中央と辺境――唐代の内陸境界地帯を例に」（東北史学会・福島大学史学会・公益財団法人史学会編『史学会125周年リレーシンポジウム二〇一四　二　東北史を開く』山川出版社、二〇一五年）一二七～三八頁。妹尾達彦『長安の都市計画』（講談社、二〇〇一年）三〇～四頁。森安孝夫『シルクロードと唐帝国』（講談社、二〇〇七年）五九～六二頁等参照。

（8）荒川正晴『オアシス国家とキャラヴァン交易』（山川出版社、二〇〇三年）。森安『シルクロードと唐帝国』。曽布川寛・吉田豊編『ソグド人の美術と言語』（臨川書店、二〇一一年）。中田美絵「唐朝政治史上の『仁王経』翻訳と法会――内廷勢力専権の過程と仏教」（『史学雑誌』一一五―三、二〇〇六年）三二一～四七頁。同「不空の長安仏教界台頭とソグド人」（『東洋学報』八九―三、二〇〇七年）二九三～三二五頁。同「唐代徳宗期『四十華厳』翻訳にみる中国仏教の転換――『貞元録』所収「四十華厳の条」の分析より」（『仏教史学研究』五三―一、二〇一〇年）二一～四二頁。同「八世紀における唐朝と仏教」（『日本史研究』六一五、二〇一三年）七九～一〇二頁ほか。

（9）以上おもに荒川『オアシス国家とキャラヴァン交易』、七～九、一四～五、四二～五七頁。『新唐書』にもとづく従来の唐の「羈縻」支配理解については近年見直しが進んでいる。西田祐子『唐帝国の統治体制と「羈縻」』（山川出版社、二〇二二年）参照。

（10）荒川『オアシス国家とキャラヴァン交易』、三一～五五頁、森安『シルクロードと唐帝国』、二二二～五四頁。

（11）森部豊『安禄山――「安史の乱」を起こしたソグド人』（山川出版社、二〇一三年）二〇～五頁、曽布川・吉田『ソグド人の美術と言語』、三八頁。

（12）エチエンヌ・ドゥ・ラ・ヴェシエール『ソグド商人の歴史』影山悦子訳（岩波書店、二〇一九年、原著二〇〇三年）。荒川『オアシス国家とキャラヴァン交易』。同『ユーラシアの交通・交易と唐帝国』（名古屋大学出版会、二〇一〇年）。曽布川・吉田編『ソグド人の美術と言語』、特に七～一一八頁を参照。

（13）曽布川・吉田編『ソグド人の美術と言語』、八九～九一頁。荒川『オアシス国家とキャラヴァン交易』、一四～九頁。ヴェシエール『ソグド商人の歴史』三一～五頁。

（14）ヴェシエール『ソグド商人の歴史』三九～四一、四五～六頁。曽布川・吉田編『ソグド人の美術と言語』、三七頁。

（15）森安『シルクロードと唐帝国』二二二～五四頁。ヴェシエール『ソグド商人の歴史』一四四～五〇頁参照。

（16）中田美絵「唐代中国におけるソグド人の仏教「改宗」をめぐって」（『東洋史研究』七五―三、二〇一六年）四六二、四六六～七三頁。同「唐玄宗開元期における仏教政策と「胡」への対応」（藏中しのぶ編『古代の文化圏とネットワーク』竹林舎、二〇一七年）三〇一～三頁。

（17）中田「唐代中国におけるソグド人の仏教「改宗」をめぐって」四四八～八四頁。

(18) 中田美絵「唐代政治史上の会昌の廃仏——ジェンダー秩序・宗教・外来人の視点から」(『唐代史研究』二一、二〇一八年)五二〜七五頁。

(19)「海峡沿いの港の「自然な」役割が、買弁(または交易「代理人」)で、政治的にも不確定で経済的にも不安定なものであったことは疑いがない。たとえば、今日の世界システムで、この地域の例として最もふさわしい二つの地域——シンガポールと香港——は、どちらもその「奇跡的」状況を「治外法権」の存在によっている」(アブー＝ルゴド『ヨーロッパ覇権以前』下、一二一頁)。

(20) ケンブリッジ大学図書館蔵ファーティマ朝アルムスタンシル宛のナイル河船上での商人の殺害に関する訴状で、二六歳の息子と同じ歳の若い商人が現金五〇〇ディーナールを腰帯のなかに入れ一〇〇ディーナール相当の商品とともにナイルを航行中に船員に殺害され、現金と商品を奪われたという内容である(Cambridge University Library, Taylor-Schechter Collection, ArabicBox42) [S. M. Stern, "Three Petitions of the Fāṭimid Period," *Oriens* 15 (1962), 172-209, esp. 175, Pl. no. 1].

(21)『元氏長慶集』巻一二「和楽天送客遊嶺南」。越野美紀「菩薩蛮考」(『お茶の水女子大学中国文学会報』一三、一九九四年)一〜一四(特に六〜七)頁。

(22)『続資治通鑑長編』巻八七　真宗大中祥符九年(一〇一六)七月庚戌(八日)の条。

(23) Geoff Wade, "The Li (李) and Pu (蒲) 'Surnames' in East Asia-Middle East MaritimeSilkroad Interactions during the 10th-12th Centuries," in *Aspects of the Maritime SilkRoad: From the Persian Gulf to the East China Sea*, ed. Ralph Kauz (Wies-baden: Harrassowitz, 2010), 181-93.

(24) 家島彦一『海が創る文明——インド洋海域世界の歴史』(朝日新聞社、一九九三年)一一六頁。

(25) 趙汝适『諸蕃志』藤善真澄訳注(関西大学出版部、一九九〇年)一五五〜六頁。

(26) 重松良昭「十〜十三世紀のチャンパにおける交易——中国への朝貢活動を通して見た」(『南方文化』三一、二〇〇四年)五七〜五九。土肥祐子「占城の南宋期乾道三年の朝貢をめぐって——大食人烏師點の訴訟事件を中心に」(『史艸』四六、二〇〇五年)一〇一〜一〇二頁。

(27)『宋史』三仏斉伝「淳化三年冬、広州上言「蒲押陀黎前年自京廻、聞本国為闍婆所侵、住南海凡一年、今春乗船至占城、偶風信不利、復還、乞降詔諭本国。」従之。」
(28)『宋会要輯稿』蕃夷七―一三至道三年三月二〇日の条、大食伝 至道三年二月の条。
(29)『宋会要輯稿』蕃夷四―六七「五月、其王楊甫恭毘施離遣使李補良・押陀羅・潘思来貢。」
(30)『宋会要輯稿』蕃夷四―九四 紹興六年（一一三六）八月二三日の条「提挙福建路市舶司上言「大食蕃国蒲囉辛造船一隻、般載乳香投泉州市舶、計抽解価銭三十万貫。委是勲労理当優異。」詔蒲囉辛特補承信郎、仍賜公服履笏、仍開諭以朝廷存恤遠人優異推賞之意、候回本国令説喩蕃商広行般販乳香前来、如数目増多、依此推恩、余人除犒設外、更與支給銀綵。」
(31)土肥「占城の南宋期乾道三年の朝貢をめぐって」七二～一〇六頁（特に八九頁）。同『宋代南海貿易史の研究』（汲古書院、二〇一七年）。
(32)白石晶子「三仏斉の宋に対する朝貢関係について」（『お茶の水史学』七、一九六四年）一八～三〇頁（特に二五頁）。『宋会要輯稿』職官四四―三、四「市舶」天禧元年（一〇一七）六月の条。
(33)『続資治通鑑長編』巻八七 真宗大中祥符九年（一〇一六）七月庚戌（八日）の条。
(34)カーティン『異文化間交易の世界史』、八一頁。
(35)明・鄭岳『莆陽文献』列伝三二林枅伝（明万暦四四年黄起龍刻本、九葉）。
(36)向正樹『クビライと南の海域世界』（大阪大学出版会、二〇二四年）四一九頁。
(37)陳達生『泉州伊斯蘭教石刻』（寧夏人民出版社・福建人民出版社、一九八四年）二六頁、図六三。
(38)山本明志「カアンとムスリム――《回回が喉を掻き切って羊を屠殺し、割礼をすることを禁じる》」（赤木崇敏・伊藤一馬・高橋文治・谷口高志・藤原祐子・山本昭志『元典章が語ること――元代法令集の諸相』大阪大学出版会、二〇一七年）一四三～七二頁。
(39)四日市康博は「中売」の「中」の用例を精査し、政府の需要物貨買上に対し塩引などを介して権貨（専売品）を「あてる」という意味で用いられていることを指摘した。四日市康博「元朝の中売宝貨――その意義および南海交易・オルトクとの関わりについて」（『内陸アジア史研究』一七、二〇〇二年）四一～五九頁。同「元朝宮廷における交易と廷臣集団」（『早稲田大学大学院文学研究科紀要』四五―四、一九九九年）三～一五頁。

(40) Boyle, J. A. (trans.), *The Successors of Genghis Khan: translated from the Persian of Rasid al-Din* (New York: Columbia University Press, 1971), 282.

(41) 四日市「元朝宮廷における交易と廷臣集団」。清朝の学者銭大昕が作成した「元史氏族表」によれば、かれには不花帖木児（ブカ・テムル）という名前の兄弟がいた。明代に編纂された福建の地方志『八閩通志』も、世祖クビライの治世中、「普化帖木爾（ブカテムル）」が福建行省平章政事であったと記している。

(42) 任士林『松郷集』巻一「栄禄公世美碑」。楊志玖楊志玖『元代回族史稿』（天津：南開大学出版社、二〇〇三年）三五六～六二頁および「関于烏馬児任江浙平章的年代問題」（『中国歴史大辞典通訊』一九八三年第一期。楊志玖『元史三論』人民出版社、一九八五年、一七九～八八頁に再録）。

(43) 黄仲昭『八閩通志』巻三七　秩官　名宦　福州府　福清県　元。

(44) 『元史』巻一七　世祖本紀一四　至元二九年七月の条（中華書局本、三六五頁）。

(45) 前近代イスラーム世界周縁部各地で広く見られたとする「主人―客人の関係」（客人の外来人に現地の住民が主人として宿を提供し、財産を預かり保証するなどし、法的保護の与えられない外来者を守る）もこれにあたるだろう。イブン・バットゥータ『大旅行記』三、イブン・ジュザイイ編、家島彦一訳注（平凡社、一九九八年）二一六頁、注八七、四一五～九頁、解説。これはまたウェーバーのいう「プロクセニー」・「主人権」と同種の制度であり、日本近世の平戸にも「船宿」として存在が指摘されている（安野『港市論』、七四～九〇頁）。ウェーバーはこれらを原始的な制度であるとし、もともとは「他国の都市で商売し共同の保護のために結合した外来商人のギルド」である「ハンザ（Hanse）」や「商人居留地」をより進歩した形態と位置づけている（ウェーバー『一般社会経済史要論』下、二六～二九頁）。

(46) イブン・バットゥータ『大旅行記』七、二三～四頁、七七～八頁、注五七。

(47) 『宋会要輯稿』宝元元年（一〇三八）三月一日の仁宗の詔（蕃夷七―二五）。高宗紹興四年（一一三四）（蕃夷四―九三、四―七一、七―二九）。

(48) 『大元聖政国朝典章』五一　諸盗三　防盗「設置巡防弓手」「商賈於店止宿」。

(49) 黄仲昭『八閩通志』巻八七　拾遺　興化府。

(50) 「金氏族譜伝贊」、「元武略将軍一菴金公伝贊」（泉州市歴史研究会編『泉州回族譜牒資料選編』泉州市歴史研究会、一九八〇年、八四頁）。

(51)　これらは『宋史』などに見える熙寧四年に海路で朝貢した大食層檀《スルタン》国の王亜美羅亜眉蘭および同じく元豊四年に朝貢した同国の使者層迦尼についての記事を下敷きとしているだろう。これらの記事は、セルジューク朝からの朝貢を記したものであるとみられる。

(52)　唐の西の辺境にあたる涼州で節度使のトルコ系トゥルギッシュの名門出身の哥舒翰がソグド人密教僧不空を招聘し、不空がその配下の武人たちに灌頂を授けたこと、哥舒翰が安史の乱に際して自立的な勢力を謀ったらしいこと、涼州が唐の軍馬を管理するソグド人安氏一族の拠点であったことなどはこうした観点から興味深い。中田美絵「五臺山文殊信仰と王権―唐朝代宗期における金閣寺修築の分析を通じて」（『東方学』一〇七、二〇〇九年）五八頁、注一六。

(53)　例えばアジール法の現代版ともいうべき聖域都市政策（Sanctuary Policies）。藤本晃嗣「カナダ・トロント市の聖域政策」（『平和研究』五三、二〇二〇年）三五～五〇頁。

第三部

「移動の自由」再考

第一一章　「航行の自由」をめぐる抗争としてのジェンキンズの耳戦争

薩摩真介

一、はじめに

(1) 移動と権力

人類の移動は必ずしも権力の真空空間で行われてきたわけではない。とりわけ近世以降、人々の移動や、それにともない生じるネットワーク形成の背後には、多くの場合、それを規制、あるいは後押ししようとする政治権力の存在があった。そして、それらの権力とも結びつきつつ、移動を強力に正当化、あるいは禁止しようとするイデオロギーも存在した。それは、一見「自由」に見える海上での移動についても同様である。本章では、このような移動、とくに海上における移動と、陸上の政治権力、およびそれにかかわるイデオロギーとの関係という観点から、一八世紀半ばのジェンキンズの耳戦争期にイギリスで浮上した「航行の自由（航海の自由 freedom of navigation）」の概念が、当時どのようにして用いられていたのか、その理由は何であったのかを、思想史的・経済史的背景を踏まえつつ明らかにする。

このジェンキンズの耳戦争は、一七三九年に英西間で勃発した戦争であり、一七四〇年からはヨーロッパ規模で戦われたオーストリア継承戦争に合流していく。この戦争の引き金となった主要な原因のひとつが、本章で取り上げる密貿易取締まりのためのスペインの沿岸警備隊による、カリブ海を航行するイギリス商船の拿捕問題である。この拿捕問題は、移動の自由という観点から見るならば、次のような構図の対立であったといえる。すなわち、一方では密貿易にもつながる海上での自由な移動をできるだけ制限、規制しようとするスペイン側と、海上での自由な移動の「権利」を確保しようとする他のヨーロッパ諸国、とりわけイギリスとの対立である。

このジェンキンズの耳戦争やそれに続くオーストリア継承戦争については、これまでも多様な角度から分析がなされてきたが(1)、本章では、この戦争における英西間の対立を、航行の自由――ただし、この時期の議論においてはアメリカ海域における海上の移動の自由という限定的な意味合いが強い――をめぐる対立や抗争という新たな観点から検討してみたい。

(2) ジェンキンズの耳戦争と航行の自由

では、この航行の自由とは、そもそもどのような概念なのだろうか。海洋法の発展過程を分析した古賀によれば、近代以降の海洋法における航行の自由とは、公海上において「他国によって航行を阻害されないこと」であり、「旗国《きこく》以外のいかなる国も公海上の外国船舶に対して管轄権を行使することができない」ことを意味する(2)。これはまた、漁業の自由などとともに、「海洋の自由（freedom of the seas）」の一部を構成するものとされる(3)。

この航行の自由は、それを包含する海洋の自由とともに、一九世紀にはイギリスの有力なイデオロギーのひとつとなった(4)。その後、航行の自由を重視する姿勢はアメリカ合衆国にも受け継がれ、一九一八年のウィルソンの「一四か条」でも言及されている(5)。このように、海洋の自由の重要な一部たる航行の自由は、歴史的には英米など特定の国によって積極的に標榜されてきた経緯があるが、その一方で、現在では国際法の一部となっているのもまた事実である。そのことは、「国連海洋法条約（ＵＮＣＬＯＳ）」（一九八二年採択、一九九四年発効）の八七条一項に、航行の自由が盛り込まれていることにも示されている。このように、航行の自由は、特定の国の利益に奉仕しうるイデオロギーであるとともに、国際社会の多くから承認を得て国際法の一部となっているという、二面性を持った概念であるといえる。

航行の自由はまた、「通商（貿易）の自由」とも関わりが深いものであり、第一三章で新免が論じるヨーロッパの自由概念のなかでも枢要な位置を占めるものといえる。この航行の自由にとくに焦点を当てた研究としては、法学や法制史、国際政治学の観点からのものは存在するが[(6)]、具体的な歴史的文脈のなかでそれがどのように用いられていたかを実証的に分析した歴史研究は、管見の限りではいまだ乏しい。そのため、現代にもつながるこの航行の自由が、一体いかなる具体的な歴史的文脈のなかでひとつのイデオロギーとして登場し発展してきたのかを、歴史学の観点から明らかにすることも必要である[(7)]。

ジェンキンズの耳戦争期に関してみるならば、この航行の自由が、沿岸警備隊による拿捕問題をめぐる政治・外交上の議論のなかでしばしば主張されたこと自体は、すでに先行研究でも言及されている[(8)]。しかし、それがいかなる意図で主張され、どのように用いられたかについて、同時代の背景を踏まえた上での詳しい分析がなされてきたとはいえない。そのため、この点はさらなる検討の余地があるといえる。

以上を踏まえ、本章ではジェンキンズの耳戦争期における拿捕問題をめぐるイギリス国内での政治的議論や、外交の場における航行の自由概念の活用を、同時代の法思想史的・経済史的文脈のなかに位置づけて再検討する。それにより、航行の自由がこの時期のイギリスで強調されるにいたった理由を明らかにするとともに、当時のイギリスにとって航行の自由が有していた意義についても考察する。

二、近世における航行の自由概念の発展

（1）海洋の自由と航行の自由

本節ではまず航行の自由概念を長期の法思想史的文脈のなかに置き、一八世紀半ばの時期におけるその特徴を検討する。そもそも航行の自由という概念は、海洋は領有できるのか否かという、ヨーロッパにおける海洋の自由をめぐる議論の一部として登場したものであった。では、ヨーロッパの法思想史的文脈において、この海洋の自由と航行の自由はどのように発展してきたのだろうか(9)。

六世紀にユスティニアヌス帝によって編纂された『ローマ法大全』のうちの『法学提要』では、海洋は「共有物（res communis）」であり、陸地のように所有はできず、（ローマ市民であれば）誰でも用いることのできる場であるとされていた。しかし中世末期になると、通商の安全確保の必要性もあり、イタリアの諸都市国家がその沿岸海域に対して支配権や領有権を主張したり、それに基づき航行税を徴収することがみられるようになった。このような主張を理論的に下支えしたのが、一四世紀のイタリアの法学者バルトルス（Bartolus de Sassoferrato）ら註解学派である。彼らは、イタリアの諸都市国家を神聖ローマ帝国皇帝の権力から事実上独立したものと認めるとともに、それら都市国家は、沿岸海域に対して航行税の徴収や裁判権などの一定の排他的管轄権を行使しうると主張したのだった(10)。

その後、近世に入ると、一五世紀以降のヨーロッパ諸国の大西洋海域への進出にともない、新たな展開が見られるようになる。この進出において他国に先行したスペインとポルトガルは、一四九三年の一連の教皇勅書、トルデシリャス条約（一四九四年）、サラゴサ条約（一五二九年）などを通じて、両国がすでに到達した地域と、今後到達する地域における勢力圏の確定を試みた。このような試みには、海洋での移動の規制も含まれていた。スペ

インは自らの勢力圏と主張するアメリカ海域への外国船の航行を禁じたが、これはやがて、フランスのフランソワ一世やイングランドのエリザベス一世ら他のヨーロッパ諸国の君主からの、スペインの主張や航行規制に対する反発と挑戦を引き起こすことになった(11)。

一方、ポルトガルも、通商のための東インド（現代の南・東南・東アジアを含む地域）への航行を他国に禁じていたが、これを批判したのがグロティウス（Hugo Grotius）の『自由海論』（一六〇九年）である(12)。そのなかでグロティウスは、先行するビトリア（Francisco de Vitoria）やバスケス（Fernanto Vazqnez de Menchaca）らの議論にも依拠しつつ、ポルトガルは東インドに対する支配権や東インドとの航行や通商を独占する権利を有していないこと、また海洋は何人も領有できない共有物であることを説いた。そして、自由な通商や航行は本来万人にとって自然な営為であり、ポルトガルによる東インドとの自由な通商や航行の禁止は万民法に反するものであるから、オランダによるポルトガルに対する正当戦争の理由になりうると主張したのであった(13)。

このグロティウスの『自由海論』に対しては、海洋の一部の領有可能性を認める「閉鎖海論」の立場をとるスコットランドのウェルウッド（William Welwood）やイングランドのセルデン（John Selden）らから反論が寄せられ、海の領有可能性をめぐる「海洋論争（書物戦争）」と呼ばれる論戦を触発することになった(14)。このような論争の背景には、イギリス諸島沿岸部での漁業権をめぐる、オランダ、スコットランド、イングランド間の対立も存在した(15)。

（2）海洋論争以降の航行の自由概念の展開

海洋の自由や航行の自由概念の発達という観点から見た場合、このグロティウスの時期までの議論には二つの特徴があった。ひとつ目は、この時期までの議論は主に大洋全般についてなされたものであり、後代のような公海／領海の区別はいまだ明確にはなされていなかったという点である。二つ目は、グロティウスの議論やグロティウスに影響を与えたビトリアらの議論では、航行の自由は通商の自由と密接に関連するものとされていたという点である。[16]

しかし、航行の自由概念の展開を法思想史的に分析した高林秀雄によると、海洋論争以降の時期には、これら二点に関して、以下のような変化がみられたという。一点目は、沿岸海域と外洋（公海）の分離、そしてそれにともなう公海における航行の自由の原則の確立である。一七世紀半ば以降、プーフェンドルフ（Samuel von Pufendorf）やビンケルスフーク（Cornelis van Bynkershoek）、ヴォルフ（Christian Wolff）らの議論を経て、沿岸国が領有可能な海域とされる「領海」の概念が発達していった。同時に、それ以外の外洋は、領有が禁止され、使用の自由が認められるべき公海とみなされるようになっていった。[17]こうして一八世紀半ばまでには公海の自由の原則が確立し、航行の自由もその一部として、主に後者の公海を航行する自由となったのである。[18]

二点目は、航行の自由と通商の自由の分離である。先述のように、グロティウスの議論では航行の自由と通商の自由はセットで扱われており、通商の自由とそのための交通の自由は万人の基本原則であると主張されていた。しかし一七世紀半ば以降、イングランドなどで重商主義思想に基づく貿易統制策が導入されると、それを反映して通商の自由に関する見解も変化していく。すなわち国家は通商を他国に認めるか否かを決定する自由を持つのであり、通商を行うには相互の国が合意して通商条約を結ぶことが必要であるとの議論が、一八世紀半ばにヴォルフやヴァテル（Emmerich de Vattel）らによって提唱されるにいたったのである。こうして一八世紀中葉には通商の自由はもはや無条件で認められるべきものとは主張されなくなる一方、航行の自由は、この通商の自由からは切り離された概念となっていった。[19]

以上の海洋の自由や航行の自由概念の変遷を踏まえると、本章で分析対象とするジェンキンズの耳戦争期は、法思想史的には、（領海ではなく）公海における航行の自由の原則が確立していくとともに、航行の自由と通商の自由の分離が生じつつあった時期であったといえる。後述するように、同様の特徴は、一八世紀半ばのイギリス国内での航行の自由をめぐる政治的議論においても、形を変えて見られたのだった。

三、イギリスによる対スペイン領植民地貿易の開始とその展開

では次に、この時期に航行の自由の問題が議論されるにいたった直接的な背景、すなわち経済史的背景を見てみよう。長期的視点から見るならば、イギリス商船拿捕問題とジェンキンズの耳戦争は、一六世紀以来のイングランド（一七〇七年以降はイギリス）をはじめとするヨーロッパ諸国によるスペイン領アメリカ市場への進出と、その結果生じたスペインとの対立のひとつの帰結点であったといえる。ここではとくに英西関係に注目して、一六世紀から一八世紀半ばまでの時期における対スペイン領貿易のあり方とその変化について見てみよう。

（1）「閉鎖領域」の形成と帝国間貿易の発展

一五世紀末以降、カリブ海域や、ブラジルを除く南北アメリカ大陸に進出していったスペイン王権は、地金の流出防止や異端の流入阻止などを目的として、アメリカ植民地との貿易を統制するための体制を整えていった。対植民地貿易の統制を行う機関としてのインディアス通商院の設立（一五〇三年）、植民地貿易の窓口となる港の限定（セビーリャ、一七一七年以降はカディス）や、対植民地貿易の統制と防衛のための指定航海（護送船団）制度の導入などである。

このような公的な管理貿易体制の下、スペイン領植民地との直接取引は、原則としてスペイン人にのみ許され、外国人商人には一部例外を除き禁じられた。またスペイン人でも、この公的貿易に従事できるのはもっぱらセビーリャ、あるいはリマやメキシコ・シティーといった植民地の都市の商人ギルドに属する一部の大商人に限ら

れていた。しかし、このような護送船団を通じたスペイン本国経由の正規の貿易には、諸税の負担によるコスト増、貿易にかかる時間や利益の不確実性などの問題も多かった。そのため、外国人、スペイン人双方の側に、さまざまな形での密貿易への誘因が存在していたのである。(20)

このようにスペイン王権が対植民地貿易統制のための制度を構築していく一方、一七世紀に入ると、フランスやオランダ、イングランドも北米やカリブ海域での植民地建設に成功を収めるようになる。このような動きは、南北アメリカを自己の勢力圏と主張するスペインの主張に真っ向から反するものであった。しかし、やがてスペインも他国のアメリカ海域への自由な航行や、アメリカでの植民地の保有を一部容認せざるをえなくなっていった。

まずスペインは、一六四八年のミュンスター条約により、オランダが東西両インドに引き続き航行し貿易することを認め、さらに同地でオランダが得ていた植民地の保有とそこへの自由な航行を認めた（ただし双方とも自国人による相手植民地への寄港は禁じることとされた）。スペインはさらに一六六七年のマドリード条約、一六七〇年のアメリカ条約で、イングランドにも同様の権利を認めた。これによりスペインはイングランドの一部植民地の保有を実質的に容認し、また、イングランド船が本国とアメリカの英領植民地との間を自由に航行することを認めたのだった。ただし、英西相互の植民地間の貿易は、スペイン国王からの特別な許可を得た場合を除いて禁じられた。(21)これら二つの条約は、本章で見る一八世紀半ばの航行の自由をめぐるイギリス国内での議論においても、与野党双方によりしばしば言及されることになる。

こうして設立されたイングランドやフランスのアメリカ植民地は、一七世紀半ば以降、スペイン領植民地と同様に重商主義的政策に基づき、サヴェルのいう「閉鎖領域」を形成していく。すなわち各国の植民地内部では、統治、宗教、通商、移住などの事項に関して本国政府が排他的権限を有するとされ、他国植民地との交易の一部は国内法や他国との諸条約により禁止されたのである。イギリスの場合、スペインとのアメリカ条約（一六七〇年）やフランスとのホワイトホール条約（一六八六年）、そして航海法の一部により、それらの国の植民地と英領植民地との間の貿易は原則的には禁じられた[22]。

しかし現実には、いずれの国も植民地に対し、とくに通商面でそのような統制を厳格に施行することは困難であった。また他国植民地との貿易を禁じた諸条約にも、実際には抜け道があることが多かった。例えば英西間の一六七〇年のアメリカ条約には、悪天候時や海賊に追われた際にスペイン領への寄港を認める緊急避難条項があり、これがしばしば密貿易に利用された。他方で一部植民地人の間では、他国領との密貿易は、通常は入手しにくい商品の供給源として歓迎された。その結果、「閉鎖領域」という建前とは裏腹に、異なる植民地帝国間での密貿易が活発化していったのである[23]。それは次に見るように、イングランドとスペイン領植民地との間でも同様であった。

(2) イギリスによる対スペイン領貿易の展開

イングランドもフランスやオランダとともに、一六世紀以降、密貿易を通じて、スペインが統制を試みるスペイン領アメリカ植民地市場への浸透を図っていった。では、イングランドにとっての対スペイン領貿易の意義とは何だったのだろうか。スペイン領は工業製品の市場としても期待されていたが、一義的には対外貿易に必要な地金や、銀貨などの鋳貨の供給源として重要であった。とくにイングランドは東インド貿易では大幅な入超であり、それをスペイン領貿易で得られる地金や鋳貨などで補塡する必要があった[24]。このようにスペイン領から得られる銀は、南アジア・東アジアも含めたグローバルな規模で展開するイングランドの海外貿易を支えるために必要不可欠なものだったのである。

このスペイン領植民地との貿易経路は複数存在し、かつ時代が下るにつれ多様化していった。ここでは本章の焦点となる一八世紀半ばまでの経路を概観してみよう。(25)ひとつ目はスペインのセビーリャ（一八世紀は主にカディス）経由でのスペイン領との間接（再輸出）貿易である。銀船団とも呼ばれる護送船団による公的ルートを利用したこの貿易では、主に毛織物などをはじめとする工業製品、塩漬け魚、アイルランドからの塩漬け肉などが輸出され、かわりに銀などの地金が輸入された。しかし、先述のようにスペイン人以外の外国人には原則としてスペイン領との直接取引は許可されていなかったため、イングランド人商人はスペインへの帰化、スペイン人の協力者名義での貿易など、さまざまな手段でスペイン側の規制をかいくぐった。

これに加え、一七世紀に入ると新たな経路が登場する。一七世紀初頭以降にイングランド人がカリブ海で築いていった植民地を拠点とする、スペイン領との直接（密）貿易である。一六五五年、イングランドがカリブ海の中央に位置するジャマイカをスペインから奪うと、一六六〇年代末までには同島が中心となり、一部ユダヤ系住民も関与しての対スペイン領密貿易が活発に行われるようになった。この貿易では、リネン、絹などの工業製品、鉄製品、酒、北米産小麦、そして奴隷にされたアフリカの人々がスペイン領に輸出される一方、スペイン領からは地金のほか、貴石、インディゴ、カカオ、畜牛、皮革、染料木などが輸入された。(26)

このような間接貿易も直接貿易も、外国商人による自国植民地との直接取引を禁じていたスペイン側からみれば、いずれも密貿易であった。しかしイギリスは一八世紀初頭に、スペイン領との合法的貿易を行う権利をスペインから獲得することにはじめて成功する。それが、スペイン領へのアフリカ系奴隷の独占的供給権であるアシエント、およびスペイン領に一定量の商品を積んだ船を派遣しうる年次船貿易の権利である。イギリスはスペイン継承戦争（一七〇一～一四年）の結果、フランスのギニア会社にかわってこれらの権利を獲得し、時のロバート・ハーリ政権の肝いりで作られた南海会社に貿易を行わせた。(27)

しかし、こうして始まったアシエント貿易には、スペインにとっては大きな問題があった。先述のようにこの貿易自体はスペイン政府も認める合法的なものであったが、これは同時に奴隷貿易船や年次船を利用した密貿易の隠れ蓑にもなっていたからである。(28)また、このアシエント貿易とあわせて、それ以前から行われていたジャマイカ在住のイギリス人商人による直接密貿易、特に奴隷密貿易も続いており、両者はしばしば利害対立を孕みながらも並行して続けられた。(29)このようなアシエント貿易開始以降のイギリス側の密貿易の活発化こそが、沿岸警備隊によるイギリス商船拿捕問題の重要な背景であった。

四、沿岸警備隊によるイギリス商船拿捕問題とその争点

（1）拿捕問題をめぐるスペインとの対立

このように新たな経路も加えたイギリスの密貿易は、その取締まりを目指すスペインとの間にさらなる摩擦を引き起こすことになった。スペイン継承戦争以後の時期は、スペイン王権が植民地の統治や貿易改革も含めたさまざまな改革に着手し始めた時期である。このいわゆる「ブルボン改革」は、通説では一八世紀後半のカルロス三世期から開始したとされているが、近年の研究ではすでにそれ以前から改革の試みが始まっていたことが指摘されている。(30)

一七一〇年代から三〇年代後半にかけて、アルベローニ（Giulio Alberoni）やパティーニョ（José Patiño）らスペイン政府の実権を握っていた者たちは、植民地貿易の改革に乗り出し、護送船団制度の再建やその効率化、および植民地貿易に関する行政改革や税制改革に着手した。植民地における密貿易の取締まり強化も、このような改革の一環であった。その背景には、イギリス人やフランス人などの外国人商人の密貿易がもたらした外国製品の流入により、スペイン政府の税収にも大きく関わる、護送船団を通じての公的貿易が不振に陥っていたことが

あった[31]。

この密貿易取締まり強化策の一環として、スペイン領植民地では陸上の警備隊とともに、海上では公的な沿岸警備船や民間の私掠船が活用された。例えばカルタヘナでは一七二四年に海軍艦艇二隻がパトロール用に配備され、さらに一七三〇年代後半には民間の私掠会社も一時取締まりに加わった。これら沿岸警備に従事するスペイン船は、イギリス船を含む外国船舶を海上で臨検捜索した。そして、後述するように積み荷や航路に疑わしき点があると思えば、密貿易船とみなしてこれを拿捕したのだった。問題は、イギリス本国と英領植民地との間、あるいは英領植民地間の合法的貿易に従事する船も時に捕らえられたということである。その背景には、それらの船も航路の関係上、スペイン領近海を航行せざるを得なかったことに加え、沿岸警備に従事する私掠船が、押収した積み荷から得られる利益を求めて、しばしば見境のない拿捕を行ったということがあった[32]。

このようなイギリス商船の拿捕問題は、すでにスペイン継承戦争の終結後間もない時期から発生していた。一七三〇年代に入ると、スペインのイタリアでの領土問題を契機に英西両国が外交的に接近したこともあり、拿捕問題をめぐる緊張は一時緩和した。しかし、同年代終わりごろからこの問題は再び前景化する[33]。スペイン側も一七三〇年代後半には密貿易取締まりを強化し、一七三八年七月には、アシエント貿易に従事するイギリス船を除いて、スペイン領近海に停泊する、あるいは疑わしき航路を航行する外国船はすべて拿捕することを宣言した[34]。このように緊張が高まる中、両国政府はこの問題の外交的解決を目指し、一七三九年一月に両国間で結ばれたパルド協定においてスペイン側が不当な拿捕への賠償を条件付きで認めたことで、事態は一時打開に向けて動き出したかに見えた。しかし、南海会社とスペイン政府との間に生じていた未払いの奴隷関税問題などをめぐる対立からスペイン側が賠償金の支払いを拒否したことで、交渉は破綻した。最終的には外交による解決は失敗に終わり、ジェンキンズの耳戦争の勃発にいたったのである[35]。

（2） 拿捕問題の争点

では、拿捕問題をめぐる英西間の具体的な争点は何だったのだろうか。争点はしばしば双方の条約の条文解釈の違いも関わる込み入ったものであったが、要点はおおよそ次のようなものであったといえる。[36] 一点目は積み荷の問題である。カリブ海を航行するイギリス船上に、ピースオブエイト銀貨、カカオ、あるいは染料木の一種であるログウッドといったスペイン領の産物があれば、沿岸警備隊はそれがどこで発見されようが密貿易の証拠とみなし、船を拿捕した。しかしイギリス側は、これらはスペイン領植民地との合法的なアシエント貿易や英領植民地での栽培を通じても入手可能であり、密貿易の証拠にはならないと主張した。

航行の自由の問題とも深く関わる航路の問題も、重要な争点であった。スペインはこの時代も依然としてアメリカ海域を自己の勢力圏であると主張していたが、一六七〇年のアメリカ条約に基づき、イギリス商船が本国とアメリカの英領植民地の間や英領植民地同士の間を適切な航路に従い航行することは認めていた。しかし問題は、航路の妥当性を判断していたのはスペイン側だったということである。沿岸警備隊は、適切な航路を外れて航海するイギリス船は密貿易に従事している疑いありとして、外洋でもこれを臨検捜索した。これに対しイギリス側は、このような措置は不当であるとして反発した。またこれらに加え、臨検捜索の際には書類のみの取り調べと禁制品のみの押収を義務付けた、（そしてそれゆえにイギリス側に有利な）一六六七年のマドリード条約の規定に基づいて行われるべきか否かということも争点のひとつとなった。[37]

以上の点を踏まえた上で、拿捕問題に関する英西双方の立場をまとめるならば、以下のようになろう。すなわちスペイン側は、密貿易防止のために疑わしきイギリス船は可能な限り取り締まろうとし、積荷や航路を理由に外洋でも臨検捜索を行った。ただしスペイン側も一部の沿岸警備隊が不当な拿捕を行ったことは認めており、一七二〇年代末からの英西間の交渉においては、先述のパルド協定のように、船舶や積み荷の返還や賠償に一部応じる姿勢を見せていたことには留意すべきである。[38]

他方、イギリス側、とくにカリブ海を航行するイギリス商人は、沿岸警備隊による外洋での臨検捜索は貿易の著しい妨げであり、拿捕の基準や方法も不当であるとしてこれに抗議していた。しかし問題は、カリブ海を航行するイギリス商船のなかには、実際にスペイン領との密貿易に従事している者も存在していたということである。しかも、先述のように、このような密貿易は国際取引に不可欠な地金や銀貨の入手先でもあったため、イギリス政府もこれを実質的に黙認していた。[39] それどころか、時には海軍の艦艇が、密貿易に従事する商船を護衛することすら見られたのである。[40]

このような対スペイン領密貿易が活発に行われていることは、イギリスではなかば公然の秘密であった。そのため、イギリス政府としてはスペインの沿岸警備隊による過剰な取締まりを批判しつつも、イギリス商人による密貿易を糾弾し、その取締まりの強化を訴えるスペイン側の主張自体には、否定しがたいところもあったのである。対スペイン領貿易をめぐるこのような錯綜した状況は、次に見る拿捕問題についてのイギリス国内の議論にも影響を及ぼすこととなる。

五、イギリス国内の政治・外交上の議論における航行の自由

(1) 政治的議論における航行の自由

では、以上の背景を踏まえた上で、ジェンキンズの耳戦争期のイギリスの政治的言説において、航行の自由がどのように論じられていたかを見てみよう。[41] イギリス国内では一七三〇年代の終わりごろから、スペインの沿岸警備隊によるイギリス商船拿捕問題をめぐる議論が再燃する。一七三七年一〇月には、この問題に関する一五三名の西インド貿易商による請願が国王に提出されたのに続き、翌年三月には再びアメリカ・西インド貿易商によ

る救済を求める請願が議会下院に提出された。[42]これを契機に、拿捕問題や対スペイン政策をめぐり、議会内での討論、および議会外での新聞やパンフレットなどの出版物において、与野党間の本格的論戦が開始されることとなった。

この論戦では、スペインとの戦争回避を望む時のウォルポール政権に対し、対スペイン強硬策を主張するカートレット＝パルトニ派、コバム派などの野党ホイッグ諸派、およびトーリからなる野党側が対峙した。野党側は、政権奪取の思惑もあり、スペインに対する政府の対応を弱腰と批判し、問題解決のために武力行使も含めた強硬策を要求した。この議論の詳細に関しては以前別稿で分析したが、[43]以下ではとくに航行の自由概念に焦点を当て、それがどのように用いられていたかを、先に述べた思想史的・経済史的背景も踏まえた上で再検討したい。

与野党双方の論調は開戦前と開戦後で大きく異なるが、はじめに開戦前の議論を見てみよう。まずジョージ・リトルトン（George Lyttelton）やウィリアム・パルトニ（William Pulteney）といった野党政治家や、『クラフツマン』紙など野党側の新聞は、スペインがアメリカ全域への領有権の主張に基づき、航路や積み荷を理由としてイギリス船に対し臨検捜索を行うことの問題と、それがイギリスの貿易や経済にもたらす損害の大きさを指摘し、そのような行為は過去の諸条約や諸国民の法によって保障されている航行の自由の侵害であると断じた。[44]そして、商人への補償ではなく、臨検捜索拒否と航行の自由の保障こそが拿捕問題の真の争点であり、スペインとの交渉においても、合法的貿易の安全に不可欠なこの権利に関してイギリスは一切譲歩すべきではないと訴え、航行の自由の争点化を試みたのだった。[45]

ただし、野党側も決して無制限の航行の自由を主張していたわけではない。確かに野党側はスペインがアメリカ海域におけるイギリス船の航路に制限を課し、スペイン領沿岸に接近した船も臨検捜索の対象としていたことを批判していた。[46]この点では、野党側の議論においては近代以降の領海／公海の二分法的区分や、それに基づく沿岸国の領海での管轄権はいまだ前提とはされていなかったといえる。しかし、野党側もスペインが自国領土の（沿岸部ではなく）港湾内で密貿易を取り締まることまでは必ずしも否定していなかった点には注意すべきである。[47]パルトニやカートレット男爵（John Carteret, 2nd Baron Carteret）など、野党諸派の主だった政治家たちが主張していたのは、主に港湾内と対比される形での外洋における航行の自由の保障や、密貿易取締まりを目的とした外洋での臨検捜索の阻止だったのである。[48]第二節で見た、航行の自由が、公海上における航行の自由となっていく兆しは、すでにこの時期の議論にもうかがえるといえよう。

このように航行の自由を掲げて政府を批判していた野党側に対し、ウォルポール（Sir Robert Walpole）をはじめとする与党政治家や『デイリー・ガゼッティア』紙など与党側の新聞は、英西の植民地間の貿易に制限を課している諸条約に反しない限りでイギリスが航行の自由の権利を持つことは認めつつも、スペインの対応を一定程度擁護し、野党側の主張の行きすぎを指摘することで反駁を試みた。与党側は、スペインも一部拿捕の不当性は認めており、また英西間の諸条約に基づきイギリス船が本国と英領植民地との間や英領植民地同士の間を自由に航行する権利は否定していないことを指摘する。さらにイギリス商人による対スペイン領密貿易の問題に触れつつ、イギリスも「洋上徘徊取締法」に基づき自国沿岸部で密貿易を取り締まっているのであるから、スペインにも諸国民の法や諸条約に基づく取締まりの権限があることは否定できないと訴えた。[49]そして、スペイン領沿岸部までをも含めた海域での自由な航行と臨検捜索の拒否を求める野党側の主張は、（一六七〇年のアメリカ条約に反する）スペイン領との「自由で開かれた貿易（a free and open Trade）」を求めるにも等しく、行き過ぎた要求であると反論したのだった。[50]

このように政府側は、英西間の諸条約の枠内での航行の自由と、野党側の主張するスペイン領沿岸部までをも含めた海域の自由な航行を区別し、後者を過大な要求であると批判した。ここではその際に政府側が、（あくまでスペイン領との自由な貿易という限定的かつ否定的な意味合いではあるものの）他国との通商の自由の概念を持ち出し、かつそれを政府側の支持する諸条約の枠内での航行の自由とは論理上切り離して論じている点が注目に値する。

無論これまで見てきた議論のなかでも、航行の自由の語はしばしば通商の自由とは別個に単独で用いられることもあった。一方、航行の自由が通商の自由の語とともに用いられるケースもあったが、その場合、両者は「通商と航行の自由（freedom of commerce and navigation）」といった形で並列され、かつその場合の通商の自由は、（他国植民地とではなく）自国植民地との合法的貿易を妨げられずに行う自由という意味か、あるいは野党側の議論に多くみられたように（自国領とのみか他国領との貿易も含むかの明言は避けて）アメリカ海域での一般的な通商の自由といった、漠然とした意味合いで用いられる例が大半であった(51)。

これに対し、この政府側の議論では、他国との自由な貿易のニュアンスを明確に含む通商の自由の概念、すなわち、のちの一九世紀の自由貿易思想にもつながっていくような通商の自由の概念が、密貿易の問題や野党側の求める野放図な航行の自由の要求と結びつけられるとともに、政府側が妥当とみなす諸条約の枠内での航行の自由とは論理上切り離されているのである(52)。第二節で見た航行の自由と通商の自由の分離という一八世紀の法思想上の傾向は、政府側のこの議論にも、形を変えてではあるが見られたといえよう。

航行の自由をめぐって開戦前になされていたのはこのような議論であった。しかしその後スペインとの交渉が決裂し、一七三九年一〇月に戦争がはじまると、政府側の議論は大きく転回する。すなわち政府側も航行の自由を（密貿易ではない）自国領との合法的貿易と結びつけて、航行の自由の防衛を、戦争を正当化し、国内の一致団結を図るための大義名分として用いるようになったのである(53)。一方、開戦後は野党側も、スペインによる外洋での臨検捜索の不当性と航行の自由の侵害を非難するとともに、政府は航行の自由を外交交渉で守ることに失敗したと訴え、引き続き航行の自由を政府批判の道具として用い続けたのであった(54)。

(2) 外交交渉の場における航行の自由

以上見てきたように、議会内外での政治的議論のレベルでは、航行の自由は与野党それぞれの議論の正当化のための一種の政治的レトリックとして使われていた面もあった。では、実際のスペインとの外交交渉の場においては、イギリス政府はこの航行の自由の問題についてどのように考えていたのだろうか。その詳細な分析は別稿に譲るとして、ここではその一端を見てみたい。

イギリス政府の行政・外交文書を見てみると、野党側との論戦の場とは対照的に、スペインとの交渉では、実際には政府側も開戦前から航行の自由の問題を重視していたことがうかがえる。例えば、一七三八年二月二七日の閣議においては、商人の損害回復のために平時の報復的拿捕認可状の発行が決定されるとともに、スペインの国務大臣ラ・クアドラ(Sebastián de la Cuadra)に対する返答において、「西インドにおける陛下の臣民の自由な航行の権利、および彼らが蒙った損害に対する補償の権利」を断固として主張すべきことが決定されている[55]。

その後も、南部担当国務大臣ニューカッスル公爵(Thomas Pelham-Holles 1st Duke of Newcastle)や在オランダ大使で外交通のホレイショ・ウォルポール(Horatio Walpole)は、在スペイン大使ベンジャミン・キーン(Benjamin Keene)との通信のなかで、アメリカ海域における航行の自由の権利の擁護が政府や議会の方針であること、そしてスペイン側にこれまでの損害の補償のみならず、今後の不当な拿捕の防止と、新たな協定による航行の自由の保障を認めさせるべきことを繰り返し強調している[56]。とくにニューカッスルは一七三八年八月二一日付のキーン宛の書簡のなかで、英西間の懸案解決のためのスペインとの新協定締結に向けた交渉では、一六六七年と一六七〇年の条約に基づく論点のみを議論するように指示したが、とりわけそれら二条約に基づく「航行の自由の保障」こそが「第一の、かつ最重要の考慮すべき」事項であることを強調している[57]。

このように、開戦前の国内の論戦では航行の自由を掲げる野党側の主張を行きすぎとして批判していた政府側であったが、行政・外交文書の分析からは、実際の外交交渉ではそれとは大きく異なる態度をとっていたことが垣間見える。この点に関してはさらなる検証が必要であるが、政府側も外交の場では航行の自由の保障をイギリスの国益にかかわる問題として認識し、かつその保障をスペインに対し強く迫る姿勢を見せていたといえよう。

六、おわりに

ジェンキンズの耳戦争期のスペインとの対立をめぐるイギリス国内での政治的議論における航行の自由概念の強調を、より広い法思想史的、経済史的文脈に位置づけて再考するならば、以下のようなことが浮かび上がってくる。第二節で見たように、法思想史的にはこの時期は一八世紀半ばの海洋の自由概念の発展にともない、公海における航行の自由概念が発達し、かつそれが通商の自由からは切り離された独立した概念として発展しつつあった時期であったとされる。確かにこのような法思想史上の傾向はジェンキンズの耳戦争期の議論においても、やや異なる形ではあるが看取される。開戦前、野党側はスペイン側の臨検や拿捕を非難するために航行の自由を旗印に掲げていたが、それはあくまで外洋における航行の自由として主張されねばならなかった。また政府側の議論では、（既存の諸条約の枠内での）航行の自由と他国との通商の自由を、論理上切り離して論じるケースも見られた。

しかし航行の自由をめぐるこのような議論は、同時代の法思想上の傾向を単純に反映していたというよりも、むしろそれを一部先取りしつつ、イギリスの対スペイン領貿易をとりまく当時の矛盾をはらむ現実を背景に、実際的な必要性のなかからまさに生みだされつつあったものであったと見たほうが良いだろう。ではその矛盾をはらむ現実とは何か。第三節で見たように、まず一方ではイギリス商人による密貿易の横行やイギリス政府によるその実質的黙認という実態があった。このような密貿易は、スペイン継承戦争後はアシエント貿易という新たな経路も加えて活発化し、さらに問題となっていた。しかし、他方でこの時代においては、ヨーロッパ各国のアメリカの植民地帝国は一種の閉鎖領域を構成し、各国は自国やその植民地の貿易に関して（その実効性はともかく）統制を行いうるという重商主義的思想やそれに基づく政策が支配的な時代であった。これはスペインに限らずイギリスでも同様であった。一八世紀後半になると重商主義批判と自由貿易思想が徐々に台頭してくるものの、一八世紀前半は、重商主義的政策が、少なくともイギリス政府の方針としてはいまだ堅牢な時代だったのである。(58)

このような状況下にあっては、スペインを糾弾する野党側でも、スペインによるその領土の近海、とくに港湾部での密貿易の取締まり自体を完全に否定することは難しかった。同様に、イギリス自体が自国植民地に対する重商主義的統制を維持し続けている限り、開戦前は無論のこと、開戦後ですら、たとえスペイン領との自由な貿易という限定的な意味であっても、スペインを非難する際の大義名分として通商の自由を前面に掲げることは、与野党ともに難しかった。このようなカリブ海・中南米における対スペイン領密貿易の横行と重商主義的政策の併存という矛盾した状況があったからこそ、通商の自由と比べると、政府側、野党側のどちらもが批判し難い（外洋における）航行の自由が、時に通商の自由と切り離された形で、論戦の際に自己の主張を正当化するための政治的レトリックとして選び取られ、強調された面もあったのではないか。

このように、この時期のイギリスにおいて航行の自由は、スペイン領との通商の自由（限定的な意味での自由貿易）とは密接に関連しつつも、対スペイン領貿易をとりまく複雑な現実を背景に、次第に通商の自由とは別個に強調されるようになっていった。対スペイン領貿易をめぐる特殊な条件ゆえに、一八世紀後半以降の自由貿易思想の台頭に先駆けて、まず航行の自由が先に強調されるようになったといえるかもしれない。(59)

ただし注意しなければならないのは、航行の自由概念は、おそらくすでにこの時期にも、与野党によって利用される単なる政治的方便に留まるものではなかったということである。国務省文書の分析は、開戦前の政府間の外交交渉のレベルでは、イギリス政府も実際には、将来のイギリスの海外貿易の安全確保の観点から、あくまで交渉を通じてではあるが、航行の自由の保証を重視していたことを示唆している。本章の冒頭で述べたように、航行の自由は近代以降、英米など特定の国家の利益に資すべく主張されてきた側面がある一方、国際法の一部としても広く受け入れられている理念であるという両面を併せ持っているが、この概念はすでにその発展の早い段階から、一種の政治的方便であるとともに、その有用性を信じる現実の信奉者をともなう理念という二面性を持つものであった可能性がある。この点については今後さらなる検証が必要であるが、少なくともジェンキンズの耳戦争期を含む一八世紀中葉の時期は、イギリスにおける航行の自由イデオロギーの形成を考える上で重要な時期のひとつであったといえよう。

（1） ジェンキンズの耳戦争およびオーストリア継承戦争については、軍事史や政治・外交史の観点などから多くの研究がある。紙幅の都合上すべてを紹介することはできないが、本章の問題意識ととくに関わりが深いものとして、ここではペアズの研究をあげておきたい。Richard Pares, *War and Trade in the West Indies, 1739–1763* (Oxford, 1936; London, 1963); Richard Pares, *Colonial Blockade and Neutral Rights, 1739–1763* (Oxford, 1938). ペアズの研究は戦時の中立通商などの海事問題を扱っているため本章の関心に一番近いが、航行の自由の問題に焦点を当てている訳ではない。一方、日本では早くから四元が英領植民地貿易史の観点からこの戦争の経済史的背景を分析している。四元忠博『イギリス植民地貿易史研究』（時潮社、一九八四年）第二章。近年では、以下の拙稿が開戦前後の時期の政治的言説の分析を行っている。薩摩真介「航海の自由と通商の国民――ジェンキンズの耳戦争期のブリテンにおける政治的言説の再検討」（『史学雑誌』一一九―一二、二〇一〇年）一～三六頁（なお、この論文では“freedom of navigation”に「航海の自由」という訳語を当てている）。本章は、この論文の内容を踏まえつつ、言説中での航行の自由概念の援用の理由を、その法思想史的・経済史的背景とともに再検討したものである。また他にも、この戦争に関する近年の日本の研究としては以下のものがある。森丈夫「ジェンキンズの耳戦争における北米植民地の西インド派兵（一七四〇～四二年）――軍事・

戦争からの大西洋史試論（上）・（下）」（『福岡大学人文論叢』、五二―三、五二―四、二〇二一年）一〇八三～一一三六頁、一四二七～七六頁。

（2）古賀衞「近代海洋法の発展過程」（栗林忠男・杉原高嶺編『海洋法の歴史的展開』有信堂高文社、二〇〇四年）四二頁。

（3）C. John Colombos, *International Law of the Sea, Sixth Edition* (London, 1967), 64-5.

（4）無論これはイギリスが常に航行の自由の擁護に努めていたということを意味しない。次章の鈴木論文の一九世紀インド洋西海域での事例が示すように、必要とあらばイギリスも航行の自由を躊躇なく制約したのだった。

（5）Colombos, *International Law*, 55-7, 550. アメリカ合衆国は近年も、海洋権益を過剰に主張し航行の自由を侵害しているとみなした国に対して、南シナ海を含む世界各地で「航行の自由」作戦を展開している。望月寛子「「航行の自由」作戦に関する年次報告書（二〇一五年版）」（『エア・パワー研究』三、二〇一六年）一一一～五頁。

（6）例えば、Ruth Lapidoth, "Freedom of Navigation: Its Legal History and its Normative Basis," *Journal of Maritime Law and Commerce* 6 (1974-75), 259-72; 高林秀雄「国際法学説史における航行の自由の展開」（『法政研究』四七―二、一九八一年）二九五～三一五頁。杉原高嶺「航行の自由と安全の確保――国際条約の動向と国内法の対応」（『新海洋法制と国内法の対応』二、一九八七年）三～二三頁。

（7）本章での具体的な歴史的文脈における航行の自由概念の分析は、海洋と法の関わりに注目した近年の歴史研究の潮流のなかにも位置づけることができる。このような研究の例としては次のようなものがあげられる。Eliga H. Gould, "Zones of Law, Zones of Violence: The Legal Geography of the British Atlantic, circa 1772," *William and Mary Quarterly*, 3rd ser., 60-3 (2003), 471-510; Lauren Benton, *A Search for Sovereignty: Law and Geography in European Empires, 1400-1900* (Cambridge, 2010; Cambridge, 2011), esp. chap. 3. また、以下の拙稿も、このような観点からの論考である。薩摩真介「海、掠奪、法――近世大西洋世界における私掠制度の発展と拡大」（『歴史学研究』九一一、二〇一三年）一六八～七八頁。

（8）Pares, *War and Trade*, 34, 37; Philip Woodfine, *Britannia's Glories: The Walpole Ministry and the 1739 War with Spain* (Woodbridge, 1998), 84-6; 四元『イギリス植民地』、一六三、一六五～七頁。

（9） なお、海洋の自由や航行の自由に相当する概念は、グロティウス以前からすでにイスラーム世界にも見られたと指摘する研究も存在する。Hassan S. Khalilieh, *Islamic Law of the Sea: Freedom of Navigation and Passage Rights in Islamic Thought* (Cambridge, 2019), esp. chap. 1. この指摘を踏まえるならば、航行の自由は必ずしもヨーロッパ起源の概念とはいえない可能性もある。

（10） 高林秀雄『領海制度の研究（第三版）――海洋法の歴史』（有信堂、一九八七年）一一～九頁。明石欽司「海洋法前史――海洋領有をめぐる実行と法理論の素描」（『海洋法の歴史的展開』）七～一二頁。Benton, *Search for Sovereignty*, 122-3.

（11） Max Savelle, *The Origins of American Diplomacy: The International History of Anglo-America, 1492-1763* (New York, 1967), chaps. 2-3, 215-7.

（12） 同書の内容はもともと、一六〇三年のオランダ東インド会社によるポルトガル船拿捕を正当化し、ポルトガルの東インド貿易独占を批判する目的で書かれた『捕獲法論』の第一二章をもとにしたものであった。Hugo Grotius, *Commentary on the Law of Prize and Booty; edited and with an Introduction by Martine Julia van Ittersum* (Indianapolis, IN, 2006) chap. XII.

（13） Savelle, *Origins*, 217-20; 伊藤不二男『グロティウスの自由海論』（有斐閣、一九八四年）第一～二章。柳原正治『グロティウス』（清水書院、二〇〇〇年）三六～九頁、一〇六～一四頁。

（14） Thomas M. Fulton, *The Sovereignty of the Sea* (Edinburgh and London, 1911; Millwood, NY, 1976), chap. 9; David Armitage, *The Ideological Origins of the British Empire* (Cambridge, 2000) [邦訳『帝国の誕生――ブリテン帝国のイデオロギー的起源』平田雅博・岩井淳・大西晴樹・井藤早織訳（日本経済評論社、二〇〇五年）], chap. 4; 伊藤『グロティウスの自由海論』、第三章。

（15） Fulton, *Sovereignty*, 346-7, 351.

（16） 高林秀雄「国際法学説史における航行の自由の展開」（『法政研究』四七―二、一九八一年）三〇二、三〇七～八頁。伊藤『グロティウスの自由海論』、七～一四、一六一～五頁。ただし、グロティウスも湾、入江など、陸地に取り巻かれた一部沿岸海域の領有可能性は完全には否定していなかった。柳原『グロティウス』、一一一～二頁。

（17）一七、一八世紀における領海概念の発展を経て、一九世紀には公海／領海の二元主義が確立するが、このような二元主義は、二〇世紀後半以降の排他的経済水域（ＥＥＺ）の設定などにより、現代では大幅に修正されている。その歴史的変遷過程については以下を参照のこと。水上千之「現代海洋法の潮流――第一次・第二次海洋法会議から第三次海洋法会議へ」（『海洋法の歴史的展開』）八二～一一九頁。高林『領海制度』、第三章、四章。

（18）高林「国際法」、三〇二～五頁。

（19）高林「国際法」、三一〇～二頁。

（20）Adrian J. Pearce, *British Trade with Spanish America, 1763-1808* (Liverpool, 2007), 2-3; Jean O. McLachlan, *Trade and Peace with Old Spain 1667-1750: A Study of Commerce on Anglo-Spanish Diplomacy in the First Half of the Eighteenth Century* (Cambridge, 1940), 15; 伏見岳志「密輸が成功するには何が必要か――一七世紀の大西洋密貿易商人による覚書の分析」（『慶應義塾大学日吉紀要　人文科学』二七、二〇一二年）四～六頁。

（21）Savelle, *Origins*, 49-50, 65-7; Pares, *War and Trade*, 29-30.

（22）Savelle, *Origins*, 205-6.

（23）Savelle, *Origins*, 290-5; Pearce, *British Trade*, 12.

（24）Curtis Nettels, "England and Spanish-American Trade, 1680-1715," *Journal of Modern History* 3 (1931), 7-8; Pearce, *British Trade*, 18.

（25）本項での対スペイン領貿易の概観については、とくに断りのない限り以下に拠っている。Pearce, *British Trade*, chap. 1; McLachlan, *Trade and Peace*, 11-5.

（26）このような対スペイン領密貿易には、カリブ海だけでなく北米の英領植民地人も、とくに一八世紀中葉に活発に参加していた。Geoffrey V. Scammell, "'A Very Profitable and Advantageous Trade': British Smuggling in the Iberian Americas circa 1500-1750," *Itinerario* 24-3 and 4 (2000), 162-4.

（27）南海会社の設立とアシエント貿易については以下を参照のこと。John G. Sperling, *The South Sea Company: An Historical Essay and Bibliographical Finding List* (Boston, MA, 1962).

（28）南海会社による密貿易については以下を参照のこと。McLachlan, *Trade and Peace*, 78-83; Vera L. Brown, "South

Sea Company and Contraband Trade," *American Historical Review* 31–4 (1926), 662–78; George H. Nelson, "Contraband Trade under the Asiento, 1730–1739," *American Historical Review* 51–1 (1945), 55–67.

(29) Pearce, *British Trade*, 23–4; Sperling, *South Sea Company*, 21–2.

(30) Adrian J. Pearce, *The Origins of Bourbon Reform in Spanish South America, 1700–1763* (New York, 2014), 9–10; Allan J. Kuethe and Kenneth J. Andrien, *The Spanish Atlantic World in the Eighteenth Century: War and the Bourbon Reforms, 1713–1796* (Cambridge, 2014), 26.

(31) Pearce, *Origins*, chaps. 3–4; Kuethe and Andrien, *Spanish Atlantic World*, chaps. 1–3.

(32) G. Earl Sanders, "Counter-Contraband in Spanish America, Handicaps of the Governors in the Indies," *The Americas*, 34–1 (1977), 61–4, 72–4; Lance Grahn, *The Political Economy of Smuggling: Regional Informal Economies in Early Bourbon New Granada* (Boulder, 1997), 151–64; Kuethe and Andrien, *Spanish Atlantic World*, 118–20.

Pares, *War and Trade*, 22–4.

(33) Sperling, *South Sea Company*, 46–7; McLachlan, *Trade and Peace*, 87–96; Pares, *War and Trade*, 14–6.

(34) Grahn, *Political Economy*, 165.

(35) 開戦にいたるまでの英西間の外交交渉の過程については、Woodfine, *Britannia's Glories* が詳しい。

(36) 本項の記述はとくに断りのない限り以下に拠っている。Pares, *War and Trade*, chap. 2, sec. i; Savelle, *Origins*, 276–7, 322.

(37) Pares, *War and Trade*, 31–3. しかし、ペアズも指摘するように、実際には一六六七年の条約の臨検捜索の規定は、ヨーロッパ内の、かつ戦時中の敵国との戦時禁制品貿易を対象とするものであったため、アメリカ海域での沿岸警備隊による平時の拿捕に適用しうるものではなかった。

(38) Savelle, *Origins*, 324–5, 328–9, 348–39. もっともスペイン側の求める法的手続きを経たとしても、不当な拿捕の被害者が実際に補償を得られることは稀であった。Pares, *War and Trade*, 24–8.

(39) McLachlan, *Trade and Peace*, 84.

(40) Nelson, "Contraband Trade," 60; Sanders, "Counter-Contraband," 75.

（41）なお、史料中では「航行の自由（の権利）」を意味する語としては、"freedom of navigation" の他に、"(right of/to a) free navigation" や "liberty of navigation" なども用いられるが、少なくともこの時期においては、意味上の大きな差は認められない。

（42）*Cobbett's Parliamentary History of England*［以下、*Cobbett*］(London, 1812), X, 359-60, 562-9.

（43）薩摩「航海の自由」。

（44）George Lyttelton, *Considerations upon the Present State of Our Affairs, at Home and Abroad...* (London, 1739), 4-8; George Lyttelton, *Farther Considerations on the Present State of Affairs...* (London, 1739), 3-4, 9-19; *Country Journal or The Craftsman*［以後、*CR*］, 19 Nov. 1737, 4, 25 Mar., 28 Oct. 1738; *Daily Post*, 31 Oct. 1737.

（45）William Pulteney, *A Review of All That Hath Pass'd between the Courts of Great Britain and Spain...* (London, 1739), 23-4, 27-8, 60; Lyttelton, *Farther Considerations*, 5-6; *CR*, 27 Jan. 1739; *Cobbett*, X, 1263-4, 1284-6, 1301-4.

（46）Lyttelton, *Considerations*, 7-8; Pulteney, *Review*, 35-8.

（47）ただし、野党のなかにはアメリカ条約の緊急避難条項などを理由に、スペイン側の港湾内における臨検捜索の権利すら部分的に疑問視する声もあった。*CR*, 27 Jan. 1739; *Cobbett*, X, 1219.

（48）*Cobbett*, X, 644-51, 655-7, 752-4, 919-22, 935-7. この時期にはまだ「領海」と対比される形での明確な「公海」概念が確立していたとは言い難いことから、ここでは史料中の "open seas" や "high seas" などの語を「外洋」と訳した。ただし、これらは無論のちの「公海」概念につながっていくものである。

（49）「洋上徘徊取締法」を含む近世・近代イギリスの密貿易取締まり体制については以下を参照のこと。金澤周作「密貿易と難破船掠奪――境界線上の世界」（金澤周作編『海のイギリス史――闘争と共生の世界史』昭和堂、二〇一三年）一六〇～三頁。

（50）*Cobbett*, X, 1127-30, 1150-4, 1292, 1311-2; *Popular Prejudices against the Convention and Treaty with Spain...* (London, 1739), 13-4, 23-5; *Daily Gazetteer*［以後、*DG* と略］, 5 Mar. 1739.

（51）並列して用いられているケースとしては以下を見よ。Pulteney, *Review*, 23, 60; Lyttelton, *Farther Considerations*, 11; *Popular Prejudices*, 20; *Great-Britain's Complaints*, 4, 29; *DG*, 25 Oct. 1739; *Cobbett*, X, 668, 686, 736-7, 744, 747, 759,

767, 828, 931, 1043, 1095, 1102, 1237, 1250, 1259, 1301, 1310; *Cobbett*, XI, 494, 776. ただし、“free trade”の語が単独で使用される場合は、スペイン領とのより自由な貿易という意味で用いられるケースも見られた。例えば以下を見よ。*Cobbett*, X, 771, 1239; *Cobbett*, XI, 215-6.

(52) 「自由貿易 free trade」の概念はすでに一七世紀から用いられており、のちの一九世紀のものよりもその定義は曖昧で、内容も時代によって変化したが、貿易への規制は取り除かれるべきと考える点では共通していた。George L. Cherry, “The Development of the English Free-Trade Movement in Parliament, 1689-1702,” *Journal of Modern History* 35-2 (1953), 104. さらに、リスによれば、この語は一八世紀初頭までには、外国政府の規制や自国の特許会社の独占に反して行われる密貿易とも同義語になっていたという。Peggy K. Liss, *Atlantic Empires: The Network of Trade and Revolution, 1713–1826* (Baltimore, 1983), 10. ここでの政府側の議論における通商の自由の用いられ方は、このような用法に近いといえる。

(53) *DG*, 25, 30 Oct. 1739; *Great-Britain's Complaints against Spain Impartially Examin'd...* (London, 1740), 2–6, 24–31.

(54) *CR*, 3 Nov. 1739; Hugh Hume, Earl of Marchmont, *A State of the Rise and Progress of Our Disputes with Spain...* (1739), 47–9; *Cobbett*, XI, 217–20, 507.

(55) British Library [以後、BL], Add. MS. 33028, fols. 365–365v, “Extract of the Minutes of the Cabinet Council.”

(56) BL, Add. MS. 32797, fol. 178v, Newcastle to Keene, 17 Mar. 1737/8; Add. MS. 32797, fols. 246v-248v, 250–251v, Newcastle to Keene, 12 Apr. 1738; Add. MS. 32799, fols. 115v-116v, Horatio Walpole to Keene, 7 Sep. 1738.

(57) BL, Add. MS. 32799, fols. 36-36v, Newcastle to Keene, 21 Aug. 1738.

(58) いわゆる「長い一八世紀（一六八八〜一八一五年）」におけるイギリスの重商主義政策の概要とその評価については、以下を参照のこと。Kenneth Morgan, “Mercantilism and the British Empire, 1688-1815,” in *The Political Economy of British Historical Experience, 1688–1914*, eds. Donald Winch and Patrick K. O'Brien (Oxford, 2002), 165–91. もちろん重商主義については、それを一貫した体系的制度と見ることに対する批判もある。

(59) その後、一八世紀後半になるとイギリスは、スペイン領やフランス領植民地市場に浸透する手段として自由港化政策を導入していく。これは自国植民地の特定の港において、外国船による外国産品・製品の輸入、およびアフリカ系奴隷やイギリス製品の輸出を認めるものであり、スペイン領との貿易に関していうならば、それまでイギリス政府の黙認のもとで行われていた対スペイン領密貿易を、少なくともイギリスの側で合法化したものであった。このイギリスの自由港化政策については、Frances Armytage, *The Free Port System in the British West Indies: A Study in Commercial Policy, 1766-1822* (London, 1953) を見よ。他方、スペインでも一七六五年以降、本国のいくつかの港に自国の植民地貿易を段階的に開放する貿易自由化政策がとられたが、これはイギリスの自由港化政策のような外国商人への植民地貿易の開放とは異なり、あくまでスペイン帝国内部での貿易の規制緩和を意図したものであった。Pearce, *British Trade*, 96-7. イギリスによる中南米地域との本格的かつ正式な貿易自由化が実現するには、スペイン領植民地の独立を待たなければならなかったのである。

〔付記〕　本章はＪＳＰＳ科研費 JP19K01057およびJP23K00911の助成を受けたものである。

第一二章　奴隷交易廃絶活動がもたらすもうひとつの自由／不自由

——一九世紀インド洋西海域における航海者と船籍問題

鈴木英明

一、はじめに

奴隷交易の廃絶を目的とした法の制定、条約の締結、それらに従った海上や港湾での船舶の臨検や拿捕といった一連の活動——以下では、奴隷交易廃絶活動と総称する——は、往々にして自由と対極に位置づけられてきたような、奴隷化され、強制的な移動を強いられた人々をそこから解放し、かつ、別の人々が彼（女）らの経験を後追いさせられることへの抑止力としても機能した。そのように考えることに大きな異論はないだろう。奴隷交易廃絶活動の進展は、世界中のさまざまな社会で連綿として維持されてきた奴隷制への人員供給を断ち切るものであり、即効的ではなかったが、それがやがて訪れる奴隷制廃止への布石となったのも確かである。さらには、本論文集の園田論文が取りあげる契約労働制は奴隷制廃止後にその代替として導入された制度であるが、契約労働者は自らの意志のもとに契約を結び、移動し、労働力となった人々であるというのが原則であったことを思い起こせば、奴隷交易廃絶活動は人々を強制的で不自由な移動から解放し、自由な意思による移動の実現に大きく寄与したということもいえそうである。

以上は、奴隷交易廃絶活動に関して、奴隷化された人々に焦点を当てたときの移動を巡る自由／不自由についての大まかな見取り図である。これに対して、本章で論じようとするのは、別の文脈において、奴隷交易廃絶活動が移動を巡る自由／不自由に及ぼした影響である。奴隷はその売買や輸送が地球規模で禁じられたという点で、おそらく人類の歴史における初めての商品であった。たとえば、徳川政権下ではキリスト教関連の書籍などが禁制品とされたが、その効力は徳川政権の領域内に限定されていたのはいうまでもない。他方で、奴隷交易廃絶活動については、各政治権力がそれぞれの領域において奴隷の輸出入を禁じるのと同様に、いやむしろ、各政治権力の勢力範囲の外側とみなさてきた場――とりわけ外洋――において活動が展開していくことで、この交易の地球規模の廃絶が実現されていった側面を見逃すことができない。

奴隷交易の廃止については、廃絶活動の中軸を担ったイギリス帝国においても本国議会で薄氷の差でその法案が可決した経緯を持つ。たとえば、カリブ海の植民地においては、現地での高くない奴隷人口の再生産率から継続的な労働力の調達が強く望まれており、彼らの後押しを受けた本国議会の議員たちが奴隷交易廃止法案の成立を阻んできた。また、フランス帝国でも奴隷制擁護のロビー活動が活発に展開されたことが知られている。研究者たちは奴隷交易の廃止について経済的な利潤などさまざまな要因を考察してきたが、それはあくまでも結果論であり、同時代において奴隷制や奴隷交易の廃止に反対する声は少なくなく、また、その声が必ずしも小さかったわけでもなかった事実は無視できない。

また、奴隷の供給も、後述するように、しばしば権力と結びついており、各地の為政者はその利権に固執したし、そもそも人々の国家への帰属を前提にすることのできない時代においては、国同士の条約の締結がある移動の禁止に直結しない場合を想定する必要もある。そうした移動が権力の及びきらない海を跨ぐとすれば、なおさらである。こうした事情から、奴隷交易の廃絶は国家間の条約の締結をもって実現するのではなく、むしろ、奴隷の供給と需要との接合を現実的に断ち切る洋上での臨検や拿捕がその実現に大きく貢献をした。しかし、それは同時に、奴隷といういち商品を輸送しているがゆえに航行が妨げられるという、それまでになかった状況を生み出し、それが地球規模で常態化していったのである。また、外洋における廃絶活動はしばしば暴力をともない、奴隷交易と無関係の船舶の航行の大きな妨げとなってもいた。

このように、外洋を航行する船舶に焦点を合わせると、奴隷交易廃絶活動が及ぼした移動の自由／不自由を巡る別の側面が明らかにされうるのである。この点をインド亜大陸からアフリカ大陸東岸に拡がるインド洋西海域に焦点を当てて考察するのが本章の目的である。そのような移動を巡る新たな不自由はどのようにして形成されていったのだろうか。それは航海者によって乗り越えることが可能だったのだろうか。乗り越えることができたのならば、その先にはどのような地平が拡がっていたのだろうか。

外洋を航行する船舶の多くがヨーロッパ船であった大西洋については、本書第一一章で薩摩が論じているように、ヨーロッパ諸国のあいだで長い時間をかけて航行の自由を巡る議論がされてきた。また、第一三章で新免が論じているように、ヨーロッパではそれよりも長い時間にわたってキリスト教に影響を受けながら、自由そのものをめぐる思想史的伝統も形成されてきた。これに対して、インド洋西海域については外洋を航行する人々、またインド洋西海域の周辺に位置する諸政権のあいだには外洋を巡る共通理解も、外洋における航行の自由をめぐる共通の思想史的伝統も形成されてこなかった。確かに近年ではイスラーム教徒のあいだでの海洋法に関する研究も進められつつある。しかし、インド洋西海域を航海するのは彼らのみならず、ヒンドゥー教徒、キリスト教徒など多様な人々がおり、言語もまた異なっていた。加えて、この海域周縁の陸域の権力――たとえばムガル朝、サファヴィー朝、オスマン朝――は、いずれもインド洋西海域を領域的に統治することを試みることがなかったし、海洋への関心も薄かったとされる。その一方で、ホルムーズ海峡やバーブ・アル＝マンダーブ海峡、あるいは紅海では現地の政治権力がそこを通過する船舶に通行税を課すなどの動きがみられた。また、ポルトガル帝国は一六世紀にカルタスと呼ばれる航行証を独自に発行し、それを有さない船舶に対して拿捕などの手段を講じたことが広く知られている。ただし、これらの試みは海峡など比較的監視の容易な箇所に限定され、インド洋西海域全域に及ぶものではなく、また、いずれも時期的に短命で終わっている。

このように、インド洋西海域、特にその外洋は、政治権力の管理の外側にあって、そうした管理に制約されることのない自由な移動が基本的に可能な場所であったということができるだろう。しかし、これから明らかにするように、奴隷交易廃絶活動を通じて、この海域の外洋もまた、政治権力の管理・監視の場となっていき、さまざまな監視・管理が移動にのしかかるという意味での不自由が出現していく。

二、インド洋西海域における奴隷交易廃絶条約締結の展開

インド洋西海域における奴隷交易廃絶活動は、大西洋におけるそれとほぼ時を同じくして一八一〇年代、やはり大西洋の事例と同じく、イギリス帝国の主導のもとに本格的に開始された(1)。奴隷交易廃絶活動は、交易の禁止を約束する条約の締結と、それを履行するための洋上での鎮圧活動によって構成される。

インド洋西海域沿岸の多くの為政者は奴隷交易に自ら関与する一方、自らの支配下にある港湾からの輸出入に際しても税収を得ていたが、イギリス帝国は、一八一七年のマダガスカル・イメリナ王朝との条約を皮切りに、一八二〇年にペルシア湾アラビア半島側諸政権間で結ばせた一般和平協約、東アフリカ沿岸部に勢力を伸長させつつあったオマーンのブー・サイード朝とのあいだのモレスビー条約（一八二二年）など、一九一六年までに奴隷交易廃絶を内容に含む四〇の条約を現地の諸政権と締結した(2)。その一方で、大西洋における廃絶活動の進展にともなう拿捕のリスクからの回避などを目的にして、新大陸——特にブラジル——向けの奴隷がポルトガル帝国

の支配下にあったモザンビークから多数、供給されるようになるのも一九世紀のインド洋西海域における奴隷交易の特徴のひとつである。[3] しかし、そのモザンビークについても、一八四七年の合意によって、イギリス帝国の海軍は主要港を除く沿岸部沖を巡羅することが可能になった。[4]

これらの条約の締結は「反奴隷制ゲーム」とでも呼びうる様相を呈していた。「反奴隷制ゲーム」とは、大西洋奴隷交易に関する条約締結の過程でも頻繁に見られたものであり、廃止する主体がそれを求める側に金銭を含む何らかの利益を求め、それが条約締結を巡る交渉において焦点化していた様をここでは言い表す。多くの場合、友好条約や商業条約と抱き合わせで奴隷交易に関する条約が締結されたり、為政者への保護の約束や奴隷交易廃止にともなう為政者の経済的損失の補塡が約束されたりした。たとえば、一八一七年にイギリス帝国とイメリナ王国とが結んだ条約の第三条では、イメリナ王は「収入の損失のため」、毎年、補助金や軍事物資をイギリス帝国から受け取ることが明記されている。[5]

ここまで述べてきた奴隷交易廃絶に関する条約について、確認すべき点は二つある。ひとつは、ポルトガル帝国とブー・サイード朝を除けば、インド洋西海域の洋上、特に外洋での臨検や拿捕が可能な海軍力を有する政治権力が存在しなかったことである。もっとも、それらの政治権力の有する海軍力はイギリス帝国のそれには遠く及ばなかった。したがって、一度、臨検や拿捕を認める条約が締結されれば、基本的に、それらを実行するのはイギリス帝国の側であり、相手側ではなかった。次に、ほとんどの条約で臨検・拿捕の可能な空間範囲が定められていないことである。[6] その場合、イギリス帝国側の臨検・拿捕は洋上のいたるところにおいても可能であったということになる。もちろん、この時期に現代的な意味での領海概念がインド洋西海域では必ずしも確立していなかったこと、また、一点目で指摘したように、基本的に、洋上での実効的な廃絶活動は条約締結国双方ではなく、イギリス帝国だけが可能であったことを考えれば、二点目についてもすんなりと受け入れることができるのかもしれない。しかし、これがインド洋西海域における船舶の航行において極めて重要な転換点を導くのである。次節ではそのことを説明するために、当該海域での奴隷の輸送の実態について明らかにしよう。

三、インド洋西海域における奴隷輸送の実態

奴隷を輸送する船舶、すなわち奴隷船と聞くと、奴隷が船内にぎゅうぎゅうに押し込まれた奴隷輸送専用の船舶を一般に思い浮かべる。しかし、インド洋西海域における奴隷輸送の事例を拾い上げていくと、そのような奴隷を満載した船舶の事例は非常に少ない。グラフ1はイギリス側の海軍が拿捕した奴隷輸送船舶一隻あたりの積載奴隷数を示している。このグラフが示すように、五〇人以下の事例が大半を占め、一〇〇人を超すような事例は非常に稀であったと考えられる。なお、一〇〇人を超えるような事例はアデン湾のアフリカ大陸側からアラビア半島側への輸送や、アフリカ大陸東部沿岸からザンジバル島などの近距離航海の事例に限られる。

一隻当たりの積載奴隷数の少なさの理由を考えるうえで最も重要な指摘は、一八五〇年代にオマーン湾・ペルシア湾海域における奴隷交易監視活動の最前線で任務に当たっていたディスブロウの次の言及だろう。

「奴隷船 slaver」という用語は、言及するにふさわしくないものであります。つまり、この語は、ザンジバルとペルシア湾との間の奴隷交易に従事する船舶にほとんど当てはまらないのです。奴隷船、つまり、生身の人間を運ぶためだけに特別に艤装したり、それだけの輸送に従事したりする船などというものは、この海域では見つけることができないものなのです。奴隷は船に乗っていても、船上にあるものの最小限の一部を占めているに過ぎないのです。(7)

この引用で注目すべき指摘は二つある。ひとつは、積載奴隷の有無は船舶の外見から峻別できないという指摘である。この点については、監視活動に携わる複数の艦長や領事館員たちが同様の旨を述べている。(8)たとえば、

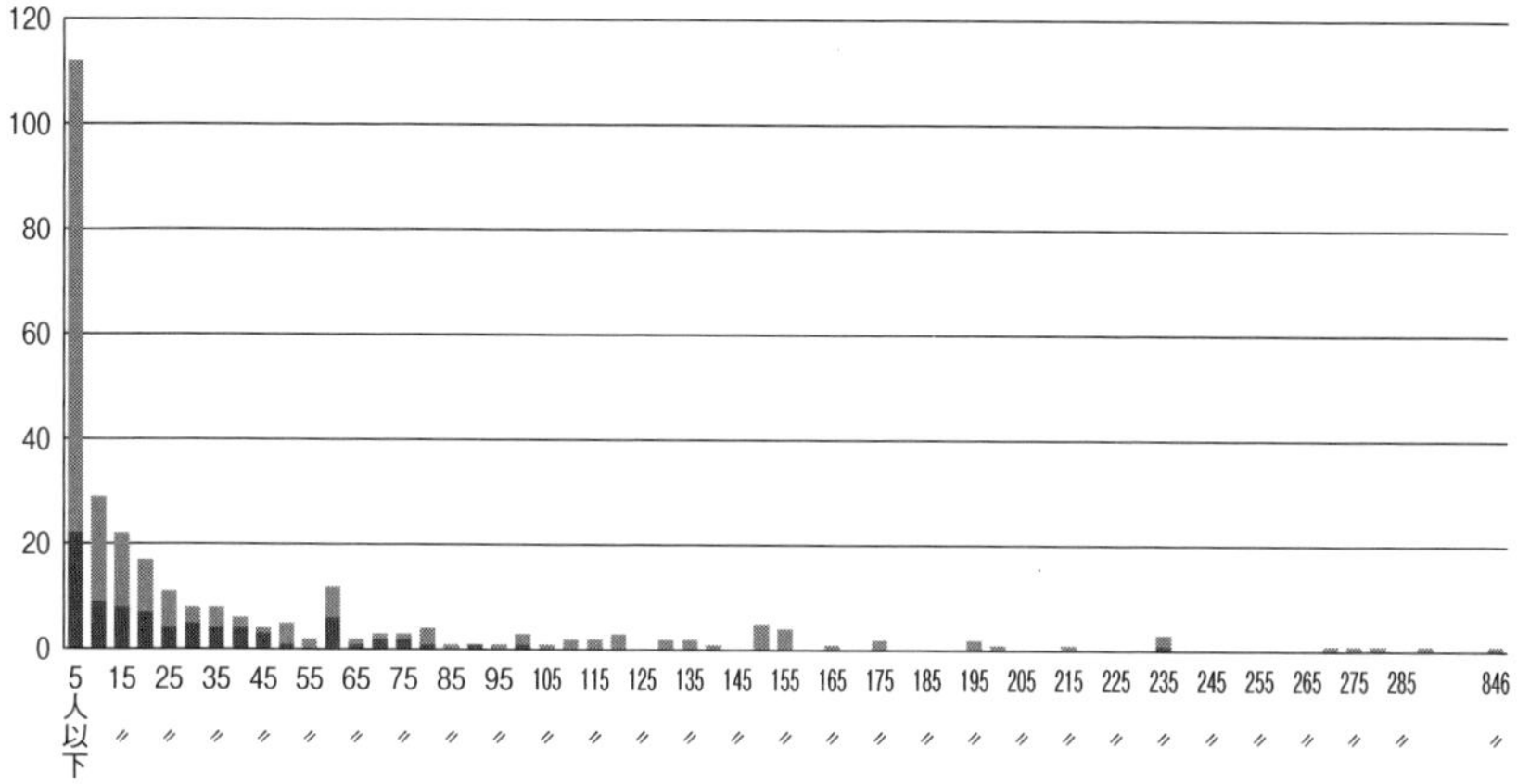

グラフ1　インド洋西海域で拿捕された「奴隷船」1隻当たりの積載奴隷数（1837-1892，対象船舶291隻）

注：濃いグレー（下段）は1837-1860年3月を対象として、薄いグレー（上段）は、それ以降の時期を対象とする。拿捕された船舶に奴隷が1人もいない場合は除いてある。
出典：注(18)Suzuki, *Slave Trade Profiteers in the Western Indian Ocean*, 31 Table 2.2を一部改変

一八六〇年代末にインド洋西海域で奴隷交易監視活動に従事したコロンはその体験を綴った回想録のなかで、勤務当時、上層部より伝達されたインド洋西海域の奴隷船の特徴を書き連ね、「これらの特徴の多くがアラブの奴隷船に見られるのと同時に、同じものは合法的な商船にも見られるのである」と喝破している(9)。こうした事情から、在ザンジバル・イギリス領事経験者のなかには、すべてのダウ船（インド洋西海域各地で造船された木造帆船一般を指す）が奴隷を輸送している可能性があると述べる者すらいた(10)。

もうひとつは、奴隷がある船舶に乗船していたとしても、それはその船舶に積載されている交易品のうちのごく一部に過ぎないという指摘である。これも同時代のイギリス側の海軍関連文書や旅行記などで繰り返された(11)。より具体的なイメージは、一八五九年五月にアデン湾のマッサワで三人の奴隷を帯同していたために現地のイギリス領事によって拘束され、その後、アデンでの三年間の重労働の判決を受けたハッジ・アブド・アル＝カリーム・ダーウドが自ら所有し、ナーホ

表1　ソーブルー・サラーム号積載品一覧（奴隷を除く）

荷　主	積　載　品
ハッジ・アブド・アル＝カリーム・ダーウド	コメ365袋
ムハンマド・ビン・サーリム・アル＝ハラビー	厚板1400枚、角材542本、垂木150本、砂糖5袋、果実の砂糖漬け33瓶、箱1箱
ハッジ・ハサン・アル＝スィンディー	果実の砂糖漬け14箱
アリー・ビン・アブド＝アッラー・アル＝バフライニー	カルダモン18包
ムハンマド・ビン・イスマーイール	果実の砂糖漬け15箱、コメ16袋、薬1箱、ガラス製品2樽

出典：OIOC IOR/R/20/A1A/255/168 [Memorandum of Cargo said to be on board the prize ship Sabaloo Salaam belonging to parties other than the owner of said ship, Aden, 22 August 1859]

ダー（船上における最高責任者）も務めていたソーブルー・サラーム号に関する記録から得ることができる。この一八五一年に建造された二二六トンの船舶には、奴隷を除くと、表1のような商品が積載されていた。ここにあげられているような日用品こそは、インド洋西海域周縁を頻繁な船舶の往来と交換活動によって繋ぎ合わせ、長い時間にわたって一体化させてきた、いわばこの歴史世界の維持・形成に不可欠な物資であった。

このように、奴隷を積載した船舶を臨検・拿捕するという奴隷交易廃絶活動に不可欠な作業は、とりもなおさず、この海域周縁地域を縦横に結び付ける物資の流通を妨げることと不可分だったのである。

四、洋上における取り締まりの展開

このようなインド洋西海域における奴隷交易に対して、諸条約の締結と並行して洋上における取り締まりが展開されていく。それは、主としてイギリス王立海軍のケープタウンを本拠とする喜望峰基地とボンベイに置かれた東インド基地、さらにはイギリス東インド会社の私設海軍として創設された経緯を持つインド海軍によって担われた[12]。

その展開を考えるにあたっては、モザンビークやマダガスカル島、マスカレーニュ諸島を含むキルワ以南とキルワ以北に分ける必要がある（地図1）。王立海軍喜望峰基地は赤道までのアフリカ大陸東岸沖とマダガスカル島西岸沖を担当したが、監視活動に配置できる艦船は一、二隻程度に限られ、ケリマネ以北を巡回することは稀であった(13)。喜望峰基地の実際の担当水域がケリマネ以南であるとすれば、基本的にレユニオン島やマダガスカル島向け、ないしは大西洋向けの奴隷輸送と対峙していたことになる。喜望峰基地は一八〇八年から一八二七年までに六五隻の案件をケープタウンとモーリシャス島の海事裁判所に持ち込んでいる(14)。

これに対して、一八四四年に設置された王立海軍東インド基地は喜望峰基地の管轄外となる赤道以北を担当する予定であったが、実際には奴隷交易廃絶活動のための戦力が配備されず、有名無実であった。インド海軍についても、一八二〇年から一八四二年まで一隻の拿捕も記録されていない(15)。これについては、阿片戦争や英緬戦争などに戦力を割く必要があったこと、また、拿捕の手続きが煩雑で、時間もかかったことがあげられる。すなわち、インド海軍では拿捕した艦長ら乗組員に報奨金が約束されていたが、海事裁判所の審査に拿捕船そのものを提出しなくてはならず、しかも、拿捕が認められるまでは艦長が拿捕船に乗船していた奴隷の衣食住の面倒を見る必要もあり、そのうえ、審査は長くて一年を超える場合もあ

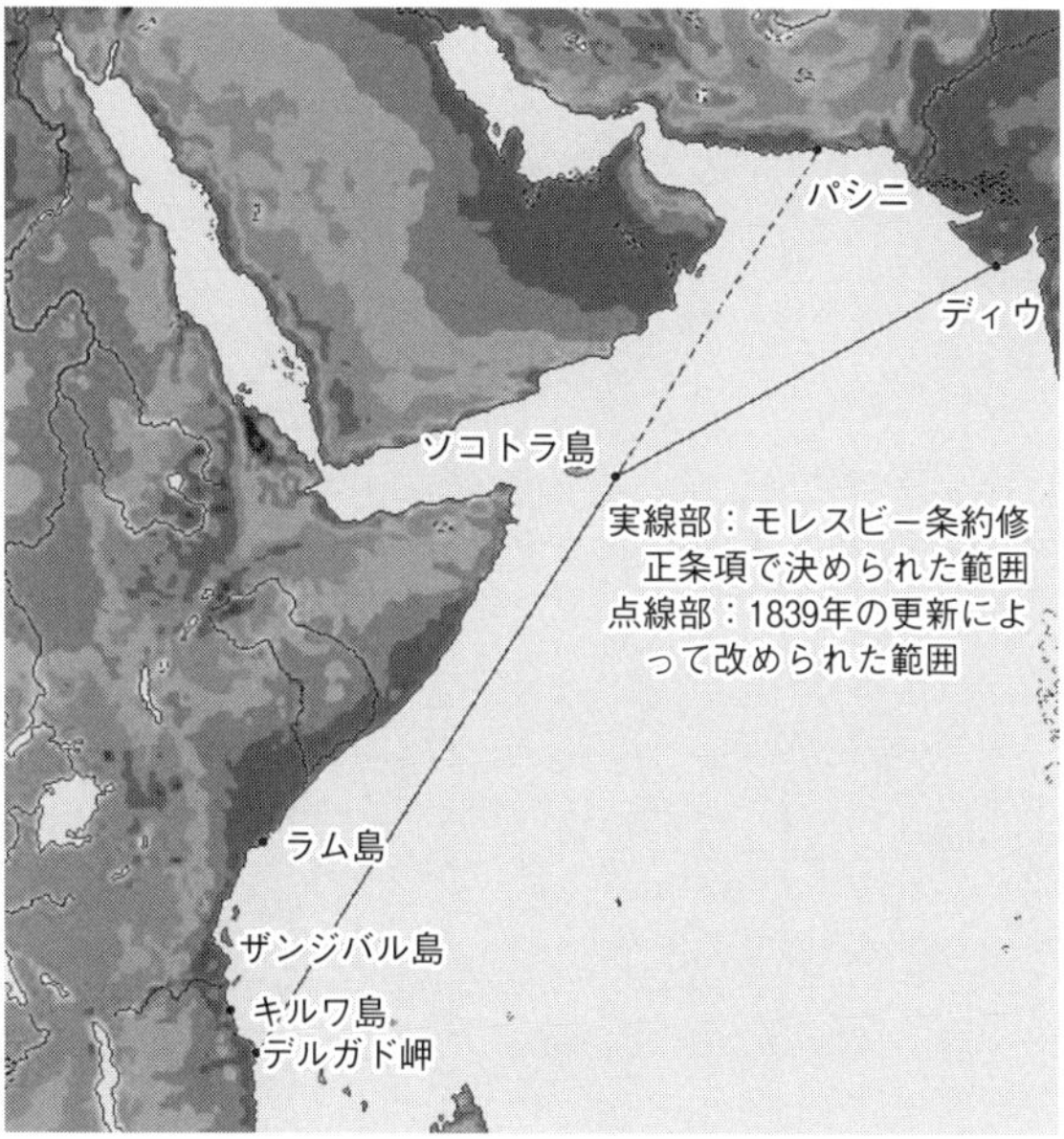

地図1　ブー・サイード朝とイギリス帝国のあいだで締結された奴隷交易廃絶を目的とする条約における奴隷交易の認められた範囲の変遷（筆者作成）

った。こうした事情から、審査結果を待つ間に掛かる費用と報奨金とを天秤にかける艦長らは奴隷の救出には消極的だった[16]。これらに加えて、インド海軍を指揮するボンベイ政庁そのものも監視活動が統治下の経済活動に及ぼす影響を考慮し、その実施に消極的だった可能性が指摘されている[17]。

一八五〇年代に入ると、インド海軍に監視活動へ戦力を配置できる状況が生まれ、また、条約締結等も進んでいき、拿捕船舶数も少しずつ増加していく[18]。しかし、より大きな転換点は一八六〇年頃に求められるべきだろう。この頃より、大西洋での活動に一定の成果をあげた王立海軍が、アフリカ大陸から北へ向かう交易の監視活動にも本腰を入れるようになっていく[19]。その成果の一端として、一八六五年から一八六九年までのあいだ、王立海軍は二九九七名の奴隷を洋上で救出してアデンに送り届けている[20]。洋上で救出された奴隷はアデンのみならず、モーリシャス島やザンジバル島などにも送り届けられていた。それらの総数は不明であるが、この間の王立海軍の成果の総体はアデンへの輸送数に留まらないことは確かである。いずれにせよ、一八五〇年代のインド海軍の救出奴隷数と較べれば、その成果は刮目に値する。

しかし、注意すべきなのはそのような華々しい成果があげられる現場の実態である。たとえば、ザンジバル国立文書館には、この島に設置された海事裁判所で一八六七年から一八六九年までに審議された七七件の裁判記録が残されている[21]。そのなかで拿捕時に奴隷が船内に一人もいなかった事例は、四九件（全体の六三・六四％）にのぼる。これらの事例では、拿捕した船舶にあった大きな水桶や大量の食糧を根拠に王立海軍は当該船舶を「奴隷船」とみなし、状況を一通り記録したのちに破壊した。王立海軍は大西洋での鎮圧経験をもって実態の摑めないインド洋西海域の奴隷交易に対峙した。なおかつ、奴隷輸送船舶の実物を審査用に提出する必要がないなど、報奨金獲得の手続きがインド海軍の場合よりも容易であったことから、少数の奴隷しか積載されていない船舶についても、さらには、奴隷が積載されていない船舶ですらも積極的に拿捕や破壊をした。それらのなかには、ブー・サイード朝とイギリス帝国とのあいだで奴隷輸送が認められていた水域で一八六〇年から二年のあいだに破壊された四〇隻以上の船舶も含まれている。[22]

王立海軍の監視活動がインド洋西海域の海運一般に与える被害については、現地の為政者や商人層が甚大な損害を被ったとして、在ザンジバル・イギリス領事などに繰り返し抗議するのみならず、[23] 一八六三年三月には、ザンジバル島に拠点を置く欧米商社から連名で在ザンジバル・イギリス領事宛てに非難書簡が送付されもした。[24] それだけに留まらず、奴隷制や奴隷交易廃絶の最大の理解者と目される聖公会宣教協会の伝道師すら、同様の書簡をしたためている。[25] 一八六九年にザンジバル島のあるアメリカ商人は、王立海軍のこうした活動について以下のように烈しく批判する。

沿岸部を交易するダウ船に悪魔を突き付けるかのようである。これがこのまま続けば、交易全体を駄目にしてしまうだろう。昨年は七〇隻超が彼らによって破壊されたのだが、そのうちの多くは、疑う余地もなく、乗組員以外には、奴隷を載せていない罪無き商船だった。[26]

五、輸送者たちの抵抗――フランス船籍の登場

こうした洋上での奴隷交易廃絶活動に対して、現地の航海者たちが無力だったわけでは決してない。浅瀬や潮流に関する卓越した知識と操舵術で監視船を振り切ることもあれば、新たな航路を開拓し、待ち伏せる監視船の裏をかくこともあった。それだけではない。たとえば、一八四七年にハマートン条約が施行されると、それまで東アフリカからペルシア湾への奴隷輸送ではさほど重要な担い手ではなかったガージャール朝船籍が目立つようになる。[27] なぜならば、ペルシア湾のなかでガージャール朝のみがイギリス帝国やブー・サイード朝と奴隷交易廃絶に関する条約を締結していなかったため、ガージャール朝船籍であれば、何にも咎められることなく奴隷の輸

送が可能だったからである。[28] このように、航海者たちは自らを取り巻く国際関係にも留意し、最新の動向に機敏に反応し、そこに利用価値を見出せば、積極的な活用をしていた。

国際関係を逆手にとったり、条約や法の目をかいくぐったりする航海者たちの抵抗活動のなかで、最も功を奏し、一九世紀半ばから二〇世紀初頭にいたる長期にわたって彼らの航海活動を保護したのが、フランス船籍を活用する方法であった。

フランス帝国は、本国で勃発した七月革命を受けて自由主義政権が発足した一八三一年にイギリス帝国と奴隷船の相互臨検と引き渡しを認める協約を結び、一八三三年には条項が追加された。[29] ただし、フランス帝国内ではこの協約に対する強い忌避感が醸成されており、その根本には「海洋の自由」への支持が存在していたと指摘されている。[30] 自国船籍の商船に繰り返されるイギリス海軍による航行の妨害は、忌避感をより高めていった。[31] こうした背景から、フランス帝国は一八四一年、プロイセン、オーストリア＝ハンガリー、ロシアなどの諸帝国にも参加を呼びかけて英仏間の既存の協約の発展形として準備されていた新条約の締結を拒絶し、以降、他国に自国船籍への臨検や拿捕の権限を無条件に認めることはなかった。

一八四五年には新たな協約が英仏間で締結される。[32] これは臨検・拿捕を相互に認めるのではなく、共同で巡邏を行うことを趣旨とする協約であった。この協約の第八条は臨検や拿捕を主題とするが、これについて両海軍の合意下で各管轄艦隊や基地に対して細則を定めた追加書類が存在する。イギリス王立海軍の書類では、まず「フランスの船舶に対しては、拿捕、臨検、その他、いかなる妨害もしてはならない」と明言され、ただし、フランス旗を掲げる船舶が奴隷を運んでいる疑いがあり、なおかつ、その船舶がフランス船籍を偽装していると判断される場合に限り、臨検が可能とされた。[33] そして、その船舶がフランス船籍を証明できた場合には、たとえ奴隷が乗船していても王立海軍側は即座に撤収しなくてはならなかった。

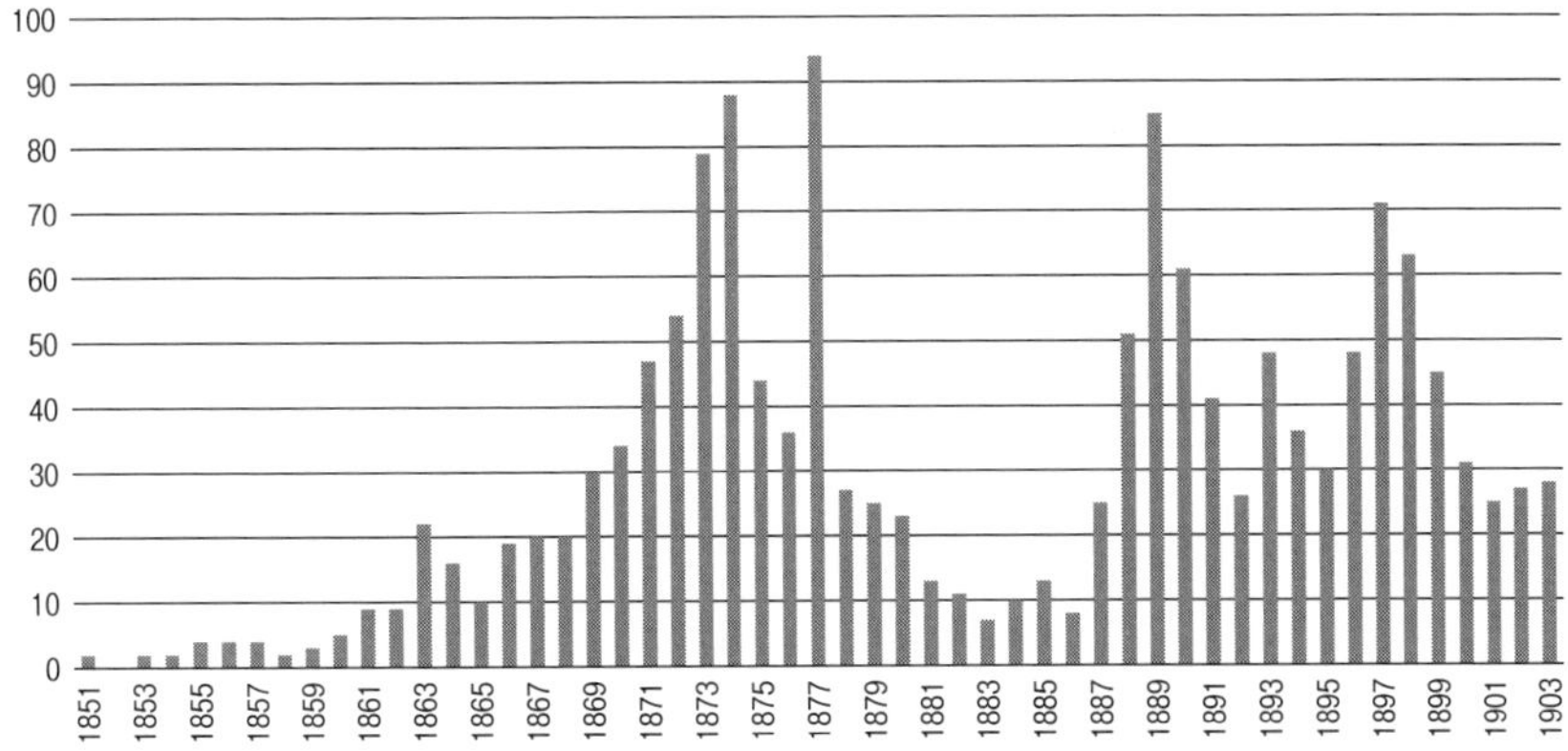

グラフ2　ザンジバル島ストーンタウン港で確認されたフランス船籍のダウ船

出典：注(30)Cheriau, *Imperial Powers*, 50 table 2.1より筆者作成

事実、王立海軍のニンフ号が一八六九年二月から三月にかけてマダガスカル島西岸を巡邏した際には、一〇隻以上のフランス旗を掲げる現地船舶の臨検を行い、そのうちの数隻については明らかに奴隷を輸送していると判断したものの、それらがいずれも正式なフランス船籍証明書（後述）を提示したために、それ以上の行動を起こすことはできなかった[34]。逆に、フランス船籍を所有する船舶が航海中にイギリス海軍から臨検や尾行を受けたことを通告すれば、フランス領事館は、即座に近隣のイギリス領事館に抗議を申し入れている[35]。

フランス船籍のダウ船は一八四一年にマダガスカル島沖のヌシベ島がフランス帝国の保護領に組み込まれて以降、増加していったと考えられる。グラフ2はシェリフが在ザンジバル・フランス領事館文書に基づいてまとめた同島ストーンタウン港のフランス船籍船舶数の表をグラフ化したものである。ここから明らかなように、一八六〇年代から一八七〇年代にかけて顕著な増加を確認でき、一八八〇年代の低下ののち、一八九〇年以降も高水準で推移している。フランス船籍のダウ船による奴隷輸送がイギリス帝国の側に認識されるようになるのは、一八六〇年代以降である。たとえば、在ザンジバル・イギリス領事リグビーの一八六一年二月二八日付の日誌には、モーリシャス島からキルワに到着した一隻のアラブ船が言及されており、その船舶が「奴隷交易を容易に遂行するために」フランス旗を掲げていたことが記されている。(36)

他方、王立海軍の文書からは、一八五八年から翌年にかけての北東モンスーン期以降、フランス船籍のダウ船がマダガスカル島やコモロ諸島への奴隷輸送を大規模に執り行っていることを明言する報告を、複数見つけ出すことができるので、(37)それを踏まえれば、一八五〇年代末にはすでにフランス旗を掲げた船舶が奴隷輸送を行っていたと考えることに無理はないだろう。その後、一八六〇年代以降は、フランス旗を掲げるダウ船の奴隷輸送案件はマダガスカル島沖からアフリカ大陸東部沿岸近海を中心に、アデン湾や紅海近海、ハドラマウト地方の港、そしてオマーン湾岸などからも報告されるようになっていく。(38)

六、輸送者たちの抵抗二――フランス船籍はなぜ、如何にして獲得されたか

このように、フランス船籍は奴隷輸送を継続するうえでこの上ない保護となったが、もちろん、グラフ2に表れるダウ船すべてが奴隷交易を行っていた確証はなく、事実、そうではなかっただろう。奴隷輸送に関わらないダウ船にとっても、フランス旗は大きな効力を発揮した。まず、ここまで述べてきたように、奴隷輸送の有無にかかわらずダウ船の脅威となっていた王立海軍の巡邏に対しては大きな抑止力となった。たとえば、フランス海軍アフリカ東岸方面司令官にヌシベ島のアラブ系商人や船乗りの取りまとめ役が語ったところによれば、イギリスの巡洋艦がたびたび臨検することに彼らは辟易しており、その理由は、臨検後には船上から金やモノがなくなっているからというものであった。(39)同様の苦言はキルワの知事も呈しているし、臨検活動に実際にあたった英王立海軍将官の回想録にもそれを認めるくだりを読むことができる。(40)

加えて、フランス船籍は、インド洋西海域諸港で税率の優遇を受けることもできた。たとえば、一八四〇年初

頭にフランス帝国に保護領化されたヌシベ島、マオレ島はもちろんのこと、ザンジバル島についても、一八七〇年の報告によれば、アフリカ大陸沿岸部からの輸入品について、フランス船籍のダウ船の場合、課税は五％に抑えられているのに対して、イギリス船籍の船舶は一〇％から一五％であった[41]。こうした事情から、ザンジバル島のインド系商人の多くがフランス船籍のダウ船を用いて大陸部との交易を行っていることが指摘されており、在ザンジバル・イギリス領事館は、ブー・サイード朝スルターンに対して、この税率優遇が一八三九年に双方の間で締結された通商条約に違反するとして、改善を求めていた[42]。

ここまで見てきたように、フランス船籍は奴隷輸送の有無にかかわらず、ダウ船に複数の大きな利点をもたらしていた。そうであるとして、では、フランス船籍というのは誰でも容易に取得できるものなのだろうか。この疑念は同時にフランス旗を掲げるダウ船には偽装も含まれていたのではないかという疑念と表裏一体である。事実、一九世紀のインド洋西海域では船籍の概念は極めて希薄であり、一隻の船舶が複数の旗を同時に搭載し、臨機応変に自らが掲げる旗を選択することも珍しくなかった。一八五〇年代にアフリカ大陸東部沿岸を訪れたバートンは、アフリカ大陸東部沿岸を航行するインド北西部カッチ地方の船舶が、赤いアラブ旗に加えて、ユニオン・ジャックやオスマン朝の三日月と星をあしらった旗をも掲揚していると記しているし、一八五五年一〇月、七人の奴隷を輸送していたためにマスカト沖でインド海軍のクライヴ号に拿捕されたダウ船は、オスマン朝の旗のほかに、アラブ旗を含む三本の旗を搭載していた[43]。

管見の限りでフランス船籍を偽装している事例は見当たらないが、そのような事例がなかったとの確証もない。しかしより確かなのは、実際にダウ船が正式なフランス船籍を取得していた事実である。事実、フランス船籍偽装の疑念はイギリス帝国の側も抱いていた。これに対して、在ザンジバル・フランス領事は明確に以下のように回答している。

フランス旗を掲げるすべての船舶には、正式な手続きを踏んだ上での書類が与えられており、書類は我々の植民地において、彼らに与えられていて、そこには、船舶がフランス人の所有であることが言及されています。これらの書類は、入港と出港に際して、当領事館で査証されています。

これらの船舶の所有者や船長はすべてアラブやスワヒリの生まれであることは確かであります。しかしながら、フランス市民 citoyen français の地位は、生まれだけによって与えられるのではなく、法に従って、つまり帰化、によっても与えられるということ、そしてまた、異国人であっても、フランス人と共同するならば、フランス船籍を所有する船舶の所有者にもなり得ることを、この場を借りてお知らせいたします。(44)

この引用にある「正式な手続きを踏んだ上での書類」とは、フランス船籍証明書（l'acte de francisation）（写真1）を指し示す。

この証明書制度は、イギリスの一六五一年航海法に倣い(45)、第一共和制下の一七九三年九月二一日布告、翌年一月一日施行された航海条例に起源を有する。この条例は一九世紀に数度の改正や例外条項の付加がなされ(46)、一八四〇年代には、海外植民地や保護領において、現地船舶にもフランス船籍が発行されるようになっていった。その際、所有者が海外植民地の住民を含むフランス臣民であること、トン数に応じて一定額の登録料を支払うこと、一年ごとの更新をすること、沿岸航行用の船舶（つまり遠距離航海はできない）であることがその主な条件であった。この証明書がインド洋西海域でいつからダウ船に発行されるようになったのかについては、はっきりとは分からない。筆者の閲覧した証明書で最も早い事例は、一八六一年四月一四日にサーリム・ビン・ラシード所有のファタラヘル号（一二二トン）に対してヌシベ島エルヴィル港で発行されたものであり、そこには「ヌシベ島マイヨット島と付属地　第一七二号」と記されている(47)。

いま確認したように、フランス船籍を獲得できるのは本国人、ないしは植民地や保護領の住民でなければなら

Ile Mayotte et Dépendances.
Bâtiment du Commerce français
Congé valable pour un an.
Louis-Philippe, Roi des Français

写真１　マオレ島およびその付属地で発行されていたフランス船籍証明書（フランス国立文書館海外部門別館所蔵、筆者撮影）

ないはずである。しかし、すでに触れたように、ザンジバル島のインド系商人もフランス船籍のダウ船を利用していた。それはどのようにして可能であったのだろうか。もちろん、フランス保護領の住民が所有するフランス船籍のダウ船を利用するという手立てはあっただろう。また、帰化やフランス人との共同所有の事例もあったかもしれない。しかし、それら以外にも手立ては残されていた。在ザンジバル・イギリス領事館が一八六三年に実施したストーンタウン港におけるフランス船籍のダウ船に関する調査のなかで、それに該当する船舶を所有していたカッチ地方出身のシヴジー・ムハンマドに詳細な取り調べを行っている。以下は彼の宣誓証言になる。

　私はイギリスの臣民であり、通常は、ヒンドゥースタンのカッチ地方に住んでおります。私は、近頃、ヌシベのフランス人居留地から戻ってまいりました。現在、ザンジバルの港に停泊しているフランス船籍のガンジャ船バローンゴー号の半分は私のもので、もう半分は、スライマーン・ジュマのものであります。この人物は、カッチ地方に住んでおり、ラーオのセポイを務めております。ただし、スライマーンの分は、カッチ地方に在住のバティヤーのケタ・ラダの金で購入されました。それ故に、ガンジャ船のもう半分の本当の持ち主は、ケタ・ラダであるはずです。その他のいかなる者もこの船について、出資していませんし、権利も持ちません。スライマーンは、フランス植民地のヌシベに妻がおりますが、彼自身はフランス臣民ではありません。スライマーンは、件のガンジャ船のフランス船籍登録をヌシベで獲得いたしました。[48]

領事館はこの証言の信憑性を確かめるために、証言に登場する人物の友人の証言も集めている。[49]それらを総合すると、バローンゴー号には表面的には二人の所有者がいるが、そのうちの一人（スライマーン・ジュマ）は実際には出資しておらず、その肩代わりを別の人物（ケタ・ラダ）が行っている。そうであれば、スライマーンは必要ないと思われるのだが、そうではなく、スライマーンには妻がおり、彼女がヌシベ島在住であるがために、スライマーンはヌシベ島でバローンゴー号のフランス船籍を獲得できた、ということになる。こうした手段はフランス帝国の側も察知しており、これ以外にも、アラブ系航海者たちのあいだでは、フランス船籍を取得した船舶の買い取りや保護領の住民との結婚、取得要件の揃った人物へのなりすましといった方法でフランス船籍のダウ船を彼らが利用していることが報告されている。[50]

七、輸送者たちの抵抗三——フランス船籍による保護の終焉

このフランス船籍問題については英仏間で協議が重ねられたが、遅々として進展しなかった。しかし、一九世紀最末期以降、その終結に向かう大きな変化が訪れる。震源地はマダガスカル島でもザンジバル島でもなく、マ

スカトであった。フランス帝国はときのマスカトのスルターンを懐柔し、マスカト近郊に海軍用の石炭貯蔵庫を建設し、軍事拠点を形成しようとしていた。これに対して、イギリス帝国はマスカトのブー・サイード朝の独立を認める一八六二年の英仏共同宣言を根拠に、ブー・サイード朝の独立の侵害であると抗議する。結局、この件は一九〇〇年に、イギリス側も石炭貯蔵庫を建設することで一応の決着をみることとなる。(51) しかし、この一件で、自らのペルシア湾における非公式帝国の存続に危機感を覚えたイギリス帝国は、当時、在マスカト・フランス領事館で行われていたダウ船へのフランス船籍の授与について抗議を重ねるようになる。これは英仏間の国際問題に発展し、最終的に一九〇四年三月にフランス政府がデン・ハーグの常設仲裁裁判所に調停を求め、同年一〇月にロンドンで双方がこの調停の結果に従う旨の署名を行った。

この調停における英仏の主張をまとめると次のようになる。イギリス帝国側は①スルターンの同意なしに、その臣民はフランスの旗や証明書を所有することはできない。スルターンとフランス政府とのあいだにそれを認める条約があればそれも可能だが、そうした条約は存在しない。②そうにもかかわらず、フランス船籍がスルターンの臣民の船舶によって奴隷交易に利用されている。③アフリカにおける奴隷交易廃絶に関するブリュッセル会議の一般条約（以下、ブリュッセル条約）のもと、フランスは、フランス市民か、フランスの保護下の国家の臣民としてフランスの保護を受ける者以外にはフランス船籍を与えることが禁止されている。問題のオマーン臣民たちはそのどちらでもない。④スルターンの意思に背き、フランス船籍証明書をオマーン臣民に与えることで彼らをスルターンの司法権から引き離すのは、スルターンの独立の侵害であり、一八六二年の共同宣言にも背いている。⑤旗や証明書を与えることがたとえ認められたとしても、それによってそれを受け取る者やその関連の者が、オマーンの領土や領海においてスルターンの司法権から逃れることはできない。⑥いかなる場合でも、そうした書類の所持は個人に帰すのであり、相続によって譲渡できない。⑦船舶に与えられた証明書や旗は、他の船舶には譲渡できない。これらの七点が論点として提出された。

それに対して、フランス側の主要論点は以下の四点である。①オマーンにおける市民権は確立されておらず、不確定である。②それに加えて、一八四四年に当時のスルターン、サイイド・サイードとフランス政府とのあいだで締結された友好条約には、フランス人に奉仕するスルターンの臣民にはフランス人と同等の保護をフランス政府が保証すると明記されている。③しかも、ブー・サイード朝は、オスマン朝などと同じくキャピチュレーション（通商特権）を体制のなかに取り込んだ国家なのであり、この点を問題視するイギリス側の論理に問題があるのであり、現地の慣習であるキャピチュレーションを尊重すべきである。④問題の証明書の所持者は、移動を常にする船乗りたちであり、なおかつ一夫多妻制社会に属している。フランスの植民地のいくつかと彼らとの繋がりは、オマーンとの繋がりと較べて弱いものではない。

このように、この審議は、誰が誰を保護するのかという点に大きな焦点が置かれていた。イギリス政府は一八六二年の共同宣言と一八九〇年のブリュッセル条約に主として依拠したうえで、フランス政府の保護からスルターンの臣民を切り離そうとし、フランス政府は一八四四年の友好条約によって、自らの権利を主張した。

双方の主張を踏まえたうえで裁判所は以下の判決を下した[52]。①フランス政府がブリュッセル条約を批准した一八九二年一月二日より前については、オマーンのスルターンの臣民であっても、フランス政府がフランス旗を掲げる権限を与えたこと、そして、それらの船舶に対してフランス側の法令や行政規則を適用していたことの有効性を認める。②一八九二年より前にフランスによってフランス旗を掲げることを認められたスルターンの臣民は、フランスが認める限り、その権利をこれからも有する。③しかしながら、一八九二年一月二日以降、スルターンの臣民に対してフランス側がフランス旗を掲げる権限を与えたことの有効性は認めない。ただし、カニング裁定（一八六二年の英仏共同宣言に先立って、ブー・サイード朝の後継者争いにともなうオマーン側とザンジバル側との分裂をイギリス帝国側が認定した裁定）が有効となる一八六二年以前から自らがフランスの保護民として扱われていたと主張する者はこの限りではない。④今回、フランス旗を掲げることが認められた船舶は、オマーンの領海では一八四四年のフランスとブー・サイード朝との条約に則った第三国に対する不可侵権が認められる。⑤フランス旗を掲げる権利は、他者や他船舶に譲渡することはできない。船舶の譲渡もできない。⑥スルターンの臣民でフランス旗を掲げる権利を有する船舶の所有者、ならびにその船員、所有者や船長の家族はスルターンの司法権のもとにあり、治外法権を有することはできない。

このように、裁判所の結論はこれ以降、新たにフランス旗を掲げる現地船舶が増加することを封じ込め、判決後のフランス旗を使用できる船舶の範囲についても厳しく限定した。この結果、オマーン湾・ペルシア湾では、一九一七年には僅か一二隻足らずの現地船がフランス旗を掲げているだけであり(53)、その消滅は時間の問題となっていた。

八、おわりに

フランス船籍を巡るダウ船の動きは、移動の自由／不自由を考えるうえで極めて興味深い。奴隷交易廃絶活動が奴隷輸送の有無にかかわらず、ダウ船一般に脅威を与えていた状況下、ダウ船はその脅威から逃れるためにやや曲芸的な手段を講じたりしながらも、正規の手続きを踏んでフランス船籍を取得していった。ここで留意したいのは、船籍という概念がインド洋西海域で広く力を持つようになるのは、一八九〇年のブリュッセル条約以降だという点である(54)。ダウ船の所有者たちはフランス船籍に複数の利点を見出したからこそ、ブリュッセル会議に先立ち、自発的にそれを獲得していったということになる。フランス船籍は奴隷輸送の有無にかかわらず、ダウ船一般に複数の利点をもたらすものであり、ダウ船がそれらを享受したのはいうまでもない。奴隷交易廃絶活動はフランス船籍には手出しができず、その意味において、ダウ船の航行の自由は新たな形で確保されたのである。しかし、ここでいう自由というのは、それ以前にダウ船が享受していた自由とは異なっている。それはあくまでもフランス帝国が保証する自由であった。フランス船籍の取得は誰にでも開かれたわけではなかったが、それは工夫次第で乗り越えることが可能であり、彼らにはその手立ては存在していた。彼らは国際関係を機敏に察知し、自らの人間関係など手持ちの資源を活用することで、新たな自由を獲得したのである。ここに筆者は彼らの主体性を認めたい。

しかし、フランス船籍問題が英仏間で取り沙汰され、ハーグで調停に持ち込まれると状況は一変する。そこでの焦点はマスカトのブー・サイード朝臣民であったはずだが、裁判の場には彼らはおろか、マスカトのスルターン、あるいはその代理の姿もない。実際の調停の場では、イギリス政府がアメリカ合衆国最高裁判所長官フラーを自陣の仲介人に任命し、フランス側は元オランダ内務大臣で法学博士のデ゠サヴォルニン・ロフマンを指名した。そのうえで、審判人はイタリア王ヴィットーリオ・エマヌエーレ三世に任命されたオーストリアの上院議員で法学博士のウィーン大学教授ランマッシュが務めた(55)。そのうえ、この調停の大きな焦点となった保護の問題については、オスマン朝やモロッコの事例が参照された(56)。つまり、そこにインド洋西海域の航海者や為政者自身の座席はなく、彼らの論理や経験も、どれも入り込む余地はなかった。そうした場で、ダウ船に自由を約束したフランス船籍を巡る問題の終結符が打たれたのである。

インド洋西海域における奴隷交易廃絶活動の展開は、このようにインド洋西海域に大きな揺らぎをもたらした。最も大きな変化は、徐々に外洋が管理・監視の場となっていったことである。イギリス帝国の奴隷交易鎮圧活動は、現地船舶一般にとっての脅威となっていく。そうした状況下、航海者たちはフランス船籍を獲得することで、イギリス帝国の監視からの自由を享受しえた。その自由は確かに彼らの主体性によって獲得されたものであったが、その自由はあくまでもフランス帝国の傘のもとで享受できる自由であった。そうした状況下、傘を自らの手で持ち支えてさすことも、その傘を畳むことも航海者たちはできなかったのである。それを如実に物語るのが、ハーグ裁判所の光景だろう。そこには、インド洋西海域の航海者も為政者もおらず、彼らの論理や経験が十分に考慮されることはなかった。国際社会の構成員と論理のもとで、フランス船籍問題は決着された。

奴隷交易廃絶活動の展開を通して、インド洋西海域では異なる種類の移動の自由の移行が生じていた。フランス船籍問題はその移行を最も如実に体現している事例であると考えられるのである。

（1）大西洋とインド洋における奴隷交易廃絶活動の展開については、Hideaki Suzuki, "The Suppression of the Trans-oceanic Slave Trade," *Oxford Research Encyclopedia of African History* (Oxford: Oxford University Press, 2022, online) を参照。

（2）Suzuki, "The Suppression."

（3）Herbert S. Klein, *The Atlantic Slave Trade*, new ed. (Cambridge, UK: Cambridge University Press, 2010), 71-2.

（4）Joao Pedro Marques, *The Sounds of Silence: Nineteenth-century Portugal and the Abolition of the Slave Trade*, trans. by Richard Wall (New York and Oxford: Berghahn Books, 2006), 167-8.

（5）Lewis Hertslet, *A Complete Collection of the Treaties and Conventions at Present Subsisting between Great Britain and Foreign Powers* (London: T. Egerton and H.M. Stationary Office, 1820-1925, 31 vols.), Vol. 1, 355. もちろん、こうした「反奴隷制ゲーム」は条約の締結を通して奴隷交易廃止を求める側——ここではイギリス帝国——にも利益をもたらすものであった。つまり、世界中の奴隷廃止を自らの主導で実現することは、この時代のブリテン人にとって自己のアイデンティティを確立するうえで極めて重要であった（リンダ・コリー『イギリス国民の誕生』川北稔監訳、名古屋大学出版会、二〇〇〇年、三六八～七一頁）。同時に、帝国としての現実的な利益も得ることができた。たとえば、一八二〇年の一般和平協約がイギリス帝国のペルシア湾における非公式帝国の形成に重要な契機をもたらしたことは広く知られている。これによって、イギリス帝国はスエズ運河開通以前における本国とインドとを結ぶ交通路として、また、ロシア、フランス、オスマン朝といった諸帝国の角逐の大きな焦点としても極めて重要なペルシア湾において、その影響力を確立・維持することができたのである。

（6）その例外として、ブー・サイード朝とイギリス帝国とが締結した一連の条約があげられる（Hertslet, *A Complete Collection*, Vol. 11, 289–90, 299–301）。最初に締結された一八二二年のモレスビー条約では、すべての船舶に出発港と目的港に関する証明書の携帯が義務づけられ、マダガスカル島とザンジバル島、ラム島の三つの地点を線で結んだ海域の内側で、証明書を携帯せずに奴隷をキリスト教国へ輸送する船舶が発見された場合は、マスカトでブー・サイード朝によって処罰され、それよりも外側の場合は、イギリス側に拿捕の権限の付与されることが明文化された（第六条）。ただし、条約締結直後の修正条項や一八三九年の条約更新時にイギリス側の拿捕が認められる範囲は拡大していった。その後、一八四七年の新条約（通称ハマートン条約）では、奴隷輸送が認められる範囲がブー・サイード朝のアフリカ領として認められるキルワ島近辺の南緯九度二分からラム島近辺の南緯一度五七分のあいだに狭められた。この取り決めに実効力を持たせるために、喜望峰から南緯四度以南をイギリス王立海軍の喜望峰およびアフリカ東岸基地から派遣された小艦隊が、北緯四度以北をインド海軍の派遣する小艦隊がそれぞれ警備に当たることになった（Robert Nunez Lyne, *Zanzibar in Contemporary Times: A Short History of the Southern East in the Nineteenth Century* (New York: Greenwood Press, 1969), 41）。

（7）British Library (London, UK、以下、BL) IOR/R/15/1/171/22–23 [Report on the Slave Trade in the Persian Gulf extending from January 1 1852 to June 30 1858 compiled by H. Disbrowe].

（8）BL IOR/L/P&S/18/B84/85–86 [Memorandum by Mr. Churchill respecting Slave Trade on the East Coast of Africa, s.l., n.d.]; Zanzibar National Archives (Zanzibar, Tanzania、以下、ZZNA) AA12/2/112 [Rigby to BG, s.l., 18 April 1861].

（9）Philip Howard Colomb, *Slave-catching in the Indian Ocean: A Record of Naval Experiences* (London: Longmans, Green and Co., 1873), 73.

（10）The National Archives (Kew, UK、以下、TNA) FO84/1261/343 [Playfair to Stanley, 8 James Street, 19 December 1866].

(11) たとえば、BL IOR/R/15/1/157/208 [Jones to Anderson, Bushire, 28 August 1856]; TNA FO800/234/84 [Pelly to Forbes, Zanzibar, 12 February 1862]; *Irish University Press Series of British Parliamentary Papers: Slave trade* (Shannon: Irish University Press, 1968–, 95 Vols.（以下、*BPP*), Vol. 51, Class B, 124 [Extracts from Lieutenant-Colonel Disbrowe's Diary of his Journey (overland) from Muscat, Capital of the Sultan of Muscat's Dominons, to Ras-el-Khymah, Capital of the Joasmee Chief's Dominions, Extract 3, Murrayr, 15 April 1865]; TNA ADM123/179/n.p. [Extract from Rear Admiral Baldwin Walker's letter to the Secretary of the Admiralty No 239 of 7 November 1863]; BL IOR/R/20/A1A/285/21 [Rigby to Coghlan, Zanzibar, 23 March 1860]; William Cope Devereux, *A Cruise in the "Gorgon;" or, eighteen months on H. M. S. "Gorgon," engaged in the suppression of the slave trade on the east coast of Africa. Including a trip up the Zambesi with Dr. Livingstone* (London: Bell and Daldy, 1869), 109.

(12) これ以外には、モザンビーク沖で監視活動を行ったポルトガル海軍が一八四一年から一八六四年までに二五隻を拿捕している（Marques, *The Sounds of Silence*, 260–1）。

(13) Christopher Lloyd, *The Navy and the Slave Trade: the Suppression of the African Slave Trade in the Nineteenth Century* (London: Franc Cassm 1968), 217–23; Raymond Wendell Beachey, *The Slave Trade of Eastern Africa* (New York: Barnes and Noble, 1976), 20, 71.

(14) Matthew S. Hopper, "Liberated Africans in the Indian Ocean World," in *Liberated Africans and the Abolition of the Slave Trade, 1807–1896*, ed. Richard Anderson and Henry B. Lovejoy (Rochester, NY: University of Rochester Press, 2020), 276–7.

(15) *BPP*, Vol. 24, Class D, 26 [Kemball to Robertson, Karrak, July 8, 1842].

(16) Charles R. Low, *History of the Indian Navy 1613–1863* (Delhi: Manas, 1985, 2 vols.), Vol. 1, 410–73, Vol. 2, 140–60, 238–94; John B. Kelly, *Britain and the Persian Gulf, 1795–1880* (Oxford: Clarendon Press, 1968), 452–99; 鈴木英明「インド洋西海域における「奴隷船狩り」――19世紀奴隷交易廃絶活動の一断面」（『アフリカ研究』七九、二〇一一年）一五～七頁。

(17) Lindsay Doulton, *The Royal Navy's Anti-Slavery Campaign in the Western Indian Ocean, c. 1860–1890: Race,*

Empire and Identity (PhD dissertation, University of Hull, 2010), 30.

(18) Hideaki Suzuki, *Slave Trade Profiteers in the Western Indian Ocean: Suppression and Resistance in the 19th Century* (Cham: Palgrave Macmillan, 2017), 44–7.

(19) Beachey, *The Slave Trade of Eastern Africa*, 71–2; Hopper, “Liberated Africans,” 279–81.

(20) BL IOR/L/P&S/18/B84/69 [Memorandum of Number of Slaves landed and liberated at Aden, and how disposed of, Aden Residency, written by W. R. Goodfellow, 13 July 1869].

(21) ZZBA AA7/2-3.

(22) TNA FO800/234/85 [Pelly to Forbes, Zanzibar, 12 February 1862]。また、*Ibidem*,77 [Pelly to Oldfield, Zanzibar, 22 November 1861] も参照。

(23) Maharashtra State Archives (Mumbai, India、以下、MAHA) PD/1867/127/97/46–47 [Mājid to Seward, s.l., 9 Shawāl 1283 (15 February 1867)]; TNA FO800/234/75 [Pelly to Forbes, Zanzibar, 30 October 1861]; *Ibidem*, 76–8 [Pelly to Oldfield, Zanzibar, 22 November 1861]; TNA FO84/1261/298–303 [Seward to Gonne, Zanzibar, 9 September 1866]; BL IOR/L/P&S/18/B84/76 [Pelly to SBG, Bushire, 24 April 1869]; *Ibidem*, 76–7 [Sheikh Sultan to Miraza Mahmood, s.l., n.d.]。また、Erik Gilbert, *Dhows and the Colonial Economy of Zanzibar, 1860–1970* (Oxford: James Currey, 2004), 64–5 も参照。

(24) TNA FO84/1204/352–353 [Copy of resolution passed by the European and American merchants at Zanzibar at a meeting held on the evening of March 6th 1863].

(25) TNA FO800/234/97 [Statement of facts relative to the proceedings which took place in the harbor of Mombas, on the 8th and 9th of April 1862, between a party of Arab soldiers and two English boats, belonging to Captain Oldfield's slave cruising squadron].

(26) Philips Library, Peabody and Essex Museum (Salem, MA, USA、以下、PPEM) Ropes Papers/n.p. [F. R. Webb to E. D. Ropes, 13 April 1869].

(27) TNA FO84/737/45–47 [Foreign Office to Farrant, Foreign Office, 30 March 1848]; *Ibidem*, 69 [Hennell to Sheil,

Bushire, 26 November 1847]; BL IOR/R/15/1/134/6 [Hennell to Taylor, Bushire, 6 February 1852].

(28) TNA FO84/737/86-87[Hennell to Sheil, Bushire, 26 November 1847]; ZZNA AA12/29/81 [Hammerton to SBG, Zanzibar, 7 March 1848].

(29) Paul Michael Kielstra, *The Politics of Slave Trade Suppression in Britain and France, 1814-48* (London: Palgrave Macmillan, 2000), 138-62.

(30) Jean Allain, *Slavery in International Law: Of Human Exploitation and Trafficking* (Leiden: Martinus Nijhoff, 2013), 69; Raphaël Cheriau, *Imperial Powers and Humanitarian Interventions: the Zanzibar Sultanate, Britain, and France in the Indian Ocean, 1862-1905* (London: Routledge, 2021), 81.

(31) Suzanne Miers, *Britain and the Ending of the Slave Trade* (New York: Africana Publishing, 1975), 17; Serge Daget, *La répression de la traite des Noirs au XIXe siècle: L'action des croisières françaises sur les côte occidentales de l'Afrique* (*1817-1850*) (Paris: Karthala, 1997), 489-99.

(32) Daget, *La repression*, 530-7.

(33) Hertslet, *A Complete Collection*, Vol. 7, 342-6.

(34) TNA FO84/1389/343 [Frere to Granville, Mombasah, 24 March 1873]; BL IOR/L/P&S/18/B85/94 [Meara to Heath, *Nymphe* at Aden, 5 June 1869].

(35) TNA FO84/1204/366 [Jablonski to Playfair, Zanzibar, 6 Octobre 1863]; TNA FO84/1292/228-229 [Bure to anon. (Churchill), Zanzibar, 24 août 1868].

(36) Charles E. B. Russell, *General Rigby, Zanzibar and the Slave Trade: with Journals, Dispatches, etc*. (London: Allen and Unwin, 1935), 90.

(37) TNA ADM123/179/n.p. [Extract from Letter No 63 of 21st of March 1859 from Sir. Fred Grey to Secretary of the Admiralty]; *Ibidem*, n.p. [Half Yearly Report on Slave Trade on the East Coast of Africa, Walker to the Secretary of the Admiralty, Narcissus, Simon's Bay, 20 November 1861]; *Ibidem*, n.p. [Crawford to Walker, H. M. S. *Sidon* at Mauritius, 30 June 1861].

(38) Suzuki, *Slave Trade Profiteers*, 169–70.

(39) Archives nationales d'outre-mer (Aix-en-Province, France、以下、ANOM) FM/SG/MAD/240/530/n.p. [le commandant la division navale des côtes orientales d'Afrique to Etat major, mouillage de Nossi-bé, 6 septembre 1873].

(40) TNA FO84/1389/344–345 [Frere to Granville, Mombasah, 24 March 1873].

(41) TNA FO84/1325/96 [Kirk to CSGB, Zanzibar, 4 March 1870].

(42) TNA FO84/1325/104 [Extract of letter from the Sultan of Zanzibar to Mr. H. A. Churchill, C. B., dated Zanzibar 20th Sharban 1285 equal to the 6th December 1868]; TNA FO84/1325/105–106 [Kirk to Sheikh Suliman b. Ali, Zanzibar, February 1870].

(43) Richard F. Burton, *Zanzibar; City, Island, and Coast* (London: Tinsley Brothers, 2 vols.), Vol. 1, 321; MAHA PD/1855/70/1457/113–117 [Manners to Leeke, at anchor off Muscat, 10 October 1855]; MAHA PD/1856/93/335/187–188 [Manners to Leeke, Bombay, 11 January 1856]; *Ibidem*, 203 [Extract Paras: 16 and 17 from a letter to the Court of Directors dated the 18th March 1856 No. 27]. また、ZZBA AA3/20/664 [Crawford to Walker, on board *Sidon*, Simon's Bay, 25 October 1861]; ZZBA AA12/29/60 [Hamerton to Christopher, Zanzibar, 3 February 1842] も参照。

(44) Le centre des archives diplomatiques (La Courneuve Cedex, Paris) CP/Zanzibar/3/156 [Jablonski to Playfair, Zanzibar, 15 septembre 1863].

(45) ANOM FM/SG/MAD/240/530/n.p. [David, Paris, 28 mai 1818].

(46) たとえば、ANOM FM/GEN/641/2766/n.p. [le vice-amiral, sénateur, ministre de la marine et des colonies to Messieurs les gouverneurs et commandants des colonies, Paris, 29 mars 1878]; ANOM FM/SG/MAD/240/530/n.p. [David to anon., Paris, 28 mai 1818].

(47) BL IOR/L/P&S/18/B84/67 [Inclosure 3 in No.4 (Rpgers to Otway, Downing Street, 13 July 1869].

(48) MAHA PD/1863/60/1471/164–165 [Playfair to Jablonski, Zanzibar, 14 September 1863].

(49) *Ibidem*, 165–6.

(50) ANOM FM/SG/MAD/240/530/n.p. [Guillois to le Duc de Broglie, Zanzibar, 24 septembre 1873].

（51） Y. A. al-Ghailani, "Oman and the Franco-British Rivalry: the Bandar al-Jissah Crisis, 1898–1900," *Adab* 29 (2009): 1–17.

（52） George Grafton Wilson, *The Hague Arbitration Cases; Compromis and Awards* (Boston and London: Ginn), 76–81.

（53） *The Encyclopædia of Islām* 1st., *ed*. Martijn Theodoor Houtsma et al. (Leiden: Brill, 1913–1938, 8 vols.), Vol. 8, 976 s.v. 'Omān.

（54） Cheriau, *Imperial Powers*, 51, 159.

（55） Foreign Office, *Muscat Dhow Arbitration: Arbitration in the Permanent Court of Arbitration at the Hague: Grant of the French Flag to Muscat Dhows: the Counter-Case on behalf of the Government of Her Britannic Majesty* (London: Harrison, 1905), 70–1.

（56） *Ibidem*, 74–7.

第一三章　移動は人を「自由」にするか

――「自然」を介した「自由」と「移動」の概念再考

新免光比呂

一、はじめに

「自由」という言葉は、ある人たちには夢をかき立て、胸を躍らせ、勇気を与えてくれる。また変幻自在な風の行方、とどまることのない川の流れ、また果てしない海原のように、捉えどころのない不定形なイメージがある。さらに因習姑息な束縛、自らの存在を脅かす抑圧からの解放、何者にも従わない独立不羈なる気概なども連想させる。あるいは実存的状況のなかで「君は自由だ。選びたまえ」と高名な哲学者に鼓舞されることもあるし(1)、なにをしようが「私の自由だもん、勝手じゃない」という言葉に考え込んでしまうこともある(2)。その「自由」を求めてかつてのソ連社会主義体制下ではサハロフやソルジェニーツィンの叫びがあったし、また現代では感染症の流行に対するロックダウンに自由の喪失を恐れる者もいた。その一方で、共同的な絆を失い、個人として孤立した近代人は与えられた「自由」から逃げ出し、ナチズムのもとで権威に同一化しようとして従順な羊になったりする(3)。

こうした精神的な「自由」のイメージに対して、もっとも単純に身体性を帯びた「自由」のイメージは「身体を拘束されない」こと、つまり「奴隷ではない」ことだろう。奴隷という存在ほど、感情的にも事実としても「自由」から縁遠い存在はない。だから奴隷「解放」は端的に「自由」をもたらす素晴らしい歴史的事実であったと誰でも考えたがる。合衆国大統領リンカーンの奴隷解放宣言に涙し、大西洋の奴隷交易廃止運動に文明の進歩をみたりする。

だが、実際にはそれほど単純なものではなさそうだ。奴隷に関しては鈴木の秀逸な論考がある(4)。それによると、大西洋交易の奴隷ばかりでなく、世界にはさまざまな奴隷が存在してきた。そこでは奴隷からは解放されたものの、新たに契約による実質的な「契約奴隷」も存在する。「解放」とは耳障りのいい言葉ではあるが、現在の世界でも契約による奴隷状態の人は数多くいるのだ(5)。そうした契約による拘束は第三世界なので他人事というわけでなく、現在の日本でもブラック企業や「社畜」と呼ばれる人種があふれている(6)。「解放」されるだけでは、どうも人は「自由」にはなれないようだ。その根源にあるのは、「自由」な主体同士の「自由」な契約という名の下で「商品」として人を隷属させ、収奪し、人間性を破壊するという経済的自由主義の「自由」だ(7)。「自由」な競争と効率化、生産性向上という名の下で、自発的な人の道具化を進める現代のグローバリズムを反映する新自由主義の「自由」も同様である(8)。

「移動」という言葉もまた矛盾するイメージをもって語られる。未知なる世界への好奇心と憧れ、たいくつな日常からの脱却として夢見させることもあれば、ボヘミアンという何物にも束縛されない気ままな生き方を思わせることがある。ところが、その一方で、住み慣れた場所からの強制的な追放、さまざまな理由による迫害と抑圧、落ち着くべき場所が与えられない流浪などの悲惨なイメージをも思い浮かぶ。イメージではなく事実としての「移動」をあげれば、人類の出アフリカにはじまって諸大陸への大移動、ユダヤ人のディアスポラ(9)、ヴァイキングたちの征服、ゲルマン人の大移動、中世ヨーロッパ社会における職人・学者の遍歴、托鉢修道士たちの布教、マルコ・ポーロやイブン・バットゥータ、玄奘三蔵の大旅行、レコンキスタによる再度のユダヤ人離散、海の彼方へと乗り出していった大航海時代、アフリカから南北アメリカ方面へ送られた奴隷、飢饉によるアイルランド人の移民、東欧のポグロムで追われたユダヤ人、ナチスによるユダヤ人迫害による追放と逃亡、社会主義国家などからの亡命の波、イスラエル建国によるパレスチナ難民、シリア内戦、ユーゴ内戦、コンゴ内戦などさまざまな内戦などによる難民、そしてさまざまな理由によるが結果としての労働移民と称される現象など、現代的、歴史的な対象には事欠かない。また生業として家畜の移動を行うモンゴル、ソマリ[10]、フルベなどの人々も忘れることはできない。卑近な例では、留学、転勤、単身赴任、組織内での昇進や左遷、行商に漂泊の芸人など、人の「移動」というものは枚挙にいとまがない。

二、問題の所在

それぞれに多義性をそなえた「移動」と「自由」であるが、本書および本書のもととなった研究会での課題にそって、個別にではなく両者の関係について考えてみると、まず人が直観的に「移動によって自由になれる」と思いこむのは当然だろう。かつて流行した「逃走論」ではないが、とりあえず逃げ出すこともい い[11]。フーテンの寅さんのように、気ままな旅に明け暮れるのは「自由でいいねえ」と「くるまや」のおいちゃんやタコ社長はあこがれる。他方で、視覚障がい者の方たちにとって、他人の助けを借りず、ひとりで「移動」できることは「自由」そのものを意味する。視覚障がい者だけでなく、知的障がい者、聴覚障がい者、高齢者の方もまた、「移動」できることに「自由」を感じるだろう。また感染症の流行によってロックダウンされた町では、ふつうの人々にとっても「移動」できること自体が価値ある「自由」にみえる。ごくごく日常的に、ふつうに考えると「移動は人を自由にする」のだ。少なくとも「移動」によって、「自由」を感じることができる。ならば、そうした「自由」を求めて人は移動するといえるだろうか。

たしかに「自由」への脱出というテーマでは、ユダヤ人をはじめとして多くのディアスポラ事例があげられる。新天地へ船出したメイフラワー号の清教徒たちのように、宗教的迫害を理由として「自由」を求めて移動する事例にも事欠かない。ロシア革命から多くの人々がパリへ、ナチスによる迫害からアルベルト・アインシュタイン、ハンナ・アーレント、エルンスト・カッシーラー、トマス・マンなどもアメリカへ、ルーマニア社会主義政府からはミルチャ・エリアーデ、ウージュエーヌ・イヨネスコやエミール・シオランが逃れたように、政治的亡命者は「自由」を求めて国を捨てる。アイルランド移民、日本の南米移民などのように豊かさを求めて国を出ることもある。つまりは、社会的自由、政治的自由、宗教的自由、経済的自由などは立派な移動の目的である。ニューヨークの自由の女神像は、その象徴だろう。

ただし、残念ながら「移動」できたからといって無条件に「自由」が得られるわけではない。ひとつの制約から免れ、「自由」になれたとしても、また新しい状況下で別の制約が生じるというのは、社会を形成する人間には当然のことである。つまり、人間が社会的動物であり、政治的動物である限りにおいて、移動先での社会と政治からの制約は決してなくならない。

また「移動は人を自由にするか」という問いにあわせて過程としての移動中の「自由」について考えてみるとどうだろうか。もし人が何らかの理由で「移動」をはじめようとしても、移動すること自体がそうたやすいことではない。移動には自然的障害、物理的障害は当然として、社会の仕組みによる政治的障害もある。人は動き出したとたんに、もともとの社会の管理の枠組みとは異なる新たな管理の枠組みのなかに投げ込まれる。村を出れば旅人となり、異邦人となる。国を出れば突然外国人とみなされ、国籍を強制され、なになに人というレッテルをはられてしまう。そして、それを証明する書類を求められる。強制された手続きが進行したとしても、受け入れられるとは限らない。相手先の事情といったものが恣意的な壁として立ち現われる。そして、言語や慣習の違いが移動先での障壁になる。この場合、「自由」になりたいという目的にもかかわらず、「移動」自体によって「不自由」な状況のなかにみずからを投げ入れてしまうことになる。したがって、一般論として「自由」は獲得しうる状態であるというよりは、変化のための起動力をもたらす目的、あえていえばイデオロギーのようにも思われる。つまりは、人は「自由」のために「移動」するかもしれないが、事実としてみれば条件なしに「自由」にはなれない。

こうしてみると、「移動」と「自由」とは想像のなかでは結ばれても、事実としてはほとんど縁遠い関係に思えてくる。つまるところ、「移動」によっては、人は「自由」になれないのだ。だが、結論にはまだ早い。なぜなら、両者の結びつきを考える際に、そもそも「自由」とは何なのか、わかっていないのだ。改めて両者の関係についての考えかたを確認すると、「移動」を「自由」の観点からみるか、「自由」を「移動」の観点からみるか、二つの方向が考えられる。つまり、前者は「自由」な「移動」が可能かどうかといった問いであり、後者は「移動」が「自由」をもたらすかどうかといった問いである。「移動」は多様な現象であるが、少なくとも移動主体としての実体をともなう現象なので、物差しとしては比較的利用しやすい。コーエンのようにディアスポラといわれる「移動」を類型的に分類することも可能だ[12]。ただし、だからといって、分類された「移動」のそれぞれについて「自由」であるかどうかなど単純にはいえない[13]。

また、それに対して「移動」が「自由」をもたらすからといっても、その「自由」には外面、内面の区別があり、論者の立場によって焦点が異なり、「自由」そのものがなにかわからない。そのわからない「自由」を「移動」で分析するのも、「移動」で「自由」を分析するというのも、実に困難な試みだ。

このややこしい「自由」という言葉は、われわれの日常的な意識のなかに根付いており、かなり一般的に使われる言葉だと思われる。ただし、もともと日本の文化や歴史のなかにあったものではなく[14]、ヨーロッパの近代に生まれ、現在までに世界の主流の考え方になったものらしい。このヨーロッパ的「自由」概念は、ヨーロッパによる世界覇権と手を携えてみずから普遍的に妥当すると自己主張してきたようだが、そのあげくに大量破壊兵器などを口実に、他の主権国家を「自由」の名のもとに侵略したりする。

ヨーロッパでは「自由」について歴史的にも多くの思索がその姿を明らかにしようとしてきた。代表的なのは近代初頭のホッブズ、ロック、ミル、アダム・スミス、ルソー、カント、ヘーゲル、マルクス、現代ではラスキ、バーリン、フロム、カー、マンハイム、さらにはローティー、サンデル、ロールズ、ノージック、ハイエクなど枚挙にいとまがない[15]。その対象には、古代ギリシアのポリス的「自由」、ストア哲学における魂の「自由」、そしてアウグスティヌスの意志の「自由」からルターの内面（良心）の「自由」、中世社会における封建的特権としての「自由」、近代市民社会における政治的「自由」、そして階級社会における生存権をめぐる「自由」などがある。その膨大な蓄積を見ると、「自由」についての考察というものはヨーロッパの専売特許か、強迫神経症であるかのように思える。ただし、人類学の知見によると、そもそも時代と地域によって、そして状況しだいで、「自由」はさまざまな姿を文化的にも、社会的にもとってみせるともいう[16]。

したがって、われわれの関心に沿って「移動」と「自由」の相互的関係を理解するには、この「自由」を改めて考え、われわれをしばりつけている知的バイアスをまず確かめる必要がある。とはいえ、「自由」についての思索はあまりにも広大である。そこで、本章では「移動」という観点を見失わないように、メンバーが固定されている「固定的社会関係」と不特定の集団個人からなる「流動的社会関係」との対比において「自由」を捉えていく[17]。まず固定的社会関係における「自由」として古代ギリシアの自由概念をとりあげ、続いて流動的社会関係における「自由」の例としての近代イギリスの自由概念を考察する。ただし、そこにいたるまでの前史としてイギリス自由思想に影響を与えることになるキリスト教的「自由」の問題（意志の「自由」）とプロテスタント的「自由」（信仰の「自由」）を振り返る。

この試みによってヨーロッパの「自由」の特殊性を明らかにしつつ「移動」と「自由」ついて考えてみたいのであるが、そこでは「自然」という概念にしばしば出会う。古代ギリシア哲学の「自然」、アリストテレスの「自然」と「本性」、ストア哲学の「自然」、キリスト教における「自然」、そして近代イギリス思想における「自然権」と「自然状態」など。この「自然」もまた新たな謎なのであるが、第三項としての「自然」を通奏低音として奏でることで、「移動」と「自由」について新たな見方が生まれるのではないかと期待して論述を進めたい。

三、二つの社会関係と二つの「自由」

最初に述べたように、ヨーロッパの歴史においても多様な自由観が存在してきた。通時的にみると、古代ギリシアの「自由」、古代ローマの「自由」、中世初期のゲルマン共同体の「自由」、カトリック教会を中心としたキリスト教的「自由」、カトリックに対抗したプロテスタント的「自由」、コンフェッショナリズム(18)を超えて確立された近代的「自由」、資本主義の発達に寄り添う「自由主義」、社会主義の登場による積極的「自由」、植民地支配からの解放を唱えるナショナリズム的「自由」、高度資本主義に対する反抗としての実存主義的「自由」、二〇世紀を彩った民主主義的な「自由」、一九世紀的自由主義の再現たる「新自由主義」など。だが、本章にとっての主な対象は、古代ギリシアの「自由」とイギリスで発達した近代的「自由」に限定する。なぜなら、自由観にはさまざまなバリエーションがあるのだが、「移動」に関連してとくに意味があるのが、これら二つの自由観と思われるからだ。

それを示唆するのが、経済学者の松尾匡が主張する二つの社会関係と「自由」だ。松尾は、七〇年代までの国家主導経済が行き詰まりを見せているのには「リスク・決定・責任の一致」という原則の欠如があるという。つまり、七〇年代までの国家主導体制では「リスクのある決定をする人が、その結果に責任を負わず、もっぱら他人にリスクを負わせるシステムになっているなら、過剰にリスクの高い決定が行われて、責任のない多くの人々に損失を与えて」しまっていたのである。[19] そのための新たなシステムを提案するのだが、松尾が取りあげるのは、そのシステムの基礎になる「自由」と責任に関わる問題で、そこで分析の概念としてあげられるのが「固定的人間関係」と「流動的人間関係」といった二類型である。これらを分けるのは、リスク処理の仕方と責任概念の違いである。

松尾はさまざまな表現を用いているが、「固定的人間関係」というのは、物事をなるべく見知った人の間ですませ、裏切り者には制裁を加えるといった社会関係である。各自は自分に与えられた役割を果たすことを責任と心得、自集団のメンバーを裏切ることを最も避けるべき悪とみなして、内集団ひいきをして仲間から受けた恩義は返し、取り引きはよそ者を相手にするべき「食うか食われるか」の争いごととみなし、自分が損をしてでもいいから他人をやっかんで足を引っ張るという態度とも言い換えられる。[20] 古代ギリシアのポリス的社会関係にも適用させたいが、それよりも実にわかりやすく日本社会の特徴をも言いえて妙である。政治的にいえば、ナショナリズムやコミュタリアンなど個人の自由を制限しても社会を守ろうとする考え方に近づく。

一方、「流動的人間関係」というのは、理想的な市場観にもとづく見知らぬ人もとりあえず分け隔てなく相手にするシステムと考える。[21] 新しい人間関係や新しいやり方を自由に模索し、その際の自分の決定に自分で責任を負い、集団の所属でひいきをせずに、人間はとりあえず分け隔てなく信頼し、そのうえで常に相手の信頼性に注意し、取り引きは当事者みんながトクをする善行とみなして、自分がトクをするなら他人がどれだけたくさんトクをしようがやっかまずに喜ぶといった態度となる。[22] そこでは、人間関係につねにリスクがともなうが、新しい人間関係を自由に試みることができる。おそらく、この地上にはまだ存在したことのない理想的な市場にもとづいた社会関係だろう。ただし、安易にリバタリアンに近づくと資本の暴力にさらされることにもなる。「固定的人間関係」と「流動的社会関係」とは、個人の自由論と自己責任論の間でのジレンマをときほぐすための類型となると松尾はいう(23)。

本章でこれら二つの社会関係概念を取りあげるのは、この「固定的」と「流動的」という概念が含む「移動」という要素によって対比され、「自由」と「移動」の関係に対しても有効だと思われるからである。本章で「流動的」というのは、松尾がいう二つの社会関係とはやや異なり、歴史的にみた場合の前近代的、封建的な「固定的」社会関係に対して、近代以降の自由主義と市民社会の「流動」する社会関係をさす。適用範囲を広げると、前者が古代ギリシアなどヨーロッパ近代以前にある多くの社会に共通し、後者は近代イギリスなど近代以降の社会に対応するというものだ。人間が固定的な場所と関係性に束縛されれば「移動」は困難であるし、流動的で一定の場所や関係性に束縛されなければ「移動」は容易である。その意味で、人の「移動」と「自由」という観点において、二つの社会関係類型と二つの時代の「自由」観念とは対応する。

まずは古代ギリシアの自由観を考えてみると、もっとも人口に膾炙しているのは都市国家ポリスにおける自由民と奴隷という対比であろう。土地に対する所有権とポリス政治に関与する参政権からなる市民権を持つ「自由」な男子成年たる市民たちは、特権的支配身分として排他的な集団を形成し、日常生活においては知的活動と政治に専念し、いったん急あれば戦士として戦いに赴く。女子供は家庭にあり、生産労働は奴隷たちが担う差別的な社会であった。奴隷制は、都市国家ポリスと古代民主政を支えた重要な制度であった(24)。一方、そうした奴隷制を表面的には否定し、人権や抵抗権などを主張し、「自由」な信仰と「自由」な交易を掲げたピューリタン革命と産業革命にいたるブルジョワジーの発展が顕著であるのが一七世紀イギリスである。

遠く時代が離れた二つの対象だが、実のところ両者は「自由」に関する通俗的なイメージにおいてだけは密接に結びついている。その理由のひとつは、古代ギリシアの民主政と「自由」に関する幻想はルネサンスの人文主義者の憧憬から始まり、西欧では近代のロマン主義の愛好を反映して常にある種の理想として捉えられてきたため、古代ギリシアに関する自由観は、近代的な自由観の反映となってしまったからである。つまり、自由観において両者には共通性が認められる。それは仲手川がいうように、近代人は近くて異なる中世を否定しつつ、遠い古代へ一気に理想を見出そうとするためである[25]。実際のところは決して一様ではなさそうな古代ギリシアの「自由」であるが、ソクラテスより前のギリシアの自由概念は身分的「自由」や政治的「自由」に重点があったとされており、意志の「自由」が思想の重要問題になるのは後代のことのようである。つまりは、近代にとって重要と思える「自由」の観念を古代に投射して、中世を否定しつつ近代的自由を何とか古代の中から掘り出そうとしていた[26]。そのバイアスに気づいた仲手川はギリシア神話のなかにみられる「エレウテロス」という言葉の意義から、我々の自由観には左右されないギリシア人の「自由」の意識の形成過程を遡ろうとする[27]。そこにみられるのは、固定的社会関係が優勢なポリスの姿である。

四、固定的社会関係のなかの「自由」——古代ギリシア

仲手川によると、語源的考察からエレウテロスの意義は「民族に属する」と解される。エレウテロスの「民族に属する」という意味は、奴隷との対比では「自由身分の」となり、「自由身分の」という身分的法的意義から「自由な」という語義が生まれたというのである。

一方、異民族との対比では「民族に属する」は身分よりも自己の民族的国家的共同体への所属を重視した意味となり、ホメロスのなかの「エレウテロスな日」「エレウテロスな酒あえ瓶」は「祖国にある日」「祖国の酒あえ

瓶」となるはずだという。身分的自由概念を表す語は印欧語系の各言語に認められるが、国家の存在と結びつき、政治的意義をもつにいたったのはギリシア語の「エレウテロス」が最初とされる。

これは古代ギリシア人のポリス的な存在空間と密接に関わることに特徴がある。ポリスは同質的な少数の市民と多数の奴隷からなり、「自由」は義務に基づいた特権として市民のみが享受していたのは良く知られている。奴隷たちには当然ながら「自由」はない。この「自由」は特権であるとともに義務であり、アリストテレス的にいえば、ポリス的な人間の存在様式は「自然的」で、「本性的」なものとされる。ヨーロッパの歴史をつらぬく、この「自然」観念は、古代ギリシア人のピュシス（自然）を始原とする。古代ギリシア人にとって「自然」とは個々の自然物を生み、生成させるものだった。人間と対立するものでなく、自然存在者としての人間、神を内に含むものとされた。移り変わる自然現象の背後に法則性を見出す学問的態度が形成され、自然の法則性は自然存在者に秩序と統一を与え、人間の生きる道も示すと考えられ、「自然法」の観念が生まれた。こうした自然哲学の発展が自然界のすべての存在と現象には、それぞれに固有のある本来の状態（ピュシス）があるという認識を生んだ。その結果、自然界のピュシスから人間の文化的・社会的な在り方にもピュシスがあるという観念が生じた。それに対して前五世紀半頃のソフィストは、慣習としての法と「自然」との相違、すなわちポリス社会を規定している慣習法が可変的で、不公平の根源であることを意識することになる。

(28) (29) (30) (31) (32) (33)

ギリシア人にとっての「自然」とみなされたポリスであるが、ギリシア人がポリス的存在として都市に安住していたかというと、植民市の拡大がギリシア人の交易のみならず「移動」への動機を強く持っていたことを示している。おそらくは人口増大の圧力によるものであろうが、ギリシア諸都市が植民市を形成したことにギリシア人の移動的性格が端的に現れている。ポリスという固定的社会関係に固く結びつけられながらも、「移動」の衝動をもっているのは、本書第四章で三島が議論している、「離散」と「回帰」を繰り返すソニンケの「移動」や

第一〇章で向が論じる交易ディアスポラとも対比できよう。もう少し概念を広げれば、ペルシア戦争、ペロポネソス戦争など度重なる戦争が人の移動を引き起こしていただろう。オリエントとの交易はいうまでもない。移動が人口圧による流出だけなら問題はないだろうが、交易になると多様なものが流入し、社会変容をもたらす。もちろん、戦争も勝利ばかりならいいが、敗戦などによって人口構成も社会編成も変容を被る。

古代ギリシアの「自由」にもどると、ギリシア神話のトロイアの国家的危機のなかで現れた「エレウテロス」は、その後どうなったのか。古代ギリシアを特徴づけるポリスと「エレウテロス」を思想的に結びつけたのは、改革者として有名なソロンとされる。前八世紀以後生成しはじめた全市民のポリスという基盤の上に「エレウテロス」を据え直し、その意義を展開させたのである。ポリス市民としての徳性・有能さを意味する徳性（アレテー）を主張したソロンは、本来の意味の貴族的徳性をポリス的基盤の上に再興しようとした。というのも、当時は貴族の貪欲な土地併合と、それにともなう貧農の負債奴隷化とが進んでおり、植民・交易活動の拡大、貴族の伝統的な倫理意識の衰退があって、貴族を良きものとする伝統的価値観は崩れていたからである。そこで、ソロンは望ましいポリス像の中心的理念として神・人共存の道を市民たちに示すものとしての正義を説いた。ソロンにとって「自由」は身分への所属や負担からの解放であるよりも、ポリスの正しいあり方＝良き秩序を意味した。こうして「自由」がポリスと結びつけられたことの意義は大きく、アリストテレスまでギリシアの「自由」の重心は身分や個人の状態よりも、ポリスとのかかわりのなかにおかれる[35]。ソロンの思想世界の政治的実践に裏付けられつつ、「エレウテロス」がポリスの上に据えられた。

しかるに、ギリシアのポリス的秩序の動揺につれて、ポリス的「自由」は個人主義的な意識の高まりと、ポリス的規範としてのノモスから「自然」（ピュシス）への価値意識の転換という新しい事態に直面する。ポリス的存在としての共同的人間から、個人を意識した人間が生み出されたのである。その最たるものがポリスを独裁的に支配した僭主と呼ばれる存在であり、僭主のもとで現代の我々にもなじみ深い「欲するままに行うこと」が実践されるようになった。僭主ただ一人が「気ままな」自由を享受するようになったのである。それはイオニアの文芸にみられるような個人主義の出現と軌を一にしている。そして、僭主制が放逐されたのちには「欲するままに行うこと」が市民の間に広がり、それが「自由」という名を与えられた。時代が下り、ポリス的秩序が緩み始めるとともに、思想は自然から人間へ対象を変更し、関心はエピキュロス派やストア派などのように人の内面的精神に向けられるようになった(36)。

とくにストア派はヨーロッパの思想を支配する大きな流れを生み出した。ギリシア以来の「自然」に「理性」を加えたのである。ゼノンによって創始され、名称は彩色柱廊での講義に由来し、五世紀以上にわたってギリシア、ローマ世界に影響を与えた。ストア哲学は慣習としての法は問題とせず、すべてを「自然」から学ぶことを主張した。行為の究極目的（テロス）とされたのが、「自然」に一致して生きること＝自然に従って生きること＝「自然」の衝動に従った生き方だった。「自然」は神あるいはロゴスと同じものであり、ロゴスたる神が自然物に秩序を与え、万物のなかを貫流している。人間の身体には神からの神的な霊が投げ込まれ、それが人間「理性」とされた。「理性」は人間の高度な認識能力というだけでなく、認識する対象の秩序そのものでもあると考えられた。この理性的存在者である人間にとって、「理性」の承認による衝動が自然的・本来的なものとされ、「情念」は限度を越えた過度の衝動、「自然」に反する非理性的なものとみなされた。いわば人間において自然的なものは人間理性であるという思想が、前面に押し出されたのである。普遍的自然の理法は諸国家の法律に対しても妥当し、法は神によって与えられているもの、「理性」によって把握すべきものとされた。やがてストア派の自然法思想が政治社会を越え、逆にそれを規定するようになった(37)。

ギリシア的状況を最終的に揺るがしたのがローマ帝国の拡大である。ローマ帝国の拡大は繰り返された征服戦争によるものである。地中海沿岸全域から内陸の奥地にまで版図を広げた。こうしたローマ帝国の拡大後の安定と動乱も多くの移動を引きおこした。ローマ帝国の拡大の結果、ローマ市民権の拡大は人々の移動だけでなく、「自由」についての観念を動かした。古代ローマ的「自由」は、ローマ帝国の拡大の結果としての市民的普遍主義（万民法）とともに語られる。ローマ人はギリシア人の平等を排除して、市民個人の「自由」よりも「国家の自由」を尊重したが、ローマ人の「自由」は権威と両立するもので、ローマ法によって与えられた市民権の総和と考えられた(38)。ギリシア人から古代ローマ人の「自由」に共通するのは、いわば同質的な場にあろうとすることと、その場を広げたいという衝動であると仲手川はいう。最後までギリシアのポリスは全市民の共同体という理念を守ろうとし、ローマの共和制と帝制は巨大な領域に支配を広げながらも制度と法とによって同質性を保持しようとした(39)。

ポリス的であることを「自然的」、「本性的」とみなした古代ギリシアや国家の一員であることを強調した古代ローマでは、その「自由」をめぐる議論は市民的義務と特権という集団の「掟」、抽象的にいえば「法」という概念のまわりをめぐっている。そもそも法というのは以下のような認識にたつ(40)。それによると、法は人々の共通感覚や社会規範のより厳格で明確な表現形態であるので、正義に関する共通感覚がどのように具体化され、制度化されてきたかが重要だとする。詳しくいうと、個々人の考え方や行動様式を規定するさまざまな規則や規律が意識的、無意識的に教え込まれ、その過程のうちに規範は血肉化され、感覚化される。ある人的共同体の内外に通用する不文の慣習はいうまでもなく、制定的な法や、司法によって創造されたり確認されたりする判例法、法曹法ですら、ある特定の時空に生きる人々の情感構造や美意識、共通感覚や規範意識と不可分の関係にある。ある意味で「自然」に制約された法意識が人々を導いている。ヨーロッパ人の歴史のなかでつねに問われてきた自然法は、その根拠が「自然」におかれる限りにおいて人々の「自然」な正義感情にもとづいているのだろう。そうした意味で「自由」に関してみると、そもそもヨーロッパでは法は「自由」が内から外へ広がってゆくときのルートとなっており、「自由」は法を通して正当性と客観性を与えられ、権力に対しても他人に対しても守られる。そのときに、法の役割は正義や自然法に支えられているのである。(41)

五、意思の「自由」――アウグスティヌス

古代最大のキリスト教教父であるアウグスティヌス（三五四～四三〇）は、人間の堕落と救済についての思索に心血を注いだ。その思索の中心は、人間は神の似姿としての「自由」で「平等」な同等者間の平和な関係から人間の人間に対する支配関係へと堕落したという認識である。そして、世界を二つの国に分けて見せた。ひとつは神を中心として、霊に生きる救われた者の国である神の国、もうひとつは自己を中心として、肉によって生きる救われざる者の国である地の国である。そして、現世での一定の平和を維持、供給する機能を持った政治機能をもった政治権力が国家であり、罪を犯した人間を罰するための機関であるとする。世界の二分法と処罰機関としての国家という認識は、はるか後世のルターにまでつながっていく。キリスト教化しつつもなお深刻な異端、異教との戦いに直面したローマ帝国末期の時代状況のなかで、アウグスティヌスは内省によってストア哲学とはまた違ったキリスト教的な内面の「自由」を発見していく。

アウグスティヌスは、すべてが神によって創造されたものであるならば、人間が現に罪深いものであって救いを必要とするのはなぜかと問う。それは、人間が神の恩寵によって意志の「自由」を与えられながら、その意志の「自由」を悪用して神に背いたためだとする。人間に意志の「自由」が存在しないとしたら、人間はその罪悪に対して責任を有しないのである。しかし、すべての人間に意志の「自由」を認めるにはあまりにも人間は罪深いので、アウグスティヌスは意志の「自由」を人間の始祖アダムにのみ認めた。そのアダムの意志の「自由」は

「罪を犯さないことができる」という「自由」であったが、アダムは「自由」を悪用して神に背いたために、原罪によって人間は「罪を犯さざるを得ない」惨めな状態へ陥り、人間は「自由」を喪失した。そこで救われるためにはただ神の恩寵にすがるのみであり、神によって救われた人間は今や初めて真の自由を獲得するという。つまり、「罪を犯すことができない」という「自由」だとする。しかし、原罪によって「自由」を失ってしまった人間は、みずからの力によって救われることはできないし、人間のうち誰が救われるかは神の意志による。神によって予め定められているという点では、カルヴァンの予定説を連想させる。そして神の恩寵を媒介するものは教会なので、教会を通じてのみ救済されるとアウグスティヌスはいう(42)。

人間の意志の「自由」を強調し、内面的価値の領域を開拓したアウグスティヌスが没し、古代ローマ帝国（西ローマ帝国）が崩壊してからのヨーロッパでは、ギリシア・ローマの古典的伝統、ゲルマン的民族性、キリスト教的世界観からなる中世が始まった。この地域の古ゲルマン時代については『ガリア戦記』と『ゲルマーニア』によって伝えられるが、移動するが相当の定着性を持つ農耕社会で、そのキヴィタスは自由民からなる人的団体であり、社会は自由民と隷属民（奴隷と隷農）からなっていた。中心的制度は従士制度で民会中心の原理と家門重視の風習が社会を構成していた。やがて四世紀後半から六世紀末にかけて民族大移動がはじまり、ヨーロッパ各地に広がった(43)。

中世の「自由」は、その社会の特質と深く関わっている。古代的なポリス、強大な皇帝権力に支配されたローマ帝国、そして近代の市民社会とも隔絶した社会である。その社会を特徴づけるのは、ローマ属州民の法とゲルマン諸部族の法が平行して機能していたことである。ゲルマン法とは「古き良き法」のことをさし、慣習的不変性と倫理的正当性を土台にしていた。一言でいえば、人間の作為を超えた昔からの正義の理念あるいは生活規範であるので発見されねばならないとされた。このゲルマン人の社会では、個人や団体がさまざまな「自立的活動空間」をもっていたとされる。自己固有の場というものがあり、そこには人格的交わりがあって、そうした空間に対する権利は「法」によって守られた。こうした多様な空間に広がっていた「自由」を含む具体的諸権利を、法によって基礎づけていたのがゲルマン人の社会といえるのである。[44]

そして、法に保護された権利は「神に由来」するとされた。[45] しかし、不変の神の法と不断に変更さるべき現世の法とを峻別する教会の自然法思想が、法の変更可能性を開いていった。キリスト教の教父たちにとって、自然法が所与の秩序とみなされたことはなく、常に実現さるべき秩序だったので慣習には「理性」という判別基準が加えられていった。[46]

古典的な荘園制は解体し、中世都市が勃興し、商品経済の全ヨーロッパ的浸透で、知行制を基礎にした封建主従関係にもとづく人的結合関係としての封建制国家は変質し、絶対主義国家への移行段階としての等族国家[47]が形成された。教皇は全ヨーロッパ的規模での教義の普遍性を主張し、教会の世俗権力からの相対的独立性、教会領の存在を主張した。等族国家（身分制国家）の形成が聖職者階級を等族会議に取り込み、教会領を国や領邦の版図内に囲い込むことになった。しかし、その教皇も教会の腐敗、皇帝権力との抗争で、しだいに絶対的な存在ではなくなっていった。グレゴリウス七世をはじめとする教会の改革者も現れたが、その理想の実現は強い抵抗の前に挫折した。[48] そこで教会そのものの改革をめざすウィクリフ、フスが現れたが、[49] その基盤には一二世紀以降のワルド派、カタリ派などの異端運動に見られた自由説教の動きだけでなく、異端に対抗する聖フランチェスコ会や聖ドミニコ会などの托鉢修道会の活動があった。[50]

六、良心の「自由」――ルター

ウィクリフやフスの改革運動は当時の政治・社会状況との密接な関連のもとに展開され、それを引き継いで中世社会の解体と宗教的な近代化への歩みを告げたのがルター（一四八三〜一五四六）の福音神学であった。ルターは青年時代から罪の意識に悩み、落雷の経験から修道生活への歩みを始める。苦悩のすえに見つけたのが、神の恩恵なくして救いはないことだった。そこには自由意志の余地はない[51]。そうしたルターの根源的なキリスト教信仰の主体的中核である「神の言に縛られた良心」そのものの要請から、信仰の徹底的な内面化を行い、外面社会を相対的に自律化した。その結果、国家権力と良心の「自由」という問題が顕在化し、個人主義的な要因が国家概念と深く関わるようになった[52]。すなわち、その「信仰のみによる義認」の観念は、救済の制度化としての教会社会を崩壊させ、残余の社会は、そのあるがままの姿で神の設定によるものとし、世俗権力も外面世界の事柄に関しては教会より優位に立つとして、国家教会制に神学的基礎が与えられることになった。もともとルターによると、教会はキリストを真に信ずる者すべての、信仰の交わりにおいて形成され、内的な霊において一致している集会のことである。本来不可視であり、可視的教会は地上における仮の姿とされる。ところが、ルター派は既存の教会組織を基礎にしながら、世俗権力の手を借りて、それを領邦ごとに再編成していった。これが国家教会制、領邦教会制の形成である。つまり、ルターにおいては、良心の「自由」は内面の信仰に関わる限りで絶対的な意味を持つが、外面の生活においては世俗権力に従うことを勧めていたのである。その背景には、ルターが強く影響を受けたアウグスティヌスと同じく人間の「自然（本性）」に関する徹底的なペシミズムがある[53]。国家というものは、本来邪悪なる人間の行動を刑罰の威嚇をもって抑止し、外なる平和を維持するための矯正施設と考えたのである[54]。

ルターの唱えた良心の「自由」は、田中正司がいうフリーダム（Freedom）とリバティ（Liberty）の問題を提起する。フリーダムとは、もともと哲学的な用語で、「創造する自由、人が現在あるものになる自由」とされる。いわゆる「○○への自由」、バーリンがいうところの「積極的自由」である。一方、リバティとは「常に○○からの自由、何らかの統制からの自由」をさす。[55]同じくバーリンのいう「消極的自由」である。ルターは結局のところ、国家教会制によって国家からの「自由」というリバティを主張することはなかったが、その信仰への「自由」というフリーダムは、一九世紀後半からの社会主義をはじめとする社会運動の高まりのなかで大きな役割を果たすことになる。

ルターに続く宗教改革者のカルヴァン（一五〇九～一五六四）による神学においては、現世社会についても神の絶対的な権能が主張され、神の支配が強調された。と同時に、人間は完全に堕落した無能力な存在とされ、救済についても人間の側の能動性は完全に否定（「信仰のみ」さえ否定）された。さらに、神は自らの栄光のために自らの永遠の計画に基づいて人間の救済と滅びを予定しているので、信仰は内面世界にとどまることを許されず、この現世において証されなければならないとする。すなわち、救済に対する感謝の生活によって証しされねばならず、厳格な教会規律と教会訓練が必要とされた。また政治権力はその権威を神から受けており、神の意志を実現する責任があるとして、こうした神権政治の論理はジュネーブで実現された。

こうして生まれたプロテスタンティズムはカトリックと教義の正統性を争うことから生まれたので、寛容といった概念とは原理的に無縁である。プロテスタンティズムの信仰の内面化は神の「絶対性」という意識に支えられ、外面的世界とは無関係であるどころかむしろ否定し、個人の内面における自己についての絶対的確信（個人の内面的自律化――キリスト者の「自由」）をもたらした。信仰の正統性は他者に向かって主張され、宗教的革新の角逐と不寛容の原理となって現れた。[56]

ルター派は国家教会制に収斂したが、カルヴァン派は貴族政的神権政治となり、可視的で組織化された教会が至高の権力を掌握した。それは国家目的を世俗的なものに限定せず、「真の教義」「真の礼拝」の維持に求めたが、「真の教義」の解釈権を教会の手にゆだねたので、国家に対する教会の支配を基礎づけ、神の支配権の絶対性から、国家は「神の栄光」を実現するための道具となった。そこからは、コンフェッショナリズムという、元来、プロテスタントにおいて信仰無差別論に対抗して自己の信仰や教義の防衛義務を主張する立場を示すことが、やがて、宗教的相違を過度に強調する態度、さらに宗教的対決を他の領域におけるそれにまで拡大し、宗教的対立が政治的対立に変化し、諸々の対立が宗教的対立に転化することとなった。

ただし、他方でプロテスタンティズムは自律的な個人の観念を生むことで、寛容と個人の「自由」をも生み出した。実体的な「自由」は媒介項としての個人の観念を持つことで、宗教的寛容の原理的表現として信教の「自由」に向かって展開された。近代ヨーロッパの自由主義の起源は宗教改革といえるのは、宗教を個人の内面の問題として捉えなおそうとした限りにおいて、個人の宗教的「自由」を要求したからである。これは一七世紀において、ロックをはじめとする「宗教的寛容」の要求として展開された(57)。

七、流動的社会関係のなかの「自由」と「自然」——近代イギリス

近代イギリスの自由思想の誕生はトマス・ホッブズ（一五八八〜一六七九）を先駆けとする。当時のイギリスでは、ヨーロッパ大陸における三〇年戦争などの騒乱と同じく、ピューリタン革命（一六三九〜一六六〇）から名誉革命（一六八八〜一六八九）にいたるまで、王権と市民階級との対立が国教会とカトリック教会との対立と絡み合い、悲惨きわまりない宗教的、政治的現実のなかにあった。市民階級たるブルジョワジーは人とモノが「移動」する商業と産業の発展によって力を蓄えたが、なお王権に代表される封建的社会関係との桎梏に苦しんでいた。この時代は社会的にみれば、固定的人間関係から流動的人間関係への転換期にあたる。別の言葉でいえば、世界史的に先行する市民社会の成立期になる。その現実に対応して重要な思想を生み出したのが、ホッブズ、ロック、アダム・スミスなど一連の思想家たちであった。彼らはまた「移動」する人たちであり、ホッブズやロックは亡

命や遊学のため大陸とイギリスを繰り返し往復した旅人でもあった。彼らばかりではない、騒乱の主人公である王家や革命家たちも、ことあるごとに大陸へ逃れ、再起を図った。

さてホッブズによると個人はそれぞれ「自然の権利」を有するが、そのなかでも「自由」は各人の「自然の権利」そのものとみなされる。「自然の権利とは、各人が彼自身の自然すなわち彼自身の生命を維持するために、彼自身の意志する通りに彼自身の力を使用することについて、各人がもっている自由（Liberty）」であり、彼自身の判断と理性において、どのようなことでも行う「自由」なのである。(58)

ホッブズの政治思想としての独創性は、政治社会をばらばらの個人の「自然状態」に解体したことである。そこにおける相互破壊的な各人の自己保存の「自然権」をよりよく実現させるために、理性の推論によって平和の規則としての自然法を導出した。自然状態論は人間本質論とでもいうべきもので、「自然状態」は人間性が抑制されずに発揮される状態であり、人間とは自己中心的、自己の生命保存が究極目的とする。いわば、個人の「自然的生命」が最高の価値とされる。そこで彼が主張する「自然権」というのは、人間性に本質的に備わっている権利であり、自分の生命を守るためには何をしても良い権利である。長らくヨーロッパを支配してきた自然法的発想を否定し、人間は自然法に束縛されず、自然権を徹底的に主張し、万人が等しく各自の自然権を貫徹しようとするものとみなした。

そこで、人間が結ぶ社会契約は、各人が自分自身を統治する権利を特定の人物または団体に譲渡する約束とされる。その条件として、契約参加者の受ける利益、不利益は完全に平等であると同時に、権利を譲渡した相手が彼らに対して有する統治の権限を承認する。この承認した統治権が国家主権たるリヴァイアサンである。権利を譲渡したからには、人間は主権者の法に無条件に従わなければならないとする。これは近代市場社会における諸個人間の自由競争を抽象化して作り上げたモデルであったと指摘されるが、現代でも「自由」あるいは政治哲学を語る上での基本的な概念となっている。[59]

ホッブズを継承、発展させたのは、名誉革命を理論的に基礎付けて擁護したジョン・ロック（一六三二～一七〇四）だった。フィルマの家父長的絶対王政論に厳しい批判を加え、ホッブズの絶対主権論を否定しながら自然法思想と社会契約論に立脚して人権論と人民主権論を展開した。とくに宗教的寛容を熱烈に主張した代表的思想家として有名である。

ロックは、「自由」を「意志の自由と行動の自由」すなわち「理性的自由」と考えた。人間が神に与えられた「自然的理性をもつ存在」であるがゆえに、「自由」とは「法の許す範囲で、自分の身体、行為、財産、そして全プロパティを自分の意志に従って思うがまま処分すること」とみなした。[60] これが現在でも問題になっている自己責任と自己決定の源である。[61] 神に与えられた「理性」をもち、独立した主体として決定しうる「自由」をすべての人間がもっているか、あるいはもつべきであるという初期資本主義の基本的な考え方がここにみられる。

さらに、「自由」は「生命、自由及び財産（プロパティ）」を追求する権利としての自然権の一部に過ぎないとし、個々人の自然権が実現されるためには国家権力は絶対的であってはならない、個々人の幸福は国家からの「自由」なくしてありえないとした。ただし、こうした近代資本主義の基礎である私有財産権（プロパティ）の正当化は、ブルジョアジーによる資本の無制限の蓄積を神の計画のなかに組み込むことになった。貨幣経済のもとでの大土地所有や貨幣の蓄積には何らの制約も課そうとせず、むしろ「土地にその価値の大部分を与えるのは労働であり、労働なしには土地はほとんど無価値である」というテーゼを振りかざし、「自然」に労働を加えて改良することによって初めて価値と富が生まれると主張する。キリスト教的なパラダイムを駆使して、彼は「自然の支配と改造」を唱道し、自らの抵抗権論の礎石をなす経済的自由主義を主張したのである。[62]

プロパティの保全と並んで国家からの「自由」に関わる宗教的寛容についていえば、ロックは国家の分野と宗教の分野を峻別し、宗教の分野は個人の良心に任せられるべきで国家が個人の良心に干渉すべきではないと主張した。宗教を個人の自発的問題として、国家からの「自由」を訴えたのである。その宗教的個人主義は、国家が個人の領域には干渉すべきではないとする個人的「自由」の原理的基礎となったものである。ロックの思想はアメリカの独立宣言のなかに表現されている。その理念として「生命・自由、そして幸福の追求」は、「創造主によって与えられた誰にも譲ることのできない権利」「これらの権利を確保するために、人々の間に政府が設置される」ものとし、これらは一般に自然法思想、自然権に基づく社会契約の思想に含まれる。ただし、「自由」と「権利」を主張したロックが、このアメリカ大陸において大土地所有者として奴隷を駆使していたことは広く知られた事実である。(63)

こうしてみると、ホッブズの国家主権への絶対的服従とロックの抵抗理論はまったく反対のもののように思える。ただし、「自然状態」に関するロックの考えは、プロパティ（私有財産）の保全が自然法の主たる目的であり、そのために人間は契約によって国家を構築し、人間はその法に従うべきだとするので、やはり主権への服従は重要な要素となっている。ただし、プロパティの保全を侵害する限りでは政府を打倒することが認められるというだけである。

これが分業と商品交換にもとづく「商業社会」を提唱するアダム・スミスになると、分業と交易、自由な個人相互間の契約関係の経済的表現である「自由化された市場」のために国家からの干渉をなるべく小さくしようとすることによって経済的自由主義の萌芽を示している。近代においてリバティが優勢となったのは、近代イギリス思想が宗教内乱と時を同じくして生じた産業構造の転換にともなう権力闘争、すなわち政府が航海条例など大土地所有者を保護する政策とブルジョワジーを中心として自由な交換、すなわち商業の発展をめざす勢力とのせめぎあいに深く関わっていたからであろう。(64) そして、ブルジョワジーの勝利とともに国家からの「自由」リバティを建前とする自由主義が確立していったのである。くりかえしになるが、固定的人間関係から流動的人間関係への転換が完了する時代となる。

ホッブズであれ、ロックであれ、人間の社会と「自由」をめぐって展開された社会契約説を主張する近代イギリスの思想家たちの思考は、「自然状態」、「自然権」という言葉からもわかるように「自然」と切り離すことはできないことがみてとれる。「当時の「自然」という言葉は、事物の存在に関する言葉であったのではなく、真理の根拠と基礎に関する言葉」であり、「超越的な啓示を必要とすることなく純粋に内的に基礎付けることができる真理、それ自身が確実・明白な真理は、ことごとく「自然」という言葉に属すると考えられた」（カッシーラー）のである。[65] この時代、ホッブズが影響を受けたニュートンなども自然哲学者、自然神学者としての顔をもち、科学とキリスト教は両立していた。そのなかで、「自然」と「社会」はともに全知全能の立法者である「神」が設計し造形した存在とするプロテスタント流の自然神学の論をそのまま引き継ぎ、自然と社会は、ともに全知全能の神が設計し造形した存在に他ならない以上、自然の運動を常に貫徹する科学的法則が存在するのと同様に、社会の運動を常に貫徹する科学的法則が存在する、すなわち我々の社会は、自然と同様に、自律的・規則的な自然法に支配されるという考え方が出現したのであった。[66]

こうしたプロテスタント神学における「自然の支配・改造」は一七世紀イギリスの自由主義的政治理論の発展とも軌を一にしていることは明らかで、「万人の万人に対する闘争」を特色とするホッブズの「自然状態」は、近代市場社会における諸個人間の自由競争を抽象化したモデルだったと考えられるし、ロックの所有権理論も、この近代資本主義の基礎たる私有財産権の正当化を通して、ブルジョアジーによる資本の無制限の蓄積を、神の計画のなかに組み込んだものである。[67] ヨーロッパにおいては、キリスト教の影響の下で「自然」には神によって創造された被造物としての性格と、ギリシア以来の存在論にもとづく性格とが同居していたのである。

八、移動による「自由」と「自然」

ヨーロッパ思想史における「自然」というのは、時代と地域の違いによって意味が確定できない難しい言葉であるが、人が「移動」することについても、「自然」という言葉自体はわれわれの意識に大きな影響を与える。たとえば、われわれはふつう、一か所にとどまっている定住の方が当たり前、「自然」なことだと考える。ひとの生存のためには生産活動が必要であり、それは農業や工業によって成し遂げられる。もちろん、商業というモノの移動とサービスに関わる活動があるが、農工業があってこその生命維持が可能であると考えがちである。これは現代社会においては一般的な見方であろう。定住に比べて「移動」には危険もあり、特別な能力も必要であり、根無し草という言葉からも地に足がついていないことへの恐怖があると考えるからだ。念のため、ここでいう「自然」という言葉は、日本人のわれわれにとってごく当たり前の世間内的な妥当性をもつという意味といっていいであろう。

ここで、ヨーロッパ的な文脈にこだわると、「自然」といえば前節で触れたようにストア派やキリスト教的な神の秩序や世界そのものの成り立ちに深く関わる。その一方で、文明を知らない「自然状態」の人間は「自由」で平等だったといった意味でも使われる。おそらく、そこには旧約聖書におけるアダムによる原罪以前の理想郷がイメージされているのであろう。ルソーを出すまでもなく、ロック以降の思想家たちも自然法に基づいて「自然状態」をどう解釈するにせよ、「自然」に人間との調和的なイメージを提示してきた。そして、文明社会と彼らが自認する近代社会は、実質的には定住を基礎としているが、生存を第一目的とする「自然」の権利の上に成り立っているという。

ところが、これらの文明社会＝定住社会には、経験的に判断すると搾取、飢え、不平等、人殺し、生贄など文配―被支配にもとづく、ネガティヴな諸要素が満載である。それはまた儀礼を中心とする宗教や大量殺人を行う戦争という形でシステム化されている。それでも文明を誇る定住社会の人々は、商業的には固定的人間関係から流動的人間関係へ移行し、モノとヒトの「移動」が社会経済的な基盤でありながら、狩猟採集民やジプシーなど「移動」し続ける人たちの社会を定住社会に劣っていると考え、野蛮、バルバロイ、野生、得体が知れない存在、文明的ではない「自然人」と呼ぶ。そもそも「理性」の保有すら疑い、人間であることを認めず、進化論によって現在と過去を切断し、「自然」に好みのイメージを付与したうえで、現在の「自然人」は未発達の存在とみなす。自らの権利を「自然」といいながら、他者の「自然」を否定的に考えている。ところが、こうした偏見の彼方で、実際のところ「移動」することで、その人たちの社会はどういった性格をもつのかという問いに、最近の研究はたくさんの示唆を与えてくれる(68)。それは国家の自明性を疑い、文明の生み出す闇に光を与えてくれるものである。その視点は定住と「移動」の評価にも新たな光を当てている。

そこで「移動」のもつ動態そのものについてもう一度考えてみたい。「移動」とはもっとも単純にいえば、個人あるいは集団による、ある地点から別のある地点への物理的な存在空間の変化とみなされうる。次に存在空間の社会的な変化が考えられる。さらに、通時的、共時的な個人的生存空間の変化もある。そのなかには、移動先には特別な意味がなく、「移動」すること自体に意味があると考えられるパターンもある。移動民族のジプシー（ロマ）などはそうだろう。オークリーなどによると、イギリスのジプシー集団は、移動とタブーによって民族境界を形成しているという(69)。あるいは本書第二章で左地が示すように、フランスのマヌーシュにおいても複数の家が「移動」のために保持され、親戚とのネットワーク維持など生活の目的そのものが「移動」になっているという興味深い事例が示されている。つまり、彼らは「移動」し続けることが生きることであり、「自由」なのだ。また本書第四章で三島が指摘するソニンケにおいては、若者たちは人生のある時期に「移動」を始めるが、それは必ずといっていいほど「回帰」し、元の社会に新たに獲得した地位を得て戻ることを意味している。

こうした「移動」の動態について考えると、たとえばバタイユの蕩尽論、福岡伸一のいう動的平衡などが、定住社会が抱え込む秩序の乱れ、いわばエントロピーの増大[70]に対する対処法という点で、人間の主観的な意識を超えた移動の客観的意義を新たに示してくれる。つまり、文化人類学でいわれるように祝祭を行うことによって共同体の秩序回復が図られるといったことや、あるいは異人の訪れによって社会が活性化されるといったことと同じような意味で、人は「移動」することで社会や集団が保たれることになるという考え方だ。これは人類学では、ごく一般的な考え方である。自然科学的に定量化しうる仮説ではないが、経験的に、あるいは機能的に、儀礼の効果は広く承認されている[71]。実際、人は「移動」することで古い関係性を絶ち、モノを廃棄し、定住することで生まれる過剰エネルギーを消費し、いわば「身軽」になる。文化人類学者とともに祝祭の効果を主張する経済人類学者の栗本慎一郎は、エントロピーの理論を援用して、共同体もまた不断の生産的労働によってエントロピーが蓄積されるので、祝祭的時空での富の消尽や、非生産的労働の無為性や破壊性、象徴性は、共同体の作り出すエントロピーを一定水準以下におさえ、生産の無制限の拡大をおさえるという結果的機能をもつのではないかという[72]。近代経済学を批判するポランニー以降の経済人類学としては当然の主張であるが、生産と消費を再考する文脈のなかでエントロピーの概念が用いられるのである。

物理学者の杉本大一郎は、きわめて限定的ではあるが、このエントロピー概念の社会科学への応用を強く主張している[73]。特異な思想家バタイユとなると、地上の過剰なエネルギーについて、その成長に回される以外の余剰はエントロピーとして破壊される運命にあるという。それを蕩尽と呼ぶ[74]。それは一面では先に述べた儀礼を中心とする宗教と大量殺戮をともなう戦争のシステム化ともいえる。一方、福岡のいう動的平衡とは、「それを構成する要素が、絶え間なく消長、交換、変化しているにもかかわらず、全体として一定のバランス、つまり恒常性が保たれている系」である。[75] 生物は、細胞を壊すことによって細胞の内部にたまるエントロピーを捨てている。生物は成長よりも破壊することで恒常性を保っているというのだ。こうした分子レベルで起きている生命現象と同じことを、人間はそれ以外の社会活動でも反復しているのだと内田樹はいう。[76] 内田が例にあげるのは、有名なマリノフスキーが報告したトロブリアンド島をめぐるクラ交易である。この事例では象徴的なモノがひたすらに島々の間を移動し続ける。それはラグビーのボールのように手渡され続けるが、クラ交易にゴールはない。クラ交易に必要なのは交易のパートナーであり、パートナーとの関係を維持する努力が共同体を存立させることになる。

九、おわりに

本章では古代ギリシアからキリスト教的「自由」を介して近代イギリスへつながる「自由」概念の歴史的系譜を振り返ることで、ヨーロッパ史における「自然」概念の重要性に気づき、それを「移動」概念と結び付けた。これを踏まえて、最後に動的平衡を基本原理として、結果としてエントロピーの増大を妨げる「移動」のあり方を、集団的な意味での「自由」と考えてみることを提案したい。それは生命の維持のためエントロピーの排出を集団的行為として、「自然」に、「結果」として選び取ることができること、外的な環境、すなわち外的「自然」（生きた「自然」）に即した存在空間を維持すること、それが人間にとっての「自由」と考えてみることである。もちろん、制約も迫害もあるだろうが、生命の流れを滞りなく集団的にも個人的も可能にするあり方、これが本来的な「自由な」あり方とみなしてみると、「○○からの自由」でもなく、「○○への自由」でもなく、外的「自然」という存在との「自然な」有り様を「自由」と感じることで、人間の「理性」によって操作できると信じられている環境問題も全体的な人間存在の有り様とみなせるのではないか。

「理性」による操作は選択的であり、さまざまな要因によって支配されるが、人間存在の根源性を自覚するならば選択の余地はない。「コモン」[77]としての地球は誰のものでもなく、「自然」な存在系そのものである。さらに付け加えれば、人類学者である岩田慶治はカミについて考察するなかで、アニミズムにおけるカミ経験は出会いの場の出来事であろうという[78]。それは人間と「自然」との接点における出来事である。アニミズムは「自然」のなかから突出してくるものであり、自分を超えた魂の広がりのなかに立ち入るものである。これもまた「自然」と人間とのあり方である。「自然」が単なる物質（マテリアルあるいは質料）としてだけの自然ではなく、「生きた自然」として現れる場面である。

これらの議論はエントロピーという概念理解にしばしば誤解が生じているとの指摘もあり[79]、まだ仮説の域をでないが、今後、「移動」による集団のエントロピーの排出と「自由」について理解を深めるきっかけにしたい。

（1）　J・P・サルトル『実存主義とは何か』（人文書院、一九七二年）三七頁。
（2）　佐伯啓司『自由とはなにか――「自己責任論」から「理由なき殺人」まで』（講談社現代新書、二〇〇四年）。
（3）　E・H・フロム『自由からの逃走』（東京創元社、一九七九年）。
（4）　鈴木英明『解放しない人びと、解放されない人びと――奴隷廃止の世界史』（東京大学出版会、二〇二〇年）。
（5）　ケビン・ベイルズ『環境破壊と現代奴隷制――血塗られた大切に隠された真実』大和田英子訳（凱風社、二〇一七年）。
（6）　安富歩『生きるための経済学――選択の自由からの脱却』（NHKブックス、二〇〇八年）。
（7）　鈴木『解放しない人びと、解放されない人びと』。ユルゲン・コッカ『資本主義の歴史――起源・拡大・現在』山井敏章訳（人文書院、二〇一八年）。
（8）　植村邦彦『市民社会とは何か――基本概念の系譜』（平凡社、二〇一〇年）。松尾匡『自由のジレンマを解く――グローバル時代に守るべき価値とは何か』（PHP選書、二〇一六年）。

（9）ディアスポラとは、居住地があった元の国家や民族を離れて暮らす国民や民族の集団ないしコミュニティ、またはそのように離散すること。
（10）ソマリの移動については本書第五章の池谷論文に詳しい。
（11）浅田彰『逃走論――スキゾ・キッズの冒険』（筑摩書房、一九八四年）。
（12）ロビン・コーエン『グローバル・ディアスポラ』駒井洋訳（明石書店、二〇一二年）。
（13）この「移動」を「理解」することの難しさは、本書第四章の三島論文で指摘される通りである。
（14）仲手川良雄『歴史のなかの自由――ホメロスとホッブズのあいだ』（中公新書、一九八六年）六三～四頁。
（15）田中正司『自由とは何か――思想史的考察』（お茶の水選書、一九八三年）。佐伯啓思『自由とは何か』（講談社、二〇〇四年）。松尾『自由のジレンマを解く』。
（16）中川理「自由」（春日春樹、竹沢尚一郎編『文化人類学のエッセンス』有斐閣アルマ、二〇二一年）。
（17）この概念は、松尾『自由のジレンマを解く』にもとづいている。
（18）プロテスタントにおいて信仰無差別論に対抗して自己の信仰や教義の防衛義務を主張する立場を示すこと。
（19）松尾『自由のジレンマを解く』、五頁。
（20）松尾『自由のジレンマを解く』、八四頁。
（21）松尾『自由のジレンマを解く』、九頁。
（22）松尾『自由のジレンマを解く』、八四頁。
（23）松尾『自由のジレンマを解く』、一二頁。
（24）清水昭次「ギリシア政治思想の背景と特色」（有賀弘ら編『政治思想史の基礎知識――西欧政治思想の源流を探る』有斐閣、一九七七年）二頁。
（25）仲手川『歴史のなかの自由』。
（26）『イーリアス』第六巻における英雄ヘクトールの「エレウテロスな日を奪って」「エレウテロスな酒あえ瓶」という言葉。ふつうは「自由な」と訳される。
（27）仲手川『歴史のなかの自由』、一三頁。

(28) ポリスは理念型として、共通の神(ポリスの守護神)を祀る宗教的共同体、市民皆兵の戦士共同体で参政権は戦士たりうる成年男子のみ、直接統治の可能な狭い国土で市民同士が人格的に交われること、経済的自立が可能な郊外農地の存在、政治的自治の重視、同盟や支配・隷属関係を嫌悪することが特徴とされる。大沼忠弘「ポリスの変質」(有賀ら編『政治思想史の基礎知識』)一四~五頁参照。
(29) 田中『自由とは何か』。
(30) これは有名なゾーオン・ポリティコン(一般には社会的動物と訳されるが、より正確にはポリス的動物)に由来する。「人間は自然によってポリス的動物である」というアリストテレスの認識であり、人間はポリスに生きることによってのみよく生きることが可能であるという意味である。大沼忠弘「アリストテレスのゾーオン・ポリティコン」(有賀ら編『政治思想史の基礎知識』)一八頁。
(31) アリストテレスによると自然は、成長する事物の生成、成長する事物のうちに内在していて、この事物がそれから成長し始める第一のそれ(たとえば植物の種子)、自然によって存在する事物(自然的諸存在)の各々の運動が第一にそれから始まり、かつその各々のうちにそうした事物のそれ自体として内在しているところのそれ(自然的存在)の第一の内在的始動因を意味する。アリストテレス『形而上学 上』出隆訳(岩波書店、一九八八年)一六一頁。
(32) アリストテレス以前の古代ギリシア哲学では、事物がもっていると考えられる自然本来の可能性の限界を意味していた。山川偉也『古代ギリシアの思想』(講談社、一九九八年)三四頁。
(33) 帆苅猛「自然的理念」(有賀ら編『政治思想史の基礎知識』)三〇~一頁。
(34) 周藤芳幸『古代ギリシア 地中海への展開』(京都大学学術出版会、二〇〇六年)。
(35) 仲手川『歴史のなかの自由』、四四頁。
(36) 岩崎武雄『西洋哲学史』(有斐閣、一九五二年)六九頁。三島淑臣『法思想史』(青林書院新社、一九八〇年)九五~一〇〇頁。
(37) 帆苅「自然法理念」、三〇~一頁。
(38) 仲手川『歴史のなかの自由』、一七六~七頁。
(39) 仲手川『歴史のなかの自由』、一七九頁。

(40) 勝田有恒編『概説西洋法制史』（ミネルヴァ書房、二〇〇四年）。
(41) 仲手川『歴史のなかの自由』、一五七頁。
(42) 柴田平三郎「アウグスティヌスの政治思想」（有賀ら編『政治思想史の基礎知識』）五二〜三頁。岩崎『西洋哲学史』。
(43) 柴田平三郎「ゲルマン人の国制」（有賀ら編『政治思想史の基礎知識』）五八〜九頁。
(44) 仲手川『歴史のなかの自由』、一七二頁。
(45) 仲手川『歴史のなかの自由』、一七九頁。
(46) 津野柳一「中世の法観念」（有賀ら編『政治思想史の基礎知識』）八四〜五頁。
(47) 等族国家というのは、ヨーロッパで封建国家と絶対主義国家の中間に出現した国家形態で身分制国家ともよばれる。
(48) 仲手川『歴史のなかの自由』、一七九頁。
(49) 有賀弘「宗教改革の先駆的運動と国家教会制」（有賀ら編『政治思想史の基礎知識』）一〇二〜三頁。
(50) 堀米庸三『正統と異端――ヨーロッパ精神の底流』（中公新書、一九六四年）。小田内隆『異端者たちのヨーロッパ』（NHKブックス、二〇一〇年）。
(51) 金子晴勇『宗教改革の精神――ルターとエラスムスとの対決』（中公新書、一九七七年）。
(52) 成瀬治『近代市民社会の成立――社会思想史的考察』（東京大学出版会、一九九二年）五八頁。
(53) 成瀬『近代市民社会の成立』、六二頁。
(54) 成瀬『近代市民社会の成立』、六八頁。
(55) 田中『自由とは何か』、一二頁。
(56) 有賀弘「宗教改革と寛容」（有賀ら編『政治思想史の基礎知識』）一四四〜五頁。
(57) 有賀「宗教改革と寛容」、一四四〜五頁。
(58) 角田修一「人間の自由と社会的意識形態としての自由主義（1）――ホッブズからマルクスへ」（『立命館経済学』六五―一、二〇一六年）五〇頁。トマス・ホッブズ『リヴァイアサン上』加藤節訳（筑摩書房、二〇二二年）一一二頁。
(59) 國分功一郎『近代政治哲学――自然・主権・行政』（ちくま新書、二〇一五年）。重田園江『社会契約論』（ちくま新書、二〇一三年）。角田「人間の自由と社会的意識形態としての自由主義（1）」。

(60)　角田「人間の自由と社会的意識形態としての自由主義（1）」。
(61)　人間が真に自己決定しうるのかどうかについては、松尾『自由のジレンマを解く』、安富歩『ジャパン・イズ・バック——安倍政権にみる近代日本の「立場主義」の矛盾』（明石書店、二〇一四年）、同『生きるための経済学』など。
(62)　桜井徹「「自然の支配」の行方」（『環境技術』二三—九、一九九九年）五四頁。
(63)　植村邦彦『隠された奴隷制』（集英社新書、二〇一九年）。
(64)　航行の自由と通商の自由とのせめぎあいと展開は、本書第一一章の薩摩論文に詳しい。
(65)　荒川章義『思想史のなかの近代経済学——その思想史的・形式的基盤』（中公新書、一九九九年）一二頁。
(66)　荒川『思想史のなかの近代経済学』、一二頁。
(67)　桜井徹「「自然の支配」の行方」五四頁。
(68)　J・C・スコット『反穀物の人類史——国家誕生のディープヒストリー』立木勝訳（みすず書房、二〇一九年）。
(69)　ジュディス・オークリー『旅するジプシーの人類学』（晶文社、一九八六年）。
(70)　エントロピー増大の法則とは熱力学の第二法則で、その物質の持つ「熱量（カロリー）／絶対温度」から導かれた断熱系の内部では秩序あるものを秩序なきものにする動き。
(71)　山口昌男『歴史・祝祭・神話』（中央公論社、一九七八年）。同『文化と両義性』（岩波書店、二〇〇〇年）。同「今日のトリックスター論」「文化における中心と周縁」（『知の祝祭』青土社、一九七七年）。ヴィクター・ターナー『儀礼の過程』富倉光雄訳（思索社、一九八八年）。
(72)　栗本慎一郎『幻想としての経済』（青土社、一九八三年）。
(73)　杉本大一郎『エントロピー入門』（中公新書、一九九〇年）。
(74)　ジョルジュ・バタイユ『呪われた部分』生田耕作訳（二見書房、一九七八年）。
(75)　福岡伸一『せいめいのはなし』（新潮社、二〇一四年）二二頁。
(76)　内田樹「ぐるぐる回る　内田樹さんと」（福岡『せいめいのはなし』）三四頁。
(77)　斎藤幸平『人新世の「資本論」』（集英社新書、二〇二〇年）。
(78)　岩田慶治『草木虫魚の人類学——アニミズムの世界』（講談社学術文庫、一九九一年）。

（79）　杉本『エントロピー入門』、五頁。参考までにいえば、山口が紹介するウスペンスキーのエントロピーの概念なども刺激的ではあるが、原義からはかなりはずれているといえよう。ウスペンスキーは文化の内側から見て整理のいき届いている部分を「情報」と呼び、行き届いていない部分をエントロピーとよぶ。山口「文化における中心と周縁」、四一八頁。と同時に福岡の「動的平衡」の概念の応用もある種の困難に直面している。それは生物学の現象としては認識し得るものの、概念的に説明することが難しいからである。福岡は理論モデルの構築と西田幾多郎の哲学を池田義昭とともに考察することで突破しようとしている。福岡伸一『新版　動的平衡――生命はなぜそこに宿るのか』（小学館、二〇二〇年）。池田善昭、福岡伸一『福岡伸一、西田哲学を読む――生命をめぐる思索の旅』（小学館、二〇二〇年）。

終章　座談会

コロナ禍での共同研究

鈴木：今日は座談会にお集まりくださり、どうもありがとうございます。この研究会は、初回が二〇一九年の一一月だったんですよね。その後、年が明けるとコロナが流行しだして、基本的にはオンラインで研究会を続けていくことになりました。ですから、移動の自由／不自由を扱う研究会が思いもよらずに、移動の不自由さのなかで進められていきました。皆さんもそうした環境下で移動についていろいろ考えるようなことがあったかと思います。そこから始めたいのですが。授業などはどうですか？　今はもう全部、対面授業ですか？

田中：私が所属する大学の場合、オンライン授業は数百人規模の大教室のものでは実施されていますが、大半は対面授業に戻りつつあるという印象です。ただ、コロナ禍を経験したからこそ、移動を論じるこの研究会の重要性に気づかされました。コロナ禍で移動が制限されていたからこそ移動というものが、改めて我々の生活にとって不可欠だと痛感したというか。

鈴木：移動が制限されるっていうのは、なかなかこれまでの人生のなかでなかったことだと思うんですよね。そうした環境下で、移動というものが一体何なのかというのは、改めて問い直せたというのは不幸中の幸いだったように思います。

新免：そうですね。この研究会で意識が高まったせいか、先日未来科学館館長である浅川智恵子さんと民博の館長との対談を仕切ったときに、浅川さんがＡＩスーツケースで移動出来ることは視覚障碍の人間にとって自由を意味するのですよといわれていたのがとても印象的でした。高齢者の方なんかもそうだと思いますが、簡単に自立とかいっても、まずは人は移動出来ないとなかなか人間性を大切にするというか、自分自身が自由にならないということに、この研究会で気づかされました。

左地：私は、移動が生きることを作っているような人たちを研究してきたので、移動はすごく当たり前のものだという前提があったんですけれども、学生と話していると違う。コロナ禍の移動制限下で、フィールドワークが出来ないので、移動制限中に感じたことをオートエスノグラフィとして書いてディスカッションしていたんですけど、意外と学生たちは、不自由さは感じているけれども、移動制限に対する抵抗感をあまり表出しない。「他の人たちに感染を拡げてはいけないから仕方ないよね」みたいなことをいっていたんです。同時期に、フランスとかイタリアとかでは、当たり前のように移動の権利を強く主張していて、だからそうした話とかを学生にしたり、移動がどんなふうに社会とか共同体を作ってきたのか、話したりする機会があったんです。なので、新免先生のおっしゃっている移動がそもそも人間が生きていくなかで当たり前に持っているべき自由として考えられている社会と、そうでもない社会っていうのがあるのかなっていうのが、コロナの時に感じたことですね。

鈴木：日本は一種、「そうではない社会」…？

左地：でも学生たちは（移動制限がなくなった）今をすごく謳歌してます。だから「そうではない社会」ではないと思うんですけれども、移動を制限されても仕方がないって受け止められる社会なんじゃないかと。

移動と自由、感覚の多様性

新免：移動よりも自由のところに問題がありそうな気

がしますね。移動をどう考えるかっていうのはやっぱりその自由とか権利とか、自分がイメージするものがどれ程豊かであるかによって、違うのかもしれません。移動も「まあ我慢したらいいよね」で済む人と、絶対に移動して人に会わないと自分が人間として生きていくことに意味がないというヨーロッパの人とで違いますよね。

左地：その対比を本当に感じました。

薩摩：それに関して私が思いましたのは、この研究会で改めて移動の自由ということを考えた際に、やはりヨーロッパは、ヨーロッパ全部といっていいかわからないので西ヨーロッパに限ってというべきかもしれませんが、ある意味、移動の自由に対してオブセッション（強迫観念）を持っている社会なのではないかということです。というのは、もともと際限のない自由な移動などというものは現実にはあり得ない訳です。そもそも普通に移動するだけでも海があったり川があったりするわけで。だけれども、そういうものを取っ払って、人間は無際限に移動できるべきだ、自由な移動を認めるべきだという考え方というのは、かなり強力なイデオロギーだと思うのですよね。むしろそうではないように思っている社会のほうが本来的には多くて、日本もたぶんそちらの社会だったのではないかと思うのですが、そちらのほうが常態であって、際限なく移動できることを自然だと考えること自体が、歴史上のある時期にある地域で生まれた特殊なイデオロギーなのではないかということを、航行の自由という観念の発達を調べながら考えました。

鈴木：それはいつぐらいから生まれたんですか？

薩摩：私も専門外なので概説的な知識しかないのですけれども、私の知る限りでは、ヨーロッパ人が新大陸に到達した頃には、移動の自由は布教の自由と結びついていた印象があります。世界各地に行ってキリスト教を布教できるべきだという、それ自体がひとつのイデオロギーだと思うのですが。どこにでも行けてキリスト教を伝えられるべき、さらには、どこにでも行けて通商ができるのは当然であり、それが自然なことである、新免先生の言葉でいうと、それこそが人類社会

の自然なことなのだという語りが、近世以降のヨーロッパの思想のなかでしばしば出てくるような印象を受けます。それがもっと以前の中世からあったのかは、私はわからないのですけれども。

新免：そういう意味では、一世紀のこととされるパウロの宣教自体が先駆けで、ローマ帝国に迫害されることになるにしてもローマ帝国のなかで自由に移動出来て、ローマにまで行って殉教するわけです。そもそもイエスの言葉のなかに「汝ら、全世界にゆきて、すべての被造物に福音を宣べよ（マルコ16-15）」っていう言葉つまり世界宣教の言葉があるんです。だからスラブ世界への宣教、アイルランド修道士の活動などなどキリスト教の宿命としての布教という移動が生じます。さらに一二世紀ぐらいから自由説教というかローマ教会への不信から異端運動が活発になって、さらに托鉢修道会が出来ていきます。そういったことが移動と関わっている可能性もあります。

薩摩：キリスト教にかなり深く組み込まれている考え方ということですか？

新免：そうだと思いますね。

薩摩：そのような布教のための自由な移動に加えて、ヨーロッパの一部では通商やそのための航行は自由にできるべきという考え方も出てきます。しかし、世界の他地域では、例えば完全にではないにせよ鎖国的な状態にあった江戸時代の日本のように、なぜよそからやって来た人間に自由に貿易をさせないといけないのか、という意識のところも少なくなかったと思うのです。そのような意識のずれは、以前に私が日本の鎖国についてのＢＢＣのラジオ番組を聞いた時にも感じたことです。その番組中、司会の方が、日本は海に囲まれた国なのに江戸時代に自由な貿易を認めなかったのは変だよねといった内容のことを、深く考えてではないと思うのですが、ぽろっといっていたのがとても印象に残っています。貿易やそのための移動の自由について、今でも普段は意識されないレベルで前提の認識がだいぶ違うのかもしれないということを、その時、感じました。どこにでもでかけて行って、当初は布教、のちには貿易も自由にできるのが人間にとって自然なことであるという発想がスタート地点にあるのが、ヨーロッパすべてとはいえないかもしれないですが、ヨーロッパの一部の、ある面での特徴なのかなということは思います。

鈴木：移動と自由の感覚の多様性という点でとても面白いですね。中国はどうですか？

向：中国では古い時代は律令のもとで移動は例外的な状態として扱われていました。ジョヴァンニ・アリギという人が、ヨーロッパは外向的発展径路、つまり外に向かって出て行くために編成されてるような経済といっていて、それに対し、中国は自然的発展径路といって、農業生産の蓄積に重心を置いて、余剰が出てきたら外に向かう経済と捉えています。しかし、モンゴルが支配する元の時代には、結構、外向的発展径路で、移動が当たり前の時代になっていたと思うんですよ。だから中国も時代によって変わっていく。どういう社会が前提なのかによって移動の捉え方が変わっていくのかもしれない。

鈴木：中国史のなかでもその王朝ごとにというか、時代ごとに大分変わってくる？

向：そういうことがあったので、私の原稿では三つの時代を比較しないとだめだと思ったんですね。移動をどう捉えるか、ひとつのイメージだけではちょっと固められないなと。

鈴木：園田先生のテーマの華工の移動。あの原動力は、やっぱり人口圧なんですか？

園田：そうですね。ただ一概に一九世紀半ばの人口圧だけではないですね。可耕地の限界や客家《はっか》と本地人の抗争もあります。興味深いのは、一九世紀初頭に広東省から東南アジアの金鉱山に集団で行った人たちで、現地の土豪の許しを得て、金の採掘を組織的に始めています。つまり広東地域の文化的理解のなかで、移動というものが肯定されている。で、その文化的な経験や資源も使いながら移動が常態化していく。社会がこう窮々として押さえつけられた、所謂経済的なプッシュ要因で出て行く、それだけではないといわれています。

鈴木：むしろなんかこう、出ていこうという雰囲気か何かが醸成されていって？

園田：そうですね。もともと回路があるから、所謂チャンネルがあるから起こるという考え方ですね。私もそのほうが中国人の移動を説明出来ると思います。

鈴木：しかし、それは中国といっても、広東とか、ある一部ではないですか？

園田：ええ、東南沿海部です。地域の歴史的文化的条件の違いという点では、向先生がおっしゃった王朝や時代による違いと似て、その時の社会状況や、その社会が経験した何らかの事件やきっかけによって、移動の回路が生まれると考えたらいいかな。

鈴木：西の方に話を移しますが、たとえば、以前、民博にいらした片倉もとこ先生は、イスラームを移動の文化として捉えられていますね。馬場さんがアデン湾を中心とした移動を見られていて、これまでの話の文脈とどう繋がっていきますか。

馬場：イスラーム世界では、商人や預言者ムハンマドが残した言行を集めたい宗教学者などが、西アジアやインド洋西海域を広く移動したり、メッカ巡礼をしたりしていました。今回の論考でも、北東アフリカからアデン湾を渡ってイエメンへ移動した人の生涯について書いています。一方で、イスラーム＝移動の文化というイメージについては、私は疑問視しています。たとえば中世のイエメンで書かれた人名録では、人々の生活はほとんどイエメン内部で完結しており、たまにメッカへ巡礼するという例が散見する程度です。イブン・バットゥータの世界大旅行は有名ですが、イスラーム教徒の皆が皆、広域にわたってがんがん移動していたというよりは、遠距離を移動した少数の例が目立っているようにも感じます。

移動すること／しないこと

鈴木：なるほど、現代の我々がすごく移動の可能な環境にあって、それを前提視してしまっている。そこから歴史を見てしまうと、見落としがあるんじゃないかというご指摘ですね。

馬場：そうですね。コロナ禍を通して、移動がとても大事なことがわかった。私自身、移動が生きることの一部であるという話を論考でしています。しかし実は私個人は、コロナ禍に順応しまして、移動をすることなく日々を満喫していました。移動はなくてもいいかなという気もしていたほどです。

鈴木：移動はなくてもいい⁉

左地：そうなんです。私が驚いたのはそれなんです。全然楽ですっていう人が多かったのに驚いた。「みんなエントロピーはたまらないのか」って思いました。

鈴木：なんで⁉　それは何でなんですか？　だけどそれって、例えばビデオ通話が出来たりだとか、何らかの形で人と繋がれるから移動しなくていいということなんじゃないんですか？

薩摩：繋がりたくないって人もいるんじゃないでしょうか。

鈴木：え、そもそも繋がりたくないの⁉

薩摩：繋がらなくても楽しく過ごせるという人や、むしろ移動したり人と繋がったりするのが疲れるっていう人だっていっぱいいるんじゃないでしょうか。そのような人とそうでない人との認識の差は大きいと思います。

杉本：そのあたりは学生と接していると強く感じます。フィールドワーク教育の一環として連れ出そうとするのですが、反応が悪い。「そこに何があるんですか」「何時に帰れますか」「いくらかかるんですか」なんていってくる。「行ってみないと分からない。とりあえず行こう」では納得しない。しかたなく、通常の授業を休みにして休日に連れて行く。移動を通して得られる対価が明確でないと、移動したがらないんですね。彼らにしてみれば、移動は「コスパが悪い」ということなのかもしれません。

園田：前回の研究会で、三島先生が新免先生とお二人で話した内容に、移動することはすごいことなんだ、非常に特殊なことなんだって表現があって、今も印象に残っています。移民研究には、やはり個人に焦点を当てざるをえない性格があるんです。個人が何かすごいことをやる、あるいは何かを生み出す、作り上げる側面があるので、個人を通して移動そのものを見る視点がある。あまり普遍化出来ないのかもしれません。

鈴木：もう移動しないほうがいいんですかね⁉

田中：私がこの研究会で学んだのは移動の捉え方の多様性だと思っています。例えば、先ほど薩摩先生がおっしゃったように「制限のない移動をするべきである」という言説はある地域からかなり強い影響力をもって広がったことを実証的に理解できました。他方で、さきほど馬場先生がおっしゃったように、別に移動をしなくても困っていないという価値づけも、多くの文化圏で存在していた。ここで、移動の捉え方が多様であることを整理するために、文明誌という言葉に戻ってみたいなと思いまして。確か一度、この研究会で文明誌という言葉が出ませんでしたっけ？

鈴木：はいはい。文明誌。ありましたね。

田中：この研究会のテーマは「人類史における移動概念の再構築」というものでしたが、ここで学んだことを「移動の文明誌」として整理すると、個人的にすごい納得できると改めて思っていますね。

鈴木：うん。文明誌って、この研究会をまとめようとするときに僕言いました。

田中：一度、ありましたよね。

鈴木：ありました、ありました。うん。僕がその時考えたのは、移動を巡る関係性っていうところに、むしろ焦点を置いていけたらなというか、移動が作り出す、移動を作り出す関係性にね。移動するっていうことは、やっぱり関係性っていうものとすごく不可分なことなんじゃないか。関係性を作る、関係性から逃れるというのもあるし。逆に、いまある関係性ってものに満足していれば、移動しなくてもいいという考え方もあるのかもしれないなんて、さっきの議論で思いましたが。そういう点で、西アフリカのソニンケの人たちは移動民といわれていますが、ある時期まではマラブ（イスラームの導師）しか移動出来なかったのですよね？

三島：そういう意味では、移動は何かから逃れるためでもあります。外に何かがあるかもしれないという期待を込めて移動するわけですよね。けれども、実際にはソニンケ語で自由という言葉はなく、それに相当するのが束縛から逃れる、あるいは自分の体を自分で保有するというような意味なんですよね。だから社会のなかにある何らかの束縛が、そこから逃れようとする力によって移動を生み出すと考えることができます。それはマラブだけが移動することができた時代とはまた異なるかたちの移動です。奴隷解放後にだれもが等しく移動する権利を得ると、社会身分や年齢差などによるある種の束縛から逃れたいという思いが個人のレベルで明確になってきたように思います。それが文化的に見れば民族集団の特徴だといわれたり、あるいは経済機会があるから移動するとか、分野の違いによっていろんな解釈がされるわけです。しかしそういった個人や集団レベルの話を越えたところに、薩摩さんが論じておられる航海の自由という政治的概念がある。管理によって移動の自由を保障するという考え方からは、自由という概念にまつわるいろいろな属性を取り払うためのものすごく大きなきっかけに、私としてはなりました。

向：皆さんの話をうかがって、主体的に自分を取り巻く状況を変えようとして、掛け合いながらその状況を良くしていくっていう部分を感じたんですけど、そういうのは私の原稿の場合あまり出てこなくてですね。移動が何かを新しく作り出すって側面をあまり打ち出せてないのが悩みどころです。それは史料の限界なのか、そもそもそういうものがない場合があるのか。ちょっと悩ましいところですね。

鈴木：うん、うん。私が私のことを決める、コントロールするっていう意味の主体性っていうのは、普遍的なものなんですか？　なんか最近、よくわかんなくなってきたんですよ。

新免：意思の自由とか自主決定って、非常に怪しい言葉ですよね。最近の自由主義とかのなかで、意思の決定責任とかっていうのは、必ずしも普遍的ではなくて、今の市場社会に都合良く労働者に責任をとらせる決定っていうことですね。その前にさかのぼると、キリスト教の原点は罪なので、悪を犯す私は自由なのか、神からの自由は何なのかということをヨーロッパ人はずっと悩み続けてきています。主体への執着、自由への強迫観念もそうだし、移動の強迫観念もそうですけど、ヨーロッパの思想のなかには、常に主体である私が決定するっていう、その決断主義というようなとっても強いバイアスがあるような気がします。

園田：コロナがやや沈静化して多少移動が出来るようになった頃に、私が実家に帰省しようとしたら、両親が何らかのきっかけでコロナに感染したら重症化するので帰らない方がいいというんです。研究者仲間も同じ経験をしていました。つまり移動は、自分自身が前向きに主体的に起こそうとしても、移動の受け手がしないでくれといったらそもそも起こらない現象でもある。私たち、ヨーロッパ的な自由に則って移動を考えていますけど、受け入れてくれなかったら移動は起こしようがない。コロナで一番感じたのはそこです。

移動と定住と自由／不自由

三島：コロナ禍で自由っていうのを考えると、まあ日本の場合だと思うんですけれど、自由の範囲をどんどん狭めてるような気がするんですよね。もともと自由なんだから自由に幅を決めればいいのに、制限を加えるわけです。どんどんどんどん。そこがコロナ禍における自由の捉え方の特徴かなっていう気がします。日本社会一般的にそういう傾向は他の場面でも多々見られると思うんですけど、すごく顕著にそれが出てきたという気がします。

鈴木：自由を狭める？

三島：自分で制限を加える訳ですね。

鈴木：あ、自分で制限を。自由意志のもとで自由を制限してくっていう……。

新免：それは自由意志というけれども、空気でなる場合があるので、必ずしも自己決定ではなくて、状況が強いる自己決定っていうのもありますよね。

薩摩：今の新免先生のお話を聞いていて私が思ったことは、ヨーロッパに由来して、現代の日本にも影響を与えている自由の主体とみなされているのは、現代では結局、個人なんですよね。集団の自由や国家の自由といった考えではなくて。それは今の新自由主義的な考え方にもフィットしていると思うのですが、現代では、あくまで自由を行使する、あるいは自らそれを制限する主体は個人ということにされているということに気づかされました。

左地：やっぱり移動の自由という考え方そのものが、ヨーロッパ、キリスト教的なルーツを持っているってことですか？　そこでは変わること、動くことっていうのがポジティブに考えられているんですけれども、東洋思想では、静態的であることや動かないことが良きものみたいに思われているのでしょうか？

薩摩：思想史は専門ではないのですが、むしろ移動にそんなに重きを置いていない社会というのはあると思うんですよね。どんな社会でももちろん人は移動していて、そこにいろいろと価値づけをしたりするのでしょうが、社会の価値観のなかでそこまで移動に重点を置いていない社会と、ヨーロッパのように置いている社会との違いはあるのかなと思います。

新免：事実としての移動でいえば、日本ってすごく流動している社会でもありましたね。漂泊の人たちも参勤交代もそうだし、高野山の聖たち、お伊勢参りもそうですしね。時代によりますけど、非常に動いています。ただし、それに価値を置くかどうかですよね。

薩摩：自由な移動が出来て当然と考える社会なのかどうかという違いですね。

新免：やっぱり移動する人たちは異界からの存在、ネガティヴなものと共同体からは見られるので、移動は当たり前のことではないということです。

向：さっきの静態的か動態的かという点に関して、中国の思想については、儒教・道教が元から持っていた思想かもしれないし、いつかの時代から形成されてきたのかもしれませんけど、万物は変わっていくけど変わらないという感じの考え方ですよね。万物が陰と陽の組み合わせでいろいろな形になるんですけど、全体としては調和がとれているっていう感じなんですよね。

新免：そうか、不易ね。

向：原子論でもそんな感じじゃないですか。ヨーロッパとかだったら。

薩摩：もちろんヨーロッパといっても一枚岩ではないし、時代や地域的によっても違いがあるとは思います。

新免：やっぱりその価値づけの仕方ですよね。一般的にはキリスト教の布教というバイアスを通して、移動が強く肯定される。もっとも、それ以前の古代ギリシャでも、「万物は流転する」なんて言葉にみられるように変化を肯定する考えもあったし、また実際的にも交易に価値が置かれて積極的に移動していましたけど。インドとかはどうなんですかね。あの輪廻転生とか、まあそこまでいかなくてもいいけど、変化ということ自体は肯定するのでしょうか。

田中：インドは、自由な移動に重きを置いてきたかといわれると、そうとはいえない印象です。というのも、ヒンドゥーやジャイナ教徒のなかでは航海に対するタブー視があったからです。航海をすると不浄性が生じてしまい、コミュニティから村八分にされる可能性があったようです。例えば、私はこの論集で航海をして村八分にされたお金持ちがどうやったら自分のコミュニティに戻れるのかという議論を一部、取りあげました。一方では村八分だと主張する側と、一方で罰を受けたらコミュニティに戻っても良いという側との対立です。この論争を踏まえると、インドで自由な移動はある意味でタブー視されていたといえるかもしれません。

薩摩：一九世紀のインド系の年季奉公人の世界的な移動や動きなどを考えたら、海外に出ていった人もいっぱいいるわけですよね。

田中：そうですね。例えば、シカゴ万博宗教会議（一八九三年）に招待されたジャイナ教の高僧が航海のタブーを理由に出席せず、弟子を代わりに行かせたという事例があります。海外へ航海する人が増えると、さまざまなコミュニティで渡航後に不浄を清める儀礼なども行われるようになったそうです。またビハール地方からモーリシャスへ渡った労働者たちの航海のタブーに関する語りを用いて、年季奉公人の歴史を検証する研究なども最近みられます。

左地：逆に、移動して複数の関係性を持っている方が、威信が高まるとかはないんですか。私の事例ではそうですね。移動する能力と、移動することによる繋がりを持ってる人は、資産が多い。

田中：私が調査してきたヒンドゥーやジャイナ教徒の商人を見る限り、移動することで威信が高まり、商才があるとみなされるようになったのは二〇世紀以降かなと。それ以前はそうみなされる事例は少なかったと思います。むしろ定住しているほうが土地持ちや領主として威信を高めていた印象があります。

園田：でも左地先生の研究の場合、移動者が大きな家をどんと建てることによって、動かしようのない結果を示しますよね。こんなに豊かになりましたって。

左地：あれは移動の証拠なんですよね。

園田：移動が成果になり得るってことでもある。移動の成果として、証拠を残す。

左地：目に見える。

園田：目に見える証拠。

鈴木：ロマの人たちのああいう豪邸はいつぐらいから？

左地：（ベルリンの）壁が崩壊して。移動が始まってからです。移動の自由が手に入って、西側に行って一財産もうけた人たちが建てるんです。さらに、出身村にいなくっても自分たちがまるでいるかのように家を建てている事例もあって、それがすごく面白いなと私は思ってるんです。

新免：それには先行する事例があって、ルーマニア北西部のマラムレシュ地方では、山地で土地がなかったのでずっと出稼ぎ労働だったんです。そうするとそこで得たお金は、やっぱり家造りに回すか、あるいは立派な木彫りの門を作るんです。それが勤勉と富の象徴というふうに使われるのです。ある程度ルーマニアの社会のなかではそういうエートスっていうのが一部かもしれないけどあったのかもしれませんね。それがジプシーにも受け継がれていったのかもしれないですね。

薩摩：華僑の人たちはどうなんですか。出稼ぎは故郷に錦を飾ることが目的だったのでしょうか。

園田：世界遺産に登録された開平の望楼群、あれは北米で出稼ぎ労働した労賃を送金したり持って帰ったりしたことによって建てた豪邸群です。独特の造りで有名で、北米労働が成功した証なんですが、農村風景のなかに突如大建物があるから、匪賊や強盗の標的になるんですよね。そうすると銃眼を作って、要塞化していく。ロマと似てますよね、可視化して移動を権威化するっていうのは？

左地：ロマとは違ってマヌーシュは、それが全然ないですね。家に対するオブセッションがまったくない。せっかくいい家が手に入ったのに、キャンピングトレーラーを停める場所がないという理由で売り払ったりするので、どうしてって私は思うんです。私はその時に自分が定住民的だなって思うんですけど。また豪邸を建てていても、家のなかに入ると何にもないというケースもあります。家はいつでも出ていくことができる場所なので、そんなに物がないんです。

園田：外側だけよければいいんですね？

左地：キャンピングトレーラーは別です。ぴかぴかの新しいキャンピングトレーラーを買い換えることが、夫の威信みたいに考えられています。

園田：夫の甲斐性？

左地：そうです。ロマとマヌーシュでは家に対する考え方がまったく違うんです。

鈴木：ああいう邸宅っていうのは、定住民との間でどう機能するんですか？

左地：ロマの場合は、ロマ集住区に暮らしていた人たちが、メインストリートに家を建てたり、潰れてしまったお店を買い取るという事例があります。ロマの場合はわかりやすいですね。居場所をこれまで作りづらかった人たちが、一回外に出て、メインストリームの社会に入り直そうとする。そうした希望を持って、彼らは移動する。逆にマヌーシュの場合は移動することによって多数派社会との距離を大きくしていく。いろんな理由で。今は特に宗教実践を目的に移動しているんですが、新しい宗教なので警戒されています。マヌーシュの移動は、さらに周縁化を進めてしまうのではないかと考えています。
鈴木：なるほど。家を建てたとしても？
左地：はい。だから家が長持ちしないんです。マヌーシュの場合、家をすぐに空けてしまうんです。数か月とか平気で留守にします。そして短期間で誰か別の人に売り払ったりもします。
新免：じゃあ、マヌーシュもロマもほとんど家庭生活、家の生活を楽しまない人たちなんですか。固定された住居には執着せず、住まない大邸宅を立てる。それでどちらも住まない。マヌーシュはキャラバンで動きますしね。みんな家に住まないんだ。
杉本：そこは、ルーマニア人の出稼ぎ労働者との違いですね。彼らも家を改築したり新築したりしますが、そこで快適に暮らすことを想定しています。特に人の集まるリビングやダイニングにはお金をかけます。あとは家の周りに花壇を作りますね。冬は雪に埋もれるので毎年、春に作り直すのですが、苗を買ってきて丁寧に作業しています。
左地：私もコロナ禍がなければ、ルーマニアのロマのフランス移住後の追跡調査したかったんです。移住して、フランスの集合住宅に引っ越したところまでは、民族誌で説明されていますが、それ以降彼らはどうしたのか、彼らはルーマニアに戻ったのか、それとも、ルーマニアに家を置いたままフランスで暮らし続けているのかっていうことをリサーチしたかったんです。今後の課題になります。

異分野共同としての共同研究の醍醐味

鈴木：少しトピックを変えてみたいと思います。今回の共同研究のひとつの特徴っていうのは、異分野共同だったと思うんですよね。私にとっては、得たところがすごく大きかったんですが、皆さんのご感想はいかがですか?

小林：この共同研究の魅力って、参加者それぞれの専門分野特有の問題関心や研究方法が交錯して、架橋されていくところにあると思います。私のように経済史をやっていると、経済学と深くつながることもあって、市場や制度の役割に関心が向きやすくて、今回執筆した論文でも、所得獲得の機会に反応した移住労働者(季節労働者)といった話をしました。ただ、当たり前のことですけど、それだけでは移動は語れないんですよね。さっき言及されていた生きることの一部としての移動という視点もそうですし、さまざまな地域や場所でフィールドワークを重ねてこられた方たちのお話をうかがっていると、自然と自分の視野が広がっていく。それが個人的には、この共同研究での一番大きな収穫でした。

鈴木：なるほど。この論文集のなかでは、空間的に重なった事例っていうのも結構あってですね。例えば三島先生のフィールドは小林さんのとかなり空間的に被っていますね。

三島：そうですね。資料に基づいて、事実といっていいのかどうかわからないんですけど、記録に残されたものを構築して何かを描き出そうっていう緻密な姿勢と、自分が見た聞いたものからあとを振り返るような見方は、全然アプローチが違います。見えるものも異なれば、そこから引き出すものも違ってくるというのは当然だと思うんですよね。私はソニンケの汚名を晴らしたいみたいなところもあって、こんにち、労働移民になってしまった人たちは、実はこんなに多様な顔を持っていたんだよっていうことを言いたかったのです。小林さんとは大分空間的なところが重なっているんですけれども、経済史のアプローチに喧嘩を売ろうとしたわけではないんです。自由というテーマをもらってしまったから、移動を考える従来の方法をちょっと反省してみましょうみたいなところはあったんですね。だからそういう意味では、いろいろな分野の人がいろいろなアプローチを持ち寄ることによって、すごく幅の広い移動論が展開できたのではないかなと思います。

鈴木：あと、向さんと寺村さんも空間的に被っていて、向さんの場合はディアスポラ集団から移動っていうものにアプローチしてくださって、他方、寺村さんの場合は、その遺跡っていう動かないところから移動を論じてくださっているわけです。

寺村：今日の座談会の前に向さんの原稿をお送りいただいて読ませていただきました。自分への反省点でもあるんですが、やっぱり考古学はモノという動産から、あるいは遺跡や遺構という不動産から歴史を復元するっていうところが、方法論的なところで仕方ない部分ではあるんですけど、そういう研究スタイルが通常です。なので、どうしてもモノに語らせてしまうところがあるんですね。それで向さんの原稿を読ませていただくとやっぱり人が出てくるんですよね。当たり前といえば当たり前なんですが、歴史学的な文献に出てくるような人、個人名とかが出てきます。そういう考古学と歴史学で違うところっていうのが、すごくなんていうんですかね、考古学の限界でもあり、それこそ共同っていう、鈴木さんがキーワードでよくいってくださってましたけれど、やっぱりそういうところで他の方の研究とかを勉強しながら、モノからさらに一歩進んで、人、つまり人間の歴史というものを描けるような、そういう視点をすごく勉強させてもらった研究会だったなと思っています。それで、自分がそれに応えられているかどうかはちょっと自信がないところではあるんですけども。そういう視野を広げるというところがすごく勉強になりました。

向：私は前近代で、交易といったテーマの研究をやると、編纂史料があまりない。それで、碑文を使おうと思ったんです。その碑文の専門家がフランスにいて会いに行った時に、考古学者になれっていわれて。

鈴木：考古学者になれって？

向：そのテーマの史料は少ないから考古学に頼るしかない、と。確かに歴史史料だけ見ていてもわからないところを自分の固定観念で勝手に埋めてしまうこともあるかもしれない。

例えばアラブ人はみんな移動するという固定観念があったり、ソグド人はそもそも交易民だから交易するはずだみたいな。でも現地の遺跡とかではまた見え方が違うんじゃないかと思う。私の固定観念が強すぎるところをこういう共同研究で初めていろいろ気づかされますね。だから中国では移動が例外的とか思っていたら、全然そうじゃない話があったりとか。インド起源の仏教は中国まで伝わってきたという点では移動を象徴するような宗教で、仏教寺院が立派であることも、商業と関わっていたり、仏教は、移動に対してポジティブなイメージを持ってしまう。でもインドではまた事情が異なるかもしれないとか。いろいろ本当に考えさせられました。常識がやっぱりぐらぐらする感じはありますね。

池谷：私もまた異分野が共同することの重要性を感じています。論文では、時間・空間軸に応じて異なるソマリの移動形態と移動の要因を把握しました。ただ、これらは私が調査をしてきたソマリのミクロな空間での民族誌をベースにしていて、ソマリの近現代史やソマリランド内の地理的差異を十分にふまえているわけではありません。同時に、ソマリ商人の移動にまで対象が及んでいません。より学際的・総合的な視野からの研究が必要です。また、ソマリの事例を越えて牧畜民の移動を論じるには、明確なテーマを設定することが欠かせません。移動形態は一般化を追求することが可能ですが、移動の自由や不自由のかかわる移動要因の一般化の難しさを感じています。しかしながら現在でも移動牧畜が維持されている地域の民族誌と維持されなくなった地域の歴史史料を融合して、移動と定住からみたアフロユーラシアの文明史を構築することがおもしろいと思っています。

鈴木：ところで、僕は異分野共同っていう言葉を使ってきましたけど、他方で、異分野融合っていう言葉もありますよね。融合っていうのは可能なんですかね？

例えば、小林さんは過去から現在を、かたや三島先生は現代から過去を見ている。この二つっていうのは融合出来るんですか。

三島：論文のなかでも触れたんですけど、結局どんな研究をやっても、事実は再現出来ないんですよね。その見方を示すってことしか出来ないので、やはりその多様な見方があるっていうのを示すのが我々の役割なんじゃないですかね。

鈴木：けど、それは多様であるっていうのをいうだけで終わっちゃうんじゃないですか？

三島：でもそこに共通した概念を持ち込むことによって、多様な見方の多様性を示し出す。多様がばらばらにあるだけではだめで、その多様性のなかに軸を通すというか。我々はそれを移動と自由っていうことでやろうとしたわけで。そこにやっぱり価値があったと思うんですよね。単なるその異分野共同では比較で終わってしまって、並べただけですよね。でも我々がやったのは並べただけじゃなくって、やっぱり軸をもとになんか考えようと努力したっていうところには意味があるんじゃないかと思います。

左地：部分的に繋がり、重なることがすごく重要なのかなって思います。別々のものがあって多様ですっていうのではなくて、通してみるとここところに繋がりがあるという。

三島：事例って山ほどあって、語りはじめれば千年でも語っていられるわけです。でもそれをひとつの普遍的な考え方でまとめてみましょうってというところから得られたものは、すごく意味があると思います。

鈴木：今回、心配だったことがありまして。つまり、自由って言う概念は、非常にヨーロッパ的な概念であって、現在は普遍化していても、それはある時期に拡がっていった結果ですよね。それを「近代」というのかもしれませんが。何が言いたいかというと、前近代をやってる人たちがそうしたある種の近代的な概念にどこまで付き合ってくれるのかなって……。

馬場：今回の共同研究の話を鈴木さんよりいただいた際、移動や自由／不自由という単語自体をよくわかっていませんでした。研究会を通していろいろな方のお話をきいていき、自分が何も知らないことを実感していきました。そこで、移動する人間の一例として、奴隷に着目した講義を組み立てることにしました。その過程で、皆さんの研究成果、特に鈴木さんや薩摩先生、園田先生、小林先生のご本を参照しながら、古代ギリシア・ローマ～イスラーム世界～近現代の世界に通じる奴隷史の講義をつくりました。それまで私はイスラーム世界のことしか知りませんでしたが、この経験を通して、地域や時代を超えて世界を繋げて考えることができるようになったように感じています。

鈴木：繋がる感覚っていうのが僕は異分野共同で非常に重要だなあと思うんです。異なる事例であったり、あと異なる時代、異なる空間の事例と自分の事例が何かしらで繋がるっていうその感覚に出会えるっていうか。あるいは手法が違ってるけれども、なんかこう同じものが見えてるんじゃないかっていう感覚。僕たち、研究って基本的に個人でやりますよね。最後は一人というか。だけれども、そのプロセスのなかでは決して一人ではない。お隣からの刺激を受けて、いかに少しずつそれぞれの峰を越えていくというか、共同研究ってそれでしかないような気もするんですよね。そういう点では、今、馬場さんが紹介してくださった講義というのは、ある種の繋がる感覚の具現化かもしれませんよね。

薩摩：私自身がいま自分の研究でやっているのは純然たる歴史学的なアプローチなのですが、昔からさまざまな分野の研究に触れるのが好きで、また実際、そういう学際的な学科で勤務していたこともありました。そうした経験から思うのは、一個人の研究のなかで異分野を融合するというのは、これは非常に難しくて、たまたまテーマの相性がよくてできるということはあるかとは思うのですが、なかなか実践はできません。ただ、先ほどの鈴木さんのいっていた繋がりを探すというのも確かにそうなのですが、いろいろな分野に触れることで、逆に自分に欠けているけれども重要な視点を実感できるという利点もあるかと思います。例えば先程の寺村先生の、物から見るという話を聞いて思ったのですが、私は自分の章では海での移動の話を扱ったわけですが、結局、実際は、人は船という物に乗って移動しているわけです。そのように、移動するときはみなそれぞれの時代のテクノロジーを用いて移動しているわけですが、自分の章ではイデオロギー的な側面を扱っているため、そういう物質文化的な側面というのは、綺麗さっぱり抜けてしまっています。あるアプローチをとれば、何かが欠けるのは仕方がないのですけれども、今回はそのような自分に欠けている視点を改めて確認するよい機会になりました。こうやって、足りない面がわかって、将来的には自分の研究の視野の広がりにも繋がっていくというのも学際的研究のよいところかなと思います。

園田：むしろ異分野共同をしなければ、視野も広がらないと思うんです。自分の専門領域の方法と論じ方、実証の仕方で次々とテーマに取り組むと、既定した路線で議論を組んじゃうんです。異分野共同では普段削ぎ落す部分を力づくで押し広げられるとでもいうんですか、何か学び取ろうという姿勢になって、先生方が使う言葉や事例を通して閃きがもらえる。そういう利点が確実にあると思いますね。

田中：その意味では、移動の自由と不自由という見方はすごく個人的にはよかったと思っています。私の事例では、これまで移動の自由／不自由という視点は、ほぼ出てこなかったんですね。ただやっぱり自由／不自由という軸があったからこそ、自分の事例のなかでそれがどういう意味合いを持つのかを改めて考えることができたというか。

鈴木：皆さん覚えてらっしゃるかはわかりませんけれども。私は何度か自由／不自由というのをもうこの研究会から取り除こうと、最大限の努力をしてきたんですけれども、確かその時も田中さんをはじめ皆さんに阻まれ。ただ今改めて発言していただいて、ああ、そういうことなのかと思ってですね。あの時思い誤らずによかったと思いました！

園田：論文執筆が大きかったと思うんですよね。出版を目指して全員論文を書く体勢になった段階で、自由／不自由という、普段おそらく自分の研究で絶対使わないであろう議論をああでもないこうでもないと考えてみた。もし移動論だったら、そこまで苦しまなかったと思います。今回、初めて書けた議論がある、という思いは私以外の皆さんにもあるんじゃないでしょうか。

三島：やっぱり制約があるところに、自由も不自由も生まれるのかもしれませんね。

共同研究会を超えて

鈴木：そろそろ座談会を終えたいのですが、もしも今後の課題みたいなものがこの研究会から見えてきたならば、おうかがいしたいです。

馬場：私事ですが、イスラーム世界における移動の実態に興味を抱いて申請した科研費が通りました。

鈴木：おめでとうございます！

馬場：「中世のイエメンにおける人々の移動性に関する研究」というもので、もう数年間は移動について考えることができそうです。

三島：今回の研究の過程で、私は論文では移民の呼称の問題を取りあげることで終わってしまったんですけど、実は労働観の問題も考えたいと思っていました。しかしなかなかむずかしいものがありました。というのは、まず自由の概念が前近代と近代では異なる。また、西洋と非西洋世界でも違います。一方、ソニンケ社会には、労働に関する自由／不自由の概念があるんですね。それは古代ギリシャに通じるような自由／不自由、労働に関する自由／不自由です。また古代ギリシャ社会のポリス的な義務感と権利にも繋がるところがあります。西洋を経由しない社会の在り方やそこにある労働観が、どういうふうに成り立ってきたのか非常に興味があります。たとえばソニンケ社会では、彼らの言葉でいう自由であるというときに、雇われてないということがきわめて重要なんですよね。労働観の形成について、異分野共同でなんとかそのあたりを探っていく方法があれば、今後の見通しとして、非常に面白くなりそうだなと個人的には思っています。

園田：ちょっと今びっくりしました！　私も今回中国移民の自由／不自由から見直した時に、誰かに雇用されていない状態、独立して一国一城の主のように商売

を自らやる、つまり店舗の主になることが、成功の条件や価値観として必ず入ってきたんです。他者の利益のための労働者を社会の下層に位置づける価値観がいつの間にか定着している面もありました。誰かに雇われている状態と不自由とがすごく密接に関わっていることが、私も今回見えました。

三島：文明史的にはどこでどういったふうに出来上がってきたのか知りたいですよね。

園田：知りたいですよね。中国東南沿海部の故地でも移動先でもやっぱりそうなので、どこからその発想になったのかな。

三島：私は歴史学の方に聞きたい。

園田：私は文化人類学の方に聞きたい。

小林：科研の挑戦的研究（萌芽）ならいけるんじゃないですか。

左地：マヌーシュも自己雇用を好みます。彼らの場合は、他人に雇用されていないと、自由に移動が出来るからという理由が大きいですね。

鈴木：そこもやっぱり自由とか、独立とかそういう問題とも関わって。
三島：というか、労働に関する感覚。
鈴木：はあ、労働に関する感覚。新しい共同のテーマがいくつか出てきましたね！
左地：ディアスポラを論じている先生も多いので、私はディアスポラにとっての共同体と移動の関係を多分野でやると面白いのかなと思いました。ディアスポラの故郷に戻る動きと、そのままディアスポラであり続ける動きが、どんなふうにそれぞれの事例や時代で異なり、ディアスポラ共同体のイメージを作っているのかという点は一緒にやると面白いだろうと思いました。
三島：でも結構そういう研究ってやっておられる方もあるので、何らかの軸を入れないと。
左地：そうなんです。新しいディアスポラ論がないと。
三島：故郷に戻る動きとそうでない動きという二つの対象が対置されてるじゃないですか。それだけではないもうひとつの対象があれば、うまく……。
鈴木：そうですよね。
三島：ホーム、故郷、故地とはまたちょっと違う……。
鈴木：左地先生の原稿を拝読してて、移動もまたホームであるっていうところ、すごく興味深かったです。移動現象のプロセスそのものからディアスポラを論じられていて。ディアスポラ研究って、場合によっては、どこか静的なイメージもしていて、つまり、定められた空間や場所に焦点が当たり過ぎているというか。もう少し動態性が前景化されるといいのになって、思っていたんですよね。左地先生のご議論は、まさに場所、空間じゃなくて、プロセスなんですよね、フォーカスが。移動していくなかで何かが形成されていっているはずじゃないですか。そうしたことって、すでに十分に論じられているんですか？
左地：ユダヤ人研究の人たちと話すと、ユダヤ人の場合も、移動の繰り返しのなかでホームが作られていくという意識が存在していることがわかりますし、それを示す民族誌もあります。ディアスポラというと、故地との関係が前面に出がちなので、違うベクトルの動きが共同体のイメージを作り上げるケースも考えることができたらと思います。ここに来る前、新幹線で鈴木先生の『解放しない人びと、解放されない人びと』（東京大学出版会、二〇二〇年）を読んでいても故地に戻らない事例があって、故郷に戻る理想を掲げているディアスポラとは違うディアスポラについて考えていきたいです。

鈴木：なるほど。田中さんは章の冒頭でディアスポラ研究のレビューをしていましたね。

田中：そうですね。アングロ・インディアンを論じた先行研究などですね。ただ、ディアスポラ研究を参照したいんですけど難しい。例えば、私の事例で参照すると、マールワーリーはディアスポラじゃないといった批判があるので、それに対する言い訳みたいなものも書かないといけなかったり。

左地：ロマもディアスポラではないとよくいわれます。

田中：せっかくこの共同研究で移動の捉え方の多様性を論じてきたにもかかわらず、分析対象がディアスポラじゃないかどうかで、ディアスポラ研究を参照できるなくなるのは、もったいないというか。

鈴木：そうなんですよね。だからこの論文集の特色っていうのは、やっぱり、非常にディテールに富んだ事例っていうのが集まってきたところにあると思います。そういうところから、例えばディアスポラなるものを問い直すとかっていうこともまた可能なんじゃないか。いろんなものを集めようとすると、何か上から概念みたいなもので被せてって方法もありますけども、僕たちはそうではなくて、あやふやかもしれないけれども、共通のキーワードでそれぞれの事例にアプローチすることで、一体性を作ってきたようなところがありますよね。僕はそこに、大きなアンブレラみたいな、概念みたいなものにも異議申し立ての可能性が出てくるんじゃないかって、この共同研究会で気が付かされたんです。

良い感じのまとめになった気がします。皆さん、どうもありがとうございました。

（二〇二四年一月八日　於・立命館大学）

あとがき

索引の原稿を提出したあと、私はいま、モーリシャス島にいる。ヴァカンスならば嬉しいが、私の専門の奴隷交易に関する会議に参加するためだ。ヴァカンスでなくても、ほぼ一〇年ぶりのモーリシャス島に降り立つのは嬉しく、会議までの時間、方々を歩いている。ところでこの島の首都であり、最大の港でもあるポート・ルイスにはアープラヴァシ・ガートという波止場のあとがある。こんにちではユネスコの世界遺産に登録され、発掘、修復が施されている。この波止場というのは、ただの波止場ではなく、主にインド亜大陸方面からやって来た契約労働者たちを受け入れるために設けられたものであった。奴隷制の代替措置として導入されたこの制度のもと、この島には約五〇万の契約労働者がこのアープラヴァシ・ガートに上陸し、こんにちでもこの島の経済を支えるサトウキビ農場などに送られていった。

検疫などの隔離施設などが設けられていたことのわかる遺構も印象的だが、併設された情報センターも興味深い（二〇二五年一月現在、改修中）。そこでは遺構から出土した遺物や、契約労働者の渡航や暮らしぶりのわかる展示物が並んでいるが、とりわけ私にとって印象的なのは、おそらく子供向けに準備されたと思われるビデオである。私は、基本的に契約労働制は奴隷制の代替制度であり、特にその初期においては移動や労働環境は奴隷のそれと大差ないと考えている。海を移動中の死亡率も高かったし、雇用する側の心持ちも奴隷制と契約労働制でぱっと切り替わったとは思えない。さて、そのビデオでは、契約労働者として渡って来た少年が案内役で、「僕たちはどこから来たでしょうか?」、とか「僕たちは何を作っていたでしょうか?」などといった質問を出し、それにタッチパネルで答えながら話が進んでいくのだが、少年は常にすがすがしく、澄んだ眼差しで、愚痴や不平なんかは口にしない。そして、最後には「僕たちは苦労もあったけど、希望を捨てずに頑張って、この島に根付いたんだよ」という旨のコメントでビデオが終わる。

このビデオを見終えてハッとしたのをよく覚えている。奴隷制に関する語りとなんという違いなのだろうか。実はアープラヴァシ・ガートのすぐ横には国際奴隷制博物館が二〇二三年に開館している。展示場はまだ構築中の部分もあるが、展示から感じられるトーンは明らかに異なっている。ここでも、別の奴隷関連博物館でも、基本的には奴隷の渡海や労働、生活の悲惨さ、苛烈さが常に強調される。奴隷も決して一様に希望を失った人々ではなかったはずなのだが。奴隷に関する展示で、あの少年のような眼差しで語ってくれる登場人物は、私には想像できない。国際奴隷制博物館を訪ね終えると、アープラヴァシ・ガートのビデオの記憶も相まって、改めて「移動」を巡り、「自由」、「不自由」とは一体、何者で、どこにあるものなのかについて考えているところである。

本論集は国立民族学博物館の共同研究の成果であり、ここに至るまで多くの方の多大な協力を仰いできた。研究会開催の事務手続きに関わってくださった方々には深く感謝を申し上げたい。また、園田節子先生のご紹介で縁を持った思文閣出版の田中峰人氏には出版を引き受けていただき、研究会にも足を運んでいただいた。氏や素敵なカバーを拵えてくださったデザイナー小林元氏にもお礼を申し上げたい。もちろん、昨今の状況下、大変多忙な中、研究会に参加して貴重な知見を共有してくださった上で、毎回、議論を盛り上げてくださり、そして素晴らしい原稿を寄せてくださった執筆者にもこの上なく感謝している。執筆者の皆さんは、これからも本論集のテーマとどこかで関わりを持ちながらそれぞれに研究を進めていかれるのだろう。私もそのつもりだ。

二〇二五年一月　モーリシャス島にて

鈴木英明

執筆者紹介

（収録順，＊は編者）

＊鈴 木 英 明（すずき　ひであき）

東京大学大学院人文社会系研究科博士課程修了．博士（文学）．国立民族学博物館グローバル現象研究部・総合研究大学院大学先端学術院准教授．

『解放しない人びと、解放されない人びと――奴隷廃止の世界史』（東京大学出版会，2020年），*Slave Trade Profiteers in the Western Indian Ocean: Suppression and Resistance in the Nineteenth Century* (Palgrave, 2017)

杉 本　敦（すぎもと　あつし）

東北大学大学院文学研究科後期博士課程修了．博士（文学）．岡山商科大学経営学部准教授．

『旧東欧世界の民族誌――欧州統合時代を生きるトランシルヴァニア牧畜民』（東北大学出版会，2018年），「ポジショナリティを学ぶ、学び直す――フィールドにおける「私」のゆらぎ」（『多軸的な自己を生きる――交錯するポジショナリティのオートエスノグラフィ』東北大学出版会，2024年）

左 地 亮 子（さち　りょうこ）

筑波大学大学院博士課程人文社会科学研究科修了．博士（学術）．東洋大学社会学部准教授．

『現代フランスを生きるジプシー――旅に住まうマヌーシュと共同性の人類学』（世界思想社，2017年）

小 林 和 夫（こばやし　かずお）

ロンドン・スクール・オブ・エコノミクス・アンド・ポリティカル・サイエンス（LSE）経済史学科PhD課程修了．PhD（経済史）．早稲田大学政治経済学術院准教授．

Indian Cotton Textiles in West Africa: African Agency, Consumer Demand and the Making of the Global Economy, 1750–1850 (Palgrave Macmillan, 2019),『奴隷貿易をこえて――西アフリカ・インド綿布・世界経済』（名古屋大学出版会，2021年）

三 島 禎 子（みしま　ていこ）

パリ第Ｖ大学社会科学研究科第三課程修了．D.E.A.Sci.Soc.（社会科学）．国立民族学博物館学術資源研究開発センター・総合研究大学院大学先端学術院准教授．

Questions de migrations et de santé en Afrique sub-saharienne (Co-édition, L'Harmattan, 2014),「民族の離散と回帰――ソニンケ商人の移動の歴史と現在」（駒井洋監修・編著，小川充夫編著『ブラック・ディアスポラ』明石書店，2011年）

池 谷 和 信（いけや　かずのぶ）

東北大学大学院理学研究科博士後期課程単位取得退学．博士（文学），博士（理学）．国立民族学博物館・総合研究大学院大学名誉教授．

『現代の牧畜民――乾燥地域の暮らし』（古今書院，2006年），『トナカイの大地、クジラの海の民族誌――ツンドラに生きるロシアの先住民チュクチ』（明石書店，2022年）

園田節子（そのだ　せつこ）
東京大学大学院総合文化研究科博士後期課程修了．博士（学術）．立命館大学国際関係学部教授．
『南北アメリカ華民と近代中国——19世紀トランスナショナル・マイグレーション』（東京大学出版会，2009年），“Achieving Economic Success and Social Mobility: The Chinese Community in Trinidad, British Caribbean before 1949,” *Canadian Journal of History/Annales canadiennes d'histoire* 54 (3), (2019)

田中鉄也（たなか　てつや）
関西大学大学院文学研究科博士課程後期課程修了．博士（文学）．中京大学国際学部准教授．
『揺り動かされるヒンドゥー寺院——現代インドの世俗主義、サティー女神、寺院の公益性』（春風社，2023年），『インド人ビジネスマンとヒンドゥー寺院運営——マールワーリーにとっての慈善・喜捨・実利』（風響社，2014年）

馬場多聞（ばば　たもん）
九州大学大学院人文科学府博士後期課程修了．博士（文学）．立命館大学文学部教授．
『宮廷食材・ネットワーク・王権——イエメン・ラスール朝と13世紀の世界』（九州大学出版会，2017年），『地中海世界の中世史』（共編著，ミネルヴァ書房，2021年）

寺村裕史（てらむら　ひろふみ）
岡山大学大学院文化科学研究科博士課程修了．博士（文学）．国立民族学博物館学術資源研究開発センター・総合研究大学院大学先端学術院准教授．
『景観考古学の方法と実践』（同成社，2014年），「情報考古学的手法を用いた文化資源情報のデジタル化とその活用」（『国立民族学博物館研究報告』42-1，2017年）

向　正樹（むかい　まさき）
大阪大学大学院文学研究科博士後期課程修了．博士（文学）．同志社大学グローバル地域文化学部准教授．
『クビライと南の海域世界』（大阪大学出版会，2024年），「モンゴル帝国とユーラシア広域ネットワーク」（『グローバル化の世界史』MINERVA 世界史叢書 2，ミネルヴァ書房，2019年）

薩摩真介（さつま　しんすけ）
エクセター大学人文社会科学研究科歴史学専攻 PhD 課程修了．PhD（歴史学）．立命館大学文学部准教授．
Britain and Colonial Maritime War in the Early Eighteenth Century: Silver, Seapower and the Atlantic (Boydell & Brewer, 2013),『〈海賊〉の大英帝国——掠奪と交易の四百年史』（講談社選書メチエ，2018年）

新免光比呂（しんめん　みつひろ）
東京大学大学院人文科学研究科博士課程単位取得退学．博士（文学，筑波大学）．国立民族学博物館超域フィールド科学研究部・総合研究大学院大学先端学術院教授．
『祈りと祝祭の国——ルーマニアの宗教文化』（淡交社，2000年），「戦間期ルーマニアの知識人と歴史表象」（平藤喜久子編『ファシズムと聖なるもの／古代的なるもの』北海道大学出版会，2020年）

索　　引

＊本索引は本文中の人名・地名などについて重要度の高い語句、そして複数の章に亘って言及される語句を検索するために作成した。したがって網羅的な索引とはなっていない。

あ

アウグスティヌス(Aurelius Augustinus) 393, 402, 403, 405
アジール 285, 321
アシエント(貿易) 340, 341
アッバース朝 269, 278
アデン(湾) 235, 237, 239, 240, 242, 245, 246, 250, 251
アパルトヘイト 172
アフヤフ 235, 245, 248
アフリカ人奴隷 164, 165, 169, 174
アフロユーラシア 128, 152, 440
アメリカ(、──合衆国) 87, 161, 205, 332, 410
アメリカ条約(1670年) 338, 339, 343
アングロ・インディアン 206

い

EU 新規加盟国 32
生きた自然 416
移住 48, 50, 54-56, 58-61, 63-65, 70, 71, 76, 289, 307
移住先での悪評 217
移住(季節)労働者 88-92, 94, 95, 114, 118, 438
イスラーム 107, 110, 112, 115, 118, 247, 264, 269, 278, 280, 289, 301, 308, 316, 318, 428, 438
移動距離 150
移動形態 130
移動現象 5, 104-109, 114, 120, 446
移動先 7, 72, 78, 109, 179, 203, 226, 227, 391
移動生活 49, 50, 53, 55, 56, 65, 66, 68, 69
移動の要因 104, 153, 440
移動牧畜 132, 152, 440
移動ルート 137, 142, 149
移動論的転回 4
イニシアチブ 31, 33, 36, 42
イバランキテ 109, 110, 118-121
イブン・バットゥータ(Ibn Baṭṭūṭa) 233, 235, 313, 429
イブン・ムゥミン(Jamāl al-Dīn Muḥammad b. Mu'min) 235, 236, 239-245, 247, 250-252
異分野共同 438, 440-444
移牧経済 134
移民(、──コミュニティ、の世紀) 11, 12, 53, 64, 78-80, 84, 94, 95, 104, 105, 107, 116, 118-120, 159, 205
インド 51, 52, 55, 78, 164, 203, 273, 298, 434
インド海軍 366-368
インフォーマル経済 184, 190

う

ヴァルナ 216
ヴィシュヌ派への改宗 223, 226
ウェウェ 186
ウォルポール(Sir Robert Walpole) 345, 346
ウシキャンプ 143

え

英領インド国勢調査 216
エジプト 237, 241, 245, 248-251
エチオピア 136, 235, 246, 250
エレウテロス 397-399
沿岸警備隊 342, 344
縁起譚 219
エントロピー 414-416, 429

お

王立海軍(イギリス) 366-371
オーシヤーン 219,220
オースワール 207,215,218,219
臆病さと金銭欲の強欲さの悪しき混合 217
オブセッション 425,436
オルトク 306,307,309,317,318

か

カースト 205,215-217
ガーナ王国 111
ガーンディー(Mohandās Karamchand Gāndhī) 218
海外渡航 159,221,222
外国人労働者 164,173
海事裁判所 367,368
会昌の廃仏 294
外洋 336,343,349,361
海洋の自由 332,334,370
海洋論争 335
華工 159,164,171-173,182,184,188,189,194,428
家産(、——継承、分割) 213,214,224,225
華商 159,164,184,188,189,192
家畜囲い 144
家畜キャンプ 143,152
家畜種 132
家畜流通 136
カナダ 160
カフィル・カラ 260-262,264,266,268-271,273-280
河辺林 140
神の国 402
カリフォルニア 168,181
カルヴァン(Jean Calvin) 403,406
カワイソウ 20
環太平洋地域 167
ガンビア河流域 113

き

キーン(Sir. Benjamin Keene) 348
(「ジプシー」の)起源 51,52,55
季節移動 132
キャラヴァン貿易 288,289
キューバ 165,166,175
キューバの砂糖産業 177
境界領域 285,286,318,319
キリスト教(、——的自由) 66,68,175,394,425,433
近代イギリス 393,396,407

く

苦力 165,167,169,172,176
グリオ 114,118
グローバル社会 107
グロティウス(Hugo Grotius) 335

け

経済(移住、移民) 56,63
経済的(主導権、属性、動機) 30,92,117,118
契約労働(、——者、制) 115,116,118,165,177,359
血縁・地縁 65,185
ゲルマン(共同体、人、法) 389,394,403
兼業 34

こ

紅海 235,237,249-251,372
公海 336
航海条例(フランス、1793年) 374
航海法(イギリス、1651年) 374
合股 185,188
航行の自由(航海の自由) 13,331,332,345-349,351,425,431
工場での労働 27
降水量変動 153
交遊 40
強欲な金貸し 217,218
ゴールドラッシュ 165,168
故郷 61,64,72,114,183,203,227,436,446
国外就労者 22
国際法 332,351
国民国家 167,172
国連海洋法条約 333
呼称 52,88,104-106,108,111,112,117,120,159,188,195,207

個人主義　400
個人用益地　28
胡僧　292
護送船団(銀船団)　337, 340, 341
古代ギリシア　393, 394, 396, 397, 399
古代ローマ(、——的自由)　394, 401
故地　6, 88, 90, 92, 103, 122, 176, 178, 188, 203, 205, 206, 209, 220, 223-227, 236, 252, 445-447
国家教会制　405, 406
固定的社会関係　393, 397
固定的人間関係　395, 396
コメ(kome)　110, 112, 113, 115, 118
コモン　416
コロンブスの交換　84
コンフェッショナリズム　394, 407

さ

債務労働者　170
ザイラゥ　233, 235, 240
作業集団　177-179, 181, 182
作業班　27
薩宝　288, 290
サハラ交易　103, 111, 113
ザビード　233, 237, 238, 241, 249
サマルカンド　260-262, 270, 273, 276, 279, 288, 290, 306
ザミーンダール　213
ザラフシャン川　260, 261
産業革命　82, 396
サンフランシスコ　170

し

ジェンキンズの耳戦争　331
自家消費(、——生産)　33, 34
自己認識　108, 112, 120, 206, 286
自然(、——的)　394, 398-401, 405, 411, 412, 415, 416
自然権　394, 408, 411
自然状態　394, 408, 411
自然の権利　408
自然法　398
実践　163
市舶司　295, 297, 303, 306, 315
ジプシー　47-56, 58, 60, 65, 66, 70, 73, 413
資本主義(、——経済、社会)　25, 51, 153, 159, 163, 164, 172, 176, 179, 318, 394, 409
市民社会　116, 396
ジャーティ　216
シャーバンダル　314
ジャイナ教(、——徒)　219, 220, 223, 225, 226, 434, 435
ジャウハル(Ṣafī al-Dīn Jawhar al-Riḍwānī)　235, 236, 239, 242, 246-252
社会階級　59, 160, 167, 173, 176, 188
社会主義イメージ　25
社会的(上昇、属性、動態)　41, 64, 76, 117, 119, 120, 173, 177, 178, 181, 184, 188
社会身分　110, 115, 117-120, 431
ジャガト・セート一族　207-213, 222-224, 227
自由移民　165, 166, 172
『自由海論』　335
自由人　110, 235, 236, 250, 251
自由貿易思想　347, 350
自由労働者　87, 177, 194
周縁化　70, 179, 194, 292, 437
宗教的寛容　407, 409
私有財産権　409
重商主義　350
巡礼　66, 68, 248, 250, 428
小規模農業生産　30
商業(、——社会、牧畜、ノマド、民)　47, 52, 60, 70, 107, 110, 111, 154, 176, 215, 217, 260, 276, 317, 407, 410, 440
常設仲裁裁判所　377
小店舗　184, 185
商人　9, 81, 88, 103-105, 110-112, 114-117, 159, 175, 178, 183, 203, 248, 280, 288, 290, 292, 295, 297, 304, 313, 314, 337, 341, 369, 372, 428, 435, 440
商売　175, 184, 205, 294, 444
商品(経済、交換)　135, 404, 410
職工長　174
自立(、——自営、的活動空間)　104, 173-175, 194, 195, 403, 424
シルクロード(、——貿易)　260, 261, 267, 268, 276, 278-280, 286
ジン・リン(Gin Lin)　179, 180

新居　40
新参者　218
人種(、——化、関係、主義)　58, 73, 122, 167, 173, 174, 179, 194, 389
シンディー　206
新寧鉄道　183

す

垂直移動　132
水平移動　132
スィラーフの御方　238, 239, 242, 246-250
水力採掘法　180
ストア哲学　393
スペイン領(アメリカ市場、貿易)　337, 339
スミス(Adam Smith)　410

せ

西洋近代　204
セカンド・エコノミー　29
セネガル河上流域　113, 115
戦争捕虜　138
セントラル・パシフィック鉄道会社(CPRR)　170, 181, 182
専門技術集団　182

そ

ソグド(、——商人、人)　260, 264, 266-269, 271, 273, 276-279, 286, 287, 293, 440
族譜　217, 219, 222
ソニンカラ　119-121
ソニンケ(、——商人、社会)　89, 103-106, 108-121, 188, 413, 431, 444
ソ連型の社会主義　25
ゾロアスター教　264, 266, 267, 271, 273, 278, 279, 291, 305

た

『ダーヤバーガ』　214
対スペイン領貿易　337
大西洋奴隷貿易　79-83, 88, 89, 94, 103, 113
タイッズ　233, 237, 241, 243, 244, 248
大陸横断鉄道　181
ダウ船　365, 371-376, 379, 380
他者認識　108, 112, 120
拿捕問題　332, 341
駄用ラクダ　143
炭坑　160

ち

地縁・血縁　175, 179, 186, 189
チャイナタウン　184
中国系酒類販売業者　190, 192
中国人(差別、排斥法、問題、労働者派遣業者)　159, 167-169, 172, 178, 179
中売宝貨　308
長期の18世紀　210
超地域的なアイデンティティ　206
超地域的な影響　205, 206, 225, 226
超地域的な結節点　206
陳宜禧　183
賃金労働(、——者)　28, 34, 52, 104, 114-116, 185

つ・て

通商(貿易)の自由　333, 336, 347, 349, 350
ディアスポラ　6, 13, 206, 286, 287, 315-318, 391, 392, 439, 446, 447
定住(、——化)　47, 49, 60, 61, 64, 65, 69, 71, 72, 116, 128, 153, 175, 261, 276, 412, 440
定住化政策　60, 64, 140
定住地　50, 69, 71, 132
定住民　5, 49, 54, 69, 73, 436
邸店　293
ティリヤ・テペ　274, 275, 279
出稼ぎ(、——型移民)　9-11, 19, 20, 23, 42, 79, 436, 437
鉄道建設　181
店舗法　189, 192

と

ドイツ　38, 49, 61
動機　10, 11, 63, 92, 104, 105, 109, 118, 398
等族国家　404
動的平衡　414
賭博　186
土木技術　182
トランスナショナル　63, 64

トリニダード　174, 186, 189
トリニダード中華商会　189, 192
奴隷　9, 47, 59, 60, 88, 103, 109, 110, 112-114, 118, 235, 236, 238, 246, 250, 251, 289, 389, 397, 442
奴隷交易監視活動　364, 365
奴隷制(、――廃止)　59, 60, 79, 82, 112, 113, 163, 172, 251, 359, 396
奴隷船　364
奴隷貿易　92, 113

な

ナーホダー　296, 316, 365
ナヴェタン　88, 114, 118
名付け親　26, 29, 41
南海会社　340
南北アメリカ(、――方面)　50, 78, 128, 159, 167, 178, 182, 183, 338, 390

に

西アフリカ　80, 103, 106, 110-112, 117, 149, 431
ニャカマラ　110, 114
ニューカッスル公爵(Thomas Pelham Holles 1st Duke of Newcastle)　348
ニュートン(Sir Isaac Newton)　411

ね

熱帯の牧畜　135
年季契約移民　79
年降水量　131

の

農業(組合、集団化、労働者)　25-27
農作業　36, 37, 39, 174
農作物の処分権　31
残された子ども　19
残される人びと　20, 22
ノマディズム　49, 50, 53, 54, 59, 66, 70, 71
ノマド　47, 48, 52, 55, 58, 60, 63, 65, 70, 71, 128

は

ハイデラバーディー　205
白豪主義　172
舶主　296
パルド協定(1739年)　342
パルトニ(William Pulteney)　345
バルトルス(Bartolus de Sassoferrato)　334
蕃客　299, 302, 305
反苦力主義　170, 171
半自給自足　24
蕃長　297, 302
反奴隷制ゲーム　363
蕃坊　297, 304

ひ

(イギリス)東インド会社　212, 366
東インド貿易　339
ビグラー(John Bigler)　168, 169, 189
悲劇的に語る(、――語られる)　20, 22, 23
ビザ　21, 35, 38
泌乳ラクダ　143
ピューリタン革命　396, 407
ピュシス　398, 399
貧困化　23
貧困層　190, 192, 193

ふ

不平等　110
フランス　48-50, 53-59, 61-68, 70-72, 103, 104, 111, 113-116, 118, 119, 165, 339
フランス船籍(、――証明書)　370-377, 379, 380
フリーダム　405, 406
プロテスタント的自由　394
プロパティ　409, 410
文化的動機　119
分業　410
文明誌　430

へ

閉鎖領域　338, 350
ペザント・ワーカー　28
ペルー　165, 166
ペルシア系海商　286, 295
ベンガル　210, 211
ベンガル商家　213

ほ

ホーム　48, 51, 65, 70, 72, 73, 446
牧畜民　5, 9, 11, 130, 440
蒲姓　297, 301
ホッブズ(Thomas Hobbes)　407, 410, 411
ホモ・ソヴィエティクス　29
ポリス(、——社会、的、的自由)　119, 393, 396, 398, 399, 444
ホレ　110, 112-115, 118
本性(、——的)　394, 398, 401, 405

ま

マールワーリー　204, 207-209, 211, 215, 221, 222, 224, 447
マールワール藩王国　208
マドリード条約(1667年)　338, 343
マヌーシュ　413, 436, 445
マラブ　112, 115, 117, 118, 431
マンディンカ　89

み

『ミタークシャラー』　214
密貿易　340, 341, 344, 346, 349
南アジアのディアスポラ研究　205
ミルク生産　137
民族(、——集団)　52, 56, 103, 105, 106, 111, 116, 119, 134, 137, 138, 279, 316, 397, 403, 431

む・め

ムルシダーバード(、——の人々)　211, 212, 221, 225
名誉革命　407
女神ナナ　264, 266-268, 273, 278
メッカ　233, 238, 239, 247-251

も

元手　114, 175, 184, 186
モビリティ論　4, 6

や・ゆ・よ

宿主　313, 314
遊牧(、——民)　132, 152, 273, 289
よそ者(、——としての風評)　52, 58, 107, 217, 218, 395
予定説　403

ら

ラージャスターン　209
ラクダキャンプ　143
ラクダ牧畜　135
落花生　80, 82, 84-92, 94, 95
ラップト　114, 115, 118

り

リーラム(George Aldric LeeLum)　189
離散と回帰　104, 117, 120
理性(、——的自由)　400, 404, 408, 409, 415
リバティ　405, 406
流動的社会関係　393, 396
流動的人間関係　395
領海(、——概念)　336, 363, 377
領邦教会制　405
臨検(、——捜索)　342-344, 363, 370, 372

る

ルーマニア　19, 48, 50, 55, 59-65, 70-72, 436
ルター(Martin Luther)　405, 406

れ

零細商人　183-185, 189
隷属性　163

ろ

労働移民　22, 58, 103-105, 107, 112, 115-117, 120, 438
労働階級　190, 192, 193
労働交換　39
労働者派遣業者　177, 179, 182
ローマ帝国　400, 426
『ローマ法大全』　334
ロック(John Locke)　409-411
ロマ　5, 47-62, 64, 70-72, 413, 435, 447

移動《いどう》の文明誌《ぶんめいし》——「自由《じゆう》」と「不自由《ふじゆう》」の狭間《はざま》で

2025（令和７）年２月20日発行

編　者　鈴木英明

発行者　田中　大

発行所　株式会社　思文閣出版

〒605-0089　京都市東山区元町355

電話　075-533-6860（代表）

装　幀　小林　元

印　刷
製　本　中村印刷株式会社

　ISBN978-4-7842-2081-6　C3020

東アジア多国間関係史の研究

十六―十八世紀の国際関係

木村可奈子著

本書は十六―十八世紀の東アジアをフィールドに、直接的・間接的にかかわり合う各国の史料を駆使して、東アジアの国々の交渉の実態を描き出し、東アジアの多国間の関係を検証する。
特定の国や地域の歴史にとらわれず、明清中国・朝鮮・日本・琉球・シャムの事例を取り上げることで、各国の「対外関係史」をベースにした東アジア国際関係史研究では見えてこない側面を浮かび上がらせる。

▶A5判上製・308頁／定価 6,600円(税込)

ISBN978-4-7842-2078-6

大航海時代の海域アジアと琉球

レキオスを求めて

中島楽章著

大航海時代、海域アジアに対するヨーロッパの地理情報は飛躍的に発達した。
一方この時期の東南アジアは「交易の時代」を迎え、中継貿易で栄えた琉球王国も盛んに活動していた。こうしたなかでヨーロッパ人たちが探し求めた伝説的なレキオス（琉球）も現実の地理認識のなかに組み込まれていく。
本書ではこれまで十分に活用されてこなかったヨーロッパの文献、地図などを縦横に用いることで、海域アジアの全体状況、ヨーロッパにおける地理認識の変化、さらに漢籍等の公式的な史資料からではとらえきれない古琉球期の琉球王国の活動を多角的に解明する。

▶A5判上製・630頁／定価 10,450円(税込)

ISBN978-4-7842-1989-6